LA NUIT DU TẾT

DU MÊME AUTEUR

Le Trou, roman, La Table Ronde, 1955.
Les Yeux bridés, roman, La Table Ronde, 1968.
La Poupée cassée, roman, La Table Ronde, 1973.
La Vie sans fin, roman, La Table Ronde, 1979.
La Louisiane aujourd'hui, guide, Jaguar, 1980.
Les Années créoles, romans, La Table Ronde :
I. La Catastrophe, 1982 (Prix Claude-Farrère).
II. La Fleur de la passion, 1983.
III. Sangs mêlés, 1984 (Prix Roland-Dorgelès).
Jade, roman, La Table Ronde, 1986 (Prix de l'Asie) ; Folio, 1987 (N° 1889).
Les Bas noirs, roman, La Table Ronde, 1987 (ouvrage couronné par l'Académie française).
Saison des pluies, poèmes, Barré-Dayez, 1989.
La Vallée des Dieux, roman, Flammarion, 1989.
Santiago, roman, J.-C. Lattès, 1992.
La Tunique de soie, roman, Julliard, 1993 ; Pocket, 1994 (n° 4198).
Evangeline, roman, Julliard, 1995.
Les Années créoles, romans, Omnibus, 1996.
La Reine d'Angkor, roman, Flammarion, 1997.
La Fille de couleur, roman, Plon, 1998.
Annam, Huế l'éternelle, album, photographies de Renaud Marchand, Imprimerie Nationale Éditions, 2000.

MICHEL TAURIAC

LA NUIT DU TẾT

roman

PLON

ISBN 2-259-19220-3

« Piété filiale, amour passion, l'éternel dilemme. »
« *Hiêu tình khôn lẽ hai bê vẹn hai.* »

Kim Van Khiêu, NGUYỄN DU (1765-1820)

« Ces profondes et délicates racines qui attachent un homme à la terre où sont nés et morts ses aïeux, qui l'attachent à ce que l'on pense, à ce que l'on mange, aux visages comme aux nourritures, aux locutions lo- cales, aux intonations des paysans, aux odeurs du sol, du village et de l'air luimême... »

Le Horla, Guy de MAUPASSANT (1887)

LA NUIT DU TẾT
Dêm giao thừ̂a

Première partie

1.

D'où vient le fait qu'un bruit arrive à vous assourdir alors qu'il n'a pas encore retenti ? Manh entend le piano. Un air connu et oublié sous un monceau de souvenirs qui le ramène loin derrière, au Viêt Nam, tout au bout du temps, comme s'il remontait lentement le Mékong sur la jonque de son oncle, Giàu. Manh marche vers son domicile, dans cette voie privée de Rueil-Malmaison, et entend le piano dans la maison de Saigon, à côté du Jardin botanique, la vaste demeure entourée de son mur, rue Chasseloup-Laubat. Frémissement des hibiscus, ombre soyeuse des filaos, explosion des palmes du cycas, oiseaux multicolores et bavards, et Chi Ba, la bonne, en tunique blanche, houspillant les enfants endimanchés qui piaillent comme ces oiseaux, se partagent, comme eux, les gâteaux restés sur les nattes étendues par terre. Ses petits-neveux invités avec tout le monde, toute la famille, ce jour-là, pour la fête du Milieu de l'année, celle du quinzième jour du septième mois de l'année lunaire. Le jour où l'on honore les *cô hồn*, les âmes errantes, furieuses d'avoir été abandonnées sans culte et sans sépulture. Odeur des mets et des fruits piquetés de baguettes d'encens. Odeur de brûlé, de la fumée dégagée par les papiers votifs découpés en forme de vêtement, destinés à habiller ces âmes nues pendant toute l'année, courant à la recherche d'un repos impossible. Ces pauvres âmes autorisées à revenir sur terre en ce septième mois seulement pour recevoir des aumônes. Au moment où commence l'automne et où traditionnellement les défunts se rappellent à la mémoire des vivants. Alors, après un jeûne de sept jours, le bonze Mâu s'est rendu dans un endroit désert pendant plusieurs nuits consécutives. Et de minuit à trois heures du matin, à l'heure où tout est calme, où les insectes et les oiseaux se taisent, où les chiens n'aboient plus, et où le coq n'a pas encore chanté, il a appelé au rassemblement de ces âmes perdues qui tournoyaient parmi les lucioles, et il a attrapé celle dont il a crié le nom. Alors, ce matin, le saint homme est venu apporter à la maison cette âme en peine. Celle de Lan, le frère aîné de Manh, enlevé, l'année dernière, par le Viêt-công, sur une route de province, avec dix autres malheureux retrouvés morts. Lan, le jeune universitaire trop francophile aux yeux de ceux qui haïssent les Français.

Manh entend le piano jouer dans la maison de Saigon et entend son père lui dire :

Enfant, quand je ne serai plus là, c'est toi qui devras exercer le sacerdoce familial en l'absence de ton frère aîné. Ta mère et ta sœur, tu le sais, ne peuvent célébrer le culte des ancêtres. Elles sont femmes, ce qui les rend impures et de rang inférieur. C'est donc toi qui auras l'honneur de relier entre eux les membres de notre famille, ceux du passé et ceux du présent. Toi qui auras le devoir de mettre la famille en communion avec nos ancêtres.

Et devant l'autel illuminé, devant les photographies encadrées de ses grands-parents et de son frère, Manh fait plusieurs génuflexions, puis plante dans le vase rempli de sable quelques bâtonnets lâchant leur fumée odorante.

Le bonze Mâu est donc venu apporter l'âme de Lan dans sa maison natale et l'a placée à l'intérieur d'une petite construction en papier et en bambou qui représentait une prison. La prison de l'enfer. Et d'un geste symbolique, il a enfoncé la porte de cette prison, derrière les barreaux de laquelle cette âme purgeait ses fautes, tranché les sept nœuds du pêché évoqués par les sept nœuds faits aux deux bouts d'un voile tombant du plafond. Il a délivré pour un moment l'âme de Lan de son errance éternelle. Et maintenant, la fête. La tranquille joie de savoir Lan libéré de ses tourments, de son envie de se venger du sort injuste. La fête. Avec tous les membres de la famille et tous les amis proches autour d'un banquet dont chacun et chacune ont voulu participer à la confection. Avec tous les enfants de la famille à qui l'on enseigne, en ce jour de pleine lune, comment pratiquer la piété filiale. Les enfants sages, soudain, silencieux, à l'exemple des oiseaux eux-mêmes. Assis dans le jardin, devant le pagodon richement décoré, l'autel du Ciel hissé sur sa colonne en bois supportant le vase aux baguettes d'encens, les fruits, les fleurs et trois petites tasses à thé. Sages, silencieux, écoutant l'oncle Giàu avec tous les oiseaux, sa douce voix flottant dans le vent chaud, comme sa tunique noire.

Giàu qui leur dit : Dussiez-vous porter votre père sur votre épaule droite et votre mère sur votre épaule gauche, vous n'auriez jamais fini de payer la dette de reconnaissance qui est la vôtre pour les soins affectueux qu'ils vous ont donnés depuis votre première minute en ce monde.

Manh entend son oncle parler aux enfants dans le parc ombragé alors que l'âme de Lan, le frère aimé si regretté, est revenue, calme, reposée, parmi les siens. Entend les femmes bavarder en virevoltant autour de la table chargée de victuailles, de ces choses succulentes qu'elles viennent d'apporter de la cuisine avec la fierté des bonnes ouvrières. Et entend le piano jouer cet air que jouait sa jeune sœur, Hồng, quand Catherine Verger est entrée, ce jour-là, justement.

Hồng a des doigts de fée, un cou de fée, un visage de fée et elle joue comme une fée. Dans sa tunique rose au col officier, son corps se faufile en regrettant presque son passage. Elle a la transparence de ces porcelaines décorées de grains de riz. Vingt-cinq ans. Un an de moins que Manh. Tout de suite, elle a imposé le silence. Ses notes volent, aériennes, et l'on dirait qu'elles volent dans les yeux de tous tant les sourires pétillent. Et l'on dirait qu'elles volent au rythme des oiseaux, des merles, des perruches vertes et des tourterelles au ventre gris qui ont recommencé leurs sautillements sur la pelouse désertée par les enfants. Les enfants qui maintenant écoutent, béats, les notes de Hồng, qui suivent les mouvements de ses mains de fée. Quand Catherine Verger s'approche soudain à pas légers sur les carreaux vernis. Quand on la découvre soudain, médusé, bouche bée. Et quand soudain Hồng qui l'a aperçue à son tour s'arrête de jouer. Qu'est venue faire à cet endroit, en pleine rencontre familiale, la fille de Luc Verger, procureur général du temps des Français, ce voisin que l'on évite de trop fréquenter, dont on ne connaît vraiment que la longue voiture noire ? Ignore-t-elle qu'un étranger à la famille n'a pas sa place ici, le jour où les morts reviennent vivre chez eux ? La jeune Française s'avance sur le carrelage avec précaution, soucieuse de ne rien troubler, hésitante, cherchant à qui s'adresser. Elle a, comme beaucoup de rousses, un teint de mie de pain qu'aucun soleil, fût-ce le plus tropical, ne semble pouvoir toucher, même d'un doigt. Blanche. Comme le sont aussi sa chemisette, sa jupe plissée, ses socquettes et ses chaussures de tennis. Blanche des pieds à la tête. Ses yeux grands ouverts, que leur bleu fluide ouvre plus grands encore, disent tout de sa personne, disent qu'elle est comme cela, même si l'on y trouve à redire. Qu'il ne faut donc pas s'attendre à quelque compromis de sa part pour satisfaire l'un ou l'autre. Et que s'ils sourient, ce n'est pas pour cacher ce qu'elle ne voudrait pas exprimer. Sa voix est en conformité avec le reste. Claire, bien posée. Sa voix que Manh entend pour la première fois. Qu'il entend encore aujourd'hui, comme pour la première fois. Elle explique, après s'être excusée de son intrusion, que Minh, le cuisinier de ses parents, leur *bếp*, est très malade, qu'ils ont dû appeler le médecin.

On va devoir l'hospitaliser, annonce-t-elle. Dans son délire, il demande sa fille, Kim. Elle travaille chez vous, je crois. C'est pourquoi, en l'absence de mes parents, je me suis permis...

En cercle, muets et curieux, on la dévisage. Les enfants, surtout, qui viennent l'examiner de près, d'un air intrigué, comme s'ils avaient affaire à un automate dans une vitrine. Manh lui donne vingt-cinq ans, mais n'est-elle pas plus jeune ? Elle se tord un peu les mains. Où est-elle tombée ? Peut-être aurait-elle dû téléphoner ? A-t-elle manqué à tous ses devoirs ? Elle esquisse un pas de recul, puis une seconde excuse. Lorsque Manh intervient. S'entend lui parler, prononcer d'une voix qu'un trouble décolore :

Mais non, mademoiselle, vous avez très bien fait. Soyez la bienvenue. Nous allons chercher Kim. (Il demande à Hồng de s'en charger, mais la fille du cuisinier est déjà là, placide malgré son inquiétude.) Tenez, elle a dû vous entendre. Attendez, je vais vous raccompagner.

Et Manh entend Catherine lui répondre qu'il n'en fasse rien, que le chemin est court jusqu'à chez elle, qu'elle ne voudrait pas encore aggraver le dérangement. L'entend aligner tous ces mots de convenance, mais ne l'écoute pas. L'épie, la détaille tout en l'entraînant à travers le salon, vers la sortie, avec la jeune bonne intimidée, tout en l'entraînant hors du salon, à travers le parc, ses fleurs de champaca, leurs senteurs d'août, hors de la présence d'autrui, loin des regards. Jusqu'au portail donnant sur la rue Chasseloup-Laubat. Et l'entend encore alors qu'elle n'est plus à ses côtés, que la rue les sépare, que la lourde porte vert Empire trouant le haut mur de sa propriété va la happer, l'en priver. L'entend encore et décide enfin de l'écouter en essayant de recomposer de mémoire jusqu'à la plus petite phrase laissée derrière elle, au milieu des fleurs de champaca, de leurs senteurs d'août. Et s'en veut de n'en plus repêcher que des bribes. De s'être trop attaché à sa vue, à sa silhouette et d'avoir, de cette façon, négligé sa voix, ses paroles.

C'est ainsi que le jeune Lê Van Manh rencontre, un jour de 1966, la jeune Catherine Verger, tandis que l'on célèbre chez lui la fête des Âmes errantes, en ce début d'automne où, assure le Vénérable, la lune, après avoir été fécondée par le soleil, s'épanouit dans un nouvel embrasement. Ainsi que le fils du professeur Lê Van Tôt, chef du service de cardiologie de l'hôpital Grall, fait la connaissance de la fille unique de l'ancien procureur français resté à Saigon après sa retraite. Ainsi que la lune qui est, assure le bonze, le symbole du principe féminin et la patronne de la femme et de la vie conjugale, réunit deux êtres qu'une rue et un haut mur semblaient à jamais séparer.

Manh entend le piano aux Tilleuls, la maison de Rueil-Malmaison, alors qu'il s'en approche par cette rue privée qui folâtre loin du centre-ville, de son bruit, de son agitation. C'est l'automne aussi. Craintif soleil cuivrant les marronniers pris de leurs premiers frissons. Folle poursuite des feuilles le long des caniveaux, cuir grenu des nuages. Dans le jardin voisin, celui des Lepelletier, une fumée paresse, blanchâtre, tandis qu'un râteau gratte une allée. Venu l'automne, tout le monde brûle ses vieux papiers, songe Manh. Et voici la maison, haute et belle, chapeautée d'ardoises, de trois chiens-assis et de deux cheminées. Et sur sa façade treillagée, les assauts de la vigne vierge couleur du vin qu'elle ne peut faire. Voici la maison derrière ce mur, ce haut mur qui lui rappelle...

Les Tilleuls. C'est ma maison, pense-t-il tout haut, comme pour y croire davantage. La maison du docteur Lê Van Manh. Le destin l'a posée là, pour lui, après ce si grand voyage. Peut-être n'aurait-elle jamais été construite s'il n'était pas venu au monde ou, du moins, s'il n'avait pas quitté son pays pour aborder ces rivages. Rien de ce qui se passe ici n'est fortuit, disait son père, et il avait bien raison. Je devais planter ma tente ici, sentir cette clef dans ma poche, cette clef faite pour cette serrure posée sur cette lourde porte vert foncé. Cette lourde porte qui lui rappelle... Il entre dans le jardin, foule le gravier. Le piano s'est tu. Hồng l'a-t-elle vu arriver ? Ah ! qu'il reprenne son air. Qu'il continue cette fouille dans sa vie. Mais Hồng vient vers lui.

« Hồng, ma petite sœur. »

Comme elle a changé ! Pourquoi s'en rend-il compte à l'instant alors qu'il la voit tous les jours ? Il est des moments où l'on s'aperçoit soudain qu'un être pourtant très proche ne ressemble plus à l'idée que l'on s'était toujours faite de lui. Qu'il est devenu un autre à votre insu. Est-ce parce que Hồng porte aujourd'hui une robe européenne ? Non. Hier, elle flottait pareillement dans sa tunique. Cô Tiên Nhõ, Petite Fée. C'était son surnom. L'âge, raisonne-t-il en se souvenant de son visage d'enfant. L'âge. Pourquoi l'oublies-tu pour ceux que tu aimes ? Crois-tu que l'on se soit arrêté, là-haut, de décompter leurs années sur terre pour te faire plaisir ? L'âge ? Hồng n'a que quarante-six ans. Mais combien d'années de souffrance ! Le soir où, il y a onze ans, exactement, Hélène, sa femme, a poussé ce cri en vietnamien – un bruit de déchirement de rideau – au moment où l'on allait se mettre à table : « Hồng est partie. Elle a pris un bateau. » Elle venait de l'apprendre par un réfugié qui avait téléphoné de Bangkok. Le bateau ! Combien de compatriotes voguaient, à cette époque-là, dans leur coquille de noix, sur la mer dangereuse ? On parlait de dizaines de milliers (et la terre tournait comme si de rien n'était ?). Et d'autant de squelettes blanchis au fond de l'eau. Manh a souvent imaginé ce pullulement de misère sur la mer. A souvent vu, dans ses nuits sans sommeil, ces radeaux du désespoir ballottés par les flots. Ces fugitifs aux vêtements trempés, accrochés à leurs pauvres planches et harcelés encore par des hommes impitoyables, des pirates, à coups de hache et de couteau, comme si le diable n'en avait pas déjà eu pour son argent. Manh s'est souvent vu lui-même sur l'un de ces radeaux, recru de faim, de soif et luttant contre ces hommes impitoyables qui s'attaquaient à sa femme, à sa fille, aux autres. Et s'est souvent imaginé, lui, le héros invincible, engagé dans un de ces combats impossibles, triomphant des assaillants et, mains crispées sur le gouvernail, amenant la nef à bon port. Une façon pour lui de circonvenir sa conscience en endiguant son remords. Celui de se sentir désarmé, bras liés devant cette détresse noire. Et disons le mot, allons-y, crachons-le : lâche. Oui, lâche autant que tous ces Vietnamiens débarqués ici depuis longtemps et ne pensant qu'à leur confort et à leur avenir. Tous ces lâches assis sur leur petit magot reconstitué, oreilles et yeux bouchés devant cette détresse noire. Alors que de belles âmes françaises, elles, osaient aller, oublieuses d'elles-mêmes, au-devant de ces naufragés de la liberté. Fallait-il donc ne pas être viêt pour avoir envie de sauver des Viêts ? Mais rétorquait Manh devant son tribunal, n'avons-nous pas souffert assez, nous les Viêts, et parfois à cause des autres, pour laisser faire les autres ? Pour que le monde se penche un peu sur nous à son tour ?

« Hồng a pris le bateau ! » Dès ce cri prononcé, la mer s'était vidée de ses pitoyables flottilles pour ne laisser ballotter qu'un fétu. Pour ne ballotter que Hồng à chaque minute de la vie de Manh. Seule dans sa coque de noix au milieu de l'océan Cruauté. Jusqu'au jour où arriva la nouvelle de sa survie, comme sur une plage blonde, du fond de l'horizon, une vague guillerette, frétillante. Arriva sur une lettre écrite dans un camp de réfugiés thaïlandais, celui de Phanat Nikhom. Hồng en vie ! Sauvée par un navire envoyé des dieux après que les pirates, ivres de whisky et de l'appât du stupre et du lucre, se furent jetés sur son bateau. Sur son pauvre fétu débordant de passagers terrorisés.

« Hồng, ma chère petite sœur... »

Le piano est ouvert, désœuvré. En attente. Mais la pièce renferme encore son écho. Il en est de certaines mélodies comme d'un parfum tenace, pense Manh, l'oreille attentive. Elles tiennent, s'attachent à tout ce qui nous entoure, ne veulent plus nous quitter de sitôt. Ainsi demeurent-elles dans notre mémoire. Mais quelle est donc celle qui lui rappelle tant de choses ?

« Celle que tu jouais, quand je suis entré...

— Que je jouais ? »

Elle se met à caresser le clavier, d'une main légère, comme elle le ferait de la joue d'un enfant. Quelques notes en sortent. Tête penchée :

« Ça ?

— Voilà ! » Il exulte. Quelle joie plus grande pourrait le combler ? L'immense pouvoir d'un petit air de rien du tout. Comme si soudain cent violonistes s'étaient mis à jouer ensemble, comme s'ils l'emportaient dans leurs trilles, l'enlevaient de la même façon qu'un vent ascendant aspire un jabiru, la grande cigogne noir et blanc du Viêt Nam.

« C'est un air de mon invention, dit Hồng en le ressuscitant de nouveau, d'un doigt. Il y a bien longtemps qu'il ne m'était pas revenu. Pendant un instant, son esprit bat la campagne. Je le jouais beaucoup rue Chasseloup-Laubat. Je l'avais composé pour Quang. Le lendemain, il partait. » En voulant refermer le couvercle du piano, il lui a échappé des mains. Avec le bruit d'une porte claquée.

« Pardon, murmure Manh, pardon, Petite Sœur. »

Quang, l'autre blessure de Hồng. Elle allait l'épouser quand il a décidé de rejoindre les Viêt-công. Manh se rappelle ce jour. Il vient de quitter la maison. Pareille à un torrent furieux, la pluie a vidé la rue de tout passant. D'un coup. Puis dans la même minute, astiqué, l'asphalte s'est mis à rutiler. C'est alors qu'il voit sa sœur approcher. Essoufflée. Cheveux défaits, dégouttants, méconnaissable. Qu'il la voit se jeter contre la porte. « Rentrons », supplie-t-elle. Si pleurs il y a, versons-les en famille. Personne ne doit savoir, dehors, qu'il pleut aussi dans son cœur. Loi vietnamienne, loi de la famille. Une fois changée, elle raconte. Devant Ngoc Trai, sa mère, et peu après, devant son frère et devant l'oncle Giàu accouru du fond du jardin, de la maisonnette où il a trouvé refuge depuis la mort de sa femme, grâce à l'obligeante affection des siens. Raconte, d'une voix blanche, mais sans une larme, le départ de Quang. Le moment où il est parti de sa vie. A la sortie de la faculté de lettres où elle est venue lui apporter de quoi déjeuner avant de reprendre ses cours. Lui, plus préoccupé par l'évolution de la guerre contre les « fantoches » de Saigon que par sa future place dans la société. Plus tourmenté pour l'avenir de son pays que par ce qui aurait pu préparer le sien. Lui, petit-fils de mandarin, mais reniant ses origines et prêt à tout sacrifier pour ses idées. Et elle aussi bien née et indifférente aux rumeurs du monde. Le moment donc où à la sortie d'un cours, il lui lance, comme une grenade dans les jambes : « Tu appartiens à la caste mandarinale, cette caste que je hais et qui est en voie de disparition. Moi, j'appartiens au peuple vainqueur qui régnera bientôt. Mes camarades ont raison : il vaut mieux que nous nous quittions, car ton monde et le mien sont des adversaires héréditaires. » Le moment où Hồng a su que chez l'homme, l'amour a l'instabilité d'une aiguille aimantée. Et où, comme le Viêt Nam, elle s'est vue subitement coupée en deux, écartelée entre cet amour qui continuait à vivre en elle malgré tout et la déception que lui inspirait cette haine irréductible pour sa classe, sa famille.

Manh se rappelle la voix blanche de sa sœur, ses mots pour exprimer tout cela et les derniers mots de Quang dans un coin de porte où il la serrait avant de disparaître de sa vue : « Demain, j'aurai une arme dans les mains et j'espère bien ne pas être contraint un jour de frapper un des tiens. » Et se rappelle les mots de son père entrant dans le salon après avoir essuyé à son tour une nouvelle ondée, entrant mouillé comme une soupe. Ses mots très durs pour fustiger ce fiancé parjure qui, d'après lui, avait tenu à respecter à la lettre les rites en usage dans les meilleures familles afin de pouvoir mieux berner la sienne jusqu'au bout, abuser de l'innocence de sa fille en toute impunité jusqu'au moment où il avait décidé de la délaisser comme un verre bu. Respecter les rites ancestraux que doit suivre le jeune homme en puissance de famille : la visite aux futurs beaux-parents, chargé des cadeaux d'usage, des noix d'arec, du bétel, de l'alcool de riz, du thé noir et des gâteaux traditionnels. Cadeaux scellant la cérémonie du *đám hỗi*, la consécration solennelle de la promesse de mariage. Manh se rappelle la colère de son père broyant ces gâteaux déposés religieusement dans un plat en argent. Gâteaux carrés faits de pâte de dolique et de tranches de porc enveloppées de riz gluant symbolisant la droiture et la loyauté. Gâteaux demi sphériques composés seulement de pâte de riz pilée et tassée, symbole d'un cœur toujours égal, d'une âme bien équilibrée, que n'aveugle nulle passion dangereuse. Son père furieux empoignant ces gâteaux symboliques, les jetant à terre, les piétinant. Ces gâteaux giclant sous ses talons comme des cancrelats écrasés. Et Manh se souvient aussi des efforts qu'avait déployés Giàu pour calmer son frère, de ses exhortations affectueuses. Lui disant que l'on aurait dû en effet s'y prendre à deux fois avant de lui faire confiance. Qu'avant de descendre un fleuve, il est bon de le remonter jusqu'à sa source et d'apprendre à nommer tous ses affluents. Mais qu'il fallait remercier le Ciel d'avoir démasqué cet escroc du cœur à temps, que l'on avait quand même été fort inspiré en ne précipitant pas les choses. Imaginait-on la honte de la famille si, observant les traditions, on avait convié tous les amis à un banquet autour des fiancés et accepté d'eux, avec leurs compliments, les présents que l'on offre à cette occasion ?

Manh se souvient de tout cela, des pleurs silencieux de Hồng, la joue posée sur l'épaule de sa mère, de la pluie qui rayait la fenêtre en diagonale et des paroles de Giàu, de ses récriminations contre ce *thầy bói* incapable, ce tireur d'horoscopes que l'on avait consulté selon les règles et qui s'était fourvoyé dans ses calculs. Dont les conclusions avaient établi faussement que les âges des deux jeunes gens étaient compatibles et que, par conséquent, l'alliance apparaissait comme propice.

Toutes ces répétitions du passé accourues sous les doigts de Hồng, en ce matin d'automne, aux Tilleuls.

Alors entre Hélène. Elle se trouvait dans la cuisine, occupée à la préparation du dîner. Entre Hélène, l'épouse de Manh, de son indolente et silencieuse démarche. Elle n'est plus la beauté d'hier, mais veut croire l'être éternellement et s'efforce d'en convaincre les autres. Elle a ce talent de comédienne que déploient bien des femmes tandis que le rideau tombe et que le public va bientôt quitter la salle. Manh la regarde. Pourquoi ne lui apparaît-elle pas comme d'habitude ? Voilà vingt ans qu'elle s'offre à ses yeux, tous les jours, et il lui semble qu'elle ne leur a jamais montré ce visage-là. Parvient-on à se cacher si longtemps d'un être qui vous étreint sur son cœur ? Au début de leur mariage, l'apprenant par paliers, il imaginait, après chacune de ses découvertes, qu'il en ferait vite le tour. C'était ignorer la capacité de dissimulation de sa propre race. Lui-même se livre-t-il si facilement ? Ce comportement ne cesse d'amuser Pierre Lepelletier, admiratif, quoique parfois un peu agacé. Dimanche dernier, encore, au cours de ce cocktail auquel il l'a convié avec Hélène. « Allez, on vous attend, toute la famille sera là. Venez avec votre épouse. » Pour fêter quoi, déjà ? Ah ! oui, les vingt ans de son fils aîné, François.

Dimanche dernier, le prenant par le bras et lui lançant avec son rire de bon voisin par-dessus sa haie de troènes : « Ah ! vous, cher ami, on ne peut pas dire que l'on entre sous votre toit comme dans un moulin. Depuis combien de temps nous connaissons-nous ? Eh bien ! je suis seulement en train de commencer à comprendre qui vous êtes vraiment. » Et Manh : « Qui je suis vraiment ? » Il joignit son rire à celui de son voisin, curieux d'en entendre davantage et en même temps confondu par tant de prétention. Un Tây, un Français, aussi intelligent soit-il, peut-il oser tenter de percer la muraille de cette forteresse : la tête d'un Viêt ? Manh se serait-il découvert plus qu'il ne se le permet en général ? Lepelletier n'ajouta rien, ce soir-là et il en fut déçu. A présent, c'est à lui de se chapitrer. Etre aussi présomptueux ! Se flatter de posséder la clef du mystère profond incarné par ces femmes qui cachent jusqu'à leurs chevilles ! Il regarde Hélène. Elle s'est assise près de la fenêtre, comme elle le fait souvent pour raccommoder quelque vêtement ou bien lire, ou bien tout simplement rêver. Rêver en accompagnant la chute des feuilles du platane, ses larmes, ou la fumée que paraît lâcher le réverbère de la voie privée quand le brouillard se lève. Ou l'hiver, le soleil glacé, coupé net au ras du mur, comme par une lame d'acier suédois. Moitié d'orange givrée. Il la regarde. Diaphane. Pareille à ce rideau flottant. Dans sa tunique de brocart vert pâle. Chrysalide Diaphane mais si opaque par moments. Lorsqu'elle ne veut plus rien partager. Qu'elle se referme, comme, venu le matin, les mirabilis qu'elle aime pour leur modestie et leur parfum. Ce qui s'est produit à cause de Catherine, avant leur mariage. Le jour où elle décèle combien cette Française compte pour lui et combien elle devra attendre elle-même pour qu'il n'en soit plus ainsi, pour qu'elle parvienne à la déraciner de lui à jamais. Ce jour où Hồng a trop parlé. A table, alors que le repas vient de commencer.

C'est l'époque de la saison douce, quand le jardin de Chasseloup-Laubat recouvre la sagesse après les grosses pluies dévastatrices. Quand s'évapore l'odeur fétide du sol en décomposition sous la voûte des branchages enchevêtrés dont l'obscurité animale vous oppresse. Quand le soan, le lilas du Japon au feuillage léger, égaie de nouveau la fenêtre du salon de ses plumes de cygne. A table, pendant le déjeuner, autour de cette table en *đanh hủồng*, ce bois couleur acajou dont on fait les boiseries de luxe et les statues des pagodes, et que Hồng lisse de sa fine main en écoutant la conversation. Hélène a été invitée avec son père et sa mère, et Manh se doute bien de la raison. Voilà plusieurs fois déjà que les deux familles se rencontrent en si peu de temps et plusieurs fois qu'il voit Tùng, le père d'Hélène, et le sien discuter d'un air entendu en le couvrant tendrement du regard. Face à lui, Hélène baisse les yeux vers la table, comme étrangère à la situation. Tandis que derrière elle, le lilas du Japon frissonne avec grâce en l'auréolant d'une couronne neigeuse. Paroles, éclats de rire, rien ne semble plus la captiver que ce qu'elle a dans son assiette et au bout de ses baguettes. Manh peut ainsi l'observer en détail sans éveiller son attention. La détailler en toute tranquillité et sans rien oublier, comme cela lui arrive à l'université avec quelque étudiante attrayante plongée dans un livre ou en train de plancher au tableau. Passer sa vie avec elle ? Pourquoi devrait-il se plier à cet ordre ? Car c'est un ordre que son père va lui donner. Il le pressent, il en est certain. Les deux hommes ont trop communié ensemble au cours de leur riche vie pour ne pas vouloir avec fermeté l'union de leurs enfants. Ils y pensent depuis toujours. Depuis plus de vingt ans. Depuis la naissance de celle que l'on appelait Loan, au début, à Dalat, où chacun possède une maison de vacances sous les pins, à deux pas d'un lac aux eaux claires. A Dalat où les deux familles ont noué leurs liens. Une histoire de roses. Le père d'Hélène en avait dans son jardin, celui de Manh n'en avait pas. Quelques mois après, des roses Pyrus du Langbian éclosaient chez chacun. Avec l'amitié. Une amitié qui ne se fanera pas. Il en est souvent ainsi : elle fleurit au hasard comme l'ottélie dans les marais. Au gré du vent. A cette époque, le docteur Lê Van Tốt n'était encore qu'un jeune médecin dépendant de ses parents très fortunés, et son ami, Nguyễn Hủũ Tùng, un botaniste en herbe travaillant aux laboratoires de l'Institut scientifique de l'Indochine, rue Rousseau, pour trois fois rien, et vivant pour l'essentiel aux crochets de son père, dentiste, rue Catinat. Lorsque Hélène naquit après trois garçons, il fut convenu qu'elle aurait Manh pour fiancé. Manh et personne d'autre. Affaire classée pour les deux amis, et surtout pour Thu, la mère d'Hélène, cette femme aussi cupide qu'un prêteur chinois, soupire l'oncle Giàu qui ne l'aime guère. Sans jamais surtout s'en ouvrir aux intéressés quand l'âge vint pour eux de se soucier de ces questions. Puisqu'ils n'avaient pas à donner leur avis. Puisque c'est la tradition dans cette société patriarcale où l'arrangement entre familles tient lieu de consentement entre époux.

Manh observe Hélène et s'interroge : Passer sa vie avec elle ? Il s'y refuse. Et part à la recherche de Catherine, par la pensée, vers la maison voisine, celle de l'ancien procureur. Celle où il n'a jamais mis les pieds, où il n'osera jamais mettre les pieds. A la recherche de Catherine derrière son haut mur de préjugés et d'arrogance. Et la retrouve devant la porte vert Empire et la presse contre lui, dans le noir, dans l'ombre du tamarinier dont on voit la cime se balancer, les jours de grand vent, comme la tête d'un accusé niant l'évidence. La presse contre lui et lui souffle : « J'embarque bientôt pour la France. Mon père est d'accord. Je vivrai chez un de ses amis, médecin, à Paris. Tu me rejoindras vite ? » Elle l'embrasse, mordille ses lèvres, les siennes, le bout de sa langue, se noie dans sa bouche. Immense. Bien sûr qu'elle le rejoindra. Son père va d'ailleurs mettre fin à son séjour. Dans deux mois. Dans deux mois ? « Mais alors, nous allons peut-être prendre le même bateau. Hip, hip, hip ! Là-bas, vive la liberté ! » lance-t-il, comme sur une barricade, un drapeau à la main. Ils n'auront plus à jouer aux Sioux. Ils se verront autant de fois qu'ils le désireront. Mais tout à coup ils se taisent. Si cela n'était que chimère ? Si tout amoureux au monde devait subir ces contraintes ? N'est-ce pas l'épreuve obligatoire qui trempe les bonnes lames ? Au-dessus d'eux, le tamarinier fait un bruissement de marée montante. La pluie accourt au trot. Premières gouttes d'eau crépitant sur l'auvent de tôle rouillée de la porte. Chic ! On est prisonnier. Interdit de bouger de notre abri. Si cette averse pouvait durer ! Si cet arbre pouvait nous garder sous son aile ! Ils s'étreignent plus fort, plus fort encore, jusqu'à ne plus avoir qu'un seul corps, tourbillonnent. Un couple de patineurs à l'annonce de leur victoire. Quand le soleil revient, et l'heure de se quitter, de retourner chez ceux qui ne les comprennent pas. Qui habitent une étoile morte, sans amour. Manh reprend le chemin de la maison familiale. Après la pluie, ça sent le poisson rouge, dit l'oncle Giàu avec justesse. Soleil plein la figure comme une claque. Un bout de rêve demeure dans sa tête, attaché et flottant, tel un foulard dans le vent. Manh observe donc Hélène avec l'air de se reprocher de dépenser un regard pour elle. De ses doigts montés sur échasses, elle attaque son bol de riz. Qu'elle semble exigeante ! se désole-t-il. Elle est jeune et pourtant désuète comme une pochette parfumée. Non, je ne passerai pas ma vie avec elle. J'épouserai Catherine. Qu'on le veuille ou non. Et les traditions ? Je me les mets quelque part. Il rit au fond de lui. Les deux hommes parlent politique. « Je te parie une soirée sur la *Marseillaise* que ce gouvernement ne verra pas le prochain Tết. » Son père fait jouer le vin dans sa bouche, le retarde. Pour mieux le saluer au passage ou réfléchir ? Réfléchir à mon avenir avec Hélène... Elle tourne maladroitement son verre entre ses paumes, comme s'il était carré. Cette gêne ne signifie-t-elle pas qu'elle sait ce qu'on lui prépare ? C'est évident. On la berce dans cette idée depuis longtemps maintenant, bonne petite poupée qu'elle est, bien obéissante, qui consent à tout. L'aveu est dans les yeux de Thu, dans ses deux coupures faites au ciselet, aux bords inexistants, et dans cette bouche paradoxalement tombante dont semble couler un petit filet de désenchantement. Car Manh ne l'ignore pas : hier, elle convoitait un autre parti pour sa fille. Le fils aîné de Thành Phố, le nouveau propriétaire des magasins Charner. A l'instant, elle est en train de s'extasier sur la bague de l'épouse de ce magnat du commerce en montrant le bouchon de la carafe. (Non, c'est quand même trop gros, juge-t-elle intérieurement. Alors, son propre solitaire ?) La taille au-dessous, précise-t-elle avec modestie en tendant son annulaire. Désapprobation de son mari. Il semble la viser à travers l'œilleton d'une carabine. Incorrigible femme ! Comment peut-on manquer autant de tact ? Tous ces taëls qu'il a dû sacrifier pour lui offrir ce diamant qui la rendait folle et qu'elle débine aujourd'hui. La *Marseillaise* revient voguer dans la conversation. Le père de Manh a été invité à la brillante réception que le commandant a donnée à son bord. « Vous auriez vu ce buffet ! » Il en a encore plein les yeux. Et ce bateau ! Dix mille tonnes, cent quarante-trois passagers de cabine, quatre cent douze d'entrepont. Et la réponse spirituelle du commandant quand on lui a demandé si son paquebot bougeait en haute mer : « Il ne bouge pas, il se déplace. » On rit et l'on entend contre la coque le roulement profond que renvoient les flots dans leur bousculade. Et le long des côtes africaines, quand on glisse au ralenti vers le canal de Suez, le concert moqueur des mouettes dans la brume rêche du petit matin.

La *Marseillaise*, le paquebot que prendra Manh dans deux mois, annonce triomphalement son père en le fixant, l'œil rallumé, comme il annoncerait la guérison d'un malade incurable. Cabine retenue. La 19, non loin de la salle à manger des premières. « Tu es content, Enfant ? » Qui ne le serait pas à sa place ? Une vague de bonheur gonfle Manh, le submerge. On s'extasie sur sa chance. Paris, le jardin du Luxembourg, le Boul' Mich... Le médecin s'engage dans quelques historiettes d'étudiant au Quartier latin. Puis avec nostalgie : « Il y a les souvenirs, mais il y a aussi ce qu'on laisse derrière soi. » « Ne pas transmettre ses souvenirs, fait remarquer de son côté le botaniste d'un air docte, c'est se couper de ses racines. » Mais Hélène ? Leurs fiançailles auront lieu avant le départ de Manh. Personne n'aborde la question, mais Manh l'a devinée à l'attitude de son père, à sa façon peu habituelle de boire son thé en le considérant, lui, et en lorgnant tout à la fois Hélène stagnant toujours dans une indifférence supposée. A son habitude de plisser front et paupières après chaque aspiration d'une gorgée, comme si elle allait lui brûler les entrailles. Et au silence dans lequel il s'abrite un instant.

C'est à ce moment-là que Hồng met les pieds dans le plat. Sans malice. Car elle ne se doute pas des rapports de son frère avec Catherine Verger. N'imagine pas qu'il ait pu tomber sous l'emprise d'une femme. Son frère amoureux ! Il n'en a pas encore l'âge. Alors, elle parle. Dit qu'elle a appris, au club de tennis, que leurs voisins, les Verger, allaient quitter le Viêt Nam. Quelle bonne nouvelle ! Et qu'ils ont retenu, eux aussi, une place sur le même navire. On ironise sur le fait que peu de gens se masseront au pied de la passerelle pour agiter leur mouchoir vers eux. Une réflexion que Manh eût préféré ne pas avoir remarquée tant tout ce qui égratigne le monde de Catherine est comme une aiguille qui le piquerait à vif. Hồng rapporte ce potin et cet autre : que les Verger partiront en laissant derrière eux les Malleret, leurs amis et voisins immédiats. « Ces personnes si aimables qui ont ramené notre chat, Filou, à la maison, vous vous souvenez ? » Ajoute ce potin sans plus de malice et ce détail avec une semblable innocence. Ce détail pointu comme une aiguille : que Catherine Verger souffre de devoir abandonner le Viêt Nam sans les Malleret. Car, complète-t-elle sans plus de malice, Catherine Verger et Philippe Malleret, celui-là même qui avait Filou dans ses bras, ne pourraient plus vivre l'un sans l'autre.

Manh vient-il de s'affaisser sur sa chaise ? A-t-il frappé son assiette de son front, ou s'est-il mis à crier comme cet oiseau de malheur dont les lamentations emplissent parfois la nuit, du côté du Jardin botanique ? Non. Alors pourquoi cette impression qu'une seconde peau s'est collée sur son visage ? N'a-t-il pas réussi jusqu'à présent à garder tendu le voile du secret ? Qui peut se vanter de l'avoir surpris un jour avec la fille de l'ancien procureur général ? Il passe la main sur ses joues. Peut-être a-t-il radicalement changé de couleur. C'est la raison, oui. La raison pour laquelle tout le monde n'en a que pour lui à l'instant. S'il pouvait s'entrevoir dans quelque glace ! Allons, leurs yeux te suffisent : tu n'es plus toi-même. Regarde-les. Regarde Hélène, surtout, regarde comme elle s'est refermée, comme elle est rentrée dans sa carapace. Comme elle a compris que tu ne voudras jamais d'elle. Ton désarroi t'a trahi. Tu es nu devant eux. Plus rien ne sert de te cacher. Dis-leur la vérité, crie-la puisque tu as tout perdu, puisque l'on t'a trompé, bafoué. Il se reprend, se révolte, interroge Hồng des yeux. Hồng et son sourire étonnant de candeur sur ce fond de lilas du Japon étonnant de blancheur. De qui tient-elle donc ce ragot ? Ne sent-elle pas combien il en souffre ? Ne voit-elle pas son cœur couler ? Non, Catherine n'est pas cette femme, n'est pas la félonne que tu crois. Devant lui défile la scène au cours de laquelle ils se sont juré fidélité. Il frémit. Ces réminiscences, cette reviviscence, dirait le prof de philo, n'est-ce pas ce que l'on ressent quand la mort s'approche ? Notre amour est mort. Il n'existe plus que par le souvenir.

Hélène aux Tilleuls. Assise près de la fenêtre et contemplant le jardin, son ouvrage sur les genoux. Le jardin, les derniers feux du soleil qu'octobre laisse aux hommes comme des fins de soldes. Qu'a-t-elle donc ? Manh pose sa main sur la sienne. Depuis quand n'a-t-il pas osé ce geste ? Et cette caresse de son pouce sur ses phalanges ? Drôle. Drôle comme ce simple attouchement lui semble insolite au possible. Il ne reconnaît pas cette peau, son grain, sa souplesse. S'émerveille de la finesse du poignet, de sa facilité à l'emprisonner entre le pouce et l'index. Drôle. Drôle cette sensation qu'elle lui est étrangère, qu'il vient seulement de la découvrir. Et pourtant ! Pourtant que d'étreintes ont-ils partagées autrefois ! Comédies, simples jeux de deux corps ? Non, sincérité et plaisir, même si la passion défaillait parfois, si l'imagination devait vagabonder ailleurs, dans des contrées plus torrides sans nom et sans visage. On avait malgré tout fait deux enfants ensemble sans que la grâce du Ciel, de Bouddha, des génies et des saints y fût pour quelque chose. Et l'on aurait pu en faire plusieurs autres si la nature ne s'y était opposée. Mais au début, que de patience pour arriver à vaincre cette morale confucéenne rigide comme la baguette de rotin avec laquelle on corrige les gamins récalcitrants, cette morale qui rend honteux tous les rapports amoureux ! Quel apprentissage à aimer avant que ne s'effaçât chez Hélène, du moins pendant quelque temps, le spectre du repentir qui terrorise les jeunes gens des deux sexes dans leurs premiers épanchements ! Et lui-même, ne lui fallait-il pas se battre avec acharnement contre ses propres refoulements, contre ce mors que son éducation lui appliquait sauvagement à chaque envie de galopade ? Catherine pourrait en raconter de vertes et de pas mûres à ce sujet, elle qui ignorait tout des règles vietnamiennes inculquées dès l'enfance. Qui ne soupçonnait pas combien les enfants sont soumis à leurs parents et leurs sentiments étouffés, et la pudeur érigée en vertu cardinale. Ecoutez-moi bien : Les garçons et les filles ne doivent pas se donner la main. Tout commence par cette prescription. Et par celle-ci, plus tard, promulguée par ce misogyne de Kongfusi : L'homme doit préférer à la compagnie des femmes celle des sages. Et par celle-ci, encore, du même auteur : Les femmes et les gens médiocres sont les moins faciles à traiter, car de trop près, ils se croient tout permis, et de trop loin, ils vous en gardent rancune. Ah ! cet effort qui lui crispe les muscles faciaux, qui le raidit des pieds à la tête quand il estime que le moment est venu de se déclarer à Catherine, quand il se voit forcé de sauter la barrière des principes. Cet effort pour que les mots conventionnels que le cœur hisse aux lèvres, ces simples mots que l'on trouve si banals au cinéma, mais qui font tellement plaisir à une femme, atteignent l'oreille de Catherine avec la douceur d'une chanson. Ces mots nouveaux qu'il lui semble impossible d'utiliser, un jour, au point que les formulant sans les avoir pensés au préalable, ils lui apparaissent d'une indécence extrême. Comme ils en rirent, après coup ! Et comme elle s'en moqua gentiment lorsque perdant peu à peu de sa retenue à son contact, il lui raconte comment les hommes et les femmes de son pays se comportent entre eux dans ces cas-là. Avec quelle maladresse ils conduisent leurs transports amoureux. En claudiquant. Elle rit, rit. Ils sont vraiment comme ça ensemble ? Elle refuse de le croire. Non, non, répond-il, il n'invente rien, c'est la vérité. Rit, rit. Et évalue avec admiration tout le chemin que son compagnon a dû faire pour traverser la rue qui les séparait. Cette rue aussi large qu'un continent.

Hélène aux Tilleuls, juste avant le dîner. Elle a abandonné sa main dans celle de Manh, avec indifférence, comme elle l'aurait laissée tremper dans de l'eau tiède, alors que son pouce va d'une phalange à l'autre. Hier, sans doute, aurait-elle fui ces caresses autant que celles d'une main impure. Oui, qu'a-t-elle donc pour être venue se blottir en silence contre cette fenêtre, comme un chat, alors que le dîner approche ? D'habitude, elle ne quitte guère la cuisine, son refuge. D'un air agacé, elle rejette une de ses mèches en arrière. Elle repoussait d'une semblable façon le museau du petit singe qui se perchait parfois sur son épaule, se rappelle Manh en revoyant le macaque gris-bleu qui hantait le jardin de Saigon.

« Je voudrais te parler de Colette », dit-elle.

La préoccupation a figé ses traits. Elle le regarde sans le voir, comme à travers un filtre opaque. Manh a desserré ses doigts. Il tente maintenant de débusquer ses yeux en allant les chercher dans leur étroite faille. Elle devance sa question : « Tu ne t'es rendu compte de rien, ces temps-ci ? Il fait non de la tête. Tu n'as pas vu comme elle a changé ? Non, répond de nouveau sa tête. Il l'entend déjà lui annoncer l'irréparable, l'enfant non désiré ou quelque maladie secrète. S'arme déjà de courage, prépare même les mots consolateurs.

— Parle, lui commande-t-il enfin, parle donc. »

Elle ne le peut pas. Geste rare, elle a sombré doucement

dans ses bras, comme une barque fait eau, et pleure. Ses bras. Depuis quand aussi ne s'est-elle pas confiée à eux, ne l'ont-ils pas reçue avec cette force inouïe ? Elle finit par lâcher :

« Elle a un homme dans sa vie. »

A-t-elle prononcé une incongruité ? Elle cache son nez dans le creux de son épaule. Lui, retient le rire que le soulagement a provoqué. Comment lui expliquer qu'il n'y a pas, là, motif à se mettre dans un tel état ? Colette vient d'avoir dix-sept ans. N'est-ce pas l'âge où l'on commence à échanger des serments ? Et de toute façon, cette liaison – si elle existe vraiment – ne peut être que passagère. Il lui demande de se souvenir du jour où elle a ressenti elle-même ses premiers émois. Quel âge avait-elle ? Il répète sa question. En vain. Elle feint de ne pas y attacher d'importance, tout occupée qu'elle est à sécher ses larmes si exceptionnelles à l'aide de la pochette qu'elle cachait dans le poignet gauche de sa tunique. Il n'insiste pas. Il le sait : ces choses appartiennent au secret de son être et nul n'a le droit de les en déloger. Même un mari. De son côté, lui a-t-il jamais dévoilé un seul détail de sa vie de célibataire ? Cela demeurera enfermé dans ton écrin aux parois bien rembourrées et ne s'ébruitera que dans ta propre oreille et surtout pas pour celle de ta compagne, a sermonné son père avant son mariage. C'est la loi : il est des souvenirs qu'on ne partage pas entre hommes et femmes, comme des paroles que l'on se défend de prononcer, dût-ce la douceur de l'oreiller les amortir. Manh aurait-il oublié les principes du savoir-vivre ancestral en traversant les océans ? Alors, Colette, cet homme dans sa vie, qu'en dire ? Ressaisie, Hélène a pris le ton de la mère soucieuse :

« Je ne sais rien de lui, Grand Frère. Tu penses bien que je me suis abstenue d'aborder cette question avec elle. Car tu la connais (de deux doigts, elle pince ses lèvres), elle garde habituellement tout pour elle.

— Elle a de qui tenir ! »

Un pâle sourire éclaire Hélène. Avec quel vocabulaire pourrait-elle s'adresser à sa fille quand le moindre mot lui brûle la langue ? Quand, pour contourner les termes interdits aussi crus que « amour » ou « passion », elle est contrainte de s'exprimer par des périphrases ? Un langage que Colette, élevée en France, nourrie de cette culture si « barbare », a du mal à interpréter. Nous sommes victimes de la vieille Chine, a toujours estimé Manh sans jamais partager cette réflexion avec son épouse. Un verre dépoli nous isole des femmes. Celui du conformisme rituel. Lorsque nous pourrons les embrasser à pleine bouche sans les offusquer, nous aurons parcouru des siècles. Catherine, encore, leurs premiers échanges amoureux. Quel contraste !

« J'ai surpris des conversations téléphoniques, avoue Hélène avec gêne. Des conversations qui duraient un temps fou. Puis une lettre, l'autre jour... »

On la dirait en train de la déchiffrer dans un coin sombre, à la lueur d'une faible lumière. Apeurée et rougissante. L'affection que l'on porte à son enfant, le souci que l'on a de la préserver du danger vous permettent-ils d'aller jusqu'à profaner son intimité ? « Une lettre, continue-t-elle, dont la rédaction particulièrement soignée ne laissait aucun doute sur les liens...

— Aucun doute ?

— Aucun doute. Ils se connaissent bien.

— Bien ?

— Bien. » (Elle a laissé tomber cela comme : un point, c'est tout.)

Manh en restera là. Non que son souhait ne soit pas d'en savoir davantage, mais il répugnerait à heurter des préjugés aussi ancrés. Bon, se dit-il avec l'air circonspect qu'il doit montrer parfois devant un cas suspect à l'hôpital, ma fille a un homme dans sa vie et ils se connaissent bien. Faut-il s'en alarmer ? Et philosophe : Voilà une nouvelle à laquelle on devait s'attendre un jour. Colette n'est pas sans charme. Elle serait même jolie, à entendre les amis. Il le pense également tout en s'accusant d'une bonne dose de parti pris. Quel jardinier n'affirme pas qu'il possède la plus belle rose ? Il se rappelle Tùng, son beau-père, le botaniste, ses dithyrambes sur les richesses du Jardin botanique de Saigon pour lequel il travaillait. Sur la pervenche de Madagascar et le jasmin Sambac, pour ne citer que ces deux fleurs qui, assurait-il, n'avaient pas leurs pareilles dans la région. Il avait dû vanter les mérites de sa fille à son ami médecin avec un enthousiasme similaire. Voyons, ce garçon, qui peut-il bien être ? Colette n'a jamais amené que des filles aux Tilleuls. Mais au lycée... Hélène a-t-elle au moins une idée de sa nationalité ? Défilent devant lui les amis vietnamiens entourant sa famille, défilent leurs enfants. Hoàng Trí Khanh ? Hors de question. Son fils aîné, Lu̓o̓ng, a beau avoir l'âge requis, Colette ne peut manquer à ce point de discernement. Il a des yeux si rapprochés que l'on se demande si un seul ne lui suffirait pas. Et cette façon de vouloir à tout prix se montrer plus intelligent qu'il n'est, comme d'autres montrent leurs biceps et leurs tatouages ? Alors, le jeune Gabriel Vỹ ? Celui-là a l'air bien stupide. Il le revoit encore à l'enterrement de ce pauvre Pham, l'œil arrêté sur rien, marchant sur la pointe des pieds, avec la peur d'écraser le parquet. Un photographe pendant une remise de décoration. Il y aurait bien le fils de Phú Càt, oui. C'est un beau garçon, intelligent et tout et tout. Manh ne détesterait pas que ce soit lui. D'autant que son père a rapporté une fortune rondelette du pays. Les laboratoires Phú Càt, qui les ignorait ? Certes, il plaît beaucoup à Hélène. Elle a toujours été plus sensible que Manh aux biens matériels du voisin. Ce dimanche passé chez eux, avec Colette et Hugues, à la fin de l'année dernière. Ce grand jardin d'automne vêtu de mordoré. Un vrai Van Gogh. Ce salon qui n'en finissait pas avec son amoncellement de vieilleries disparates rapportées de Saigon. Un musée. Comparé à la sobre distinction des Tilleuls. Regard circulaire de Manh. Chaleur de l'acajou et du tissu mural, majesté du marbre, joie du lustre en cristal. Ah ! ce vieux notaire qui lui a vendu cette maison, comme il savait vivre ! Il appesantit son regard sur le feu ronronnant dans la cheminée monumentale, feu assis sur lui-même, confortable, à l'aise. Comme on se modifie à chaque saison de la vie ! s'exclame-t-il. On a chacun son époque Tang, puis son époque Ming, l'une méprisant l'autre. Quand il revoit son premier appartement, rue Monge, ses meubles en teck, invulnérables aux insectes, mais si impersonnels, cette bimbeloterie asiatique, cette décoration de loge d'artiste. Mais n'était-ce pas plus authentique, plus conforme à nos penchants naturels, au sens esthétique issu de nos traditions ? Que dirait mon père de cette maison de bourgeois de province, à l'antipode de celle de la rue Chasseloup-Laubat, pleine de bahuts sculptés rouge et noir, de mosaïques et de stores en bambou ? Ne me reprocherait-il pas cette sorte de trahison ? Manh songe aux logements de ses amis vietnamiens, à leur ameublement. A part deux ou trois, aucun n'a le caractère du sien. La plupart ressemblent aux intérieurs coloniaux d'autrefois. Meubles rares, tableaux accrochés à la va-vite et baies nues. Logements que le maître n'occupe que provisoirement, le temps d'un bref séjour. On ne s'étonnerait pas d'y voir tourner un ventilateur au plafond, trotter des margouillats sur les murs et languir une cantine dans le couloir. Les souvenirs y pullulent. Brûle-parfum, Bouddha en porcelaine, sujets en ivoire, panneaux de laque. Aux Tilleuls, aussi, la mémoire a laissé ses traces, les dépôts des jours anciens, comme un filtre retient son calcaire. Mais avec plus de discrétion. Un bleu de Huế, quelques jades et un tableautin représentant une vue du port de Saigon. La dernière image aperçue de ma ville natale, remarque-t-il avec nostalgie en respirant de nouveau les odeurs de goudron, de fruits trop mûrs et de friture qu'exhalaient les quais grouillant d'échoppes enfumées. Il n'y a pas de petits souvenirs, note-t-il encore. Tristes comme une église désaffectée, les hommes sans histoire. Et il s'attache, un moment, à contempler l'autel des ancêtres, la tablette d'acajou fixée au mur où s'exposent les portraits des parents et grands-parents, avec des fleurs et des fruits frais et une lampe qui veille avec fidélité.

Les Phú Càt, donc. Le nom de leur fils, déjà ? Peu importe. Hélène s'émerveillait devant leur appartement princier. Elle aime tout ce qui étincelle. C'est son travers et celui de beaucoup de mes compatriotes : se laisser éblouir jusqu'à en devenir aveugle, jusqu'à ne plus voir que le clinquant. Mais ce jeune homme ? Il fait sûrement sa pharmacie. Avec un père pareil. Phú Càt, les laboratoires Phú Càt. A Saigon, c'était un nom, mais en France ? Nous avons perdu jusqu'à notre identité.

Hélène sort de son mutisme. Elle arrange ses cheveux, qu'elle porte longs, qui frisent ses épaules avec la délicatesse d'une branchette d'abricotier, disait son père. Elle se lève, l'engage à l'imiter.

« Ils nous attendent à la salle à manger, allons dîner. Elle se ravise. A quoi pensais-tu ?

— Aux Phú Càt, répond Manh, je me demandais ce qu'ils devenaient.

— Curieux, moi aussi. Ses légères pattes d'oie emprisonnent un sourire. Nous devrions peut-être les inviter un soir. » Un tressaillement la saisit quand elle voit Manh acquiescer.

A-t-il jamais regardé sa fille, à table, avec une telle application ? Au point qu'au bout d'un moment, il s'en inquiète : s'il finissait par éveiller son attention ? Une patiente. Je l'examine comme une patiente. On vit à côté d'un être cher et l'on est si proche de lui qu'on ne le voit plus. Et lorsque l'on décide de s'appliquer à le dévisager, il vous semble étranger. Colette est devenue une femme sans qu'il s'en rende compte. Voilà comment, un jour, il arrive qu'un de vos enfants vous quitte et que vous ne compreniez pas pourquoi. C'est vrai qu'elle doit plaire aux hommes avec sa silhouette de nymphette, cet ovale du visage dessiné d'une main sûre et ce cou dont l'élan sans frein force l'admiration. Il rit intérieurement en se rappelant la réflexion d'une femme du peuple, à Saigon, qui s'extasiait devant la blancheur de peau de Colette et demandait à Hélène combien de litres de lait de coco elle avait bus, enceinte, pour aboutir à ce résultat. Beauté de mon pays. Où trouver autant de grâce chez la femme ? A l'instant, elle parle avec son frère. De temps en temps, sa mère s'adresse à eux en vietnamien, mais ils répondent en français. Parfois, agacé, l'un ou l'autre accepte de la satisfaire. D'un mot, d'un air de dire : « Si ça peut te faire plaisir. » Mais Hélène recommence. Elle n'a jamais cessé de se contraindre à ce genre de petite lutte. Sa propre mère agissait de même, à Saigon, tandis que son père s'en moquait. Il est vrai que dans son travail de botaniste, Tùng s'exprimait plus en français ou en latin que dans sa langue maternelle dont le flou, jugeait-il, était incompatible avec la rigueur scientifique. Où avait-il donc déniché cette citation d'Otto de Habsbourg dont Manh se souvient comme si son beau-père la prononçait avec lui : « La langue anglaise est un fusil à plombs, car le tir est dispersé. La langue française est un fusil qui tire à balle, de façon précise » ? Quand Thu reprochait à Hélène de converser en français en dépit de ses consignes, il lui disait : « Laisse-la donc. » Alors, elle ronchonnait, accusait les hommes d'insouciance grave, pis, de désertion devant le danger de mort auquel elle estimait que la culture héritée des ancêtres était exposée. Dans ce domaine, Hélène est aujourd'hui le calque de sa mère. Les chiens ne font pas des chats. Quand elle houspille Hugues et Colette à ce propos, Manh secoue le menton, mais ne la désapprouve pas, au contraire. Tout le monde devrait se comporter ainsi chez soi, estime-t-il dans ses moments de remords d'exilé. A commencer par lui-même. Mais quel blâme pourrait-il encourir ? Parle-t-on vietnamien parmi les gens qu'il rencontre chaque jour, depuis des années, à l'hôpital ou dans son cabinet ? Aussi sent-il sa langue se déliter peu à peu, se désagréger, comme un beau château de sable. Les rares fois où il consent à se soumettre au désir d'Hélène en lui répondant comme elle l'entend, il cherche ses mots, bégaie, s'en tire à cloche-pied. S'il arrive à Colette de céder à sa mère par lassitude quand elle se retrouve en tête à tête avec elle, Hugues ne se plie pas si facilement. Son arme : le rire. Il enveloppe Hélène d'un flot de drôleries et de ricanements, comme il lui jetterait une poignée de confettis à la figure, et disparaît au plus vite.

Elle vient de se remémorer le prénom du fils Phú Càt. Antoine. Quelle joie ! Il ne lui en faut pas plus pour rêver à un grand mariage dans cet appartement royal aux mille objets de là-bas. Et pour que, pareil à un pigeon voyageur s'envolant d'une main palpitante d'espoir, ce ballon d'essai quitte ses lèvres à destination de ses enfants :

« Votre père et moi, nous nous demandions si nous ne pourrions pas inviter les Phú Càt, un jour prochain. Antoine, j'en suis sûre, serait très heureux de vous revoir.

— Ce grand type boutonneux ? demande Hugues. (Il pouffe derrière sa main et prend Colette à témoin.)

— Hum... (Hélène un peu offusquée). Boutonneux ? Je ne me souviens pas de ce détail. Hugues s'obstine.

— Ça se voit pourtant bien : il a un bouton gros comme ça sur le pif. Quant à sa sœur aînée — il étire sa mâchoire inférieure vers l'avant —, on dirait un motard penché sur son guidon. Il s'étrangle dans son fou rire. Derrière sa main, Colette retient le sien. Invite plutôt nos voisins, ajoute-t-il. Leur fille, Caroline, n'est pas mal, et François ne déplaît pas à ma chère sœur, d'après ce que je crois savoir. Pas vrai ? »

Colette lui boxe les côtes de ses poings minuscules, et lui se plaint comme si on lui rompait les os. Manh doit se fâcher. A-t-on déjà vu des enfants se tenir si mal à table ?

Hélène hausse les épaules et ses cheveux longs lancent des reflets de crinière sauvage. Nos voisins, se répète-t-elle en jetant un œil lourd vers la grosse maison si proche des Tilleuls, derrière son mur... Ce François qu'elle aperçoit parfois, rentrant chez lui, livres sous le bras, ce jeune homme si poli qui la salue toujours... Et cette lettre, cette enveloppe qui ne portait ni timbre ni d'adresse, seulement un prénom... Ce pourrait-il que... ? Non, essaie-t-elle de se convaincre, il est impossible de croire que... Certes, dans la communauté vietnamienne, les beaux partis sont rares, mais il est hors de question de concevoir que Colette puisse épouser un jour quelqu'un d'autre qu'un Viêt. Vraiment ? Vraiment. Le poète Nguyễn Du le dit : « Même si les fleuves devaient tarir, même si les rochers devaient tomber en poussière, le ver à soie, jusqu'à sa mort, serait encore lié au fil qu'il a tissé. »

Plus tard, seule devant l'autel des ancêtres, bâtonnet d'encens rougeoyant dans les mains, elle promet de demeurer vigilante à ce sujet. Le promet à Quan Âm, la déesse bouddhique de la Miséricorde et l'amie secourable des femmes. Quan Âm qui, croit-elle, a réussi à chasser cette Française du cœur de Manh, comme on chassait, là-bas, à coups de baguette, un serpent corail que l'on surprenait sous son lit.

2.

On se lève, un matin, sans se douter de rien, et soudain on apprend que des pions ont changé de place, là-haut, sur l'échiquier géant, et que cela va bouleverser la vie. Qu'une main a tranché, là-haut, où tout est écrit, a décidé de dévier le cours des choses. Manh se préparait à partir pour son cabinet, à Paris. Clef de contact à la main, il se dirigeait vers la porte du garage, vers cet escalier ripoliné qui y mène, embaumé d'un doux parfum d'essence, quand le téléphone a sonné. Et quand Hugues a crié, du salon, à son intention, que la communication lui était destinée. A présent, assis dans un fauteuil, paupières rabattues, il reprend lentement ses esprits avec l'impression d'être remonté du fond de l'eau, d'avoir atteint la surface et touché ciel, soleil, joie. Joie que l'on ne peut garder pour soi, que l'on se doit de partager sans tarder avec le premier venu, comme un feu de bois, un soir d'hiver, avec des amis esseulés. Joie d'annoncer à Hélène, bouche bée :

« Lan est vivant ! » Lan, le frère aimé que l'on tenait pour mort depuis si longtemps. Depuis combien de temps ? Vingt-deux ans ! Lan revenu des dix Enfers bouddhiques, revenu de ce séjour infernal où son âme errait sans pouvoir trouver le refuge. Lan dans son corps ressuscité. Mais comment, comment est-ce possible ? Manh raconte. D'une voix précipitée, comme s'il avait descendu et remonté aussi vite l'escalier menant au garage. Raconte comment son frère est revenu de la mort. Voilà ce dont l'a informé à l'instant, au téléphone, un officiel du ministère des Affaires étrangères, M. Joubert. Béni soit son nom. Béni soit ce Joubert qui nous a donné cette nouvelle : Lan vivant, Lan de nouveau de ce monde. Voilà. Lorsque les Viêt-công l'ont enlevé, il a réussi à s'évader, à échapper à l'exécution. Mais il était loin de Saigon, dans la brousse, dans une région inconnue de lui. Loin de toute habitation. Alors, il s'est perdu et des maquisards l'ont attrapé, et d'autres l'ont emmené à Hanoi. Et ils l'ont enfermé dans un camp. Voilà ce qu'a expliqué M. Joubert. Dans un camp, au nord de Hanoi, dans les montagnes, où il fait si froid, l'hiver. Ils l'ont enfermé là et il n'en est plus sorti. Depuis vingt-deux ans ? Depuis vingt-deux ans. Voilà pourquoi on a pensé qu'ils l'avaient tué comme ceux qu'ils avaient enlevés avec lui. C'est tout ce qu'a rapporté M. Joubert, tout ce que l'ambassade de France à Hanoi a recueilli sur lui grâce au récit d'un transfuge qui le connaissait à Saigon. Il ne sait rien d'autre. Ne sait pas, par exemple, quand Lan sortira de cette prison, quand ils le relâcheront. Ils ne disent jamais rien de ces choses-là. Ce sont des gens impitoyables. Des chiens jaunes, comme on les appelle, là-bas. Il faudrait être Trang Trình, le Nostradamus vietnamien, pour le savoir. Trang Trình qui passa sept années de sa vie dans une pagode et qui lisait l'avenir, comme s'il était inscrit sur une tablette de jujubier ou sur la banderole en soie rose des convois funèbres. Lui seul pourrait peut-être le dire. Beaucoup sont prisonniers depuis plus longtemps encore que Lan pour s'être battus contre eux, pour avoir fait simplement leur devoir de citoyen comme on le leur demandait. « La rancune des chiens jaunes dépasse celle des féroces Tây Sỏn de notre histoire et celle de Minh Mạng, l'empereur altéré de sang, clame Manh. Leur cruauté restera dans l'histoire comme celle de ces bourreaux. »

Hồng s'interroge tout haut : « Comment le sortir de là ? » Elle a ce petit rire qui a l'habitude de soulever sa menue poitrine. On la dirait prête à partir, à prendre l'avion. Mais Manh ne peut que secouer la tête, comme un joueur de *tủ sác* dans l'impasse, devant ses cartes étalées sur son bat-flanc. Ne peut que répéter les paroles de M. Joubert. Le destin de Lan est entre les mains de Hanoi. Lan a la nationalité vietnamienne et les Français n'ont pas la possibilité de lui venir en aide.

C'est alors que l'oncle Giàu rentre de la clinique après une intervention bénigne. Certes, plutôt pâlot à la suite de cette semaine d'hospitalisation, mais plus en forme que l'on a le droit de l'être à soixante-seize ans. Ses cheveux blancs touffus et soyeux, et sa barbiche très clairsemée de même couleur l'illuminent fort à propos. Celle-ci prend naissance au bas de ses joues par une légère couche de flocons ressemblant à un névé de savon à barbe qu'il aurait oublié en se rasant et se termine par quelques effiloches. Dans leurs étroites cavités, ses yeux pétillent, appelant les lunettes dont il ne se sert que pour lire. Lan de retour à la vie ! Quelle nouvelle du Ciel ! De ses longues mains, Giàu étreint son visage osseux en tirant sur ses traits. Mais s'il se réjouit tout autant que les autres, il s'étonne moins. Car il a toujours refusé d'admettre la mort de Lan. Une conviction qu'il a d'ailleurs énoncée sans se lasser et dont personne dans la famille n'a jamais vraiment tenu compte. Parce qu'elle est fondée sur l'astrologie. Personne sauf Hồng. Elle aime souvent rendre visite à son oncle dans la petite chambre que Manh et Hélène lui ont attribuée à son arrivée en France, peu de temps après leur installation aux Tilleuls. Une chambre sous les combles, mais facilement accessible pour ses vieilles jambes et confortable à souhait. Il y a là, épinglés sur les murs – seuls biens précieux, sans doute, datant du pays –, les diagrammes qu'utilisent les devins dans leurs calculs. Notamment cette roue partagée en cinq parties correspondant aux points cardinaux auxquels s'ajoute le centre et où figurent les planètes Mercure, Mars, Jupiter, Vénus et Saturne, les quatre saisons, les éléments tels que le bois, le métal, l'eau, la terre et le feu, les organes essentiels du corps humain et ses humeurs principales. Et cet autre schéma qui montre le chemin qu'empruntent les deux essences vitales que le Ciel envoie dans les profondeurs de sa réplique, la Terre. Charriées par le sang, elles sont en circulation perpétuelle dans l'organisme de l'homme. La première, bienfaisante, a pour nom Dragon Bleu, la seconde, pernicieuse, Tigre Blanc. Plus esthétique est la représentation du cycle animal avec lequel l'astrologue établit un horoscope. Défilent alors, accompagnés de leurs noms en caractères chinois, le Rat, le Buffle, le Tigre, le Chat, le Dragon, le Serpent, le Cheval, la Chèvre, le Singe, le Coq, le Chien et le Porc. Naissance, mariage, maladie grave, affaire de quelque importance, nombreux parmi les amis étaient ceux qui venaient consulter Giàu, à Saigon, pour ces raisons. Et Hồng s'en voudra éternellement d'avoir laissé son père confier son destin à un inconnu en prévision de ses fiançailles plutôt qu'à cet homme si compétent auquel il n'accordait aucune créance.

Dépliant, une fois, pour elle, la feuille d'horoscope de Lan, au milieu de laquelle figuraient l'heure, le jour et le mois de sa naissance, Giàu entreprit de lui expliquer pourquoi il n'y distinguait pas la mort de son neveu. Mais devant ces douze cases décorées d'idéogrammes tracés au pinceau, la pauvre Hồng ne comprit pas grand-chose. Le sort d'un homme inscrit dans ce jeu de l'oie ? Le pouvoir de persuasion de son oncle réussit à dissiper son incrédulité. Dès lors, il faut en convenir : il est bien le meilleur *thầy bói* que l'on connaisse. Et chacun lui prêtera sûrement l'oreille avec la même attention que les Hébreux avaient pour les prophètes, lorsqu'il annoncera, à grands coups de barbichette, que Lan reviendra. Quand ? Sa barbichette branle négativement. Il ne possède pas encore les éléments de la réponse. « Il nous reviendra sain et sauf, c'est tout ce dont je suis certain pour l'instant. » Etoiles d'une nuit de décembre à Saigon, imagine Hồng en voyant ses petits yeux de feu au fond de leurs trous minuscules.

Sur le chemin de son cabinet, ce matin-là, alors que la pluie s'en mêle à son tour, Manh songe à son frère captif et éclate : Pourquoi le destin s'ingénie-t-il à nous faire constamment des crocs-en-jambe, à nous, les Vietnamiens ? On nous abat, nous nous relevons, et on nous abat encore. Quand nous foutra-t-on la paix ? Coup de pied dans un vieux carton traînant sur le trottoir. Coup de pied à ces mauvais génies accrochés aux basques de tous les Vietnamiens, comme ces cyons diaboliques dont parle parfois Tùng, ce grand connaisseur de la nature, ces chiens sauvages qui arrachent les yeux de leurs victimes avant de les dévorer. Mais la pluie s'arrête. Et le soleil perce entre les nuages et Manh le sent se poser, comme une main chaude, sur son cœur. Lan paie pour tout le monde, mais à part un cousin et une cousine éloignés, abandonnés comme lui, à la merci des cyons, la famille se retrouve au complet, hors de leur atteinte. Hồng a été la dernière à la rejoindre sur ce bateau surchargé de vies tremblantes, cette fragile bouée à laquelle tant de compatriotes ont confié leur destin. La dernière à atteindre ces rivages dont elle rêvait, a-t-elle raconté, jusqu'à l'hallucination, comme Saint-Exupéry entendait un coq chanter dans le silence du désert. La dernière à regagner le giron familial, après Giàu, parti de Saigon, à la veille de l'arrivée des communistes, et retenu, quatre années durant, aux Philippines. Après Tùng, et son attachement passionnel pour les plantes, obligé de se séparer de son Jardin botanique. De toutes ses fleurs et de son jambosier aux grosses baies rouges sentant la rose, son arbre fruitier préféré, dont il avait apporté un plant, un jour de Têt, rue Chasseloup-Laubat. Tùng et Thu accueillis aux Etats-Unis, devenus citoyens américains, installés près de Washington d'où ils ne manquent pas de venir visiter les « Français », une fois l'an. Nous voilà donc tous ici, sains et saufs, songe Manh, plus chanceux que des centaines de milliers d'autres. Tous ici, employés tant bien que mal, comme des centaines de milliers d'autres, à rebâtir notre vie en essayant de tout désapprendre de l'autre, de celle que nous avons laissée derrière nous. Des temps heureux. Mais sera-ce jamais possible ? Qui gagnera cette course à laquelle se livrent le souvenir et l'oubli ? Et comment écarter de nos pensées ceux dont les photographies parent l'autel des ancêtres ? Rares les jours où Manh ne revoit pas son père et sa mère dans la grande maison de Saigon dont la salle de réception voulait plagier le confort européen avec son sofa démesuré, ses fauteuils profonds revêtus de soie rutilante (sous leur housse en plastique transparent) et son piano Gaveau. Où il ne revoit pas son père enfoncé dans un des ses fauteuils, fumant sa blonde Cotab et lisant *Le Journal d'Extrême-Orient* près du panneau de laque sur lequel se tortillait, dorée sur fond rouge, une sentence confucéenne. Où il n'entend pas sa mère et sa grand-mère discuter d'une voix aiguë et miaulante, tout en picorant leur riz, assises en tailleur sur le vaste bat-flanc qui aurait pu servir de couche à quatre corpulentes personnes, bol contre bouche et baguettes frétillantes, pareilles au bec d'un héronneau affamé. Où il ne les voit pas jouer au *tứ sắc* avec quelques amies aussi désœuvrées qu'elles, manier les cartes aux quatre couleurs, doigts bardés de bagues, avec une dextérité d'illusionniste. Et recracher avec une précision de cyclo-pousse la boulette de bétel mâchée et remâchée avant d'en engouffrer une nouvelle à la même vitesse. Rares, oui, sont les jours privés de ces images et de ces bruits. De cette recomposition du bonheur enfoui. Comme rares sont également les jours où il ne revoit pas ce bonheur finir dans la cendre de l'encens et des papiers votifs. Avec son père, d'abord, emporté par ce maudit tabac qu'il ne voulait pas lâcher, lui le professeur en médecine qui ne méconnaissait pourtant pas la nocivité d'un pareil venin. Puis avec sa mère, tout de suite après, sa mère désespérée, incapable de continuer à respirer sans ce doux parfum de cigarette blonde dont elle avait été enveloppée depuis son mariage. Où Manh ne se revoit pas en train de suivre les bonzes en costume de cérémonie, ces saintes personnes scandant leurs prières avec un petit tocsin et indiquant au mort la direction du Nirvâna. En train de marcher d'un pas lent, tête basse, aux côtés de quatre hommes portant la table qui retient la banderole sur laquelle flamboie, en beaux caractères chinois, le nom et les qualités du défunt.

Lan, le grand frère vivant, sa préoccupation renouvelée. A présent, son nom ne cesse de bousculer sa conscience, comme l'avait fait celui de Hồng sur sa nef de misère. Remords de ne pas avoir appris plus tôt qu'il a survécu, ignoré des siens, dans l'ignorance totale des siens. Dans leur indifférence. Remords de vivre ici, dans le confort et la liberté, alors que lui est là-bas, dans son camp de lente extermination. De devoir attendre, les bras liés, attendre sa lente extermination. Les bras croisés ! Révolte contre l'inaction coupable, contre sa lâcheté. Entendant les cris du frère aimé au fond de sa fosse aux lions, ses appels au secours et ses protestations. Et entendant la réaction de son père, le médecin, le professeur, quand, parfois, au retour de l'hôpital, il évoquait un cas désespéré et se désespérait de se sentir incapable, battu, vaincu. Quand, se levant d'un coup et boutonnant sa veste de lin blanc, il s'écriait : « Non ! il y a toujours quelque chose à faire. » Ce cri rageur contre son impuissance et, juste après, l'ébrouement rageur de sa traction avant sur le gravillon du jardin. Et bien après, parfois encore, son cri de victoire à sa descente de voiture, la joie du devoir accompli et du succès.

Hélène est énervante. Elle ne pense qu'à cette lettre et à son mystérieux auteur, et se réfugie dans des silences de bonze en méditation. Dans un étouffement de toute parole qui lui sert à signifier ce qu'il ne serait pas convenable d'exprimer autrement. Enervante. Quelle fille de l'âge de Colette n'a pas une passade ? « Une passade, ça passe. Laisse-la donc passer. » Mais si ce n'était pas une passade ? « Tu as vu comment elle a trépigné quand Hugues l'a taquinée à propos du fils de nos voisins ? » Gamineries, juge Manh. Après tout, ne vaut-il pas mieux qu'elle fréquente ce jeune homme de bonne naissance, qui a l'air si bien, d'ailleurs, plutôt qu'un inconnu sans éducation et sans scrupules ? Mais, d'abord, est-on si sûr qu'il s'agisse de ce jeune homme-là ? Cette question, à son tour : Colette avec un Français ? Allons, il n'en est pas question. Pas question ? Mais qui décide dans ce cas ? Les temps ont changé, le climat aussi. Elle est loin, l'époque de la rue Chasseloup-Laubat. Hélène ne voudra jamais l'admettre, mais c'est ainsi. Observe-la. Elle mitonne dans son mutisme. Oui, elle est vraiment énervante. Au fond, sur quoi nous sommes-nous jamais accordés, elle et moi ? Hồng s'est mise au piano. Si elle pouvait choisir le morceau qui sied exactement à mon état d'âme ! (Son examen du jardin l'apaise.) L'hiver est en retard, tant pis pour lui. A Saigon, il arrivait de même que, sourds à la saison, les bougainvillées ne se décident pas à défleurir. Devant la fenêtre, comme les perruches vertes, là-bas, un moineau exécute un numéro de haute voltige. Tu envies l'oiseau parce qu'il peut voler, pense-t-il, mais lui aussi finit par se poser...

François Lepelletier lui apparaît, le lendemain matin. Il est vrai que l'on aurait du mal à ne pas le trouver à son goût. Franc du regard et de la poignée de main, l'œil clair comme les cheveux. Et soigné de sa personne, avec blazer croisé et cravate club. Ne lui manquent que la raquette de tennis sous le bras et la casquette d'Eton. Il est venu ouvrir à Manh dès le premier coup de sonnette. Derrière, Liliane, sa mère, lève ses bras dodus. Sa voix est de celles qui savent mettre les gens à l'aise sans que l'on ait d'abord à leur servir le thé.

« Docteur, quelle surprise ! »

Pour elle seulement, car Manh s'est annoncé à son mari. Le voici, Pierre Lepelletier. Chemise écossaise, pantalon de velours, bottes de caoutchouc. Tenue dont il s'excuse. Le voici, ouvert comme l'est son fils. Ces feuilles mortes, quel travail ! On n'en atteint jamais le bout. C'est bien vrai. Whisky ou autre chose ? Ce petit porto, par exemple, rapporté d'un reportage au bord du Tage. Vous connaissez le Portugal ? Les deux hommes s'isolent sous la véranda, verre au poing. Tables et chaises de vannerie, plantes grimpantes jaillissant de jarres vernissées. Soleil blême à travers la verrière et les bras décharnés d'un platane, et dessous, devant Manh, ce voisin familier et affable, si direct dans ses rapports et tranchant dans ses avis. Un blond sanguin à l'œil mobile, toujours éveillé, attentionné, serviable. Cigarette ? Non merci. Lui fume, par contre, et beaucoup.

« C'est le métier qui veut ça, s'excuse-t-il. Dans le journalisme, on est à toute heure sur les nerfs. Alors... »

Pierre Lepelletier est le rédacteur en chef du *Mondial.* Un as de la profession. Il n'arrête pas de tripoter son briquet en argent, comme les Arabes leur chapelet d'ambre. Dans le jardin, on entend une chanson de fillette. François Lepelletier a trois sœurs. Caroline, la plus grande, vient d'avoir treize ans.

« Voilà, commence Manh après s'être éclairci la gorge. Mais je dois d'abord vous remercier de me recevoir. Il faut dire que ce que nous vivons n'est pas facile. » « Comptez sur moi pour vous aider, cher ami. Vous êtes si dévoué à notre égard. Combien de fois vous a-t-on dérangé à cause des enfants ? Et tous ces ballons dont on a bombardé votre jardin. (Leurs rires se fondent au milieu de la fumée.) Expliquez-moi tout. » « Voilà », dit Manh, et il raconte le grand événement qui vient de réjouir la famille : la réapparition de son frère. Lui rapporte les détails de sa visite au ministère des Affaires étrangères et le bruit que cette porte officielle a fait en se refermant sur les illusions comme par un coup de vent diabolique. Voilà la raison de sa venue. Journaliste connu et influent, Pierre Lepelletier possède peut-être une clef insoupçonnée. Si, par exemple, il pouvait approcher le ministre, ou bien, au cours d'un voyage en Asie... Manh le dévisage et s'effraie de la progression de son embarras qui, peu à peu, noie ses traits. Conséquence d'une amitié mitoyenne, doit maugréer Lepelletier. Un jour, votre voisin vient vous demander du feu, un autre jour, vous devez lui décrocher la lune. A Saigon, on poussait souvent la porte du professeur Lê en imaginant qu'il recelait la faculté de vaincre la mort en remettant les cœurs à neuf, comme on refait un moteur. Et Manh voyait s'épanouir dans le regard de son père la même pauvre fleur de commisération. Que peut-on attendre d'un homme seul quand les dieux réunis ont tout réglé d'avance ?

« Je vous demande beaucoup », laisse-t-il tomber timidement pour se faire pardonner.

Lepelletier cherche une réponse pas trop négative. La trouve dans la cigarette qu'il vient d'examiner au bout de son pouce et de son index, comme s'il s'étonnait de la voir grésiller.

Approcher le ministre, pourquoi pas ? Mais est-ce bien utile ? Nombre de prisonniers célèbres par leurs anciennes fonctions dans l'administration ou l'armée sud-vietnamienne et très connus des Français croupissent dans ces camps depuis des années sans que l'intervention de la France ou d'autres pays ait jamais ému leurs tortionnaires. En revanche, pourquoi ne pas tenter une démarche personnelle auprès de leur ambassadeur ?

« Je l'ai déjà rencontré au cours d'une réception au Quai. Il m'a l'air abordable. Peut-être arrivera-t-il à convaincre Hanoi qu'il est intéressant de faire plaisir à un homme qui a pour ami le rédacteur en chef d'un grand journal qui... » Manh semble l'écouter mais ne l'entend plus. Semble lui prêter une attention soutenue, mais n'est plus devant lui. N'est plus sous cette verrière que le maigre soleil, qui s'ébat avec les branches du platane, couvre de reflets de vitrail. N'est plus ici, mais sous les crachats de la mousson avec Lan, fers aux pieds, menottes aux mains. Avec Lan décharné, hagard, mais obstiné dans sa résistance. Invincible. Héroïque pour tous ceux qui ne l'ont pas été, à commencer par lui, Manh, que ses études en France ont préservé de la tuerie. Pour tous les rats qui ont préféré la fuite à la lutte, et tous ceux qui ont simplement fermé leurs yeux et leurs oreilles au cognement du canon et aux cris de souffrance. Manh est avec son frère rayonnant de toute sa bravoure, resplendissant de lumière. Avec son frère rachetant tous les rats du Viêt Nam. Pendant que, derrière sa fumée bleue, Pierre Lepelletier est à l'ambassade vietnamienne, chez les tortionnaires de Lan, avec ses mots encourageants et ses sourires. Allez demander l'aman à genoux, corde au cou ? La pitié à ces gens impitoyables ? Naïveté de ce Tây, de cet Occidental nourri d'humanisme, baigné d'angélisme et méconnaissant la puissance du désir de vengeance chez les Asiatiques. « Prenons rendez-vous avec cet ambassadeur, lui propose-t-il. Je vous accompagnerai. » A quoi bon ? D'abord on leur refusera ce rendez-vous. Lepelletier insiste : « Rien ne coûte d'essayer. » Rien ne coûte ! Allez expliquer à un Tây ce que coûte à un Viêt de se retrouver face aux persécuteurs de son frère, aux bourreaux de toute une génération de petits et grands frères ! De se retrouver poli et suppliant devant des monstres de cruauté qui vont ricaner de tant d'ingénuité.

« Allons, conclut cet homme généreux, il n'existe aucune autre solution. Un voyage là-bas ne résoudrait rien. De toute façon, je n'obtiendrai pas de visa. Le Viêt Nam est bouclé. Seuls les journalistes communistes y ont accès. »

D'accord ? Manh finit par y consentir. Mais répugne à décider du jour où ils mettront leur projet à exécution. Avec l'espoir diffus que ce délai pourra lui permettre de changer d'avis. Il soupire. Quelle bataille invisible vient-il de livrer ! La voix de Liliane Lepelletier balaie d'un coup toute affliction de la pensée. Grâce au Ciel, il est des voix qui ont ce pouvoir magique, qui vous remettent en selle par leur seul tintement. Carafe à la main, elle veut remplir les verres vides. Deux de ses fillettes l'accompagnent et proposent avec révérence des noix et des biscuits salés sur un plateau. On trinque de nouveau. Quand le téléphone retentit et François apparaît avec un message pour son père. Pérol. Le patron du journal. L'appeler à son numéro personnel. Un dimanche après-midi ! (Yeux au ciel.) On ne peut jamais être tranquille. Maintenant, Manh est seul avec cette aimable personne aux jupes si courtes. Le corps bien logé dans le fauteuil en osier que vient de quitter son mari, elle entreprend de meubler la conversation. Et Manh a tout loisir de la contempler, pour une fois, à sa guise, loin du guet qu'exerce Hélène dès qu'un parfum de femme commence à l'envelopper. Hélène. Est-elle plus jalouse que ses amies ? Tous les piments sont piquants, toute chaux a le goût âcre, toutes les femmes mariées sont jalouses, dit une chanson d'autrefois. Sa jalousie n'est peut-être pas plus forte que celle de ses compagnes, mais elle est plus ancienne. Elle date de ses fiançailles. De l'époque où Catherine régnait sur le cœur de Manh en souveraine incontestée. C'est à ce moment-là qu'elle a ressenti ses premières brûlures. Longtemps sa douleur a été vive, jusqu'au moment où elle a compris que les années avaient fait leur œuvre d'oubli. Qu'elles avaient enfin réussi à imposer sa présence. Comme une affiche en recouvre une autre. Cependant, elle n'a jamais relâché complètement sa garde. Certes, il y a belle lurette qu'elle sait que Manh n'est plus comme ces jeunes chiens qui courent après les pigeons en s'imaginant qu'ils vont pouvoir les attraper. Mais elle sait aussi qu'à son âge la chasse n'est pas encore fermée et que, même si le gibier se fait plus rare, il peut encore être attiré par l'odeur de la poudre. Cela dit, elle craint moins ses amies vietnamiennes, dont elle n'ignore pourtant pas le savoir-faire pour s'approprier un homme, que les Françaises qu'elle présume plus exercées dans ce domaine. Avec les premières, elle est en pays de connaissance, avec les secondes, dans le noir absolu. Liliane Lepelletier, par exemple. Serait-il possible qu'elle devienne un jour une rivale ? Ses jupes courtes, ses airs d'aguicheuse et sa propension a appeler Manh pour le moindre rhume de ses filles...

Manh la regarde et pense à Catherine. Semblable bouche tentante, semblable chair saine et épanouie. Ne font défaut que ces taches de rousseur que les enfants de ses domestiques, là-bas, peu habitués à en voir, essayaient d'effacer sur ses bras en frottant dessus avec un doigt mouillé. Pense à Catherine, à Saigon, à l'époque de sa vraie découverte de la femme. Car que sait-il d'elle avant de rencontrer cette Tây ? Quelques apparitions furtives de sa sœur dévêtue, au sortir de la salle de bains. Des corps plus suggestifs sur un magazine en papier glacé circulant de main en main, au lycée. Et quels contacts a-t-il eus ? Des baisers aussi furtifs au Ciné-Catinat ou au Nam-Viêt avec une jouvencelle rencontrée à la bibliothèque Thỏ Viên, rue Gia Long, une danse ou deux assez osées dans la pénombre du Chalet, boulevard Gallieni. S'adresserait-il à une fille sans avoir l'impression d'être ridicule ? Il est vrai que ses conquêtes ne l'aident guère. Rêve et poésie, voilà ce qu'elles attendent de l'amour. Le reste est inavouable, suspect, obscène même. Héritage de l'éducation où ces choses-là n'ont pas de place. Où, à leur place, trônent les préceptes du tout-puissant Maître Confucius que toute jeune fille doit se répéter, matin et soir : Être habile dans son travail, modeste dans son maintien, douce dans son langage, irréprochable dans sa conduite. Précepte qu'entend Manh dans la bouche de sa grand-mère lorsqu'il lui arrive de sermonner Hồng pour avoir traîné un peu trop longtemps au sortir de l'école avant d'accepter de suivre l'assam, la nurse d'origine chinoise. Ou bien lorsqu'elle la voit commencer à s'occuper d'elle-même, de ses robes, de sa coiffure : Du bon bois vaut mieux qu'une belle couche de laque, être laide mais vertueuse vaut mieux qu'un physique de phénix. Timides, inhabiles, les filles sont donc pour lui plus une source d'embarras qu'un creuset de plaisir. Mais les taxi-girls, les entraîneuses des boîte de nuit de Cholon, la Chinoise, la démone ? Avec un copain de son âge, il va les regarder de près, un soir. Demeure un bon moment à lorgner ces créatures filiformes au ras de son verre d'orangeade, leurs ondulations d'anguille sous les faisceaux lumineux. Invente des enlacements et des positions délictueuses. Ces taxi-girls dont on se repaît les yeux, de loin, derrière une vitre imaginaire, ces tentatrices que l'on n'ose pas approcher, pareilles à des flammes dangereuses.

Aussi Catherine est-elle une révélation. Il la revoit. Après leur première rencontre, rue Chasseloup-Laubat, trois jours après l'avoir raccompagnée chez elle, le jour de la fête des Âmes errantes. La revoit au Jardin botanique, tout à côté de leur domicile. Il y a les flamboyants nains, les orangers de Malabar, le ramboustan d'Indonésie, l'explosion sanglante des cannas et l'étrange senteur des cactus. Il y a le soleil à travers le manguier, comme à travers l'éventail d'une main aux doigts écartés, la joyeuse envolée des cloches qui appellent la grand-messe du haut de la cathédrale en briques roses. Et puis cette jeune fille en robe à fleurs, marchant à côté de lui, muette, mais si bavarde, riche de paroles qu'elle garde pour l'instant en elle. L'amour lui-même marchant à côté de lui. Pour la première fois de sa vie. Il n'a qu'un quart d'heure à sa disposition. Peu de temps lorsque l'on patiente depuis tant de jours. Depuis trois longs jours. Mais tout le temps pour la découvrir, pour lisser par la pensée cette chevelure rousse qui descend, descend jusqu'à... Pour humer de la même façon ces bras et ces épaules mouchetés comme ces mangues par terre, enfermer cette poitrine dans ses paumes, enserrer cette taille. Tout le temps pour délimiter son territoire, l'espace inexploré où, jeune loup, il va rôder, puis chasser, traquer jusqu'à... Ils recherchent les cachettes les plus inaccessibles, derrière une haie défensive d'agaves acérées, sous une pluie rose de lianes antigones. Si leurs parents les surprenaient ! Se séparent tout à coup dès qu'apparaissent des importuns au bout de leur allée. Mais ils ne trompent personne.

Vous avez vu comment ces gens-là nous ont regardés ?

(Ils rient.) On dirait qu'ils n'ont jamais vu des amoureux.

Rient, mais ont bien conscience d'être des exceptions, des anomalies que l'on montre du doigt, qui vous font vous retourner, et ils frémissent à cette idée. Frémissent à la perspective d'une bataille inévitable. Sera-t-on assez forts pour la gagner ? Question qu'ils se posent à eux-mêmes sans oser la formuler tout haut.

Il lui dit en riant encore : Chi Ba s'est aperçue de notre manège et elle m'a conseillé de faire attention.

Il rit comme on rit au Viêt Nam pour noyer sa peur, ses contrariétés, tout. Et craint de distinguer dans le regard des passants cette lueur de serpent sous les feuilles que l'on jette à la vue d'un couple franco-vietnamien. Mais pourquoi tant d'appréhension ? Ce mépris n'est-il pas destiné aux femmes plutôt qu'aux hommes ? *Mẹ Tây !* Femme d'Occidental, crache-t-on dans leur dos. Malheur à celle qui, dans la bonne société de Saigon, s'exhibe avec un étranger. Serait-il amiral ou ministre et en aurait-il fait sa femme que cela n'arrangerait rien. On aurait pour elle l'œil que l'on a pour une *vợ bé*, une concubine, l'une de ces « femmes servantes » d'autrefois que l'on achetait sans jamais les épouser. Certes, on montrera plus d'indulgence pour l'homme, surtout s'il vient juste de sortir de l'adolescence, mais sera-t-il protégé de toute humiliation ? Quand le moment de se quitter approche, on ne veut pas l'admettre. On voudrait croire que le temps n'existe plus pour personne, comme il n'existe plus pour ce flamboyant or qui annonce les pluies alors que le printemps a commencé. Leurs mains s'encastrent à la perfection. Elles semblent avoir été faites dans cette intention.

Manh jette un œil sur sa montre, soupire et dit encore : Nos ancêtres se moquaient du temps et ils avaient bien raison. Cette notion était pour eux pleine de fantaisie. Ils la mesuraient selon certaines observations. Trois ou quatre minutes, le temps qu'il faut pour mâcher une chique de bétel, un quart d'heure, la cuisson d'une marmite de riz pour trois ou quatre personnes, une demi-heure celle pour dix personnes. (Ils rient de nouveau.) Et combien pour embrasser quelqu'un, Catherine, vous avez une idée ?

Rosissante : Pas la moindre.

Ils ne rient plus. Ils s'embrassent.

Chaque jour, à présent, ils s'arrangent pour se rencontrer. Plus difficile quand arrive le moment des vacances. Inventer alors toutes sortes de subterfuges, demander l'aide de complices, de faux témoins. Les copains, les copines et Chi Ba. Balade à six, au cap Saint-Jacques, dans une voiture pourrie, pique-nique sur les roches noires en contemplant la mer verte, peau de tigresse, descente de lit bonne pour s'y coucher. Et ces rochers épars comme des gravats rejetés, çà et là, par des mains dédaigneuses. Regarder les traces que laisse l'eau, au reflux, sur le sable, le sable humecté comme par des baisers. Et regarder Catherine de loin, lorsqu'elle joue au ballon ou court dans les vaguelettes en s'éclaboussant comme un écolier dans les flaques. La pâleur étonnante de son corps en bikini, la rondeur étonnante de sa poitrine. Regarder cette belle plante et s'écrier : Quelle veine est la mienne ! La regarder et se demander ce qu'en pensent les copains et les copines, tous vietnamiens. Ce qu'ils pensent réellement de ce couple inhabituel derrière leurs rires et leurs formules conventionnelles. Se demander s'ils n'ont pas pour lui, au fond des yeux, eux aussi, cette lueur de serpent sous les feuilles.

Ils n'en sont pas encore à l'heure des serments, mais il sait qu'elle va surgir. Que fera-t-il alors de ses fiançailles prochaines avec Hélène ? Il se sent comme un chien avec son os, le cachant, le couvant, l'œil mauvais, crocs serrés. Chance, à part la bonne Chi Ba, personne n'a eu vent pour l'instant de leur liaison. Chance inouïe quand on mesure la complexité de la situation et la gageure : aimer sa voisine de rue sans que le quartier, puis la ville en soient informés à la fin de la semaine. Mais voilà que Hông a ce mot de trop, à table. Qu'elle annonce le départ de Luc Verger et de sa famille sur la *Marseillaise* et du même coup, prétend-elle, le désespoir de Catherine, obligée de se séparer du fils Malleret... Et voilà que Manh, en changeant de couleur, en perdant ses moyens, évente la mèche sans le vouloir.

Le lendemain, entre Manh et Catherine, ce sont les explications, la houle. Puis la tempête de Manh, son envie de rompre. En jurant contre la duplicité des Français, l'infidélité de leurs femmes, et en se reprochant sa propre infidélité à sa race et à ses traditions. Et Catherine, abasourdie, entre les rires et les pleurs. Catherine, les yeux bleus agrandis par l'ahurissement et la consternation :

Philippe Malleret ? Mais je le connais à peine. Il joue parfois avec moi au tennis, et c'est tout.

Et de parler de cancans et de blagues, d'une histoire pour rire entre deux sets. Et de convaincre enfin. Et par la suite, les questions de Hồng à son frère qu'elle a vu si retourné. Un soir, alors qu'elle est seule à la maison avec lui, que l'on entend la cathédrale égrener une heure tardive. L'aveu de Manh dans le jardin, fixant le cocotier des Verger, celui qui, sous la brise, a toujours l'air de faire l'imbécile, comme à l'école, les grands dans les rangs. L'aveu à Hồng, la bonne fée, l'alliée sûre. Nul doute qu'elle préférerait cent fois, mille fois voir une compatriote tenir le rôle de Catherine auprès de lui, mais elle aime tellement son grand frère ! Et cette voisine lui paraît si convenable. Et puis ne vit-elle pas à travers eux cet amour qui lui a échappé ? Un roman, un film servent de la même manière à d'autres. L'idylle de Manh et la sienne avec Quang, ou plutôt, celle qu'elle rêvait de connaître avec Quang s'il ne l'avait pas sacrifiée à sa cause. Une déception qui l'a fermée aux hommes pour l'éternité. Le cœur d'une femme est souvent celui-là : immense, il n'a qu'une seule place, et si la place se libère, il demeure vide la vie entière. Pourtant, au début, Hồng n'est pas amoureuse de Quang, car elle ne l'a pas choisi. Elle a été forcée de se conformer à l'avis de ses parents, tout comme ses parents n'ont pas eu leur mot à dire, à leur époque, pour se rencontrer puis se marier. Seulement les écouter dire : Où leurs parents les installent, les enfants doivent s'asseoir. Un aphorisme à apprendre par cœur si l'on ne craint pas de se laisser berner par ses illusions. Aussi, dès les vingt ans de Hồng, la machinerie ancestrale s'est-elle mise en marche. Avec la venue, un jour, au domicile du professeur Lê, d'une femme âgée au port décidé et au ton directif. La *môí*, l'entremetteuse. Premier rite d'une procédure à laquelle Hồng va demeurer jusqu'au bout étrangère. Hồng que cette femme veut d'abord examiner de près et sous toutes les coutures. Frapper à la porte de la famille de la jeune fille et chercher à voir ses yeux, commande la règle. Chercher à la découvrir dans son intérieur, l'entendre parler, observer son maintien. La soumettre à l'examen du regard et de l'ouïe. Puis, après avoir vanté les mérites de Quang et de ses parents, sans omettre quelques aperçus de leur fortune, elle offre de leur part les présents traditionnels : boîte de thé de Chine, noix d'arec, feuilles de bétel, bouteilles de champagne. Et preuve de la qualité du père de Quang, de son occupation professionnelle (la filature), un coupon de brocart broché d'argent. Prudent, avant d'accepter tout dialogue avec eux, le père de Hồng se renseigne lui-même sur ce si beau candidat. Et finit par donner son accord. Et déclenche le second acte : la visite chez lui, conduits par l'entremetteuse, des représentants de la famille de Quang, choisis parmi les plus âgés et parmi ceux qui ont la meilleure position sociale. Leur venue, les bras chargés d'autres cadeaux. Et la remise par le professeur Lê de l'acte sur lequel sont enregistrés les huit signes zodiacaux désignant l'année, le mois, le jour et l'heure de la naissance de sa fille. Confrontés à ceux que possèdent les parents de Quang sur leur fils, ces renseignements permettent ensuite au *thầy boí* de chaque famille de décider que les âges des deux jeunes gens sont compatibles et que l'alliance apparaît propice. Que le bonheur présidera à leur union. Erreur fatale de l'astrologue sollicité par le père de Hồng. Erreur qu'elle paiera donc de son chagrin sans fond. Elle entend encore ce vieil homme, rue Chasseloup-Laubat, après avoir rendu ses conclusions, bénir d'avance ces fiançailles désastreuses. L'entend encore lui annoncer, dès sa tasse de thé reposée, qu'il va maintenant étudier sa physionomie pour parfaire ses prédictions. Et sent encore ses doigts jaunis par le tabac palpant son front, son nez, ses joues en partant du menton et en suivant la marche du soleil, c'est-à-dire celle des aiguilles d'une montre. Puis sa main droite, les articulations de ses doigts et sa paume. L'entend lui promettre des jours illuminés avec ce garçon fait pour elle comme la chaux pour le bétel. Et entend, deux ans plus tard, la nouvelle de la mort de cet astrologue, empoisonné de la main d'un vieux Chinois ruiné par la jeunette dont il lui avait assuré la compatibilité de son âge avec le sien.

Oui, constate Manh, le regard arrêté sur Liliane Lepelletier, comme s'il la voyait pour la première fois, elle a bien quelque chose de Catherine, et avec sa faculté féline de sentir les choses, Hélène n'a sûrement pas manqué de remarquer mon intérêt. Est-ce pour cette raison qu'elle semble si réticente à fréquenter ses voisins et si mal à l'aise en leur présence ? Ou sont-ce les inclinations à la méfiance qui inhibent tous ses rapports avec autrui ? A moins que ces gens ne l'intimident avec leur train de vie ? Peut-être aussi n'a-t-elle pas perdu ce sentiment d'infériorité qu'elle éprouvait, à Saigon, vis-à-vis des Européens et qu'il a toujours ignoré lui-même grâce à un père si sûr de lui, de sa science et de son pouvoir, et plus tard, grâce à Catherine, à son amour initiatique ?

Liliane lui parle de ses enfants, de sa difficulté à les faire travailler, de cette bataille permanente qu'elle doit mener seule, chaque soir, avec les plus jeunes, car son mari rentre généralement assez tard. Inconcevables, pense-t-il, les soupirs que ses fillettes lui arrachent alors qu'elles ne devraient être pour elle qu'une source de joie. N'ont-elles pas le désir de porter bien haut l'honneur de la famille ? Il lui confie que ses propres enfants n'ont jamais causé ce genre de complication à la maison. S'est-il seulement occupé, un jour, des études de l'un d'eux ? Tout juste s'il contrôle parfois les notes du plus jeune, ne serait-ce que pour lui montrer qu'il s'en soucie. Deux sampans filant sur l'eau calme sans besoin d'un seul coup de perche. Hugues, le scientifique, suivra peut-être le chemin de son père. Colette, la littéraire, se voit déjà journaliste ou au barreau de Paris. Tous ainsi, les enfants de ses amis vietnamiens, apprend-il à cette femme étonnée. Tous sur le podium de leur classe, abonnés aux lauriers des vainqueurs et, ensuite, à la réussite professionnelle. Leurs parents n'auraient-ils donc aucun mérite ? Que fait-il donc de cet adage vietnamien qui compare les parents aux deux anses du panier dans lequel se trouve l'enfant ? (Cette question luit dans les yeux de Liliane.) Chez nous, ajoute-t-il, les parents n'oublient pas ce qu'ils ont reçu de leurs propres parents et grands-parents dès leur plus jeune âge : les principes fondamentaux de l'esprit confucéen. Le souci du perfectionnement, l'ordre, la discipline, le respect de la hiérarchie, l'obéissance aux parents, aux frères aînés, aux personnes âgées. Jadis, ajoute-t-il en souriant, pour protéger l'enfant contre les influences néfastes, on lui faisait porter des anneaux d'argent et un pendentif sur lequel quatre caractères chinois énonçaient les mots : soi-même, vie, étendue et existence. On pouvait aussi le vendre fictivement à un génie au cours d'une cérémonie à la pagode. Et à la place d'un nom personnel, on lui donnait un numéro d'ordre afin de tromper la vigilance des démons. Stupéfaction de Liliane, rires. Aujourd'hui, dit-il enfin, les enfants portent le plus efficace des boucliers : le désir de revanche sur l'adversité que leurs parents ont subie et dont ils continuent parfois à souffrir. Un bouclier, ou plutôt, une épée. Vantard. Voilà ce dont cette femme doit me traiter, redoute-t-il. Il explore le bleu de son regard, effrayé à l'idée d'y découvrir une trace de cette opinion. Pourquoi lui avoir dressé le tableau de la perfection ? Pour qu'elle déplore d'autant plus l'attitude de ses propres enfants ? Ce n'est pourtant pas dans sa nature, cette volonté d'abaisser les gens. Ne devrait-il pas, au contraire, aider cette mère à sauver la face ? Sauver la face, la première règle du grand livre des rites. Alors, il va jusqu'à forcer les traits.

« Colette, il est vrai, n'a pas toujours été aussi facile. Ma femme a même eu parfois du fil à retordre avec elle. Elle ne se rebellait pas, non, cela, elle ne l'aurait jamais fait, et ce n'est d'ailleurs pas le comportement d'un enfant vietnamien, mais elle entrait dans de longue bouderies. Une espèce de résistance passive, d'inertie têtue. Heureusement, ça lui a passé. »

Colette. A ce nom, l'intérêt de Liliane a décuplé, et Manh l'a senti. N'a-t-il pas d'ailleurs agi en conséquence, alors qu'il aurait pu parler plus facilement du caractère de cochon de son frère ? Ainsi espère-t-il atteindre la vérité, savoir si sa fille est l'objet de conversations dans cette maison. L'est-elle réellement ? Cette question pourrait le lui laisser supposer :

« Vous m'avez annoncé qu'elle se destinait peut-être au journalisme ? Son mari revient, cigarette triomphante entre deux doigts, à la hauteur de l'épaule, accompagné de son fils, François. Voix enjouée de Liliane : Tu entends, Pierre ? Colette voudrait peut-être devenir journaliste. (Catherine tirait comme elle, aussi, sur le bas de sa jupe alors qu'elle n'avait aucune envie de la voir se rallonger).

— Voilà une bonne nouvelle, répond Pierre, les jolies filles manquent dans la profession. »

On se ressert de porto. A travers la véranda, le soleil d'hiver semble presque trop chaud. Dehors, les enfants piaillent en jouant avec leur chien qui jappe. A côté, derrière la porte entrouverte, une radio s'égosille dans le vide. Pierre Lepelletier propose que Colette vienne faire un stage dans son journal, le jour où elle décidera de son avenir. « Bravo ! »

Son épouse l'applaudit comme s'il venait de prononcer le discours de sa vie. Etrange, songe Manh, comme tout ici est animation, gaieté, comparé à l'atmosphère paisible, parfois mélancolique dans laquelle nous baignons chez nous. Le silence, conclut-il. Le silence auquel se contraint la civilisation sino-vietnamienne. Le noble silence de Bouddha accroupi au milieu de ses disciples. A côté de la civilisation du bruit qui est celle des Occidentaux. Chez nous, se souvient-il, les acteurs du *tuồng*, le théâtre classique, n'étaient jamais sifflés. On les fustigeait d'un silence méprisant ou de deux coups de tambour condamnatoires. Mais lui-même est-il silencieux ? Et ses enfants ? Et Giàu qui chantonne à tout bout de champ ? Et Hồng et son piano volubile ? Cependant, les Viêts que nous sommes aiment vivre aussi dans la sentimentalité et la langueur. Il hausserait les épaules s'il était seul. Nous passons notre vie à sonder nos entrailles à la recherche de la mélancolie. Il fait mal en moi, il fait triste en moi, je souffre dans mon ventre, mes tripes sont puantes de tristesse comme un durion, nous plaignons-nous avec nos poètes et nos chanteurs. Ah ! buvons ce petit cordial occidental qui réchauffe si bien le cœur.

Liliane Lepelletier a des yeux d'amoureuse pour dévisager son fils :

« François, lui, veut embrasser la carrière diplomatique.

— Ambassadeur de France, voilà son ambition, lance son père dans un tourbillon de rire et de fumée.

— Pourquoi s'interdire de viser haut ? remarque Manh pour ne pas demeurer coi. Quand on met la corde trop bas, on ne saute pas. »

Sorti soudain de sa réserve, le jeune homme explique les raisons de son choix, et Manh se surprend à l'observer avec une certaine tendresse, se revoyant à son âge, rue Chasseloup-Laubat, la fois où un ami de son père, médecin, écoutait, gentiment goguenard, son apologie du métier – le sien – qu'il voulait embrasser. Se revoyant, comme lui, sans doute, discrètement amoureux, se délectant de ce doux secret avec la fascination d'un enfant pour un château mystérieux. Heureux secret sans lequel les premiers penchants auraient peut-être eu moins de sel. Se surprend à observer ce jeune homme, ses gestes décidés, son regard volontaire, son parler châtié, et essaie tout doucement de se faire à l'idée qu'il aime sa fille, comme lui aimait Catherine, cette Tây proscrite. Qu'il prend sa main dans la sienne, sous les ombrages du parc de la Malmaison, comme lui le faisait au Jardin botanique de Saigon, dans l'odeur mouillée de la nuit tombante, lorsque l'oisellerie s'était tue et qu'une brume verte descendait sur l'étang fleuri de lotus et d'ibis endormis. Se faire à l'idée que ce jeune homme souffle ses premiers mots doux dans l'oreille de sa fille, qu'il la serre pour la première fois contre lui. A l'idée que Colette est celle-là, cette jeune fille dont il prend la main, qui prête l'oreille à ses mots doux, qui se laisse étreindre, et peut-être... Non, impossible. Ce jeune type a beau respirer franchise et sympathie, il lui est impossible d'imaginer que Colette et lui... Mais si tout cela n'était qu'une fable ? Attention, il s'adresse justement à toi. Ecoute-le. Comme il semble dans ses petits souliers avec toi.

« Ma sœur Caroline et moi, nous serions heureux d'inviter Colette et Hugues, demain soir (ses yeux clairs quêtent l'indulgence). Ils ne s'attarderont pas, c'est promis. C'est la fête de Caroline...

— Venez donc aussi avec votre épouse, propose Pierre à Manh, nous ferons un petit dîner à part, à quatre. Qu'en dites-vous ? »

Toujours prête pour la fête, Liliane ajoute son emballement. Catherine avait souvent elle-même ces sortes d'élans sans doute provoqués par sa réaction à la sévérité de son éducation. Une éducation surveillée, se plaignait-elle. Et la mienne ? s'interroge Manh. Les paroles paternelles alors qu'il n'était pas plus haut que trois pommes cannelle : N'oublie pas, Enfant, que tu appartiens à notre *họ*, à notre clan, et que cette parenté de clan s'étend sur neuf générations et va du trisaïeul à l'arrière-arrière-petit-fils, et que manquer à la piété filiale est considéré comme un des six crimes atroces dont je te donnerai la liste, plus tard, quand le sommet de ta tête arrivera au bord supérieur de la stèle funéraire de ton grand-père. Et par la suite, quand il apprit combien l'autorité était concentrée entre les mains du père et combien il ne fallait pas essayer de la braver. Quand il lut, frissonnant davantage, qu'autrefois, un père pouvait vendre ses enfants, louer leurs services ou les remettre comme gage entre les mains de ses créanciers. Qu'il avait même droit de vie ou de mort sur eux... Aujourd'hui, que pensent donc ses propres enfants de l'éducation qu'il leur dispense ? Oh ! bien sûr, elle n'est pas comparable à celle que reçoivent leurs voisins, mais ne s'en rapproche-t-elle pas ? Et que penserait son père, dans sa traditionnelle tunique noire, de tant de tolérance et, osons le mot, de laisser-aller ? Heureusement, Hélène est là, fidèle à nos origines et à notre culture. A nos conceptions de la vie. Avec sa résistance à cette sacrée logique française qu'elle ne comprendra jamais.

« Merci, merci, laisse tomber Manh avant de se retirer, l'esprit un peu chahuté par les deux verres de porto, merci pour votre aimable invitation, mais il faut d'abord que je demande à Hélène si... »

Liliane s'interpose : « Je vais lui téléphoner, elle et moi, nous nous entendons bien. »

Supposition gratuite. Manh se souvient du jour où il a rencontré pour la première fois Pierre Lepelletier et son épouse. Deux ans déjà. Ouvertes à deux battants, les fenêtres avalaient le soleil et les cris d'enfants. Et soudain, une voix, là-bas. Celle de Pierre Lepelletier, tête au ras du mur mitoyen, bonne tête toute rouge du sportif essoufflé. Malencontreux coup de pied de son fils : son ballon était passé de l'autre côté. « Là, je l'aperçois ! » criait-il. Il avait si peur qu'un carreau eût volé en éclats. Une heure après, Manh et sa femme prenaient le thé chez lui. Et en regardant Hélène tourner sa cuillère dans sa tasse avec un sourire si doux, personne n'aurait pu se douter combien elle avait manifesté de réticence pour franchir ces quelques mètres. A quitter son intimité pour entrer dans celle du voisin. Elle avait inventé tous les prétextes : Oncle Giàu était souffrant, Hồng avait besoin d'elle pour coudre une paire de rideaux, Colette... Bref, Manh s'était vu forcé d'élever un peu le ton. Oser blesser la susceptibilité de quelqu'un qui vous tend la main ? Et le respect que l'on doit à autrui et qu'elle ne cesse de célébrer auprès de ses enfants ? Alors, elle avait fini par consentir à l'accompagner. A enfiler l'*áo dài* des grands jours, la tunique noire décorée d'un phénix multicolore. Elle avait choisi de s'habiller à la vietnamienne de crainte de ne pouvoir rivaliser avec son hôtesse, et elle avait eu raison. Dans ce fourreau brillant, estime Manh, chaque fois, avec un certain trouble, elle a la gracilité d'une jeune fille. D'une de ces filles de Sadec qui passent pour être les plus jolies du pays. Ainsi vêtue, elle apparaissait, ce soir-là, plus jeune que Liliane, alors qu'à bien calculer, elle serait son aînée de trois ou quatre ans.

Cette rencontre la rassura. Ces gens, s'ils étaient parfois bruyants – la verve de leur petit fox-terrier est intarissable –, ne feraient jamais regretter leur voisinage. De leur côté, les Lepelletier eurent le sentiment que de cette visite allait poindre une fréquentation assidue. Ils se trompaient. Devant le manque d'empressement d'Hélène à fouler de nouveau leur seuil, les rapports sont demeurés rares. Rien n'y a fait. Ni les paroles aimables de Liliane devant sa porte, ou dans la voie privée, au retour du marché, ni la campagne de persuasion entreprise par Manh auprès d'elle. Sans rien reprocher à ses voisins, Hélène n'est jamais sortie de sa retenue. « A quoi sert de vouloir l'obliger à faire ce qu'elle ne veut pas faire, lui fit remarquer un jour Oncle Giàu qui est la sagesse personnifiée. Loan (il persiste à lui donner son nom vietnamien) est une fille de chez nous. Elle a la discrétion dans le sang. Elle préfère, aux contacts sans détour, entrer en rapport avec un tiers de la manière la plus indirecte possible. La chique de bétel que l'on s'offre mutuellement au Viêt Nam n'a pas d'autre destination. » Manh ne refuse pas d'entendre ces considérations. Il croit cependant voir une motivation différente dans l'attitude de sa femme. La crainte qu'il ne soit attiré par cette Tây qui montre un peu trop ses jambes qu'elle a d'ailleurs fort belles.

Le lendemain, surprise. Hélène accepte d'emblée, au téléphone, d'aller dîner chez les Lepelletier. Surprise pour Manh qui, la veille, a de nouveau rencontré chez elle une résistance forcenée. La nuit portant conseil, elle s'est tout simplement dit, ce matin-là, que, tout compte fait, cette rencontre en compagnie de ses enfants pourrait être d'une grande utilité. L'occasion pour elle de découvrir peut-être si l'auteur de la lettre à sa fille est bien ce jeune homme si rangé. Car cette affaire l'obsède comme un refrain lancinant. Et devant elle, hélas, elle se retrouve seule, aussi seule qu'au début de sa vie d'exilée, quand il lui fallait aborder une société nouvelle avec un mari absent du matin au soir. A qui se confier, en effet, dans cette maison dont le maître fait la sourde oreille ? A Hồng ? Deux chattes vivant côte à côte s'envoient de temps en temps des coups de patte, surtout lorsqu'elles ne sont pas de la même couvée. C'est leur cas. Mais entre elles tout est silence. Malin qui surprendrait quelque chose. Silence dans la maison, dont on ne perçoit que les légers craquements des charpentes, les jours où le vent s'y met. Aux Tilleuls, chacune a son chemin particulier, et leurs pas sont de velours. Rares leurs mots mêlés en dehors de la confection des repas qu'elles prennent parfois en commun. Silence sauf lorsque s'ébat le piano de Hồng et qu'à la fin claque son couvercle, comme une règle sur un pupitre. Hélène sait combien sa belle-sœur et sa fille s'accordent. Combien elles aiment se parler, le soir venu, avant de passer à table. Sait la confiance que Colette témoigne à sa tante au cours de leurs longues conversations ponctuées de petits rires. Jusqu'à lui ouvrir les sentiers mystérieux qui mènent au fond de son cœur. Mais elle n'ignore pas non plus l'indulgence que Hồng manifeste à l'égard de la jeunesse en général et de ses écarts. De ses manquements à la culture vietnamienne. Serait-elle devenue infidèle à ce qu'elle est et à ce qu'elle fut, à ce trésor hérité des ancêtres que chacun doit garder en lui comme une lampe allumée ? Alors, pourquoi cette tolérance excessive quand, par exemple, on apprend que la fille ou le fils d'un des amis de la famille a accompli l'irréparable : le mariage mixte ? N'est-il pas attristant de voir aussi se dénaturer le sang des ancêtres ? Cette joie que Hồng a éprouvée, l'autre jour, devant la photographie de Túyêt, la fille du propriétaire du Mai Lan, le restaurant où Manh emmène parfois sa famille. Devant cette jeune mariée que rien n'aurait pu différencier d'une quelconque Parisienne avec sa robe à traîne, sa couronne et ses demoiselles d'honneur. Et les sourires de connivence de Hồng avec Colette et Hugues quand ils renâclent à répondre à table dans la langue maternelle. Non. Qu'elle garde ses secrets. Personne ne lui demandera jamais de dénoncer les sentiments de sa nièce.

Et Giàu que l'on entend à l'instant chantonner, du haut de sa chambre sous les toits, comme d'un petit nuage ? Oncle Giàu se contente d'observer le monde qui l'entoure avec son immuable sourire. Trop respectueux de la liberté d'autrui pour donner un avis péremptoire sur qui que ce soit. Encore moins sur un problème sentimental touchant un des enfants. A toute question posée, le bouquet dépouillé qui termine son menton oscille et ses paupières ne sont plus que chatières. Et tombe de ses lèvres, née d'un silence profond, l'une des maximes tirées des classiques chinois ou de la sagesse populaire, dont sa mémoire ne semble pouvoir se désemplir. Du genre : Quand le dragon s'échoue sur un banc de sable, la troupe des écrevisses se moque de sa face. Ou bien : Quand les bonzesses sont nombreuses, personne ne songe à fermer la porte de la pagode. Reste ensuite à s'employer, le mieux possible, en se grattant le menton, au délicat exercice de la traduction. Autant jouer carrément aux devinettes. L'oncle s'amuse d'ailleurs beaucoup à en poser à Hugues et à Colette. Celle-ci, par exemple, qu'il a lancée, hier soir, à Hugues, alors que l'on finissait de dîner, et dont personne n'a trouvé la solution : « Qu'est-ce qui ressemble à de l'air, qui reste auprès de toi, nuit et jour, qui n'a ni odeur, ni couleur, ni forme, mais dont on ne peut se passer ? » Et de sa voix de tête que l'on dirait celle d'un bonzillon au fond d'une pagode : « L'amour des parents, bien sûr ! » Ses sentences, les enfants les retiennent avec plaisir, et nul doute qu'elles les accompagneront jusqu'à leurs derniers instants. Parfois pleines d'humour, elles forgent leur bon sens.

Manh aime cette manière d'éduquer sans trop le montrer. Aime ce vieil oncle et sa philosophie, ce penseur éclairé issu de l'ancien temps. Giàu, le Riche, riche de cœur et d'intelligence. N'est-il pas un peu la conscience de la famille ? Il est en tout cas l'exemple à suivre, celui d'un homme bon et généreux dont le sentiment de la dignité prédomine sur celui des intérêts, qui s'engage à rester conséquent avec lui-même en ne haïssant jamais ce qu'il a aimé, en ne nuisant jamais à ceux qui ont bénéficié un jour de sa bonté. Qui ne se laisse aller ni au ressentiment, ni à la rancune. Un exemple qui, pour Manh, a malgré tout ses limites. Quand, pour résoudre les problèmes politiques et même économiques, son éthique confucianiste stipule qu'il suffit de pratiquer la moralité individuelle fondée sur les trois vertus essentielles de l'homme : prudence, humanité et force d'âme. Quand la sagesse du confucéen aux ongles longs discrédite l'effort et le travail manuel, cette agitation vulgaire, cette course aux besoins qu'impose à la vie la civilisation moderne et vous empêche de parvenir au raffinement. A la quintessence de l'homme idéal qui doit respirer l'aisance, la beauté et la distinction. Quand il affirme avec Confucius que donner libre cours à ses passions est imiter la conduite des barbares. Comment vivre aujourd'hui avec pareille conception sociale, dédaigner l'activité commerciale et industrielle à l'exemple des élites dirigeantes de l'époque mandarinale ?

N'est-ce pas pour cette raison que les Chinois, qui ont inventé la machine bien avant l'Europe, en étaient encore aux charrettes à bœufs alors que les moteurs vrombissaient depuis longtemps sur les routes occidentales ? Heureusement, Giàu se garde bien d'aller jusque-là avec son neveu et sa nièce. Sans que l'on ait eu besoin de lui expliquer, il a compris, dès son arrivée en France, que ces thèmes n'étaient pas exportables, qu'il fallait les garder pour soi. S'abstenir de les mêler à cette culture dont on a hérité pour la transmettre à ses enfants. Que ces *Tây con*, ces « petits Français », comme leur mère les surnomme avec agacement quand elle est excédée par leur dédain à l'égard de sa langue et de ses coutumes, avaient besoin d'autres armes pour se colleter avec l'existence trépidante des « barbares ».

A ce propos, Manh se rappelle la discussion animée qu'il a eue avec Hélène au début de leur mariage et qu'ils ont toujours évité d'avoir par la suite, tout se réglant ensuite implicitement. Se rappelle les mots qui ont volé haut alors qu'ils essayaient de se mettre d'accord sur l'éducation à donner à leurs futurs enfants. Ses propres mots : « Nous sommes destinés à demeurer définitivement en France. Ne crois-tu pas qu'il serait préférable d'éduquer nos enfants entièrement à la française plutôt que de les munir d'une double culture, de deux cultures qui risquent de s'opposer entre elles ? » Et ceux d'Hélène, buste en avant : « Qui te dit d'abord que nous ne reviendrons jamais au Viêt Nam ? Oser penser une chose pareille ! Délaisser notre culture, c'est perdre notre âme. Le Viêt Nam bat dans nos veines et il battra dans les veines de nos enfants. Tu imagines nos enfants incapables de s'exprimer avec les membres de notre famille, incapables de saisir le sens de nos coutumes, de nos cérémonies, de nos fêtes ? Que fais-tu de la cohésion familiale ? Qui apprendra à nos enfants la solidarité qu'ils doivent avoir à l'égard de leurs parents âgés ? Comment pourront-ils perpétuer le rite sacré devant l'autel des ancêtres ? »

Et Manh, profitant de la seconde où elle reprenait son souffle : « Mais que penseront des enfants nés en France, vivant en France, éduqués parmi les Français, d'une culture traditionnelle si éloignée de celle dans laquelle ils vivront ? N'estimeront-ils pas que nous n'avons pas évolué, que nous sommes rétrogrades et que nous avons manqué à notre devoir :

celui de les préparer à la bataille de la survie en leur dispensant la seule culture valable à leurs yeux, celle qu'ils recevront hors de chez nous ? Voudras-tu qu'ils se sentent mal à l'aise parmi les Français qu'ils sont devenus, qu'ils se considèrent comme des étrangers, à la fois sous notre toit et dans le pays qui a accueilli leurs parents et qui les a intégrés ? Qu'ils finissent par nous rejeter comme ils auront rejeté la France ? Et variant de ton : Ne brusquons pas les choses. Ils viendront d'eux-mêmes à la culture vietnamienne. Quand ils seront bien assis dans cette société. C'est ce qui se produit habituellement : on croit les racines mortes, elles hibernent. »

Et elle : « Décidément, tu ne me comprendras jamais. Ce n'est pas ce que je voulais dire. »

Et lui : « Ce n'est pas ce que tu voulais dire, mais c'est ce que j'ai entendu. Ce que dit d'ailleurs ta mère. Ton père ne cesse de le répéter quand ils viennent nous voir : “Elle continue à vivre au Viêt Nam comme si elle n'avait jamais pris l'avion.” »

Et Hélène, pour elle-même : Ma pauvre mère a raison quand elle serine qu'il voudra marier ma fille à un Français.

Elle a donc mis sa tunique noire au phénix triomphant. Phénix, traduction de son prénom : Loan. Symbole. Ne revit-elle pas à chaque fois qu'elle s'habille de cette façon ? (Examen dans le miroir de l'entrée, avant de sortir. Voyons, tout est-il en ordre ?) Face à Liliane Lepelletier, elle se sent ainsi plus forte. Son égale. Peut-être plus forte encore. Car Nguyễn Hủủ Tùng, son mari, a neuf générations derrière lui. Nguyễn, un nom illustre, s'il en est, porté par quelque cinquante-quatre pour cent des familles. Le nom d'une grande dynastie royale qui a régné longtemps sur le Viêt Nam. Plus longtemps que les Trần, les Lê, les Lý ou les Pham, puisqu'elle se distinguait déjà au Xe siècle. Nguyễn Ánh, le grand unificateur du Viêt Nam, au XIXe siècle, sous le nom de Gia Long, et après lui, seize empereurs, dont le dernier, Bâo Đại. (Ultime vol des doigts autour de sa coiffure.) Pas n'importe qui, donc, cette petite dame dont l'allure est si fragile à côté de cette blonde bien en chair. Et dont les manières sont si familières :

« On s'embrasse ? » Pourquoi pas puisque c'est la mode dans ce pays. Hélène admire l'assurance de Manh. Comme il a changé ! Leurs premiers mois de mariage, sa timidité avec leurs voisins de palier, rue Monge. Un couple d'infirmiers pourtant bien simple et d'abord bien facile. Ne s'était-il pas assez frotté avec les gens d'ici durant l'année qu'il avait vécue seul avec Catherine ? (Elle le toise : une assurance qui frise la hardiesse.) Un an à Paris avec cette fille alors qu'il était fiancé et qu'elle l'attendait, elle, à Saigon, en rêvant naïvement aux fils de soie rose, emblème de l'hyménée. A sa robe longue piquée de neuf aiguilles qui doivent éloigner les mauvais esprits, au diadème couronnant son voile blanc, au bouquet de glaïeuls reposant sur son bras. Et entendant déjà l'explosion joyeuse des pétards saluant son cortège nuptial. Catherine Verger, où est-elle aujourd'hui ? Peut-être ressemble-t-elle à Liliane Lepelletier. Sa blondeur luxueuse, le rosé poupin de son teint. Avec tout cela, nul doute qu'elle doit plaire à Manh, cette voisine. N'a-t-elle pas jusqu'à son timbre de voix ?

« A table, tout le monde. Les enfants, laissez-nous tranquilles, maintenant. »

On a laissé le choix aux plus grands : dîner avec les parents ou à la cuisine avec ce que Liliane appelle les loupiots. Les plus grands, c'est-à-dire, en fait, François et Colette. Ils n'ont pas hésité. Colette s'est instituée mère de famille et dirige son petit monde le mieux possible, remplit les assiettes, semonce l'un ou l'autre quand les bornes sont dépassées. La cuisine a beau être retranchée assez loin, dans une sorte d'appentis, comme oubliée par l'architecte, les clameurs et les rires gagnent la salle à manger par vagues. Et Hélène ne peut empêcher son esprit de prendre le chemin inverse. Surtout quand un silence fait place au gentil tapage. Alors, elle imagine un duo intime et ne pense plus ni à manger, ni à boire, ni à répondre intelligemment à ses hôtes, malgré les efforts que chacun déploie pour la mettre à l'aise. Pour la sortir d'une réserve que l'on attribue, comme Manh, d'ailleurs, à son naturel, à sa pudeur de sapèque usée sans inscription, dit Giàu. Car, capturé par l'ambiance et le charme, par ses joutes avec Pierre Lepelletier à propos de leur métier respectif, et un peu échauffé par le bon vin, Manh a abandonné tout ce qui était préoccupation et inquiétude. Sort de son frère aîné, amours de sa fille, plus rien, à présent ne l'obsède. A travers la gaieté de son hôtesse, l'éclat de ses dents parfaites, il se retrouve avec Catherine, dans les meilleurs moments partagés avec elle quand la vie ressemblait, là-bas, à un marché de village au soleil. Et sur le bateau, au cours de leur traversée, adossés à une pile de radeaux, refaisant le monde en fixant le large.

Au sortir de table, Hélène n'a pas perdu de temps. Sur le chemin des toilettes, elle a glissé un œil dans la cuisine. Colette n'y était plus. Ni François Lepelletier. Et Manh qui ne cessait de rire, qui se moquait bien de tout cela. Ah ! que l'on a raison de dire que l'enfant sans père est comme un têtard à la queue coupée.

3.

Une nouvelle n'arrive jamais seule, dit-on. Manh se serait bien passé de celle-là. La mort de son beau-père, le cher Tùng, le botaniste. Mort près de Washington, un sécateur à la main, bien sûr, au milieu des fleurs de sa serre. De son vétiver acclimaté avec nostalgie, une graminée fort connue au Viêt Nam, avec les feuilles de laquelle sa femme se lavait les cheveux. Depuis son départ de Saigon, rien n'allait plus pour lui. Ressort cassé. Et personne n'eût pu comprendre ce dont il souffrait. Comment, en effet, imaginer que ce grand gaillard encore vert et l'âme chevillée au corps se fût laissé ronger par une chose pareille : l'abandon de son cher Jardin botanique ? Combien de cousins et d'amis avait-il dû oublier derrière lui, au pied de l'avion qui l'avait enlevé in extremis avec sa propre famille à ce pays qui ne le voulait plus ? Et voilà que ce qui le faisait pleurer plus fort que tout étaient ces espèces de la flore indochinoise dont il craignait qu'elles ne périssent en son absence. A Fairfax, sous les vitres d'une serre construite avec compétence, dans la bonne touffeur saigonnaise recréée, il avait bien essayé de reconstituer un bout de son univers. Mais où était son jasmin Sambac, ses pervenches de Madagascar et son jambosier aux baies sentant bon la rose ?

Lorsqu'il venait en France avec Thu, il faisait peine à voir, lui si boute-en-train, à Saigon, si prêt à vous rendre la vie plus agréable. Thu hochait la tête. Elle ne pouvait quand même pas acheter le Jardin des Plantes de Paris pour lui redonner cœur et force. La dernière fois, Manh l'avait suivi à cet endroit. Il y connaissait deux botanistes qui avaient travaillé avec lui au Viêt Nam. Manh le revoit en leur compagnie, parmi les orchidées et les fougères arborescentes, se promenant et parlant du bon vieux temps. Et s'arrêtant ici et là pour se pencher sur une plante, éclairé du sourire que l'on a quand on rencontre un ami. « Ah ! la France, avait-il soupiré avant de repartir pour les Etats-Unis, un peu plus tard. S'il m'était possible de m'y installer ! Ici, je ne me sens pas à l'étranger, tandis que là-bas, je suis comme le vent et la poussière. » Paroles entendues souvent chez les Vietnamiens devenus américains. Mais la belle maison avec son jardin arboré, héritage d'un de ses frères émigré aux Etats-Unis depuis la fin de la guerre mondiale, eût-il pu l'acquérir en France ? Cette aisance ne lui restituait pas ses racines. « L'argent ne fait pas tout », répétait-il. A Paris, son insertion lui eût paru un problème enfantin, parce que naturelle. « Les Français et nous, nous sommes mariés depuis cent ans. Nous ne sommes donc pas des inconnus les uns pour les autres », relevait-il encore.

Alors, on alla le mettre en terre à Fairfax. Manh chercha du jasmin et des pervenches pour les déposer sur sa tombe, mais ne trouva aucune de ces fleurs. Il se contenta donc d'un petit bouquet de roses. Des roses thé pareilles à celles de Dalat. N'était-ce pas grâce à ces fleurs que les deux familles s'étaient liées ? Turban de tulle grossier entourant la tête, ses deux extrémités laissées pendantes, on fit ses adieux à Tùng et l'on s'en alla. En emmenant Thu. Voilà pourquoi elle est à Rueil-Malmaison aujourd'hui. Pas pour le plaisir de Manh, cela va sans dire. Mais quel gendre eût refusé de lui tendre la main, l'eût laissée dans ce vaste pays plus étranger encore pour elle que pour Tùng, fermée à l'anglais et guère pourvue d'amis proches ? Seuls ses deux fils, Khoa et Khiêm, eussent été capables de lui venir en aide s'ils ne pratiquaient un métier qui les éloigne périodiquement de chez eux, le premier en Floride, le second en Californie. La reconnaissance envahit Hélène quand Manh prit sa mère par le bras et l'engagea à les suivre. Depuis quand n'avait-il pas vu briller de l'eau au fond de ses fines crevasses sans paupières ?

Il s'étonne encore de la plaisanterie de Pierre Lepelletier quand celui-ci apprit de sa bouche que la dame âgée dont on entrevoyait les pas dans la voie privée, depuis un certain temps, était sa belle-mère. « Votre belledoche ? Vous avez du courage. Vous méritez la croix de guerre. » S'étonne qu'un homme de sa qualité ose railler un geste pareil. Mais comment être surpris après tant d'années en France et devant la complexité de l'être vietnamien ? Dans la veille, on ressent la longueur des nuits, et seul un long compagnonnage peut nous renseigner sur les hommes, proclame l'un des proverbes de l'oncle Giàu. Manh n'a fait que suivre l'exemple de ses deux demi-frères, l'un avec sa belle-mère, l'autre avec son beau-père. Expliquer à Pierre les liens unissant les membres d'une famille traditionnelle ? La solidarité entre les vivants qui égale celle que l'on doit avoir à l'égard des morts ? Son rôle de chef de clan depuis la disparition de son père, en l'absence de son frère aîné ? Autant essayer de lui enseigner les quarante-trois façons de nommer les différents degrés de parenté de la famille paternelle et maternelle du Vietnamien. Devant ce vocabulaire, il arrive que l'homme du cru lui-même « en perde sa tête et sa queue », comme on le dit là-bas. Quel Français, en effet, inviterait sa belle-mère à partager son foyer ? Plutôt lui payer à vie une chambre d'hôtel ! Manh n'avait guère le choix. On ne transige pas avec le devoir familial. C'était à lui d'offrir son toit. Le Maître le formule ainsi : Pour un seul qui devient mandarin, toute la parenté en profite. A lui dont la prospérité permettrait plus de générosité encore. Où ses demi-frères vivent-ils d'ailleurs, aujourd'hui, dans quel coin perdu du globe ? Aux dernières nouvelles, Nhút chercherait des rubis en Thaïlande, Thuy négocierait le bois précieux au Gabon. Parfois, une carte postale, comme une feuille tombe d'un arbre, lui indique qu'il n'y a pas lieu d'allumer de l'encens en leur mémoire.

Hélène tenait à ce que sa mère ne soit pas trop loin d'elle, au cas où, la nuit, elle demanderait quelque secours. Entre mère et fille, où est la chatte, où est le chaton ? Elle l'a donc installée au premier étage, tout près de la chambre conjugale, à portée de son oreille. On n'aurait pu la loger ailleurs. Ni au rez-de-chaussée occupé par le salon, le bureau, la salle à manger, la cuisine, ni au deuxième, domaine de Hồng et des enfants, ni au troisième, divisé entre l'oncle Giàu et un débarras sans nom. Ainsi Thu est heureuse. Une simple cloison la sépare de sa fille. Que de temps gâché, là-bas, sous les érables de Fairfax, sans cette douce chaleur familiale ! Son gendre, lui, voit la chose comme bien des maris la verraient. Car cette femme, grinche-t-il, a dix fois plus d'âcreté qu'un concombre sauvage. Au Viêt Nam, il le sait, on redoute moins la mère de l'épouse que celle du mari. Lorsque la bru a faim, ressasse une chanson, elle veut bien manger des fruits immangeables tels que les acides caramboles et les fades baies du sycomore, mais lorsqu'elle voit sa belle-mère, elle n'arrive pas à les avaler. En revanche, si la jeune mariée est souvent obligée d'habiter chez ses beaux-parents faute de logement, elle se garde bien d'y emmener sa mère. Sage précaution !

Tout n'irait pas trop mal avec Thu si elle voulait bien rester à sa place. Or, voilà qu'elle décide de se mêler des affaires de cœur de sa petite-fille. Ah ! non, Manh ne la laissera pas faire. Chacun son rôle. Une grand-mère n'a pas celui-là. Une seule personne l'a : lui. Il vient de rentrer de l'hôpital. Cri grinçant du frein à main, portière tonnant sous le choc. Un visiteur attend dans le salon. Un patient âgé cherchant l'apaisement de ses inquiétudes. Visite exceptionnelle. Manh n'exerce qu'à l'hôpital ou dans son cabinet parisien. A cheval sur le mur mitoyen, Pierre Lepelletier rajuste une brique décollée. Salut, bonjour, bonjour. Manh n'a pas le temps de sacrifier à l'amitié. Même pas le temps de privilégier son métier. Il appelle Hélène, s'enferme avec elle dans son bureau. Toute la matinée, négligeant presque son travail, il a mûri ses paroles, les a préparées avec soin, comme un boucher affûte ses couteaux, et à présent, elle jaillissent d'elles-mêmes, sans effort de sa part. Un jet de vapeur. Il lui dit d'abord combien il s'était réjoui d'accueillir sa mère dans sa détresse, combien il n'a fait là que son devoir, et lui dit ensuite combien aujourd'hui il commence à s'en mordre les doigts. Que sa mère dépasse les bornes, qu'il ne peut tolérer davantage qu'elle intervienne chez lui comme si elle était chez elle.

« Cette affaire est la nôtre, martèle-t-il pour finir, et elle n'a aucun droit d'y mettre son nez. Je compte sur toi pour lui répéter cela sans omettre un mot. Sinon, je m'en chargerai moi-même. »

Maintenant, colère assouvie, il écoute sa femme à son tour en désapprouvant son manque de maîtrise de soi. Le fait d'avoir agi comme un Occidental, d'une manière brutale, en appelant un chat un chat, sans tourner autour du pot. Voilà ce que me coûte le commerce avec mes collègues, se reproche-t-il. Je suis en train de perdre ma façon d'être. Je me dévietnamise peu à peu. *Sự kiên trì*, la patience vient à bout de tout. Patience et obstination, les mots que l'on rabâche sur les genoux de son père. Il lui a pris le poignet et l'écoute défendre sa mère :

« Comprends-la, Grand Frère, elle n'est pas de notre génération et elle vit encore au pays. Elle ne l'a jamais quitté.

— Et toi, demande doucement Manh, tu l'as quitté ?

— Non, répond-elle. (Silence.) Et je crois que je ne le quitterai jamais.

— Moi non plus, avoue Manh après réflexion. On ne peut pas quitter le Viêt Nam comme ça, en prenant le bateau ou l'avion, un beau jour. Même en s'installant dans un pays accueillant (il a le geste de celui qui montre des objets autour de lui), même en habitant dans une maison aussi confortable. Le Viêt Nam vous suit partout, comme un parfum obstiné. Et il pense au jasmin de son beau-père et au vétiver de son jardin d'exil au milieu duquel il s'est effondré. Et pense à Lan, son grand frère dont la photo voisine celle de ses parents sur l'autel des ancêtres. Pense à son père dans sa tunique noire, quand il se prosternait devant les stèles de ses parents.

— Alors, tu dois comprendre ma mère, reprend Hélène, de la même voix conciliante. Elle ne veut pas voir sa petite-fille abandonner le Viêt Nam. Elle souhaiterait qu'elle y reste toujours. » Elle le sent lâcher son poignet, comme on lâche, confiant, au bout d'un moment, le menton d'un enfant qui apprend à nager. Lui révéler la discussion qu'elle a eue avec Colette, le lendemain de la soirée chez les Lepelletier ? Quelqu'un la retient. Fermement. Pourtant, il lui tarde de partager ce poids, d'en alléger un peu son cœur meurtri par la disparition de son père. L'autre soir, donc, juste avant ce départ précipité pour Washington et ce retour à la même vitesse. (Qui lui dira pourquoi le temps s'emballe parfois, comme s'il était pressé d'en finir ?) L'autre soir, lorsque, se levant de table et risquant un œil vers la cuisine, elle avait constaté que ni Colette ni François n'y étaient. Rentrée chez elle, elle avait dû attendre longtemps avant de trouver le sommeil. Se battre contre ses nerfs en étreignant l'oreiller, comme si elle avait pu les lui passer. Tandis que Manh dormait tranquillement. Où l'homme cache-t-il sa conscience, sous combien de couches d'indifférence ? Dormait, le souffle régulier, rythmé comme les vaguelettes du cap Saint-Jacques, songea-t-elle en se revoyant avec lui, la fois où, après leurs fiançailles, les deux familles avaient décidé de faire une escapade à cet endroit, loin de la moiteur taupée de Saigon. Le revoyant allongé sur le sable de la grande plage arquée de Bãi Trůổc, à l'écart des baigneurs, allongé à ses côtés, mais si absent, si détaché de sa présence. Au point que, yeux fermés au soleil de midi, il s'était assoupi. Piailleries des oiseaux marins, odeur âpre de l'iode et lente respiration de la mer. Par s'assoupir, poitrine fluctuant à la cadence des flots. Et qu'elle avait rêvé d'une soudaine fureur de la mer qui aurait brisé sa paix dédaigneuse. Elle le revoyait ainsi, cette nuit-là, en se demandant si elle ne devait pas le réveiller, le sortir de sa coupable insensibilité. Colette, leur petite Colette se noyait, et lui dormait, étendu sur le sable, sous le soleil de midi, sourd à ses tourments de mère et à ses appels à l'aide. Le réveiller ? Pour lui dire quoi ? Qu'elle en avait maintenant le cœur net ? Que Colette, leur petite Colette aimait bel et bien un Français ? Et lui, qu'avait-il fait de différent avant de se marier ? N'avait-il pas failli lui-même se noyer ? Penchée sur son front éclairé d'une lumière tamisée, fixant des yeux ce front pourtant si lisse, elle imaginait les vents contraires qui devaient rugir dessous en l'empêchant de tenir le cap. N'était-il pas le dernier à pouvoir se déterminer clairement dans un cas de ce genre ? Son apathie à ce sujet, sa résignation rampante n'avaient pas d'autre cause que la discorde de ses sentiments. Il ne fallait pas compter sur lui. Jamais. Il était devenu trop français pour préférer voir un compatriote au bras de sa fille plutôt qu'un de ces Tây infidèles et sans scrupule tels que les qualifiait sa mère au temps de Saigon. Agir seule. Et tout de suite. Voilà son devoir. Et voilà pourquoi, le lendemain matin, elle s'était arrangée pour se retrouver avec Colette hors de toute oreille et de tout regard étranger.

Dimanche. Le ciel, son bleu trompeur, ce pastiche dont se servent les photographes pour faire croire à l'été sur leurs cartes postales. Frileux, les passants sont là pour affirmer le contraire. Elle a invité sa fille à la suivre au marché. Jolie, Colette, avec ce col de renard que Manh vient de lui offrir. Avec ses yeux oblongs que des paupières charnues et brillantes ourlent, pareilles au satin d'un écrin. Comment l'examiner sans émoi ? Communes sont les autres à côté d'elle, dans la foule en baguenaude du marché couvert. Et dire que tant de filles de chez nous ne rêvent que de se faire débrider les yeux, déplore Hélène, aspirent à s'occidentaliser jusqu'à singer l'Eurasienne, ce genre de filles qui n'ont plus d'identité, qui ressemblent à des fleurs artificielles. Cabas pleins, on a rejoint la petite Fiat 500 garée plus loin, et l'on s'est assis dans son étroit habitacle, heureux d'échapper à l'ondée soudaine et battante, et au vent piquant qui, à l'instant, chaparde les cloches de la grand-messe, les disperse malgré leur résistance. Le moteur mis en marche dispense une maigre chaleur. C'est le moment choisi par Hélène. Le moment où, pour la première fois, elle va demander à sa fille de lui entrouvrir sa porte. Le vietnamien lui vient spontanément aux lèvres, mais devant la difficulté de Colette à la comprendre, ses froncements de sourcils répétés, elle est forcée de se remettre au français, cette langue avec laquelle, craint-elle, elle ne se familiarisera jamais complètement. Elle commence par des banalités.

« Ton père et moi, nous nous réjouissons d'avoir des voisins pareils. Nous aurions pu si mal tomber. Tu étais petite, mais tu dois te souvenir de ceux qui logeaient au-dessus de chez nous, rue Monge, et qui troublaient nos nuits avec leurs cris et leurs chansons.

— Oh ! oui, un soir, on avait même été forcé d'appeler Police Secours. »

Elles rient. À moi maintenant, se décide Hélène avec un léger frémissement le long de l'échine. Toutes les mères ressentent-elles cette appréhension devant leur enfant monté en graine ? Elle a adopté le ton le plus tranquille. Elle voudrait tellement ne pas devoir en changer.

« Je t'ai cherchée, après le dîner, avec ton père (mêler Manh à tout cela renforce mon autorité), mais nous ne t'avons pas vue. Tu n'étais pas à la cuisine avec les autres ? Je t'ai entendue rentrer avec ton frère, une heure après, peut-être...

— Non, maman, une demi-heure après. Tendue, sa voix a trahi sa défiance. Tant pis. Hélène tente un nouvel essai.

— Tu n'étais pas malade, au moins ? »

Brusquement Colette a tourné la tête vers sa mère et ses cheveux longs jusqu'aux épaules on suivi en balayant sa bouche et son nez comme un foulard. Et à présent, elle plante ses yeux dans les siens. Jais contre jais. Faut-il vraiment qu'un jour, un être que vous avez mis sur terre en arrive à vous dévisager avec cette impertinence, comme s'il avait oublié les règles de la vertu de base, le ciment obligé d'une communauté consanguine : la piété filiale ? Que le Viêt Nam est loin dans ce regard qui ne fléchit pas ! Loin des bustes qui s'inclinaient autrefois devant ses parents, à l'exemple de ceux des domestiques, des bras qui se croisaient, comme à l'école, au piquet, des yeux qui plongeaient vers les chaussures.

« Colette, mon enfant... » (Oui, Hélène, c'est ton enfant, c'est toujours ton enfant, malgré les apparences. Observe d'ailleurs comme elle te revient soudain, enfin.) « Je t'écoute, maman. » Colette semble avoir recouvré sa voix d'enfant, celle de la petite Vietnamienne qu'elle était, qui s'appelait Mây avant que Manh ne choisît ce prénom français. La fillette allaitée de respect, qui accepte les remontrances sans broncher, qui oppose le silence à ses propres réprobations. Immobiles, ses yeux sont maintenant accrochés à un arbre dont le feuillage a été incendié par l'automne avant d'être dévêtu. Hélène parle : « Mon enfant, il faut que tu saches que ton père et moi, nous ne pourrions nous faire à l'idée que tu n'aies pas un jour un mari vietnamien, ceci afin de continuer le Viêt Nam dans notre famille. Et ne crois pas que ce sentiment soit une exception. Plusieurs de nos amis vietnamiens, qui ont des enfants de ton âge, ont cette hantise : la perte de leurs racines par le mariage. (Dans sa bouche, le mot « racines » a eu la douceur du mot « amour ».) Parle : Loin de nous la volonté de t'imposer un mariage contre ton gré. Tu seras toujours libre de choisir qui tu veux. Nos esprits ont évolué considérablement à ce sujet, surtout dans notre classe sociale. Nous n'en sommes plus à l'époque où l'on affirmait : La place où les parents les mettent, les enfants doivent y rester. Pas plus que nous affirmons que si un phénix vole et que la mère dit que c'est un coq, l'enfant doit dire la même chose. Cependant, cela ne nous empêche pas de lui donner notre avis. Et nous pensons que tu serais beaucoup plus heureuse dans la vie si tu épousais quelqu'un de notre communauté. Car s'il est difficile de vivre ensemble, il est plus difficile encore de partager la vie de quelqu'un qui n'a pas votre culture. »

Colette est-elle là ? N'est-elle pas plutôt perchée sur cet arbre roux ou sur son voisin nu, fossile, filigrane ? Comme elle connaît cette chanson ! Répondre oui à vos parents en toutes circonstances, que vous soyez d'accord ou non, car ils ont seuls le droit de parler. Sauver les liens qui les unissent à eux, même si cela leur coûte, et faire attention aux promiscuités nuisibles. Et bien retenir ceci : Près de l'encre, on se noircit, près de la lampe, on s'éclaire. Hélène parle toujours : « Il faut aussi penser aux enfants. Les enfants, c'est compliqué, et lorsqu'on ne les saisit plus, cela peut devenir dramatique. C'est le risque quand le père et la mère sont d'une ethnie différente... » Parle toujours en évoquant, à présent, l'exemple d'une cousine nommée Marie-Louise dont le mariage avec un ingénieur bordelais a fait long feu et dont les enfants sont des diables indomptables. Et cette autre cousine lointaine, aussi malchanceuse, avec un Chinois de Cholon, et avec ses quatre petits métis que l'on appelait, à Saigon, selon la méchante coutume, des *đầu gà, đít vịt*, des « culs de poulet, tête de canard ». Et Colette écoute toujours sans détacher son regard de cet arbre mordoré que le vent et la pluie déplument, peu à peu, comme un poulet ou un canard, jusqu'au moment où il se met à bouger, puis à s'enfuir. La petite voiture a démarré, s'est éloignée et sa mère a fini de parler. A fini de faire son devoir de mère. Son devoir de Vietnamienne soucieuse de sauver ce qui reste de sa patrie si loin d'elle.

S'ouvrir de tout cela à Manh ? Non et non. Cette discussion doit demeurer secrète. Même pour Thu. Oui. Elle serait capable de repartir à la charge et de tout envenimer. Manh l'a rappelé : « Ce n'est pas le rôle d'une grand-mère de veiller sur les fréquentations de sa petite-fille. C'est le rôle du père. » Le père, rien que le père. Rien pour la mère. Prédominance de l'homme. Une maxime l'affirme : C'est le fils qui naît d'abord, le père ne naît qu'après. Ce qui signifie que l'on ne devient père que lorsque l'on a un garçon. Les filles sont bonnes à jeter. On avance aussi : Cent filles ne valent pas un garçon. Et : Avoir un fils vaut mieux que d'être reçu docteur. Que n'entend-on pas à ce sujet depuis des générations ? Hélène se souvient de la tristesse mal dissimulée de Manh à la naissance de Colette et de sa grande anxiété lorsqu'elle attendait Hugues. De son impatience devant le secret que couvait cette future procréation. Et se souvient également de ce que l'on murmurait dans sa propre famille quand elle fut en âge de comprendre ces choses. La déception que son père avait exprimée, le jour où elle était arrivée la première, loin devant ses frères. Ne risquait-on pas de n'avoir jamais de garçon ? Qui alors allait perpétuer le culte des ancêtres, allumer l'encens devant les tablettes des cinq générations ascendantes, apporter les offrandes traditionnelles et faire la toilette des tombeaux ? Quel plus grand malheur pour un homme que de voir un jour son culte interrompu faute de postérité mâle ? Car seul, soutenait-on, seul l'héritier mâle, aîné de la famille avait le droit d'assurer ce culte. Et Hélène écoutait en tremblant ce que racontaient les bonnes, ces filles de la campagne, à propos de leur naissance sur la terre battue de la paillote familiale. Le mépris de leur père. Sa colère, même, de voir approcher la *bà mụ*, la vieille accoucheuse, avec un « paquet de paddy ordinaire » dans les bras, comme une chanson le déplore dans les rizières, plutôt qu'un « bon petit sac de paddy gluant », le meilleur produit de la terre. Ecoutait en tremblant l'histoire de ces femmes que l'on répudiait pour ne pas avoir donné l'héritier tant désiré. Et celles qui devaient accepter, en conséquence, une rivale sous son toit, comme une invitée d'honneur.

Hélène ne peut oublier ces histoires, ni le mauvais sang de sa mère quand elle lui annonça qu'elle était enceinte, son angoisse extrême à la pensée que Manh pourrait la rejeter si l'enfant espéré était encore une fille. Et sa propre indignation quand ces paroles lui vinrent aux oreilles. Où Thu se croyait-elle ? Dans quel foyer et dans quel siècle ? Et pour qui prenait-elle son mari ? Pour un de ces *nhà quê*, de ces culs-terreux arriérés ? Et la réplique de sa mère *: Nhà quê* ? Qu'avait donc fait le père de Manh, ce médecin si réputé et si honoré, lorsque, précédant la naissance de Lan, deux jumelles étaient mortes en couches ? Qu'avait-il donc fait lorsque après cet accident il avait craint de ne jamais avoir de successeur digne de le remplacer devant l'autel des ancêtres ? Hélène ne répondait pas. Préférait oublier le calvaire de la douce Ngoc Trai, sa belle-mère, qui avait dû accepter, chez elle, pendant deux ans, la présence d'une seconde femme. Accepter, car c'était la coutume et la loi, et sa punition d'avoir été incapable d'engendrer un héritier cultuel. Cependant, si cette femme était plus jeune qu'elle, elle n'avait ni son rang, ni ses prérogatives. Ne pouvait, par exemple, prendre sa place de « général de l'intérieur », à droite du maître de maison, lors des célébrations devant l'autel. N'était considérée, en fait, que comme une bonne à tout faire.

Une nymphe servante, signifiait-on plus aimablement. Mais comment la future mère de Lan, de Manh et de Hồng n'en aurait-elle pas souffert et ne se serait-elle pas révoltée parfois contre le sans-gêne de cette concurrente qui espérait davantage d'affection et de gâteries ? Cris perçants, coups d'éventail de la mégère. Quel enfer pour la pauvre Ngoc Trai ! Une anguille dans un panier de crabes, dit-on dans ces cas-là (mais pour plaindre seulement le mari). Jusqu'au jour où, satisfait de la naissance de deux fils, à un an d'intervalle, le docteur Lê avait mis fin à ce « ménage à plusieurs chambres » en donnant carrément congé à sa concubine. Bonne fille, et surtout parce que c'était encore la coutume, sa femme légitime s'était obligée à élever ces deux garçons comme s'ils étaient sortis de son sein. Et à leur manifester la même affection que celle qu'elle prodigua au premier fils que le Ciel voulut bien lui accorder par la suite.

Répudiée par Manh ! Hélène tressaille toujours au souvenir de cette crainte maternelle. Curieuse façon d'assourdir les habituelles transes de la femme enceinte qu'elle était ! Les cérémonies auxquelles Thu s'était livrée pour tenter de conjurer le mauvais sort. Pieuses visites aux bonzes, offrandes à Bouddha et aux génies, placets de prières psalmodiés avant de les envoyer à la déesse Liêu Hán par la voie de l'incinération. Au bout du septième mois (bénies soient toutes les divinités invoquées), l'opinion de Thu était arrêtée : Hélène aurait un garçon. Parce que l'enfant remuait beaucoup dans le ventre de sa mère. Parce que la forme du fœtus était aplatie à cause justement de ces mouvements intempestifs. Parce que Hélène avait tourné la tête à gauche quand elle l'avait appelée après s'être placée derrière elle à son insu. Manh fulminait contre sa belle-mère. Mais dans son dos. Il s'était assez fâché avec elle auparavant pour ne pas risquer de déclencher une nouvelle crise.

Il est vrai qu'à cette époque, il y a de quoi dérouter de futurs beaux-parents. N'avoir rien de plus pressé que de quitter le Viêt Nam et Hélène sitôt leurs fiançailles prononcées ! D'abandonner sa fiancée comme un comédien la scène dès le début de la représentation. De profiter de vacances en France offertes, il y a longtemps, par son père, en récompense de l'éventuelle réussite de ses études. Le père d'Hélène, lui, est tout prêt à offrir le même voyage à sa fille, mais Manh ne désire pas être accompagné. Parce qu'il veut pouvoir travailler à Paris, affirme-t-il, se familiariser déjà avec son futur métier aux côtés du médecin chez qui il va résider. Mais tout le monde sait, à présent, dans sa famille, comme chez celle d'Hélène, pourquoi sa joie déborde autant à la pensée de ce séjour parisien. Tout le monde, depuis ce fameux déjeuner au cours duquel il a avoué sans le vouloir, en changeant subitement de physionomie, la réalité de ses liens avec Catherine Verger dont il était jusqu'alors parvenu à préserver le secret. Et si Tùng est continuellement rêveur et surtout absorbé par les nouvelles espèces que le Jardin botanique vient de se voir gratifier, des tubéreuses polianthes et des antigones coccoloba, sa femme se déchaîne pour deux.

Je ne peux pas appeler cela autrement qu'un outrage. (La fortune des Lê, leur belle maison, leurs avoirs placés en France, tout cela partant en fumée ?) Tu m'entends, Grand Frère ?

Evasif : Oui, oui. Penché sur son catalogue il examine une illustration avec une méticulosité de bijoutier à l'ouvrage.

Plus véhémente : Un outrage qui, autrefois, obligeait à intenter une action en réparation. Quand je pense que son père lui donne raison ! Ces médecins sont des gens de couteau et de hache. Je te parle, Tùng. Peux-tu sortir enfin de tes plantes ?

Agacé : Allons, allons, comme tu y vas. N'oublie pas que le père de ce jeune homme est mon ami.

Mains sur les hanches : Et toi, tu n'oublierais pas que Loan est ta fille ? (Elle ne l'appellera jamais Hélène comme tout le monde.) Après tout, c'est toi le père de famille. C'est donc toi qui dois intervenir. Elle fait mine de s'en laver les mains.

Alors, conciliant : Tu as raison, je vais essayer de raisonner Manh.

Démêler un problème l'a toujours ennuyé, a fortiori quand il est soulevé par sa femme. Et puis il préfère l'illusion à toute réalité contrariante. Le lendemain, accaparé par son catalogue, il n'a pas bougé de son fauteuil en rotin. Thu décide alors de s'acquitter elle-même de cette tâche. Elle ne peut plus souffrir d'avoir devant elle, chaque jour, un visage sali de tristesse. Plus souffrir la longue plainte silencieuse qu'est devenue maintenant l'existence d'Hélène. Magnanime détermination de la mère habitée par le devoir. Mais arrivée devant la grande maison de la rue Chasseloup-Laubat, elle hésite. Que va-t-elle donc dire à ce garçon ? Planté dans ses bottes comme il a l'air de l'être, il n'est sûrement pas du genre à se laisser facilement circonvenir. Surtout par une femme. Et si elle tombait sur son père, le professeur Lê, face à qui elle n'est jamais parvenue à vaincre une certaine appréhension ? Courage, dicte en elle son grand-père qui, à l'exemple de Giàu et des vieux sages du pays, cristallisait toute circonstance de la vie en une phrase imagée et pratique. Quand le ventre est affamé, recommandait-il dans ces cas-là, on doit ramper sur les genoux. On ne recule devant rien. Elle pousse donc la porte. Le médecin n'est pas chez lui. Chance. Ni Manh. Double chance, car en fin de compte, elle n'eût pas souhaité ce face-à-face, oser affronter pareil caractère. En revanche, Hồng est présente. Par elle peut-être pourra-t-elle accéder à la raison du comportement de son frère. Mais elle ne sait pas combien Hồng et Manh marchent côte à côte. Aussi la conversation tourne-t-elle court assez vite. Hồng refuse de se charger d'une démarche auprès de lui. S'il veut partir seul en France, personne ne l'en dissuadera. Même son père ? Son père lui a offert ce voyage. Il lui fait confiance. Manh épousera Hélène à son retour. Quand il sera devenu un bon médecin grâce à son stage parisien. Thu a le geste de la tête que provoque généralement l'inattendu.

Elle demande : Vous en êtes si sûre ?

Hồng, pensive, tourne sa langue dans sa bouche, et reçoit, elle, l'aide de son oncle Giàu, et de ses vérités d'expérience. Elle répond : On peut sonder le lit d'un fleuve ou le fond de la mer avec une perche, mais on ne peut pas sonder le cœur humain.

Thu se retire. Rageuse. La *Marseillaise* part dans trois jours. Existe-t-il au monde un homme capable de s'accrocher à sa poupe de tout son poids pour l'empêcher de larguer ses amarres ? Elle est allée regarder de près le grand bateau blanc qui la nargue, accosté le long de la Rivière de Saigon. Comment faire en sorte qu'il ne prenne pas le fiancé de sa fille ? Et sur le quai, parmi les vendeurs d'agar-agar, de graines de lotus et de jujube, passante soucieuse et pressée, elle est soudainement rattrapée par un souvenir. Celui d'une de ses amies dont le bébé a été sauvé par un vieux sorcier qui lui avait conseillé de tendre un filet autour du berceau. Arrêté, l'esprit malfaisant avait déclaré forfait. Ne pourrait-il pas tendre un filet devant cette passerelle ?

Sur quoi le *thầy phù thũy* reçoit la mère d'Hélène, toute frissonnante : Oui, je peux entraver le départ de ce jeune homme, j'ai ce pouvoir. Grâce à un *con môì*.

Un appât ? À demi assise sur un mauvais tabouret, transie devant ce vieillard aux dents rares, Thu serre son réticule posé sur ses genoux, comme elle le faisait de la main de sa mère, chez le dentiste.

Et il lui explique : Le *con môì* est ce mannequin de paille. Il n'a l'air de rien, mais quand les esprits s'y incarnent, il a plus de force que les bras de cent lutteurs.

Adossé au mur de la case sur pilotis, vêtu de chiffons et couvert de la cape en paille de riz que portent parfois les paysans, ce mannequin de la taille d'un homme a l'air de braquer sur elle les deux billes de verre qui lui servent d'yeux. Fuir ? Trop tard. Prisonnière.

Le sorcier lui expose : Pour l'instant, ce n'est qu'un objet ordinaire, mais dans un moment, grâce aux esprits, il deviendra magique. Les esprits ont beau être des êtres subtils, parfois matériels et la plupart du temps invisibles, ils manifestent leur volonté, comme les hommes, par des actes calculés. Certains sont des formes fantastiques qui surgissent de la demi-obscurité, de préférence au bord des grèves. D'autres abritent des bruits de voix humaines dans la nuit, d'autres encore le clapotis des flots sur la berge. Ce sont ceux-là que je vais convoquer.

Alors, partagée entre le scepticisme et une crainte indéterminable, au milieu de l'attirail classique des magiciens (drapeaux, sabres de bois, bâtons de rotin, crécelles, gongs, timbres de métal, tous ces ustensiles servant à expulser les démons), Thu assiste à une scène étrange. Assiste, figée, souffle suspendu, à une liturgie inconnue. Enveloppé d'une chasuble écarlate, chef orné d'un petit chapeau conique en feuilles d'ananas, l'homme engage les esprits à se rassembler dans chacune des parties de son individu. Sur un ton élevé, criard, lamentations d'une locomotive à bois réclamant la voie du côté de Biên Hoà, elle l'entend déclarer :

Je salue le Bouddha, les saints et tous les esprits dignitaires. Que dix mille généraux et dix mille génies montent sur mon dos, que le Bouddha se tienne sur ma tête, que la grande déesse

Muỏ̂ng et la sainte Lê Mai Đại Vủỏ̂ng se posent sur mon épaule droite, que mon épaule gauche soit occupée par le prince Song Tràng, que les cinq Bất Nhãn s'introduisent dans mon cœur, dans le foie, l'estomac, les reins, que les deux Hạc veillent à ce que mes deux mains s'appliquent sur mon visage, comme si elles y étaient fixées avec de la laque, de la résine, de la gomme ou de la poix. (Il s'est tu. Non, il reprend, mais sur un ton différent, décidé, militaire.) Ecoutez-moi bien tous. Au premier coup de tambour, vous prendrez aussitôt chacun votre poste. Je vous l'indiquerai encore une fois par le geste et par les signes avec cette baguette d'encens.

Tambour. Sursaut de Thu. De deux doigts, le sorcier a glissé un papier de couleur jaune sous la cape de paille. Un *buà*. L'ordre de mission du *con môì*. Tracés au pinceau, des idéogrammes lui indiquent son but et le chemin qu'il doit suivre pour y aboutir.

Allez, Petite Sœur, soyez tranquille. Vos désirs seront exaucés.

Un sourire décoré de quelques dents rouillées salue l'ouverture du réticule de Thu. Ses mains jointes, cirées par l'opium, étreignent le rouleau de piastres qu'elle lui tend. Et le lendemain, dans le journal, prodige à vous saisir de stupeur, cette information : le départ de la *Marseillaise* ajourné à cause d'une grève du personnel de bord. Et cette nouvelle que Thu n'ose tenir pour admissible tant elle apparaît comme la concrétisation de ses vœux : Manh blessé au tennis, obligé peut-être de remettre son voyage à plus tard. Imprévisibles desseins des dieux.

Elle téléphone à son amie, exulte : Epatant ton sorcier. J'avoue que, sur le moment, j'étais plutôt incrédule. Ce mannequin de paille, cette cérémonie... Et j'avais si peur !

Pendant trois jours, sa joie demeure. Mais Hélène ne recouvre pas le sourire pour autant. Départ ou pas, Manh n'est plus là. Il est avec l'autre. Une de ses manches de tunique bâille. Elle a oublié d'en fermer le bouton-pression. Ricanement de sa mère :

Ne t'inquiète pas, elle partira seule. Il ne la rejoindra pas. Quelque chose me l'assure. On dirait qu'elle suce une graine de sésame. Tu ne me crois pas ?

Bien sûr qu'elle la croit. (Si elle pouvait dire vrai !) Riche d'un secret qu'elle voudrait partager, Thu. Riche, mais comment le révéler sans se montrer ridicule ? Hélène a ce ton geignard que sa mère n'a jamais réussi à corriger.

Mère, j'en ai maintenant la conviction : cette fille l'a envoûté.

Ne lui a-t-on pas souvent affirmé que les Françaises arrivaient toujours à leurs fins avec les hommes ? Leur réputation est peut-être surfaite, pensait-elle, mais à présent, elle a tendance à en être convaincue. Il a suffi de si peu de temps à cette fille pour le séduire ! Et moi qui ne voyais rien, qui imaginais qu'il n'avait personne dans sa vie. (Rogner l'ongle du pouce, et pourquoi pas, la chair, puis l'os ?)

Thu la secoue. Assez de jérémiades, Enfant, rien n'est perdu. Elle lui ordonne les cheveux qui, dérangés, ajoutaient à son accablement. Une Vietnamienne est plus forte que toutes ces Françaises. Demande donc à ton père comment je m'y suis prise avec lui. Aucune Tây n'aurait fait ça, tu m'entends ? Elle réfléchit un instant, les yeux mi-clos, fixés au loin sur un drapeau malmené par le vent, tel le pan de chemise d'un motard passant en trombe. A maladie du diable, remède de fée. (Son grand-père, encore.) Je pense avoir un moyen pour en terminer avec tes tourments.

Un moyen ?

Un moyen radical. Fais-moi confiance. Elle a la tête de la panthère marbrée du Jardin botanique.

Mais cette fois, le sorcier est impuissant. Thu n'a pas eu le temps de retourner le voir. Dans le port, une sirène a mugi et Saigon a su, à l'heure des coqs triomphants, que la *Marseillaise* avait levé l'ancre. Le mannequin de paille peut rejoindre sa case sur pilotis et son vieux maître édenté. Manh, le bras en écharpe, et Catherine Verger, aux anges, lui ont échappé. Vingt-six jours de traversée et, chaque jour, s'ils sont assez malins pour se soustraire à la surveillance de l'ancien procureur et de son épouse, le bonheur d'être côte à côte.

Sous les étoiles naissantes, assis à l'abri d'un radeau de liège, on refait le monde. L'avenir est inscrit dans ce champ d'étincellement sans fin sur lequel la proue semble flotter, voler. Froufrou de la brise, ronron des machines. Et les paroles définitives.

Tu vas voir comment on va s'organiser à Paris. Le médecin chez qui je vais loger n'habite pas très loin de chez toi. J'ai regardé le plan. Il le garde précieusement dans sa poche, et le soir, dans sa cabine, élabore du doigt toutes les façons d'aborder le domicile de Catherine, près du parc Monceau. Pas plus de dix minutes à pied ! Ce n'est pas de la chance, ça ? Ce sel sur les lèvres, sur les joues, partout, avant-goût du reste. Et ses cheveux si clairs batifolant avec le vent et satinant la clarté de la nuit. Une inquiétude voile un instant la lumière du futur, comme ce nuage filiforme, cil dans l'œil de la lune. Ils espèrent qu'ils auront quand même assez de liberté. A Saigon, elle en était plutôt privée. Toutes ces parties de cache-cache auxquelles il a fallu se livrer !

Oh ! oui, quand j'y pense. Mon père est si sévère. Ma mère est plus coulante, mais quand elle a appris par Kim... Ah ! celle-là, je voudrais la tuer, quand je me rappelle tout le bien que je lui ai fait et toutes les robes que je lui ai laissées ! Le jour où ma mère a été informée que nous sortions ensemble, tu aurais entendu tout ce qu'elle m'a sorti !

Sur moi ?

Le passage, derrière eux, d'un couple de promeneurs lui évite de répondre. Mais Manh repart à la charge et elle y est contrainte. Avoue que ses parents auraient voulu qu'elle fréquente Philippe Malleret. Qu'ils invitaient constamment son père et sa mère à la maison. Qu'il n'y en avait que pour eux, à table. Les Malleret ceci, les Malleret cela. Que Philippe la suivait partout. Qu'il s'était même inscrit au club de tennis alors qu'il n'avait jamais touché une raquette. Elle pouffe. Il fallait le voir courir après mes balles ! Elle revient à Manh, à ses mains, à son interrogation soucieuse, caresse le plâtre qui recouvre son bras cassé et donne un coup de menton vers le large comme si l'on apercevait encore la presqu'île de Cà Mau.

Il est resté là-bas. Heureusement. Et toi, tu es ici.

Manh persévère : Tu ne m'as pas répondu. Qu'est-ce que t'ont dit tes parents sur moi ?

Tu dois bien le deviner. Elle souffre à l'idée de s'expliquer.

Mais encore ? Ses mains ont cessé d'habiter les siennes. Monde impitoyable des parents bardés de certitudes et hérissés de préjugés. Je jure que je ne serai jamais comme cela, se promet-il en prenant l'étoile du Sud à témoin. Ils t'ont dit qu'ils ne voulaient pas que tu sortes avec un Vietnamien, c'est ça, hein ?

Son silence pèse lourd. Elle tente d'en diminuer le poids,

rattrape ses mains, les emprisonne. Oh ! tu sais, ils n'avaient rien contre toi en particulier, non, vraiment rien, et ils disaient beaucoup de bien de tes parents, surtout de ton père qui avait soigné plusieurs de leurs amis. Quant à ta sœur, ma mère aimait beaucoup l'entendre jouer du piano, après la sieste. Combien de fois elle a regretté que je ne puisse pas jouer aussi bien qu'elle ! Non, vraiment, ils n'avaient aucune hostilité à votre égard, mais...

Mais ?

L'obscurité peut lui manger le visage à demi, elle voit ses yeux le trouer, pareils à deux plaies luisantes. Tout le monde connaît ça par cœur, Manh, chez toi comme chez moi. Le monde est ainsi fait et l'on n'y peut rien. Regarde votre parti pris contre les Chinois et les Eurasiens. Elle évoque une de ses amies eurasienne rencontrée au lycée Marie-Curie, le désespoir de cette jeune fille rejetée par les parents d'un jeune avocat saigonnais. Cette étudiante pourtant si convenable et si bien de sa personne, et d'aspect si peu différent de celui d'une pure Vietnamienne. Evoque l'ostracisme dont ces Vietnamiens la frappaient alors même que son milieu social était plus élevé que le leur. Que veux-tu faire, répète-t-elle, changer la vie ?

Haut-le-corps. Manh a mis un genou à terre. Que veux-tu faire ? Mais comment se contenter de subir la vie avec ses injustices et ses coups de dents ? Que veux-tu faire ! Accepter l'inacceptable, la loi scélérate des sectaires ? Il s'échauffe, se détache des mains qui s'acharnent à le retenir. Et leur amour ? Que fait-elle donc de leur amour ? Est-il si faible qu'il ne puisse détourner le cours de la fatalité, culbuter avec mépris ces préventions têtées avec le lait ? Il se lève, s'appuie au bastingage, se penche, fasciné par le noir et ses reflets d'anguille. Un pied sur le barreau et je saute, et tout cela n'a plus d'importance. Mais derrière, Catherine se colle à lui et l'enserre. Ce bateau, où nous emporte-t-il ?

La nuit d'après, ils s'aiment. Ils ont réussi à planter là les Verger grâce à la soirée du commandant. Frénétique, un orchestre a plongé tout le monde dans un tourbillon de sautillements et de trémoussements qui, vu la ferveur générale, ne risque pas de retomber avant minuit.

Allez, mesdemoiselles, à vous maintenant d'inviter les messieurs ! Captivés par un couple d'amuseurs professionnels rencontré par hasard, des comédiens en tournée, l'ancien procureur et sa femme ont relâché leur garde autour de leur fille. A nous la liberté ! Le paquebot déserté par les noceurs est un éden inespéré pour les chercheurs de bonheurs intimes. Manh a un peu bu et Catherine se sent tout aussi étourdie après seulement deux coupes de champagne. Si le pont ne tangue pas sous leurs pieds, les étoiles ont l'air, par contre, bien mal suspendues. Il l'a saisie avec son bras valide et il lui semble qu'il ne la rendra jamais.

Par ici, j'ai repéré un endroit parfait. A la poupe.

Derrière une bouche à air, près de l'œil immobile de la piscine. Là, pas de danger d'être importuné. Loin est le salon où l'on gambille et propice le vent qui, rabattant par intervalles des bribes de valses ou de farandoles, vous informe avec complaisance du temps de tranquillité qu'il vous reste. Ils s'assoient à même le platelage, et flanc contre flanc, demeurent un instant figés, le regard perdu dans la nuit pétillante. Figés comme on peut l'être par la surprise. Surprise d'avoir pour la première fois de leur vie un petit bout de nuit à partager à deux, car à Saigon, il fallait rentrer chez soi, le soir. Et trouble, soudain, frayeur à la pensée qu'ils pourraient bien gâcher par maladresse, gaspiller l'inestimable cadeau que les dieux ont décroché du ciel. Tant pis. Au diable ce frein de timidité, de gêne indicible. Leurs lèvres ne se connaissent-elles pas déjà ? Et ne se sont-ils pas étreints plus que de mesure au cours de leurs furtives rencontres à Saigon ? Oui, mais que de secrets encore à découvrir ! Et de fièvre à guérir. De rage à assouvir. Que de bouillonnements partout, dans le corps, ajoutés à la gentille ivresse qui leur enlumine l'esprit. Alors, ils s'enlacent, et les voilà partis dans une autre traversée. Pas commode avec ce plâtre autour du bras, mais quand la passion s'en mêle... Il y a ce bateau qui vibre sous eux, cette voûte sans limites qui les abrite, et il y a cette houle naissante de plaisir, ce vent dans les cheveux et celui qui souffle en eux, ces flots qui les emmènent sans heurt, cette mer d'huile, et ce gros temps qui s'apprête à les ensevelir. Mais ces voix, tout à coup, ces ombres qui s'approchent de leur repaire, ces lampes clignotantes ? Des marins de service faisant leur ronde.

Allons ailleurs. Pendant cinq bonnes minutes, ils vont, viennent, s'efforcent de trouver une autre cachette. En vain. Manh meurt d'envie de l'entraîner dans sa cabine.

Non, Manh, partons, rejoignons le salon. Mes parents... Ils vont me chercher partout. Voilà déjà une heure que nous avons disparu.

Tu es folle, regarde ma montre. Tu vois ? Elle mollit. Viens, je connais un endroit meilleur. Remontant l'escalier, une idée a surgi, a sauté devant lui, biche sous l'éclat des phares. Cette chose oblongue, tout à l'heure, posée sur le pont, le long du garde-fou et recouvert d'une bâche, un canot de sauvetage que l'on s'apprête sans doute à repeindre. Sa bâche bâille du côté de la mer. S'y glisser serait un jeu d'enfant. Faudrait-il encore que Catherine le veuille bien. Il le lui propose. Elle rit. Pour noyer son appréhension ? Il rit avec elle. Deux enfants jouant des niches. Il l'aide à se faufiler sous la toile. L'excitation qu'elle en ressent submerge toute réticence. Par chance, une seconde bâche, pliée, celle-là, occupe le fond. Ils n'ont plus qu'à s'allonger dessus. Ils continuent à rire comme des gamins. Jusqu'au moment où ils ne rient plus parce qu'ils n'en ont plus la capacité. Parce que leur bouche est muselée, étouffée, noyée. Parce qu'un dragon se roule dans leur tréfonds, roule comme un orage menaçant, ronfle comme un incendie puissant. Parce qu'il gronde avec violence et qu'on ne peut rien faire contre un dragon qui se réveille pareillement. Rien faire contre un dragon de ce type, si dangereux, qui vous griffe, vous fouaille, vous arrache tout dans vos profondeurs, vous vide peu à peu de votre dernière goutte de sang. Mieux vaut maintenant le laisser vous terrasser, vous consumer à petit feu. Il est des flammes comme les siennes dont les morsures sont délicieuses, qui vous transforment en cendres, comme dans un brûle-parfum.

Mon Dieu ! La musique s'est arrêtée. Catherine se jette sur sa montre, mais n'arrive pas à en distinguer les aiguilles. Partir. Elle veut partir. Se rhabille en hâte. Il la calme. Si, si, il faut qu'elle s'en aille. Son père à ses trousses, la fouille du bateau. Mon Dieu !

Ecoute. Elle tend l'oreille. Du Strauss dans le vent. Il sort le poignet hors de la bâche : il n'est pas encore minuit. Sous la lune, l'heure l'apaise. Il l'attire de nouveau dans ses bras et la lie. C'est drôle, pense-t-elle, tout ce temps qui s'est écoulé, que l'on imaginait long, long, et qui pourtant n'a pas duré, ce voyage que l'on a fait si loin, si loin, dans cette barque qui n'a pas bougé d'un pouce. Et lui : Drôle comme un homme et une femme parviennent à se rencontrer et à s'aimer alors qu'ils étaient chacun à un bout du monde et que chacun de ces bouts du monde luttait pour les retenir. A présent, que vont-ils devenir ? Cette question, Catherine se l'est souvent posée avant de décider de la lui souffler à l'oreille. Que vont-ils devenir si ses parents, comme les siens, restent sur leur position ?

Tes fiançailles avec cette fille... tu l'aimes ?

Il se rebiffe. Comment peux-tu penser une seconde... Je n'aime que toi. Tu ne t'en es pas aperçue ? (Ces paroles définitives ! Combien de fois un homme les profère-t-il dans son existence ?) Il voudrait obturer sa bouche avec la sienne à tout jamais pour ne plus l'entendre douter de lui.

Ecoute-moi bien. Il décortique ses phrases. Un professeur face à un élève buté. Il faut qu'elle sache, pour mieux comprendre, qu'aujourd'hui, dans certaines familles vietnamiennes – il pourrait même dire dans beaucoup de familles vietnamiennes – on ne demande pas plus qu'autrefois leur avis à ses enfants pour les marier. On leur impose le choix qui semble le plus judicieux. Ses parents, ses grands-parents et tous ses aïeux paternels et maternels ne se sont pas mariés différemment. Ils ont obéi à un ordre. (Une oreille sur sa poitrine, muselée, Catherine écoute pour la première fois le cœur d'un homme. Est-il normal qu'il batte si vite ?) Oh ! bien sûr, on y a mis des formes. On a fait en sorte qu'ils finissent par croire qu'on les avait soigneusement consultés avant d'organiser les fiançailles. Que seuls leurs sentiments avaient eu le droit de s'exprimer. C'est ce qui s'est passé avec Hélène et moi, confesse-t-il.

Bond de Catherine. Mais c'est abominable !

C'est la tradition.

Mais ta fiancée t'attend, et quand tu vas rentrer, ils vont te forcer à l'épouser. Penchée sur lui, dans le noir, comme sur une bête dans son trou, elle guette sa réponse, mais ne perçoit qu'une valse à moitié dévorée, des lambeaux de musique. Alors, ce n'était que cela, pense-t-elle, qu'une partie de plaisir au cours d'une traversée, des bouches mêlées et des corps entremêlés. Et demain qu'un souvenir sucré et beaucoup d'amertume. Mais soudain, il l'a plaquée contre lui et elle a senti que son étreinte ne serait pas éphémère, que l'on aurait bien du mal à lui faire desserrer son bras. Qu'un homme de cette sorte ne les ouvrait pas pour n'embrasser que du vent. Alors, il a mordu ses lèvres au goût de violette, puis le dragon a ressorti ses griffes et ses ailes, et a refait jaillir ses flammes, et bien vite, ils n'ont plus été qu'un immense feu de joie.

Manh était prévenu plus qu'un autre. L'arrivée d'une belle-mère au foyer conjugal ne peut que compliquer la vie, surtout quand elle se nomme Thu. Mais comment se reprocher d'avoir tendu la main à une veuve qui a l'âge de votre propre mère quand la mort vous l'a injustement enlevée ? Hélène n'aurait-elle pas accepté d'une manière similaire que sa belle-mère vienne vivre sous son toit ? Au Viêt Nam, nombre de brus subissent cette situation en fermant les yeux, en appelant Mère la plus horrible des bonnes femmes. En la laissant même avec patience prendre les rênes de la maison, tout régenter, comme un mandarin militaire. Avec l'autorisation tacite du mari qui ne fait là que respecter la coutume. Mais quelle souffrance à côté de celle que vous infligeait un mari peu aimant, ou pis, brut et infidèle ? « Si mon mari est méchant, chantait-on alors à la campagne, j'ai des raisons d'être inquiète. Avec une méchante belle-mère, je tue un buffle en signe de reconnaissance. » En revanche, un gendre est en principe maître chez lui. A condition toutefois que sa belle-mère n'abuse pas de l'hospitalité jusqu'à confondre la « famille extérieure », la sienne, avec la « famille intérieure », la paternelle. Jusqu'à défier l'autorité de celui auquel tout le monde doit obéissance, et pas seulement ses enfants. Tout le monde, ses enfants, ses frères, ses sœurs, ses oncles, ses tantes et sa femme, bien entendu, et par conséquent, en premier lieu, celui qu'il a invité à venir rejoindre son clan. Et Thu est ce genre de femme. Dès le lendemain de son arrivée à Rueil-Malmaison, par exemple, elle a ni plus ni moins résolu de s'occuper elle-même de la santé de sa fille et de ses petits-enfants. Hélène a d'abord résisté avec amusement. Sa mère ignorait-elle la profession de son mari ?

« *Cha chã !* (Taratata !) Un médecin d'ici ne vaut rien à côté d'un médecin chinois, répliqua-t-elle. Rappelle-toi ton beau-père. Malgré toute sa science, ses diplômes et ses titres, il n'a pas pu se sauver lui-même. S'il ne s'était moqué du rôle des principes *yin* et *yang* dans la constitution du corps, tels que l'enseignent les maîtres chinois, il serait encore là. »

Et avec l'assurance et la satisfaction d'un démonstrateur devant un public intrigué, elle sortit de son sac toute une kyrielle de fioles rapportées de Washington. Des décoctions que Tùng fabriquait avec des plantes médicinales repiquées dans sa serre en suivant les recettes d'un vieux manuel saigonnais. « Si Manh voyait ça, gémit Hélène, lui qui passe sa vie à chasser les charlatans qui tournent autour de ses patients ! » Et subrepticement, elle jeta ces préparations miracle dans la boîte à ordures. Peine perdue. La semaine suivante, Thu descendait de l'autobus de Paris avec un arsenal équivalent. Au moment où Hugues tombait malade. Bronchite, avait diagnostiqué Manh qui avait laissé derrière lui quelques potions classiques avant d'aller participer, l'esprit tranquille, à un congrès, à Madrid, la semaine suivante. Comme la toux de Hugues redoublait, Thu attendit le départ de son gendre pour entrer de nouveau en action. Avec, cette fois, la complicité de sa fille, d'autant plus inquiétée par l'état de son fils qu'elle se sentait seule et désarmée.

« Va me prendre mon sac dans ma chambre, lui demanda-t-elle alors qu'elle était assise au chevet du jeune malade, comme une madone douloureuse, j'ai rapporté de la gare de Lyon la seule chose qui vaincra la toux de ce pauvre gamin. »

Une calebasse. Oui, c'était bien une calebasse que ce bibelot en bois noir voulait représenter. Thu le tendait entre le pouce et l'index, à la hauteur du front, et ses ongles démesurés, de la couleur d'un berlingot, lui donnaient, de chaque côté, des élytres, si bien que l'on eût dit un insecte de grande taille prêt à s'envoler. Hélène frissonna. Toutes ces années d'exil, loin des magiciens et des sorciers, loin de leur influence, n'avaient-elles donc eu aucune prise sur sa mère ? Calebasse elle-même, pensa-t-elle en la dévisageant : on la plonge dans l'eau d'une jarre, elle remonte. Avec des mimiques de conspiratrice, Thu rapporta les explications de son Chinois : « La calebasse est considérée, en Chine et chez nous, comme le symbole de la richesse et un protecteur très puissant. C'est là-dedans que les apothicaires chinois mettent leurs médicaments. On taille cette amulette dans le saule parce que cet arbre particulièrement vivace a les qualités du soleil et ses mêmes principes régénérateurs. Le saule chasse l'hiver, donc la mort. Il chasse les mauvais esprits qui sèment les maladies et prodiguent la force solaire aux malades. »

Son cours achevé, elle glissa l'amulette dans le pyjama de l'enfant en lui demandant de veiller à ce qu'elle ne quitte jamais sa poitrine. Et quand Manh revint, le lendemain, de son congrès, Hugues ne toussait plus. Il était même retourné à l'école et courait dans la ruelle, son cartable sur le dos, derrière un petit voisin. Avec l'agilité d'un tamias, imagina Hélène en revoyant le petit écureuil terrestre au pelage rayé qui avait élu domicile dans le jardin de la rue Chasseloup-Laubat. L'amulette demeura bien sûr un secret entre la mère et la fille. Mais Hugues avoua tout à son père. Qui s'écria :

« Un morceau de bois sur la poitrine ! Et pourquoi pas un crapaud ? »

Morigéner sa belle-mère, lui reprocher de vivre au Moyen Age ? L'envie ne lui en manqua pas, mais sa culture le retint, pareille à des bras serrés autour du cou d'un forcené. Sa culture avec sa manière de se comporter et ses interdits. Celui, en l'occurrence, de ne jamais porter atteinte à l'honneur de quelqu'un sous peine de provoquer une rancœur éternelle et un désir farouche de dédommagement. D'où le rire qui finit, cette fois encore, par escalader sa gorge. Non pas un rire méchant, le rire de celui qui rit au nez des gens, mais un rire inoffensif qui vous aide à cacher ce que vous voulez. Qui vous grime comme le meilleur maquilleur de théâtre. Manh rit de cette façon et Thu l'imita, et Hélène, tout autant, débarrassée de son inquiétude. Manh rit de cette façon-là en se rappelant le jour où, à Saigon, Phát, le jardinier, avait annoncé à son père qu'il venait de briser une céramique de prix en essayant de la déplacer. Le cadeau de mariage offert au docteur Lê par ses collègues de l'hôpital. Un brûle-parfum provenant des célèbres fours de Bát Tràng, sur la rive gauche du fleuve Rouge, une marmite à trois pieds décorée de motifs de nuages et aux anses en forme de dragon couché. Rit en se rappelant le rire du jardinier penaud devant le maître qu'il avisait de cet accident, et en se rappelant l'éclat de rire que son père avait laissé échapper en guise de réplique. Ainsi chacun avait souhaité éluder tout conflit. En riant. L'un afin de dissimuler sa honte et d'atténuer la réprimande qu'il méritait, l'autre soucieux de ne pas donner libre cours à une colère qui n'eût pas compensé la perte. Manh se rappelait tout cela en mêlant son rire avec celui de sa belle-mère et de sa femme. Et se rappelait ce que son oncle Giàu avait fait quand, étonné par la réaction paternelle, il lui avait demandé de la lui expliquer. Il lui avait alors cité ces deux vers du grand Nguyễn Du, extraits du *Kim Vân Kiều*, son poème monumental : « Se fâcher, c'est vulgaire. Rire est le meilleur moyen de ne pas se laisser deviner. »

Pendant un moment, Thu évite tout impair. Du moins, Manh ne sait rien d'elle qui pourrait de nouveau le contrarier. Cependant, cela ne l'empêche pas de la suspecter. Avec raison. Il suppose bien, par exemple, qu'elle ne s'en tient pas là avec Colette. Que ses pressantes invites transmises par Hélène à s'abstenir de toute intervention auprès d'elle ne comptent pas plus à ses yeux que les enseignements de la Faculté face à ses guérisseurs et à ses rebouteux. Une femme comme ma belle-mère, marmonne-t-il, a l'insatiabilité des termites de là-bas qui vous dévoreraient un arbre gros comme cela dans la nuit. Mais s'il connaissait la réalité ! Nul doute que sa maîtrise de lui-même volerait en éclats avec ses grands principes de délicatesse et de respect. Il est vrai que, sans en être consciente, Hélène est pour beaucoup dans les débordements de sa mère. Et parce qu'elle n'a pu se défendre de lui livrer les détails de son tête à tête avec Colette à propos de son jeune voisin. Parce qu'elle lui a montré l'ampleur de son propre abattement. Aussi dès le lendemain de ces confidences, Thu revêt l'élégante redingote noire à col de loutre que sa fille lui a offerte à la place du grossier trois-quarts de style militaire rapporté d'Amérique, empoigne son sac à main à bandoulière et part pour Paris. Elle va retrouver un autre *thầy phù thũy* dont Hélène ignore l'existence et qu'elle a découvert, il y a quelques jours, entre deux tasses de thé, avec une vieille amie, restauratrice au Quartier latin. La veuve d'un général très versée, elle-même, dans les sciences occultes et toutes les formes de la magie en raison de son appartenance au caodaïsme, une secte religieuse née des révélations d'un spirite. Thu a annoncé à sa fille qu'elle allait choisir, au Bazar de l'Hôtel de Ville, le cadeau qu'elle destinait à Colette dont les dix-huit ans approchent à grands pas. Elle revient donc à l'heure du dîner avec son emplette, une jolie lampe de chevet en opaline qu'elle dissimule aussitôt dans sa chambre. Au sorcier, elle n'a rien caché. Il sait, à présent, ce que l'on attend de lui. Une intervention extraordinaire. N'a-t-il pas, d'après la veuve du général, réussi plus de trois fois à séparer des amoureux en éteignant leur flamme et lié pour la vie, autant de fois, des êtres qui s'étonnent encore de s'être croisés, un jour ? Dans l'autobus du retour, serrant précautionneusement son achat sur ses genoux, elle sourit aux anges. Sa petite-fille demeurera dans le giron vietnamien. Elle en a l'assurance. Mais elle se retiendra de partager cette secrète satisfaction avec Hélène ou avec quelqu'un d'autre, car aujourd'hui, qui a gardé la foi dans les croyances ancestrales ? Qui ne l'a pas jetée dans le brasier infernal du rationalisme cher aux Français ? Qui n'a pas oublié, à l'exemple de son gendre, que la culture vietnamienne est restée intacte malgré toutes les influences étrangères parce qu'elle s'est appliquée à conserver les rapports particuliers qu'elle a établis entre les Esprits, la Terre et l'homme ? Son médium le lui a bien signifié : Tự Đức, le glorieux empereur, avait anobli son encrier et les mandarins guerriers vénéraient les canons-génies qui défendaient leur capitale

4.

L'étonnement de Manh quand, juste avant Noël, Pierre Lepelletier l'appelle au téléphone. Quand, jovial comme d'habitude, il lui annonce : « Vous vous souvenez que je m'étais engagé à essayer d'obtenir un rendez-vous avec l'ambassadeur du Viêt Nam ? Eh bien ! figurez-vous que je l'ai obtenu. Il nous attend mercredi à quinze heures. » L'étonnement et l'émotion, ses pensées vers Lan, le frère captif. Si une simple conversation avait le pouvoir d'écarter ses barreaux, comme la pression d'une barre à mine... Pauvre rêve ! Oncle Giàu affirme qu'il sera libéré, un jour, mais comment croire au marc de café, si loin du pays où les sorciers dirigent le monde ? Il n'y a que cette vieille folle de belle-mère pour courir encore après les fantômes. Deux jours à attendre avant cette rencontre. Qui ne décidera de rien, c'est sûr, parce que les gens d'ici ne sont que poussière à côté des fonctionnaires de Hanoi, et parce que les maîtres du Viêt Nam ont un cœur plus dur que du bois de fer. Deux jours et deux nuits. Pour se préparer à rencontrer le diable. Car qu'est-ce d'autre qu'un communiste vietnamien pour un homme qui n'a plus, par sa faute, ni patrie, ni passé ? Qui ne peut plus aller honorer ses morts sur leur tombe, comme le devoir filial l'oblige. Pour un homme à l'âme déchiquetée, dont on retient le frère aîné par des chaînes et qui a vu des dizaines de milliers d'autres frères périr, ces chaînes aux pieds, ou au fond de la mer, dépecés par les requins après avoir tenté d'échapper aux loups. Deux jours et deux nuits à composer l'attitude de dignité qu'il devra maintenir jusqu'au bout devant ce loup. Inventer les mots qu'il devra prononcer sans perdre son honneur, alors que l'envie lui viendra d'en prononcer de différents. De les crier. De les cracher à la gueule du loup.

Mercredi. Dans la voiture de Pierre Lepelletier, vers Paris. Dans ses rires et sa fumée. Paroles badines de cet ami et pensées mélancoliques flottant au-dessus de Manh avec cette fumée, brouillant la vue comme la buée sur ce pare-brise. Et l'arrivée, rue Boileau, devant l'ambassade aux allures de blockhaus avec ses ouvertures parcimonieuses et sa porte blindée. Où l'on ne s'étonnerait pas de voir pointer des mitrailleuses en batterie. Monsieur l'Ambassadeur ? Il n'est pas là. Mais ce rendez-vous fixé à quinze heures ? Il n'est pas là. Mais pourtant... Pas là, pas là... Derrière son guichet, l'employé décharné comme un opiomane a disparu après avoir signifié d'aller s'asseoir. Plus qu'à patienter sur une banquette étroite, près d'un visiteur à l'allure effrayée, un Vietnamien qui se tortille, comme martyrisé par des crampes incoercibles. Manh tente de lui parler, mais ne provoque qu'un coup de tête vers le plafond et un regard de chien battu l'avertissant qu'un micro ou une caméra doit être caché quelque part. A la fin, un homme aimable apparaît et offre, tout sourire, à Manh et à son ami, de le suivre jusqu'à un petit salon. L'ambassadeur ? Il n'est pas là. Mais pourtant... Il n'est pas là. Mais qu'importe puisque ce conseiller les reçoit, tout sourire ? Puisque, tout sourire, il recueille les doléances de Manh devant une tasse de thé et des gâteaux secs, après avoir accepté, cigarette au milieu des lèvres, le feu du briquet d'argent du journaliste. Manh qui met ensuite toute sa conviction dans son discours et tout son pouvoir de persuasion en s'efforçant de conserver la plus grande retenue, en craignant de donner l'impression de se courber, humblement soumis. Manh devant la porte de la prison où son frère croupit, devant les barreaux d'acier contre lesquels il presse son visage squelettique, à travers lesquels il tend ses poignets squelettiques. Devant ce garde-chiourme silencieux au sourire proche de la grimace. Retient-il seulement ce qu'il entend, ce sphinx souriant ? Peut-être même n'écoute-t-il pas. N'a-t-il qu'un souhait : que Manh en termine afin d'aller retrouver, au plus vite, dans son bureau, son fauteuil et les Mémoires de Hồ Chí Minh. Si encore il feignait de prendre des notes ! Il se contente d'offrir une face crispée dans un sourire dépouillé de tout sentiment.

Au bout d'un moment, Pierre Lepelletier sort de sa réserve. S'en mêle. Essaie d'épauler son ami en obligeant l'autre à dialoguer, à entrer dans le jeu. Essaie de le contraindre à abattre son masque par des questions à l'emporte-pièce et une insistance de journaliste accrocheur. Mais c'est mal connaître les Vietnamiens. Sans aucun doute, ce fonctionnaire sous-payé au teint hâve – ne raconte-t-on pas dans la communauté que l'on surprend parfois le personnel de cette ambassade à fouiller les poubelles du quartier ? – n'éprouve que haine et mépris pour cet ennemi de la Révolution vivant dans un exil douillet. Mais ayant une vingtaine d'années de moins que Manh, il est contraint de lui témoigner le respect que mérite son âge, et cela en dépit de ce qu'il fourgonne dans sa tête à son sujet. Un proverbe chinois répété de père en fils aux enfants spécifie : « L'homme vit de sa face, l'arbre de son écorce. La richesse n'est que fumier, la face vaut mille livres. Si tu rencontres un vieux, appelle-le Grand-père, un moins vieux, Oncle, et quelqu'un de ton âge, Frère aîné. Si tu cèdes un pas à autrui, toi-même, tu seras au large. » Manh, lui-même, n'a jamais contrevenu à cette règle. Il s'est toujours astreint, selon la coutume, à se déguiser de pied en cap devant un interlocuteur. Comme il y a des mots que l'on refuse d'utiliser afin de ménager sa fierté ou d'éviter de le mortifier. Et de jolis mots dans lesquels on enrobe, comme un bonbon dans son sucre, ceux qui risqueraient de le choquer ou, pis, de le blesser.

Débusqué par Lepelletier, le conseiller aligne maintenant quelques phrases en français, puis en vietnamien, mais elles sont aussi creuses que ses joues. Alors le journaliste perd son calme.

« Monsieur, lance-t-il à travers ses bouffées de fumée accélérées, nous sommes là depuis un quart d'heure, vous nous avez entendu parler, mais vous ne nous avez encore rien dit. Avez-vous vraiment l'intention de nous laisser repartir sans que mon ami sache si son message sera transmis à vos autorités supérieures ? »

Le rictus a légèrement vacillé, puis retrouvé son équilibre. La voix est mielleuse et l'accent prononcé. « Mais, monsieur Lepelletier, j'ai bien noté ce que monsieur le docteur Lê Van Manh m'a dit, et tout cela sera rapporté à monsieur l'Ambassadeur. Je l'ai dit d'ailleurs à monsieur le docteur Lê Van Manh. »

Pierre Lepelletier questionne Manh du regard. Comme il

semble déconcerté par l'attitude de son ami français ! Confirme-t-il ou non ? Il est vain d'espérer apercevoir quelque chose sur son visage devenu subitement vide comme une feuille blanche. Si le journaliste avait un peu plus d'expérience il saurait que rien, devant ce personnage, ne pourrait faire se départir Manh de son silence. Moi qui croyais commencer à avoir une idée de sa personnalité, s'étonne-t-il, voilà que j'ai subitement affaire à un inconnu. Où est l'homme de Rueil-Malmaison ouvert et confiant, le médecin assuré de sa science et solide sur ses jambes ? A-t-il peur, lui aussi, des micros cachés ? Ma compagnie amicale devrait pourtant suffire à le tranquilliser. L'autre a saisi la petite théière en terre cuite par son anse en fil de fer garnie de ficelle.

« Vous voulez encore un peu de thé, monsieur Lepelletier ? (Il remplit la minuscule tasse.) Et vous, monsieur le docteur Lê Van Manh, un peu de thé aussi ?

— Oui, monsieur, merci, répond Manh, en français, les yeux baissés.

— Un peu de sucre aussi ? Il tend le sucrier à deux mains, avec soin, comme un prêtre son ciboire au moment de l'Offertoire.

— Non, merci, répond Manh d'une semblable façon.

— Et Lan, le frère de mon ami, interroge soudain Pierre Lepelletier sur un ton glacé, prend-il le thé, comme ça, avec ses gardiens ? Et lui demande-t-on combien de petites cuillères de sucre il désire qu'on lui mette dans sa tasse ? »

Le globe lumineux en papier transparent qui éclaire cette pièce vient de se décrocher du plafond. Non, mais c'est tout comme. Manh est atterré, mais n'en montre rien. Le conseiller, quant à lui, accuse le coup sans trop de peine. Il finit par émerger du silence. Dans la froissure de ses joues, un sourire renaît, têtard assoiffé replongé dans son eau. Pincée entre le bout du pouce et de l'index, sa cigarette quitte le milieu de sa bouche.

« Si la conduite de monsieur Lê Van Lan est appréciée par les cadres, répond-il d'une voix douce, il n'y a pas de raison qu'il n'ait pas le droit d'avoir du thé comme les cadres eux-mêmes. La Révolution est compatissante pour les égarés qui se repentent. »

Cette fois, Manh n'a pu rester attaché à ses principes. A

travers l'épaisse bouffée que l'homme a lâchée comme pour saluer sa déclaration, il s'est redressé. Et fermement :

« Mais, monsieur le Conseiller, mon frère n'est pas coupable. Il n'a rien fait de mal. On l'a emprisonné sans jugement.

— Si monsieur Lê Van Lan n'était pas coupable, rétorque l'homme, il ne serait pas emprisonné, car le Parti ne se trompe jamais. »

Comment ont-ils quitté ce monstre de cruauté ? Sur le chemin de Rueil-Malmaison, au volant, Pierre Lepelletier déplore leur trop grande politesse. Ils auraient dû... Si je ne m'étais pas retenu... Manh refrène ses regrets. « Ne caressez pas les moustaches du tigre », recommande l'oncle Giàu. N'éveillez pas les mauvais instincts d'un méchant. « De simples boutons de bourbouille peuvent dégénérer en ulcères », rappelle-t-il encore. Penser d'abord à Lan et fourrer son respect humain au fond de sa poche, mâchonne Manh en secret. Le ciel est noir. Pareil au fond de sa tête. Il neige. Les premiers flocons s'attachent aux arbres nus. Là-bas, il neigeait également quand les frangipaniers effeuillés se duvetaient de fleurs blanches. C'était, au Nord, le signe que le Tết allait arriver, avec cette poudre d'eau qui enveloppait le ciel et la terre de son voilage infini. Souvenir d'un voyage à Hanoi avec son père, sur le siège avant de la Citroën, à côté de lui, fier comme un héron cendré des rizières, ses yeux d'enfant au ras du tableau de bord. Tristesse du Petit Lac au miroir terni, foule grise et pressée, dos courbés sous le chapeau conique. Solitude des statues au milieu des jardins privés d'enfants. Rues aveugles et transies, pareilles à des manèges bâchés. Froidure. Comme on avait hâte de se retrouver au Sud, de retrouver l'air suave de l'aurore, le soleil jamais vaincu, les fleurs jamais fanées ! Et Lan en haillons sous ce crachin inépuisable ? Est-il normal de continuer à vivre, à gagner tout l'argent possible, à se lever chaque matin en se frottant les mains devant les satisfactions que la journée vous réserve, à se coucher chaque soir en remerciant le Ciel pour sa clémence, et savoir que le crachin tombe, là-bas, sur un miséreux qui porte votre nom ? Pierre Lepelletier s'interpose dans ses songes :

« Allez ! Manh, vous allez voir qu'ils vont le libérer. Ils commencent à regarder vers l'Occident. Ils ont compris qu'ils ne devaient plus vivre en vase clos. Le ministre des Affaires étrangères nous le disait, l'autre jour : ils nous réclament. Vous vous rendez compte ? Les Français vont revenir en Indochine. Alors, bien sûr, vous partirez les premiers. Vous êtes prêts à repartir ?

— Si c'est pour aller chercher Lan, oui. Sinon... Un sourire triste passe à la vitesse de l'ombre d'un avion sur la mer.

— Sinon ? La neige vole si serrée qu'elle oblige maintenant à rouler au pas. Manh semble se noyer en elle.

— Chez nous, il n'y a que les vieillards qui ont cette idée. Ils veulent mourir au pays. Et encore pas tous. Mon oncle, par exemple, n'a aucune envie d'être enterré là-bas. Et pourtant, je l'ai souvent entendu prononcer le dicton bien connu chez les gens âgés : La feuille morte revient toujours à sa source. J'en connais, comme lui, qui, avant de s'exiler, avaient cherché l'emplacement idéal pour y faire construire leur tombeau. Ils ne pouvaient concevoir de reposer ailleurs qu'à l'endroit prescrit par le géomancien. Aujourd'hui, ils ont changé d'avis. Il y a les communistes...

— Mais quand ils seront partis ? » L'œil de Manh s'est ravivé. Son naturel a repris le dessus.

Rire, le meilleur remède du docteur Lê : « Vous savez ce que répondrait mon oncle si l'on se faisait de pareilles illusions devant lui ? Que c'est vouloir brûler le pot de saindoux vide pour en extraire de la graisse. »

Leurs rires se confondent tandis que défilent les passants noirs sur les trottoirs blancs. Des rires d'amis de longue date, leur semble-t-il. (Mystère de l'amitié qui vous donne soudain l'impression de vous connaître depuis l'enfance alors que vous venez seulement de vous rencontrer.) Tandis que défilent, de carrefours en carrefours, les grands sapins de la fête prochaine déjà prêts à poser pour les cartes de Noël, et que fument, devant leur vendeur frigorifié, les chaudrons des marrons chauds. Rien de tel que de se retrouver côte à côte dans la nuit et bien abrités, par ce temps de chien, pour se sentir plus proches l'un de l'autre. Pour s'avouer des choses que l'on ne se confierait peut-être pas ailleurs. Que l'on ne se confierait peut-être jamais autrement. Surtout lorsqu'un journaliste sait vous débucher de vous-même. Vous fouir l'âme.

« Vous refuserez toujours de retourner au Viêt Nam ?

— Je pense que oui, répond Manh. Et ce oui lui pèse

comme une marmite de riz gluant pourrait peser sur l'estomac. Combien de fois s'est-il entendu répondre ainsi à sa propre question ? Ne devrait-il pas ne plus en souffrir ? Mais qui verrait qu'il en souffre ? Il continue : Le Viêt Nam est pour moi un beau bateau qui a coulé haut et bas. Je me sens comme un éternel naufragé. Nous sommes tous des naufragés. Nous nous sommes accrochés aux épaves, nous avons nagé, nagé, nous nous sommes battus contre les flots. Jusqu'à ce rivage où il a fallu se battre encore, sans regarder le sillage laissé derrière nous. Aujourd'hui, il n'y a plus rien sur la mer.

— Comment, plus rien ? interroge Lepelletier, inquiet. Vous voulez dire que vous avez oublié complètement votre pays ?

— Je n'ai évidemment pas oublié le Viêt Nam, répond-il. Comment voulez-vous oublier le Viêt Nam ? Et puis l'exil, c'est comme une peau de bête qui continue à empester la bête malgré tous les tannages. Mais je dois l'avouer : je me sens souvent comme un étranger avec des compatriotes débarqués ici, après moi. Je n'ai plus de communion d'idée avec eux. Aussi, j'évite de les côtoyer. » Les essuie-glaces, leurs hochements de menton. Depuis quand ne s'est-il pas confessé de cette manière ? Il soupire. Il voudrait en terminer.

Arrivé à Rueil-Malmaison, à l'endroit de leur voie privée, Lepelletier arrête la voiture. Brusquement. Sur les derniers mots de Manh. Et maintenant, il le scrute, inquiet à la pensée d'avoir poussé trop profondément son exploration, mais le Vietnamien offre un visage serein, jusqu'au sourire. Curieux hommes, ces Asiatiques, remarque Lepelletier. Ils ont l'air fragiles, parfois vulnérables comme des enfants, découverts, nus sous les coups, alors qu'une armure invisible les protège, plus épaisse que la peau de leurs buffles. La neige a également tout caparaçonné. Ruelle, arbres, murs, toitures fusionnent dans la même joie silencieuse. En revanche, éclairées a giorno, les fenêtres de leurs maisons respectives semblent débordantes de paroles.

« Et Hélène ? relance Lepelletier.

— Pire. (Il retient un rire de nez.) Elle est encore cramponnée aux épaves. Comme ma belle-mère, d'ailleurs. Elles n'en finissent pas de regarder le bateau couler. Sa franchise le surprend de plus en plus. Est-ce lui qui parle, qui ouvre la porte de sa chambre à un étranger ? Il rit et corrige : Hélène sait qu'elle ne retournera jamais là-bas, même si ça lui est difficile d'en prendre son parti. Mais ma belle-mère considère ce bateau comme si elle allait pouvoir remonter dessus. Je me demande d'ailleurs parfois si elle sait vraiment qu'elle n'est plus dessus. Ma sœur et mon oncle sont plus raisonnables. Leur nostalgie n'est pas chargée de regrets. Ils ont adopté la France. Ils y ont refait peu à peu leur nid. Il s'esclaffe encore. (Comme tout cela passe facilement avec une bonne gorgée de rire.)

— Vos enfants, reprend Lepelletier, je suppose qu'ils se sentent aussi français que vietnamiens ? (Manh secoue la tête, comme si un moucheron lui était tombé dans les cheveux.) Ce n'est pas ça ?

— Ma femme considère qu'ils sont devenus plus français que les Français. Elle exagère peut-être, mais jusqu'à quel point ?

— Vous pensez qu'ils ont perdu leur identité vietnamienne ?

— Sans doute pas complètement, mais j'ai bien peur qu'à la longue, quand notre tutelle aura disparu... Il creuse sa réflexion. Cela dit, peut-on devenir vraiment français ? On peut le vouloir, mais les autres, les Français, est-ce qu'ils veulent que nous le devenions ? Ne serons-nous pas toujours pour eux des êtres différents ? Regardez-moi. Il lui fait face et accuse le plissement de ses yeux bridés pour ne laisser filer qu'une lueur pareille à un rai sous une porte, et tous deux éclatent de rire. Pourrions-nous changer de peau ?

— Vous pensez que, plus tard, dans votre famille, on ne parviendra jamais à changer de peau, au propre et au figuré ? La neige recouvre maintenant la totalité du pare-brise et Manh voit dans cette oblitération l'état dans lequel se présente l'avenir : caché.

— Possible, admet-il. Et il pense : Perdre ses racines, quel malheur ! D'accord pour tirer des voisins ce qu'il y a de meilleur, le meilleur de la culture française, mais rester vietnamien jusqu'au bout des ongles. Prêter sa tête, sa cervelle, mais garder son cœur, son âme. Après un silence, il reprend avec une conviction qui l'étonne : Tant que nous serons là, nous veillerons à ce que le Viêt Nam se perpétue chez nous malgré l'insertion de nos enfants dans la société française. » (Nous veillerons... Ne serait-il pas plus honnête de prononcer : Hélène veillera ?)

Pierre Lepelletier arrive à la question que Manh redoutait. Elle l'atteint comme une pierre en plein front.

« Mais si l'un de vos enfants n'épouse pas quelqu'un de votre communauté ? » Dans le noir, aspirée, sa cigarette vire au rouge. Alarme.

« Tut-tut ! » Une voiture derrière, ses phares embrasant les deux hommes dans leur igloo.

« Hélène, annonce Manh avec soulagement. Elle est allée chercher Colette à cause de cette grève d'autobus. Encore une ! Entre le train et l'autobus, c'est à celui qui travaillera le moins. »

Ils rient. Il n'a pas eu à répondre. Quelle aubaine ! Mais il sera bien obligé de répondre un jour à l'homme qu'il voit tous les matins dans son miroir à trois glaces. En attendant, il remercie son voisin. Jamais il n'aurait pénétré tout seul dans l'ambassade vietnamienne. Dans la tanière des loups.

Oncle Giàu demeure persuadé que Lan recouvrera la liberté. Un soir, il essaie d'entraîner son neveu dans ses explications. Sans succès. Manh ne croit pas aux sciences occultes. Aussi la plus belle analyse horoscopique et les plus belles paroles déclamées d'une voix de poète le laissent-elles insensible. Poliment, parce qu'il respecte son oncle et ne veut pas lui être désagréable, il le rejoint quand même dans sa chambre sous les toits et l'écoute avec la patience et la considération dues à son âge. L'écoute parler de l'année du Singe (Thân), celle qui poindra dans un mois. Lui assurant que cette année-là fait partie d'une des quatre séries de trois années considérées comme très favorables. De cette série où elle se trouve en compatibilité avec celle du Dragon (Thìn) et celle du Rat (Tý), celle-ci étant précisément l'année de la naissance de Lan. Sa libération peut donc intervenir soit en janvier prochain, soit cinq mois plus tard. Sur le mur, au-dessus du lit, la feuille horoscopique aligne, légendées en caractères chinois, les douze cases correspondant à son existence. Dans l'ordre : ses parents, les bienfaits de ses ancêtres, ses frères et sœurs, ses biens immobiliers, ses émoluments, les domestiques, les voyages, les maladies, et enfin les richesses d'autrefois. Giàu a devant ce panneau la fierté du peintre devant son dernier tableau. Et ces mots : « Le destin de ton frère aimé est inscrit là-dessus. J'ai procédé à la mise en place d'une centaine d'étoiles classées en deux systèmes : boréal et austral. Certaines sont bénéfiques, d'autres maléfiques. Je sais que des horoscopistes se servent d'une boussole astrologique. (Sourire moqueur.) Ils affirment qu'elle a la précision d'un compas marin. Tss, tss ! Elle n'a pas plus de rapport avec cet instrument que l'appareil des devins égyptiens n'en avait avec l'astrolabe de marine. »

Manh regarde son vieil oncle avec affection. Regarde ce vieux sage de son pays et voit en lui tous les patriarches vietnamiens, les vieilles gens de la campagne sud-vietnamienne qui semblaient détenir, sous leur front serein, tous les secrets du bonheur. Le paysan assis devant sa paillote, le pêcheur humant l'air du fleuve au bord de la digue, le marinier sur la jonque enceinte de ses sacs de riz. Manh pense à eux en regardant son vieil oncle et pense à la sagesse qu'il lui dispensait quand il lui rendait visite à Long Xuyên, enfant, accompagné de son père. Odeur sucrée de la vase et des joncs, de la fumée du feu de palétuvier sous la marmite goudronnée. Odeur des buffles graves embourbés jusqu'au bas-ventre dans la rizière, un pique-bœuf sur le cou, contemplateur. Bruit de l'eau puisée au panier, d'un geste automatique, par une adolescente aux pantalons retroussés jusqu'à mi-cuisses. Et chevrotements d'un vieux bonze désenchanté récitant dans le vent l'oraison du matin. Celle-là, dont il se souviendra toujours : « En voyant la lumière du jour, je plains ceux qui demeurent dans les ténèbres de l'ignorance. Leurs yeux, leurs oreilles s'acharnent dans la poursuite des formes et des sons, leur nez et leur langue dans celle des odeurs et des saveurs. Ils se débattent dans le jeu des passions et se noient dans le fleuve de l'amour. Ils ouvrent, le matin, leurs yeux au soleil, mais leur âme dort encore dans les ténèbres. » Manh regarde son vieil oncle promener sa main parmi les étoiles de son graphique, le regarde caresser de sa main grêle la destinée dc son frère et pense à la sagesse désabusée du bonze devant la fugacité de toute chose et les espoirs chimériques. Pense à ce vieux bonze qui conseillait en apercevant, à la sortie de la pagode, l'astrologue aux lunettes noires attendant, sous son parapluie, les plus naïves de ses clientes :

« Si vous avez de l'argent en excédent, mieux vaut le distribuer plutôt que de consulter le devin qui ne fait qu'ajouter à vos soucis des soucis supplémentaires. » Et Manh pense aussi au chemin qu'il a fait, lui, depuis son départ du Viêt Nam pour se rire secrètement des croyances populaires qui donnent tout pouvoir aux forces occultes. Pour renier les fondements de cette vieille culture où l'Univers est doué d'une âme identique à celle de l'Homme et de ses frères animaux, végétaux et minéraux. Pour acquérir la dose de logique d'un Français. D'où sa colère rentrée contre sa belle-mère. Contre ses superstitions et ses orviétans. Encore ignore-t-il ce qu'elle est en train d'ourdir avec délectation, à propos de Colette, à la suite de la visite chez son sorcier. Et sa sœur ne serait-elle pas également trop crédule ? Ne porte-t-elle pas foi à l'étude horoscopique de son oncle sur Quang, son fiancé déloyal ? Voilà qu'elle s'imagine qu'il va lui revenir bientôt !

Un soir du mois dernier. Au salon, alors que le dîner vient de finir. Hồng a aidé comme d'habitude sa belle-sœur à débarrasser la table et à faire la vaisselle. Et elle s'est mise au piano. Chacun a rejoint sa chambre et l'escalier a émis ses craquètements de tronc d'arbre dans le vent. Hồng s'est mise au piano et les notes montent avec nostalgie à travers les étages. Tête penchée sur son épaule droite, elle n'a pas vu l'oncle Giàu rentrer silencieusement et s'asseoir à sa gauche. Et maintenant elle le voit et lui sourit tout en plaquant son dernier accord. Giàu guette alors la fuite complète de l'harmonie pour lui souffler :

« Chère nièce, j'ai quelque chose de très important à t'apprendre. »

Et il lui révèle que d'après les travaux auxquels il se livre depuis l'année dernière, Quang paraît vouloir quitter le Viêt Nam au plus vite. « Mais c'est impossible, s'exclame-t-elle de sa voix qui n'a jamais pu oublier son enfance, tu sais bien que Quang est un communiste convaincu. On m'a dit d'ailleurs, il y a longtemps, qu'il était devenu quelqu'un de très connu dans la hiérarchie du Parti. Un communiste n'abandonne pas ses convictions comme ça.

— Je te le répète, chère nièce, il doit avoir faussé compagnie à ses anciens amis et mis le plus d'espace possible entre eux et lui. »

Et Hồng reçoit des explications qu'elle souhaiterait comprendre, mais qui restent impénétrables tant elles volent haut avec les planètes, le Grand Absolu, les essences vitales de l'Univers, le Principe Mâle et le Principe Femelle.

Elle s'enferre : « As-tu déjà vu un communiste abjurer sa foi ? Ne te rappelles-tu pas combien celle de Quang était ardente pour préférer ses idées à notre mariage ?

— Tss, tss ! fait l'oncle Giàu. Un communiste peut, comme les autres, changer d'opinion, surtout quand il s'aperçoit qu'il a trouvé sa perte en se laissant attirer par des dehors brillants. Il ne serait pas le seul à se noyer dans la soucoupe à huile d'un lumignon. Je te le répète, ma chère nièce : il a dû faire ses paquets avant qu'on ne lui coupe la tête. Car ces gens font mentir le dicton qui affirme que le tigre ne dévore pas ses petits. »

Et pendant que le vieil oncle s'efforce de la convaincre de la véracité de ses prédictions, elle part à son tour. Part pour Saigon, le jour où Quang lui annonce sa décision de rompre avec elle et son monde. De rompre sans ménagement. Et après, quand abattue mais toujours persuadée de son amour, elle espère un signe de lui pendant des mois, enfermée dans la grande maison de la rue Chasseloup-Laubat. Espère un signe, un message. Mais rien. Et ensuite, seule dans cette maison avec Giàu et les domestiques, après la mort de ses parents et le départ de Manh pour la France. Seule, continuant à imaginer que Quang pourrait frapper, un jour, à la porte, pris de remords, ou lassé par sa vie errante et dangereuse. Seule. En ce jour du dernier Têt avant la chute de Saigon. Maison briquée à neuf selon la tradition par Chi Ba et deux grouillots, plancher ciré, cuivres astiqués, fleurs occupant tous les vases disponibles avec des branches de poirier sauvage, couleur or, symbole de la chance et de la fécondité. Et accrochés aux portes et aux cloisons, comme aux temps heureux où la famille entière était réunie, tableaux sur lesquels, écarlates, des calligraphies chantent l'espoir des hommes. Et dans la cuisine, préparation des gâteaux de riz gluant pour les offrandes, des fruits, du thé pour ceux qui ne sont plus qu'en photographie sur l'autel des ancêtres. Et planté au milieu de la pelouse par Phát, le brave jardinier, le *cây nêu*, la longue perche en bambou à l'extrémité de laquelle est suspendu un panier contenant une poignée de sel et de riz, des feuilles de bétel, de la chaux, des noix d'arec et, pour éloigner les démons, des dessins d'arcs et de flèches. Une corbeille d'osier au fond de laquelle Hồng a déposé un vœu : celui du retour de Quang. Mais le premier jour de l'an, jour réservé aux visites et à la présentation des vœux rituels, laisse la maison aussi déserte et triste que d'habitude. Dernier Tết avant l'exil. Avant de fermer la maison pour toujours, une fois l'oncle Giàu en sécurité aux Philippines, avant d'embrasser Chi Ba en pleurs, de la serrer sur son cœur à l'étouffer, de sentir l'ultime bouffée du jasmin Sambac planté par Tùng. Avant de prendre elle-même la route sans retour.

Hồng s'est remise au piano et Giàu est parti se coucher. Un nuage vient de crever et la pluie flagelle les carreaux, et sous les longs doigts aux ongles d'ivoire, les notes ont peine à prendre leur envol. Là-bas, l'ondée imposait pareillement sa prépondérance, s'abattait sur la tôle d'un seul coup, puis s'arrêtait net, puis revenait à la charge aussi soudainement. On eût dit le passage d'un train et le croisement d'un autre sur un pont métallique. Demain, se promet Hồng, montant l'escalier à son tour, j'irai voir le cousin Alain Vấn, rue de Seine. Il sait tout ce qui se passe au Viêt Nam, même chez les communistes. Il lui dira peut-être si elle doit croire ou non son oncle.

« *Con mèo*, *con mẽo*, *con meo*, petit chat, petit chat, petit chat, chantonne l'oncle Giàu dans sa chambre, *ai dạy mầy trèo chẳng dạy em tao*, qui t'as appris à grimper sans l'apprendre à mon petit frère ? *Con mèo*, *con mẽo*, *con meo*... »

Manh s'insurge contre ces prophéties cabalistiques qui ne peuvent que porter atteinte au fragile équilibre mental de sa sœur. N'est-elle pas assez neurasthénique ? Car il devine les pleurs qu'elle doit cacher dans l'intimité de sa chambre, une fois son piano réduit au silence. Il connaît trop le traumatisme latent dont souffrent ceux de ses compatriotes qui ont fui le pays, comme elle, par la mer, et se sont fait attaquer par des pirates. Les marques indélébiles laissées par la violence. Nombre de psychiatres ont reçu leurs confidences sans parvenir à les guérir. Pour sa part, Manh a parfois essayé d'en aider quelques-uns en les dirigeant vers des confrères plus expérimentés. Sans illusion. La plaie est là, à vif. Surtout quand le sang a coulé pendant la traversée, quand les pirates se sont jetés sur l'embarcation. Femmes qu'ils ont violées, hommes incapables de défendre leur compagne ou leur fille et que leur lâcheté forcée talonne comme leur ombre, que ces scènes d'épouvante traquent du matin au soir en occultant toute possibilité de paix avec eux-mêmes. Comment savoir si Hồng n'a pas souffert ainsi dans sa chair alors que son bateau a été assailli ? Elle n'a jamais rien avoué, bien sûr, jamais mis quelqu'un sur la voie, rien raconté de ce qui s'est passé. Même à Giàu qu'elle a pourtant considéré comme son père dès l'instant où ils se sont retrouvés seuls, rue Chasseloup-Laubat. Giàu, le secourable, lui ouvrant les bras si grands quand son fiancé lui a fermé les siens. Giàu qui se doute tout autant qu'elle ait pu être, en mer, plus qu'une spectatrice terrifiée. Et si l'on interrogeait ses anciens compagnons de voyage ? On courrait après eux en pure perte. Un jour, non sans mal, Manh s'en est fait expliquer la raison par l'un de ses confrères. Celui-là aussi avait vécu pareilles affres, assisté à des viols collectifs hors d'état de réagir, mort de peur et de couardise. De peur d'être jeté par-dessus bord au premier geste de résistance, de courage. C'est la honte, naturellement, la cause de leurs dérobades. La honte de se surprendre dans les yeux d'autrui. De tomber face à face avec une personne qu'ils voudraient tellement n'avoir jamais rencontrée de leur vie. Quant à revoir l'un des survivants de leur enfer sur mer, plutôt rentrer sous terre. Débarqués en Thaïlande ou en Malaisie, poussés derrière les barbelés d'un camp, à demi nus, pauvres parmi les pauvres, ils n'avaient de cesse que de se fondre dans la masse, inconnus parmi les inconnus. Et que la hantise de se heurter, demain ou après-demain, ou des années plus tard, au témoin de leur indignité. Hantise plus grande encore chez la femme qui se croit salie, déchue jusqu'à la fin de sa vie. Combien sont-elles, aujourd'hui, à travers le monde, se demande Manh en les regardant dans la rue, à l'hôpital ou dans son cabinet, ces femmes auxquelles une hydre rouge ronge l'âme à petit feu et qu'un discret sourire habille comme un heaume ? Dont le sourire ressemble beaucoup à celui de Hồng.

Après les prédictions de son oncle, Hồng est épanouie. Un soir, après le dîner, elle s'en ouvre à Manh : « Je suis sûre qu'il ne m'a pas oubliée. Quelque chose me le dit. Quoi ? Une idée, comme ça, depuis longtemps. Et devant l'ombre de commisération atténuant malgré lui l'éclat du regard de son frère : Tu penses que ce n'est pas possible ? » Et Manh, aussi délicatement qu'un murmure : « Tout est possible, Petite Sœur, mais les années ont passé, et à cause d'elles, les sentiments se transforment. Parfois, il vaut mieux ne pas tenter de reconstruire ce qui a été détruit. Cela évite bien des désillusions. » (Catherine, après tant d'années, qu'est-elle demeurée pour moi ? Et si, par hasard, nos pas...) Et il lui cite le cas de cette femme, une amie proche de la famille, qui, retrouvant son mari prisonnier pendant vingt ans au Viêt Nam, n'arrivait plus à l'aimer.

Hồng, avec un sursaut assez étonnant chez elle : « Mme Ca ? Si c'est elle, l'exemple n'est pas judicieux, car elle n'a pas attendu son mari. Elle a refait sa vie. A présent, on raconte qu'elle revient vers lui. Moi, tu le sais, je suis toujours restée fidèle à Quang.

— Je le sais, Petite Sœur. »

Qu'ajouter à ces mots sans la blesser ? Tout le monde est bien convaincu en effet qu'elle n'a jamais failli alors que l'on ne connaît rien des dispositions de Quang, si tant est, du reste, qu'il se prépare à prendre la route vers elle... Faisant silence, Manh mesure avec admiration la solidité que peut avoir un amour. Divine abnégation de la femme, éternellement prête à s'oublier elle-même, à s'immoler au désir de l'homme. Silence dans le salon livré à la pénombre, où seule veille la lampe sur l'autel. Silence pendant lequel Hồng songe à toutes ces années de patience sans qu'une seule fois elle ait eu envie de la perdre. Elle rêve. « S'il veut partir comme croit pouvoir l'affirmer notre oncle, penses-tu qu'il demandera à être accueilli en France ? » Elle a un petit visage de quémandeuse. Chimères, se dit Manh. Mais il répond : « Pourquoi pas ? Il a été éduqué comme nous, il a poussé très loin ses études. Je ne le vois pas ailleurs qu'ici. Faut-il encore, cependant, que l'on veuille bien l'admettre comme réfugié politique. Et ils sont de plus en plus sévères, dans les camps, à ce sujet. » Chimères qu'il voudrait bien écraser des deux mains, comme on le fait des moustiques, là-bas, qui eux aussi reviennent à la nuit tombée.

Quelques jours après, elle est rue de Seine, chez le cousin Alain Vấn. Eurasien. Le fils d'une grand-tante qui vivait à Saigon, avec un inspecteur des douanes natif de Laval. Il tient un restaurant, Le Lotus, où se réunissent, certains soirs, avec des airs de passagers clandestins, des membres de son association *Trã Thù*, La Revanche. Aujourd'hui, pas un chat dans ce boui-boui décoré de dragons, de jonques et de fées voletant à travers la soie des bambous. Qu'un fumeur solitaire enfermé dans sa barbe jaunie comme ses souvenirs. Un ancien légionnaire. Alain Vẫn entraîne Hồng dans la cuisine où sa femme, Monique, est aux fourneaux. Son étonnement est grand quand, à brûle-pourpoint, il lui annonce que l'oncle Giàu ne s'est pas trompé, que Quang a profité d'un voyage en Thaïlande pour abandonner la délégation avec laquelle il était arrivé et se précipiter à l'ambassade de France. Un rire victorieux lui emporte la bouche. Ah ! le bon tour joué aux communistes. « Je crois savoir, ajoute-t-il, qu'il est dans un camp de réfugiés. Je pense que Giàu a profité d'un renseignement. C'est impossible autrement. » Les derniers mots du cousin caressent encore l'oreille de Hồng. « Oui, répète-t-elle doucement, le regard dans le vague, c'est impossible. » Et pourtant... Et elle se rappelle maintenant les considérations de son frère à propos des revenez-y, les déconvenues que l'on éprouve parfois quand le passé resurgit, quand les réminiscences noyées, il y a longtemps, remontent comme tout cadavre à la surface du fleuve. Mais si là-haut quelqu'un en avait décidé différemment ? Si tout n'était pas arrangé dans les étoiles de Giàu pour que, à l'inverse de la règle habituelle, l'amour dame le pion à l'oubli et à la déception ? Cette nouvelle inattendue n'est-elle pas la preuve que les esprits en font leur affaire et que l'on n'a plus qu'à se confier à eux, corps et âme ? Vẫn explique pourquoi Quang a tourné casaque. Pourquoi ses convictions du début ont fini en quenouille. Tant qu'il se battait, les armes à la main, le bruit du canon l'empêchait d'entendre la voix de la raison, de discerner la vérité d'avec les contes bleus. L'euphorie de la victoire l'a assourdi plus encore. Chargé à Hanoi de la direction des éditions en langues étrangères, l'honorable petit-fils de mandarin considérait être parvenu au sommet de ses ambitions. S'imaginait à la place de son grand-père, sur le tableau de famille : en robe à longues manches et en bottes, une palette d'ivoire dans les mains servant à fixer le regard des assistants durant toute la cérémonie. Mais l'heure est venue de se poser des questions. La paix rétablie, le pays délivré de toute menace extérieure, ne devait-on pas se soucier un peu des droits de l'homme ? Pourquoi toujours tourner le dos aux libertés ? Alors, l'accusation d'hérésie est tombée sur le petit mandarin. Et il n'a plus eu qu'à déguerpir pour garder la vie.

Vẫn analyse la longue marche du désenchantement de Quang, et Hồng se revoit à Saigon, sur sa moto, montée derrière lui, en amazone. Et le revoit se retournant soudain vers elle et, cheveux au vent, lui criant sa flamme en riant. Le revoit ce jour-là quand il l'avait déposée devant sa porte et lui avait répété ces choses-là. Sérieuse, cette fois, un brin solennelle devant le premier engagement de sa vie. Et pour saluer l'événement, les cigales avaient lancé, de concert, comme sur un signal, leur crissement de métal. Le revoit alors que le jour baissait sur son visage mat et que ses yeux s'estompaient jusqu'à ne plus être que deux traits, et que les pancovies embaumaient la brise chaude comme elles ne l'avaient jamais fait. Quelques paroles murmurées à l'oreille, et voilà que d'un seul coup elles comptaient plus que toutes celles qu'elle avait entendues auparavant et que toutes celles que l'on aurait pu encore lui adresser.

La joie de Hồng à son retour aux Tilleuls. Quang libéré de ses frères démoniaques et bientôt en Occident. Merci, oncle bien-aimé. (Qui dit d'ailleurs qu'il n'a pas sa part dans cet événement incroyable, lui qui vit dans les étoiles ?) Folle, préméditant un avenir à deux, et pourquoi pas, un mariage. Seule à la maison, Thu la douche :

« Sachez, Enfant, qu'un communiste reste un communiste et qu'il faut le fuir, siffle-t-elle d'un air dégoûté. S'il vient ici, on devra lui demander des comptes pour avoir brisé vos fiançailles. Dans le temps, on aurait exigé de lui qu'il rende les cadeaux que votre famille a offerts à la sienne. Dans un temps plus reculé, il aurait eu le droit à la chaîne de fer aux poignets et aux chevilles. »

Une sécheresse de cœur qui scandalise Manh, mais ne l'étonne pas. Il entend encore la voix de crécelle de sa belle-mère, à Saigon, sa diatribe rapportée par Hồng, le jour où elle apprend le prochain départ de la *Marseillaise*. Son refus d'épouser sa fille avant son voyage en France. Les mêmes mots pour le poursuivre de sa vengeance. Expiation, réparation. Et après, au téléphone, quand, à Paris, il rechigne à retourner au Viêt Nam, quand elle ose l'appeler chez le médecin qui lui a donné l'hospitalité.

Manh tout retourné : Tu ne devineras jamais qui vient de m'appeler, Catherine. Il vient juste de raccrocher avec Saigon et sa voix continue à trembler.

Ton père ? Il ne va pas ?

Non, Thu, la mère d'Hélène. Elle m'a demandé si je comptais rentrer ou non.

Mais c'est de la persécution !

Trois mois se sont déjà écoulés. L'été s'en va en quenouille, vent, feuilles mouillées, gouttes au nez, et Manh a une humeur similaire. Allongé sur le lit, à côté de Catherine, mains derrière la nuque. Quand cessera-t-on d'avoir toujours l'œil rivé sur l'horloge, comme ces gens inquiets dans les buffets de gare ? On nous a volé du temps, j'en suis sûr. Il a passé si vite. Tu sais, pendant quelques jours, j'ai oublié sciemment de mettre ma montre. Comme ça, je ne comptais plus les heures. On devrait jeter toutes les montres et brûler tous les calendriers.

Et elle : Pourquoi s'occuper du temps ? Il s'occupe de nous, lui ? Ils rient. On est si bien ensemble. Rester dans cette chambre toute la vie, tu te rends compte ?

Vieux célibataire, le médecin qui abrite Manh, le docteur Pugeaud, détourne les yeux quand Catherine s'attarde, le soir, chez lui. Et puis l'appartement est immense et la chambre de Manh, tout au bout. Une barque derrière sa péniche.

Lettre de Hồng, un matin. Papier fin sentant bon le pays. Père souhaiterait bien que tu reviennes, mais il ne serait pas fâché aussi que tu échappes, ici, au service militaire. La guerre n'est pas près de finir (détails sur le dernier développement de la situation), et il estime que la famille a déjà payé son tribut avec notre pauvre frère. Si tu trouvais à faire un stage afin d'obtenir un certificat de scolarité en France, tu serais tranquille pour deux ans. Manh n'a pas besoin d'une autre décharge morale. Son hôte lui suggère une idée. Dix années à Saigon en tant qu'endocrinologue lui ont fait comprendre à quel point sa spécialité fait cruellement défaut au Viêt Nam.

Que diriez-vous d'un stage d'endocrinologie à Claude-Bernard ? Je pense pouvoir vous le faire obtenir. Claude Bernard a été notre maître à tous. C'est lui qui a fondé cette partie de la physiologie.

Six jours s'égouttent sans nouvelles du médecin. Si je n'ai pas ce stage, ma belle, je suis bon pour retourner à la maison.

Mais, un matin, le docteur Pugeaud rentre avec le sourire. Affaire conclue. Manh en blouse blanche à l'hôpital. Ensuite, il adresse son certificat à l'ambassade du Viêt Nam après avoir déposé un baiser sur l'enveloppe. Deux ans à Paris ! Il n'arrive pas à s'en persuader. Coup de soleil dans une pièce dont on vient subitement d'ouvrir les volets. Mais son mariage avec Hélène ? Dans deux ans, elle m'aura oublié. Catherine s'inquiète alors qu'il est en train de renouer sa cravate dans la glace de l'ascenseur :

Tu en es si sûr ?

Puisque je te le dis. Au-dessus de sa cravate lui apparaît la tête d'un faux jeton.

Et que lui répondre lorsqu'elle aussi parle de mariage ? Qu'il ne se sent pas capable de lui expliquer les raisons pour lesquelles il est difficile, dans son pays, de contrevenir aux souhaits paternels ? Mais son père ne laisse-t-il pas l'impression d'être moins désireux de le voir épouser Hélène que d'échapper à l'incorporation ? Il préfère interroger Catherine :

Et ton propre père, il a changé d'idée à mon propos, depuis Saigon ? (Il sait bien que non et se désole. Son esprit boitille comme une enseigne lumineuse à laquelle il manque une lettre.)

Je n'ose pas aborder la question avec lui. Tu le connais, ce n'est pas un homme commode.

Un soir, elle tente le tout pour le tout. Elle a organisé une sauterie chez elle. On se bouscule dans le salon quoique de dimension respectable, et Manh réussit pendant un moment à se soustraire à leur attention malgré son faciès particulier. Mais soudain, la collision. Vu la fonction qu'il a occupée pendant des années, l'ancien procureur de la République n'a pas dû emporter que de bons souvenirs du Viêt Nam. Manh ne s'est pas encore présenté, ou plutôt, il a bredouillé son nom à travers le vacarme, afin de ne pas être reconnu. Pourquoi ce désir de fuite ? Ne ferait-il pas mieux de l'affronter ? Allez, avoue-lui qui tu es. Quels risques cours-tu ? Bon. Il décline son nom d'une voix intelligible.

Le fils du professeur Lê Van Tốt ? Ah ! très bien. Un grand médecin, Lê Van Tốt. Nous étions voisins. Comment va-t-il ?

Bien, bien.

Luc Verger considère maintenant Manh autrement, tandis

que sa femme, grande perche aux cheveux raides et aux lunettes sévères, l'examine d'un air sourcilleux.

Elle l'interroge : Vous êtes à Paris pour quelque temps ? (Ne va-t-elle pas lui demander ses papiers ?) Puis devant l'imperturbable sourire vietnamien, sur un ton plus aimable : Catherine nous a parlé de vous. Vous faites votre médecine, je crois ?

Je l'ai terminée. Je fais un stage d'endocrinologie. Il aime ce mot. Le caresse souvent sous la langue. La nuit, même, quand il se réveille. Cela vous met en valeur, surtout aux yeux des ignares. Les Verger ne peuvent qu'être impressionnés. Intéressante discipline, apprécie l'ancien procureur en donnant du menton. Cachée derrière un couple d'amis, Catherine, inquiète, épie la scène. Peu après, Manh, en la revivant : Je pense que je leur ai fait bonne impression. Dans ces cas-là, vois-tu, il vaut mieux toujours se connaître. Ils ont remarqué qu'ils n'avaient pas affaire à un petit con. Une vitre le happe au passage et il rabroue une mèche rebelle. Docteur Lê Van Manh, endocrinologue.

Mais il doit vite déchanter. Au cinéma, tous les deux, suçant un Esquimau, avachis dans un fauteuil en attendant le film. La publicité qui braille, lessive, savon, ritournelles et tout le tremblement, et Catherine, joue gauche sur son épaule et cheveux en vrac. Manh se sent bien. Pas pour longtemps.

Manh, il faut que je le confesse. Ils me demandent de cesser de te voir.

Quoi ?

Sur les sièges, devant, on s'est retourné. Elle lui frotte les doigts. On fait de même avec un enfant quand il s'est pincé. Ils te croyaient encore à Saigon. Ils ne t'ont pas vu sur le bateau. Maintenant qu'ils savent que tu es là, ils me surveillent. L'autre soir, quand je suis rentrée si tard, mon père m'attendait derrière la porte. Il t'avait certainement aperçu par la fenêtre, devant le porche. Et alors ? Tu te souviens, tu m'as embrassée. Je te le répète pourtant à chaque fois : ce n'est pas prudent. Oui, et alors, qu'est-ce qu'il t'a dit ? Tout y est passé : que je sacrifiais mes études, que je n'aurais jamais mon droit, que... Que quoi ? L'Esquimau est tombé sur son pantalon. Merde, merde. Elle s'active avec un mouchoir en papier. Que quoi ? Que si je continuais, j'allais avoir un accident. Ça, c'est ma mère. Elle écoutait, derrière, dans la chambre.

Catherine a éclaté en sanglots. Tu crois que c'est possible ?

Mais non, mais non. Il lui caresse la nuque. Le film a commencé. Un navet. De toute façon, son esprit est ailleurs. Plus fort que les dialogues, le brouhaha de ses pensées. Quand pourrai-je organiser ma vie comme je le souhaite ? Est-il un pays au monde où l'on peut s'aimer sans avoir à rendre des comptes à l'un ou à l'autre ? Ils se quittent sous la pluie, tête dans les épaules. Moroses. Quand le ciel finira-t-il par évacuer ses ordures ? Devant la porte de Manh, un vélo est attaché à un poteau. Je suis comme lui, se persuade-t-il, cadenassé, interdit de course. Manh, la Force ! Je ne suis plus digne de mon prénom.

Enfilade des heures tandis que les amours se poursuivent, vaille que vaille. Par prudence, on évite de se montrer ensemble dans le quartier des Verger. On se perd dans des coins inconnus avec l'excitation des explorateurs. Jusqu'au jour où, contretemps imprévu, Catherine est surprise par sa mère alors qu'elle sort de l'immeuble du docteur Pugeaud. Alors que, nez à la fenêtre de son autobus dont l'arrêt est malencontreusement situé devant cet immeuble, sa mère tombe sur elle en sursautant. Le surlendemain, Manh est invité à venir rencontrer Luc Verger à son domicile. Il pleut encore. Pleut sur le parc Monceau que l'on traverse en hâte, bras dessus, bras dessous, face au vent. Feuillage étrillé avec un bruit de friture, et dans ce bruit, ces mots sous le parapluie :

Tu as une idée de ce qu'il va bien pouvoir te dire ?

Pas besoin d'être sorcier. (Il imite la voix de l'ancien magistrat.) Vous quittez ma fille ou je me fâche.

Qu'est-ce qu'il peut te faire ? Elle sent une coulée d'eau dans son cou (ou un doigt glacé ?).

Moi, rien. Mais toi... Il ricane. Il va t'envoyer au couvent.

Quand cessera-t-il de rire pour n'importe quoi ? A-t-il conscience de la situation dans laquelle nous sommes ? Qu'allons-nous faire s'il ne nous est plus possible de nous voir ?

Longs filets de cheveux roux maquillant sa quasi-calvitie. Luc Verger le reçoit seul dans son bureau tapissé de diplômes et de photos de groupes au milieu desquels il plastronne. Quel besoin un homme a-t-il de passer en revue sa vie révolue comme s'il avait la tête vissée à l'envers ? se demande Manh, alors qu'il se sent fixé par ces yeux perçants. Deux yeux perchés haut dans leur trou, prêts à sauter par-dessus les verres demi-lune suspendus au bout du nez. Attente. Contre les carreaux, les petits coups de bec de la pluie, ses tapements de grosse mouche prisonnière. Puis la voix que l'on vient d'éclaircir.

Ma femme m'a raconté que vous étiez sur la *Marseillaise*. Vous avez donc voyagé en même temps que nous ? C'est drôle. Le ton est précieux, et curieusement, la bouche ronde du désir de plaire. Nous aurions pu nous rencontrer. Mais il y avait tellement de monde à bord. D'autres propos banals suivent, puis survient le moment des explications. Derrière son bureau, Verger semble maintenant scruter Manh comme à travers l'œilleton de sécurité d'une porte blindée. Finies les mondanités. Le ton est celui d'un médecin dépourvu de psychologie sermonnant un patient qui est sorti de son lit dès qu'il a eu le dos tourné. Venons-en au fait, jeune homme. J'ai appris que vous courtisez ma fille depuis un certain temps et que vous la voyez très souvent. Manh fermé, regard immobile. Et mon devoir me commande de vous dire certaines choses. A présent, le ton s'est étrangement apaisé. Le médecin annonçant au même malade, ventre à l'air, qu'il va l'opérer sans anesthésie, mais qu'il ne va rien sentir. Le devoir de vous dire que Catherine, malgré des dehors très assurés, est une fille fragile et influençable et que votre fréquentation perturbe gravement ses études. Regard immobile de Manh, inaccessible. Et que si ça continue, elle n'obtiendra pas sa licence. Et cela, nous ne pouvons l'admettre. C'est pourquoi – le procureur va prononcer sa sentence – je me vois dans l'obligation d'exiger de vous que vous suspendiez toute relation avec elle.

Manh n'a jamais assisté à aucun procès. Est-ce cette sensation de vide sidéral, de chute libre que l'on éprouve au moment du verdict, dans une cour d'assises ? Désemparé, s'accrochant à ces lunettes coupées en deux qui, dans leur position, au ras des paupières inférieures, semblent doubler les yeux de son interlocuteur, il improvise. En plein brouillard.

Monsieur, sauf le respect que je vous dois (te crois-tu donc au Viêt Nam pour être si poli ?), je pense que vous vous méprenez sur Catherine. Croyez-moi, les relations que j'entretiens avec elle ne l'empêchent nullement de travailler. Verger vient-il d'être piqué quelque part ? Un haut-le-corps l'a saisi.

Ce n'est pas notre avis. Déposées sur le bureau et s'agitant sous ses doigts, ses lunettes mettent maintenant Manh en joue autant que ses propres yeux. Je vous le répète, votre présence à ses côtés trouble sa tranquillité. Vous risquez de compromettre son avenir. Je vous demande donc de ne plus l'importuner.

Le mot est définitif et menaçant. Il se lève, signifiant par là que l'entretien est terminé. Protestations du fauteuil râpant le parquet. Mais Manh reste assis. Il ne quittera pas cette pièce avant que Verger n'avoue la vraie raison de son hostilité : sa répugnance à accepter l'idée de voir sa fille épouser un Vietnamien, l'un de ces pauvres hères qui, dans son imaginaire, ont toujours ahané derrière des bœufs, les pieds dans la boue, ou sur la selle d'un vélo, devant un client abandonné dans son fauteuil. Ou qu'il a vus amenés entre deux policiers, jusqu'à la barre, dos courbé à l'avance sous les coups de ses arrêts. Des individus aux pommettes saillantes, aux narines largement ouvertes, aux jambes arquées et aux pieds plats. Tout le contraire de Manh dont l'élégance des traits et la finesse du corps et des attaches lui confèrent une beauté singulière. Il reste assis, et de cette façon, force Verger à regagner son siège. Mais sans parvenir à le démasquer.

La voix est maintenant comminatoire : Je vois que vous vous obstinez. Ecoutez-moi bien. Il a repris ses lunettes et en serre les branches avec véhémence. Nous savons très bien ce qui se passe quand on fréquente une fille trop assidûment. La fille est enceinte et après on est très embarrassé. Alors, écoutez-moi bien, répète-t-il. (Il va finir par casser ses lunettes.) Si par malheur une telle chose arrivait à Catherine... (Il voudrait être très dur, mais se sait désarmé, privé de la force des lois.) Il pourrait vous en cuire. Certes, elle est majeure et donc responsable de ses actes (et c'est là où le bât blesse), mais la loi a toujours le dernier mot, croyez-moi.

Raté. Le sourire de Manh vient de s'échapper. N'est-ce pas la meilleure défense du Vietnamien ? Un sourire qui montre à Verger combien son réquisitoire est entaché de nullité. Alors, incapable de rasseoir son esprit, jetant sa robe et son épitoge, l'ancien procureur bondit de son fauteuil et lui indique le chemin de la sortie.

Dimanche matin. Catherine haletante, au métro Ternes, montant les marches en courant, et Manh, immobile, battant le pavé depuis une demi-heure au sommet de l'escalier, sous un parapluie, derrière la mantille d'un crachin très tonkinois. Gelé.

Mais qu'est-ce que tu fabriquais ?

Dos rond, en hâte, comme poursuivis par l'hiver en personne, ils vont se cacher au fond d'une brasserie. Je suis sûre que mon père nous prépare un mauvais coup, Manh.

Tu es majeure. Il a les mains liées. (Les leurs parlent plus qu'eux-mêmes.)

Mes parents pensent depuis longtemps à aller vivre à Nice. Nice, c'est là que les Malleret viennent de s'installer à leur retour de Saigon. Ils ont ouvert un hôtel. (Les Malleret, leur fils, Philippe, le désir des Verger de voir leur fille frayer avec lui.)

Il la taquine en se rappelant à ce propos une scène orageuse à Saigon. Ce n'était pas pour te déplaire.

Tu me vois avec ce grand mou ratatiné comme un vieux radis ? Leur rire allume des regards autour d'eux. Pour la première fois, il remarque qu'elle a deux traits fins sous chaque œil, comme si l'on avait voulu souligner leur beauté. Ah ! Catherine, vite que l'on ait une seconde vie après celle-là, que l'on puisse faire enfin ce que bon nous semble. Elle entre dans ses prunelles et s'y blottit. Chaque jour de gagné est un cadeau du Ciel, pense-t-il.

Ma petite, maintenant, tu vas nous faire le plaisir de rompre avec ce garçon. Odile Verger est ce genre de femme dont on invente celle qu'elle fut jadis pour ne pas avoir à s'attarder sur celle qu'elle est devenue. Se consolera-t-elle un jour d'être rentrée en France ? Elle ne vit plus que dans le souvenir de l'époque où elle était servie par une meute de serviteurs et où toutes les têtes se tournaient vers elle, comme autant de projecteurs, quand elle entrait dans un salon. Elle en a gardé l'attitude et le ton. D'abord, tu ne vas pas me dire que tu l'aimes. Comment pourrais-tu aimer un... Elle s'arrête au bord de l'odieux.

Maman ! Se jeter dans ses bras. Pour ne plus l'entendre.

Pour brouiller ses mots de ses sanglots. Pour ne pas avoir à lui répondre. Bien sûr qu'elle l'aime, qu'elle n'a jamais aimé personne d'autre, qu'elle n'aimera jamais personne d'autre. Qu'elle aime son corps souple et svelte, ses muscles déliés, ses mains d'une étonnante finesse. Qu'elle aime ses pupilles sombres entre ses paupières oblongues, ses cheveux d'ébène et sa pâleur ambrée. Et sa sensibilité, et sa fidélité, et son flair de chat, et sa fierté d'aiglon, et le loup de velours de sa politesse et de son impassibilité. Et le masque de carton de son rire impertinent ou de franche gaieté. Quelle aime son Vietnamien dissimulateur, méfiant, moqueur, coureur, rêveur, avec son individualisme de paysan et son entêtement de mule. Qu'elle l'aime et qu'elle veut l'épouser.

Licence obtenue haut la main, Catherine se prépare à s'inscrire, dès le lendemain, au centre de formation des avocats, où elle doit effectuer, selon le règlement, un « pré-stage » d'un an. Quand un soir, sale impression d'un ongle retourné, elle voit, de sa fenêtre, son père descendre de voiture avec son visage des mauvais jours. Buste en avant, poussé dans le dos par le devoir, il ne peut être animé que par l'envie d'en découdre. Elle ne se trompe pas.

Ta mère et moi, nous avons décidé que tu irais faire ton stage à Nice. Nous te rejoindrons à la fin de l'année, quand notre appartement sera prêt. Sur son crâne lisse, l'une de ses maigres mèches rampe d'un air vipérin. En attendant, tu vivras à l'hôtel des Malleret. Ils vont mettre une chambre de chauffeur à ta disposition. Tu pars mercredi. Voici ton billet de train. Je t'ai pris un single.

Plus tard, yeux fixés sur un marronnier en fleur dans l'étroite cour de l'immeuble (comment trouver tant d'enthousiasme pour pousser dans un endroit pareil ?), elle retient ses larmes. Sa vue grelotte. Une ampoule électrique sur le point de griller. Hier, vieux papiers au vent, les soucis s'envolaient à peine nés. Tous les deux s'imaginaient qu'ils seraient malgré tout les plus forts. Ils considéraient la vie comme une fête éternelle, un manège chevauché d'enfants qui leur ressemblaient. Et aujourd'hui, tout tombe avec cette pluie.

Au téléphone avec Manh, dans une cabine battue comme par des embruns. Toits huilés, passants frileux, flaques dans le regard, et elle révoltée, la sédition dans la tête. Si je ne partais pas, si je restais avec toi, si j'allais vivre avec toi, chez le docteur Pugeaud ? Et lui, au fond de lui : Pourquoi la vie m'a-t-elle donné ces yeux, ces cheveux, ce teint qui ne plaisent pas à toute le monde, ici ? Mince lentille d'eau flottant au gré de l'onde. Le poète n'a pu écrire cela qu'en pensant à moi.

5.

Grâce, intelligence. La nature a bien du talent pour réussir à obtenir une telle perfection. Réflexion de Manh quand il aperçoit sa fille dans sa robe neuve. Celle qu'elle va porter dans une semaine, pour son anniversaire, et qu'elle essaie à l'instant, Hélène à ses pieds, épingles aux lèvres. Valses lente de Colette devant la glace et poses en bayant aux corneilles. Les dix-huit ans de Colette. Manh a décidé que cette journée devrait rester dans les mémoires. Qu'elle serait l'occasion d'inviter tous les amis de la famille. Ceux de Colette, avant tout, mais aussi les Hoàng Trí Khanh et les Phú Càt, et tous ceux, plus éloignés, que l'on n'a pas vus depuis longtemps et bien sûr les amis français, à commencer par les voisins, les Lepelletier. Alors, en prévision de cette fête, chacun s'affaire dans la maison. Jusqu'au gentil tâcheron, M. Tabard, un ancien marinier de Port-Marly que l'on emploie, ici et ailleurs, quand le besoin s'en fait sentir, et qui repeint aujourd'hui la salle à manger avec le même soin qu'il apportait sans doute à sa péniche.

La nouvelle robe de Colette... On devait s'y attendre. L'affaire a provoqué un petit conflit. Colette souhaitait s'habiller à la vietnamienne. Choix que Hồng avait également adopté. Alors que sa mère avait déjà commandé à l'une de ses amies, petite main chez Dior, le satin broché nécessaire à la confection d'un modèle entrevu à la télévision sur une dame du monde. Avec les encouragements de Thu, toujours séduite, depuis sa découverte de la France, par les produits de luxe et les grandes marques. Surprenante préférence pour ces deux femmes si appliquées, d'habitude, à préserver les traditions. Et remarque identique pour Colette qui incline plutôt, dans le domaine vestimentaire, à se fondre dans la mode de ses amies françaises. Si Hélène et sa mère manifestent, là, leur penchant pour tout ce qui fait chatoyer les yeux d'autrui, Colette n'avait, pour sa part, que le désir de plaire à une seule personne : François Lepelletier. Las ! Elle a dû se ranger à l'avis de sa mère qui avait déjà réglé une partie de la facture. Un modèle de Dior l'habillera donc et nul doute qu'elle fascinera tout le monde. Même son jeune voisin, malgré son regret de ne pas la voir moulée dans son *áo dài*, la tunique de soie traditionnelle.

Mais en attendant, avec entêtement et dans le plus grand secret, sa grand-mère va s'ingénier à essayer de la détacher de lui. Grâce au magicien qu'elle est allée consulter en catimini, introduite par cette veuve de général passionnée de spiritisme et de *tủ sác*. Majestueux, l'homme la reçoit. Robe de soie blanche bordée de lotus jaunes et ornée, de chaque côté, de trois insignes : l'éventail de l'extériorisation, l'épée de l'élévation et le plumeau de la sanctification. En le découvrant ainsi, à la porte de son petit appartement, Thu reconnaît aussitôt la grande tenue du pape caodaïste, Pham Công Tắc. Un ancien secrétaire des douanes devenu le maître de cette secte politico-religieuse, si souvent photographié dans son étrange cathédrale de Tây Ninh aux piliers enlacés de dragons. Seule est absente la haute coiffure en or, à cinq tours, de forme octogonale, représentant les huit étages de l'âme.

Appréhension. Qu'est-elle venue faire chez cet inquiétant personnage ? D'un sourire il la rassure. Puis lui déclare : « Ne vous méprenez pas sur ma qualité. Je ne suis pas quelque thaumaturge mercantile avide de vous impressionner par ses tours de passe-passe, mais un prêtre de la sainte Eglise Cao Đài et un médium. » Et devant la reproduction du tableau exposé à Tây Ninh où trônent Sun Yat Sen, Trang Trình, le Nostradamus vietnamien, et Victor Hugo (en uniforme d'académicien, son bicorne auréolé de la devise « Amour et Justice »), il lui demande de se convertir aussitôt à sa confession. Ce que Thu accepte sans hésitation, si prête à tout pour parvenir à ses fins. N'est-ce pas parce qu'un sorcier s'en est mêlé, à Saigon, que Manh a fini par abandonner sa Française au profit de sa petite-fille ? Qui pourrait prétendre le contraire ? Alors, réprimant un frisson, Thu doit répéter : « Je déclare aujourd'hui être désireuse d'entrer dans la religion Cao Dài. Si, plus tard, je suis parjure, que les foudres du Ciel et de la Terre m'anéantissent. » L'homme lui remet ensuite une sorte de scapulaire portant, d'un côté, son nom, de l'autre, l'Œil Divin, celui du dieu unique, le très haut empereur du Palais de Jade.

Sensible comme beaucoup de ses amies de son âge à toutes les formes extérieures du merveilleux, Thu ne sait pas moins se tenir sur ses gardes. Nombreuses sont les duègnes huppées de la communauté qui se laissent ruiner par ce genre de filou. Loin cependant l'idée qu'un dignitaire aussi imposant ne soit qu'un faisan. Les adeptes de Cao Dài ont bonne presse au Viêt Nam. Ne prêchent-il pas l'amour du bien et de la justice, la pratique de la vertu et de la résignation ? Mais de mèche avec la veuve du général, sa maîtresse, celui-ci n'en a en fait qu'à l'argent de Thu. Une manière de lui faire rembourser avec intérêts les deux mille francs qu'elle a raflés en jouant avec elle au cours de leur dernière nuit blanche.

« Vous savez sans doute, lui déclare l'homme tout en se désignant d'un doigt sur sa poitrine, que le médium est l'intermédiaire entre le monde des esprits et notre planète, et qu'il sert à leurs manifestations. » Suit un cours par lequel il lui rappelle que la volonté de ces puissances subtiles du Ciel et de la Terre peut s'opposer à celle de l'homme. Que malgré leur nature fluide, celles-ci sont, à un certain degré, matérielles parce qu'elles se manifestent toujours d'une manière réelle. Qu'elles se divisent en deux grandes classes : mâles et femelles, et qu'elles ont les mêmes besoins que les vivants en nourriture, en vêtements, en logement. Et aussi en argent. Qu'il faut donc leur faire des offrandes riches et abondantes pour que, se réjouissant dans leur palais, elles accèdent aux vœux humains. Paroles emboîtées par un silence significatif qui déclenche chez Thu le geste tant espéré : le glissement de ses doigts entre les pans de sa tunique, vers le sachet cousu sous la ceinture de son *cái quần*, son large pantalon de satin blanc. Et l'apparition d'un rouleau de billets de banque aussitôt happé et dissimulé sous la chasuble papale.

« Tout à l'heure, annonce alors le mage, l'esprit de la Núi Bà Đen, la Vierge Noire de Tây Ninh, de notre cité sainte, s'est incarné en moi, et grâce à cette corbeille à bec, don de Sa Sainteté (il lui montre un petit panier en plastique), il a guidé ma main d'une façon automatique, et voici ce qu'il a écrit ». Et sur un ardoise tendue, Thu lit que pour séparer sa petite-fille de ce jeune homme non désiré, il suffit de se servir de la lampe qu'elle vient d'acheter sur sa recommandation au Bazar de l'Hôtel de Ville. De cette lampe de chevet qu'elle a apportée et que l'homme caresse à présent contre lui, comme un chaton qu'il aurait sorti tout juste du ventre de sa mère. Et le mage déclare de la même voix sentencieuse : « Cette lampe est maintenant un génie qui a pour nom Thân Đèn. Au Viêt Nam, vous ne l'ignorez pas, Petite Sœur, beaucoup de personnes en possèdent une (Thu confirme d'un coup de menton plein de respect), et lorsqu'elles font un serment, elles déclarent : Je jure devant la lampe qui brûle que si je manque à mon serment, je mourrai comme elle s'éteindra. Ce génie ne déçoit jamais ceux qui lui font confiance. »

Efficacité garantie. A condition toutefois de faire en sorte que cette lampe en opaline ne quitte pas le chevet de Colette, car elle doit se trouver le plus près possible de sa tête. Et d'avoir la patience d'attendre. Attendre que le génie fasse son œuvre. Attendre longtemps ? Tout le temps que souhaitera prendre ce génie, par ailleurs fort occupé parce que très sollicité.

Voilà pourquoi Thu rentre, ce soir, aux Tilleuls, le sourire aux lèvres et la langue particulièrement déliée. Pourquoi, pendant le dîner, chacun a plaisir à l'entendre parler de choses et d'autres, de toutes ces petites merveilles découvertes au cours de son exploration du Bazar. De cette machine qui. De cet aspirateur que. De ce vieux monsieur si aimable qui lui a laissé sa place dans le 258 après un petit coup de chapeau très Saigon d'autrefois. Cinq jours seulement, calcule-t-elle en elle-même, la séparent de cet anniversaire. Cinq jours avant que cette lampe aux propriétés surnaturelles ne lui permette, comme celle d'Aladin, de satisfaire son plus cher désir. Alors, que Colette continue de donner libre cours à ses fantaisies sentimentales ne l'émeut plus outre mesure. Elle peut bien rentrer fort tard si cela lui chante (tiens, pourquoi n'est-elle pas encore arrivée ?), elle n'en profitera pas autant qu'elle l'imagine.

Hồng, elle, a perdu la joie. Et Manh est incapable de l'aider. Hier, elle ressemblait à une fillette courant dans une prairie couverte de pâquerettes. Tout l'amusait. De son clavier ne jaillissaient que des trilles cristallins, pareils à des éclats de rire. A présent, les notes sont graves et cheminent lentement. Bloquée, Hồng. Comme un tiroir. On tire dessus, rien à faire pour l'ouvrir. Car elle ne veut partager sa tristesse avec personne. Elle fait son foin avec, comme un chat avec un vieux tricot, dit Giàu. Qui décide, non sans embarras, de fournir une explication. En tirant sur les longs poils de son menton, comme si elle était cachée là :

« Le cousin Vẫn est allé trop vite. Il lui a délivré un renseignement erroné. Quang est toujours au Viêt Nam, non en Thaïlande. J'étais sûr, pour ma part, qu'il allait abandonner ses amis communistes. Ce qui s'est produit. Mais personne ne peut savoir aujourd'hui quand il quittera le pays.

— En tout cas, se désole Manh, ma pauvre sœur est dans tous ses états. »

L'oncle baisse la tête avec un air d'enfant repentant. N'est-ce pas lui qui, le premier, l'a fait se repaître de chimères ? Manh bouillonne sans le montrer. Voilà encore où mène cette vieille culture traditionnelle pour laquelle le surnaturel prime sur les réalités. Quand finira-t-on d'entretenir des relations privilégiées avec les fantômes, se lassera-t-on de s'en remettre au Ciel, comme si l'homme n'avait pas la parole, comme si, résigné, il devait conserver les bras croisés en attendant que se manifestent les puissances invisibles ? Comprendra-t-on jamais qu'il faut cesser de donner une âme à ce qui n'en a pas, aux hautes montagnes, aux gués, aux cascades, aux arbres d'essence rare ou aux formes particulières, aux pierres situées à des endroits insolites, aux rochers ayant un aspect bizarre ? Cesser d'avoir peur d'appeler un tigre par son nom en employant des périphrases comme noble maître, prince, altesse. De nommer une baleine monsieur poisson, dame poisson ou esprit poisson, alors que pour le dictionnaire vietnamien, elle n'est qu'un poisson éléphant. N'est-ce pas parce que nous avons trop rêvé à la lune, au soleil et aux étoiles, comme Giàu, que les matérialistes nous ont chassés de chez nous ?

Au Lotus, on se bouscule. Jour où l'Eurasien invite les adhérents de La Revanche, son association politique, à se réunir autour de lui et d'une bonne soupe saigonnaise. Fouillis des voix et des fumets. Tamarin et citronnelle se battent contre la friture envahissante tandis que les baguettes fourragent le riz avec frénésie, puis, immobiles, faisant silence, vont se poser en travers du bol, parallèles comme deux aiguilles à tricoter. Alors, Vẫn prend la parole. Fini le mépris qu'il lisait dans les yeux de ses camarades à l'école et dans ceux des passants, à Saigon. Cette expression humiliante de *con lai*, d'enfant de métis, qui grésillait sournoisement à ses oreilles, pareille à un anophèle autour d'une moustiquaire. Là-bas, autant rejeté par les Vietnamiens qu'il les rejetait avec dédain, il ne fréquentait que les Tây, les Français. Sous-officier dans une unité du génie, il les commandait même. Mais arrivé en France, dans le flot des réfugiés, il s'est senti aussitôt dégradé, déclassé. Etranger dans un pays inconnu. Redevenu l'enfant biscornu montré du doigt, moqué à cause de son nez trop long et de ses cheveux pas assez noirs. Dans les rues de Paris, il a cru revoir les regards qui lui avaient fait si mal, surprendre des risées semblables dans son dos. Bien que personne ne lui eût jamais fait remarquer sa particularité et encore moins montré son hostilité. Repoussé comme il pensait l'être, il est donc retourné tout naturellement vers ceux qu'il repoussait à Saigon. Sans plus savoir qui il était vraiment et de quel côté penchait vraiment son cœur.

Alain Vấn prend donc la parole et chacun se met à planer, l'œil pensif, dans la fumée qui s'élève des bouches et des cendriers. Président de cette association, il s'impose par ses idées claires, son ton de commandement et aussi par sa taille. Il dépasse d'une bonne tête la plupart de ceux qui l'écoutent. Une seule femme est présente. Assez intimidée, en bout de table. Hồng. Revenue voir son cousin après sa déconvenue, il l'a incitée à se joindre à son groupe. Plus tard, lui a-t-il assuré, Quang l'imitera, une fois en France. Aujourd'hui, l'action menée par cette association a pour but, entre autres, de sensibiliser l'opinion occidentale sur le sort des prisonniers politiques au Viêt Nam. Et Quang est dorénavant un prisonnier au même titre que Lan, que son frère détenu depuis tant d'années. C'est pourquoi Vấn n'a pas dû insister longuement pour la convaincre. Fille de devoir, elle a estimé qu'elle pourrait être utile. Et puis, malgré la gêne qu'elle éprouve à l'instant, elle ne peut avoir plus grand plaisir que de se retrouver avec des compatriotes et de communiquer avec eux par la langue et le cœur. Plus grand plaisir que de les entendre parler du pays avec ferveur et de son avenir avec espérance. Est-il impossible d'adopter la France comme elle l'a fait elle-même sans oublier ce que l'on a été ? Aux Tilleuls, Hélène, c'est vrai, tente de maintenir la flamme, aidée tant bien que mal par sa mère et Giàu. Mais Hồng n'aime pas la façon des deux femmes de n'évoquer le pays qu'avec regret, comme un tableau qu'on leur aurait volé. A-t-elle décelé chez Manh, hormis évidemment son inquiétude pour son frère captif, un intérêt profond pour la situation actuelle des Vietnamiens restés au pays et pour le pays lui-même ? Bien sûr, le Viêt Nam attire encore ses oreilles et ses yeux, mais ne prend-il pas avant tout en considération la vie et la société qu'il a adoptées ? Quant aux Vietnamiens de France, combien ont eu l'honneur de l'avoir déjà rencontré ? Il reste dans son coin, se contentant de quelques relations de voisinage. Les liens de parenté sont bien suffisants, estime-t-il. Et puis, il est difficile d'effacer dans la communauté la disparité entre les générations et les classes sociales. Un petit chèque par-ci, une consultation gratuite par-là à un compatriote dans le besoin, et la conscience est apaisée. Hồng irait-elle jusqu'à l'accuser d'avoir abandonné son identité ? Non. Le Viêt Nam règne toujours en lui, à part, comme en dehors de la mappemonde. Un Viêt Nam personnel, cependant. Pas celui d'autrui.

« L'heure approche où notre peuple renversera le régime de terreur qui le maintient sous sa coupe, clame Alain Vẫn, debout sur une chaise. (De plus en plus dense, la fumée amassée au plafond, celle d'un vrai feu de brousse.) Regardez comme déjà le mur se fissure, comme les yeux se dessillent chez ceux qui ont cru au communisme. Qui n'a pas déchiré sa carte du Parti chez les anciens qui ont adhéré au Viêt-minh, puis au FLN ? (De déclamatoire, le ton devient d'une tendresse étrange. De même nature est le sourire qui le gagne.) Hồng, notre sœur Hồng qui vient de nous rejoindre (elle baisse les yeux sous le poids de tous les autres) pourrait nous dire à quel point Quang était un militant pur et dur. C'était son fiancé. Eh bien ! vous le savez, il a compris de même que le programme de Hồ Chí Minh d'août 1945 a été violé. Hồ Chí Minh qui promulguait alors les droits de l'homme, le droit à la propriété et les droits civiques... »

Hồng rentre à Rueil-Malmaison. Autobus, vitres brouillées comme des lunettes sales. Ciel d'hiver. Traînées blanchâtres, celles que laisse un chien dans une écuelle léchée à la va-vite. Où est le ciel de Saigon ? Ici, certains matins, on se demande si la nuit n'a pas gagné une bataille définitive. Mais, à présent, le cœur de Hồng a retrouvé son rythme normal. Il lui semble que tous ces amis lui ont transfusé un peu de leur sang. Aussi, pour le contentement général, son piano reprend, dès le lendemain, les airs qui enchantaient la maison. Tant mieux. Car le 12 décembre illumine déjà de lampions dorés les yeux de chacun. Les dix-huit ans de Colette. Jour marqué d'une pierre précieuse. Depuis qu'il est père de famille, Manh a décidé de ne pas se conformer à la coutume vietnamienne selon laquelle seuls les parents sont honorés le jour anniversaire de leur naissance par leurs enfants réunis. Leurs enfants que l'on ne fête que deux fois dans la vie : lorsqu'ils atteignent l'âge d'un mois et le jour de leurs douze mois révolus, au moment donc où ils quittent le berceau. Aussi, quelle irritation emporte Thu quand elle apprend par Hélène que le deuxième anniversaire de Colette sera célébré ! Thu si à cheval sur les principes. Oser marquer l'anniversaire d'un enfant ! D'une fille, par-dessus le marché ! Son gendre a-t-il oublié l'indifférence plutôt méprisante que l'on a toujours manifestée aux filles dans les familles vietnamiennes ? Et de se rappeler ce que l'on disait au Viêt Nam : Cent garçons ne valent pas l'oreille d'une fille, cent filles ne valent pas les testicules d'un garçon. De se rappeler ce que sa mère lui avait raconté à ce sujet. Son désespoir lors de sa propre naissance, sa crainte de voir son mari s'arroger le droit de prendre une seconde épouse afin d'avoir un enfant mâle. Son voyage au Tonkin pour aller toucher, dans la pagode de Hủông Tích, la pierre luisante de Hòn Cầu qui donne des garçons. Et son voyage de retour dans le train avec une place libre à côté d'elle, celle qu'elle avait prise, selon la coutume, pour cet héritier qui ne pouvait que la suivre.

Chaque jour, Hélène entend les récriminations de sa mère à propos de cet anniversaire. Difficile d'étouffer sa voix aigre. Heureusement, avant de répandre son amertume, elle veille avec prudence à ce que son gendre ait rejoint sa voiture. « De quoi allons-nous avoir l'air devant les amis vietnamiens qu'il a invités ? Une pareille entorse aux conventions ! Que vous fassiez cela, comme chaque année, entre vous, passe encore, mais avec tout ce monde ! Sans compter que cette inobservance des règles religieuses... (Elle s'interdit d'aller plus loin pour ne pas provoquer le sort avec des mots hasardeux.) Le Têt a lieu dans deux mois. Ne sait-il plus que c'est ce jour-là, seulement, que l'on vieillit d'un an ? »

A la fin, Giàu parvient à la calmer. Il a relu l'horoscope établi par lui-même à la naissance de Colette, réexaminé avec attention ce document que chaque nouveau père demande à un devin de composer afin de connaître d'avance l'avenir de sa progéniture. Et il annonce à Thu que sa petite-fille risque de traverser une période dangereuse au moment de son anniversaire. Que les étoiles principales et secondaires réparties sur les douze cases de son existence paraissent être particulièrement maléfiques. Lui explique alors : « Si vous croyez comme moi au dogme de la sanction des actions de l'existence intérieure, vous savez que l'on peut provoquer une modification de la destinée en dispensant le bien autour de soi. Cette fête où les cadeaux seront multipliés, tout comme les offrandes aux mânes des ancêtres et au génie tutélaire, arrive donc à point. Aussi devons-nous nous en féliciter.

— Mais c'est une fête païenne, s'insurge-t-elle. (Sa voix fait s'envoler les moineaux que Giàu nourrit de quelques cuillerées de riz dans la gouttière. La fenêtre est pourtant fermée.) C'est négliger l'importance du Têt.

— Tss, tss ! n'exagérez pas les soucis, Petite Sœur, la Providence a tout prévu. Vous verrez, tout ira bien. N'oubliez pas : le Ciel a créé les éléphants, il a également créé l'herbe. »

Giàu a-t-il inventé cette histoire de date fatidique pour les besoins de la cause ? Peut-être bien. En tout cas, Thu a été impressionnée. C'est l'essentiel. Elle taira ses plaintes et ses désaveux. Quelques instants plus tard, la chansonnette de l'oncle repart gambader dans les étages : « *Con mèo, con mẽo, con meo*, petit chat, petit chat, petit chat... »

Une nuit de réflexion et Thu se réveille différente, toute neuve. Le passage dangereux dans la vie de Colette, il ne faut aller le chercher très loin. Le responsable est derrière ce mur. Il s'appelle François Lepelletier. Hélène a bien des raisons de s'alarmer. Avec ce garçon, sa fille court au drame. Voilà pourquoi, hier, Thu est revenue de Paris avec ce cadeau pour sa petite-fille qu'elle garde, depuis, avec une inquiétude de félin dans son antre. Elle l'a mis dans la petite valise fabriquée par un artisan de Saigon où elle cache tout ce qui la touche intimement : les photos de famille, l'éventail en écaille offert par son fiancé lors de leurs premiers moments de tendresse, une branche fanée d'abricotier datant d'un Tết mémorable et une statuette en plâtre de Chùa Bà, la bonne madone, déesse de la charité et de la miséricorde. Une statuette malheureusement mutilée au cours du voyage d'exil. Amputée d'une des dix mains qui tiennent chacune un attribut spécial, une arme, une fleur, un coquillage, une pièce de soie ou un livre. Privée de la main qui tenait la fleur. Ce qui, selon elle, pourrait expliquer pourquoi le Ciel l'a privée si vite d'un mari qui aimait tant les roses thé et le jasmin Sambac.

Ravissement. Quelle autre expression décrirait l'émotion éprouvée par Manh à l'apparition de sa fille ? Ravissement et trouble. Trouble d'un homme devant tout ce que la femme peut déployer pour troubler l'homme. Devant ses attraits faits de grâces mièvres et de postures amenuisées. Et de décence poussée à l'extrême. Jusqu'à la dissimulation. Jusqu'au mystère. Jusqu'au secret, niche du désir.

« Et comme ça ? », demande-t-elle à sa mère. Pirouettes devant la glace. « Tu ne crois pas que ce pli-là devrait être moins prononcé ? » Et volée des cheveux dégageant la nuque et giflant les joues. Et reconnaissance de Manh qui la contemple, action de grâces rendue aux dieux pour ce don précieux des dieux. Puis sa question devant un tel pouvoir de fascination : tous les pères changent-ils de regard un jour en redécouvrant leur fille ? Quand Hugues rentre du lycée, potache en blue-jean et en anorak, tout en rire et en gouaille plus française que vietnamienne. Il a souvent plaisir à casser les carreaux comme un gamin insupportable. Après une exclamation d'enthousiasme poussée à l'excès :

« J'en connais un qui va être baba en voyant ma sœur. »

Lazzi qui suscite un silence embarrassé. Aussitôt, le jeune voisin se révèle à l'esprit de chacun avec son blazer croisé et sa tête de collégien sage, prêt à affronter tous les examens en même temps. Pour qui Colette veut-elle se faire si belle si ce n'est pour lui ? s'interroge Hélène. Pour qui voulait-elle, avec tant d'insistance, s'habiller à la vietnamienne plutôt que de cette façon si luxueusement parisienne ? Pressante, cette insistance ne pouvait que cacher l'intention de lui plaire. Car maintenant, on a compris, aux Tilleuls, combien ce jeune homme est subjugué par l'Asie. par cet univers auquel, il n'y a pas si longtemps encore, il semblait assez indifférent. Compris son particulier intérêt pour tout ce qui concerne le Viêt Nam, sa culture, son histoire. Jusqu'à oser demander à Giàu de lui prêter quelques ouvrages sur ces sujets. Une curiosité que partagent d'ailleurs ses parents avec une ardeur équivalente. L'autre jour, par exemple, la surprise d'Hélène de voir arriver Manh avec son voisin et ami. Rencontré dans la voie privée, il l'a invité à venir goûter le champagne commandé pour l'anniversaire. Confessant : « Je n'y connais pas grand-chose, et je préfère me fier à votre avis. » Pierre Lepelletier exalté au possible. Annonçant, coupe levée, l'étourdissante nouvelle : son départ pour le Viêt Nam. Contre toute attente, il a obtenu un visa. Après tant de refus essuyés par ses confrères. « C'est grâce à vous, Manh, j'en suis sûr, soutient-il. (Voilà maintenant que les deux hommes s'appellent par leur prénom, constate Hélène avec une légère irritation.) J'ai dû taper dans l'œil de ce conseiller que nous avons rencontré ensemble. Moi qui croyais au contraire l'avoir exaspéré. Ah ! on peut dire que vous n'êtes pas facile à déchiffrer, vous, les Vietnamiens. » Et de proposer tout de suite : « Bien sûr, je suis prêt à tout faire pour recueillir, là-bas, des informations sur votre frère. Qui sait, même, si je ne pourrais pas l'approcher. » Sourire de Manh. Pourquoi le décourager ? Il le sera bien assez vite au pied de la montagne d'obstacles que l'on va aussitôt lui opposer. Il part en janvier. « J'aurais pu partir dès la semaine prochaine, mais vous pensez bien que je ne voulais pas manquer l'anniversaire de Colette. » Pincement au cœur d'Hélène. Amical, cet homme, certes, mais pourquoi ne reste-t-il pas plus souvent de l'autre côté du mur ? La coupe mousseuse dissimule ses yeux bleus. Instant de réflexion. Puis après un bourdonnement d'homme satisfait : « Sec comme je l'aime. Fameux. » Manh est content. Il a bien choisi ce champagne en dépit de l'ignorance dans laquelle il persiste à tenir vins et fromages, ces derniers provoquant toujours sa répulsion malgré tant d'années passées dans leur pays de prédilection. Content de son choix et en même temps du choix du destin. Le remerciant pour l'avoir placé là, à côté de cet homme aussi chaleureux, prêt à soulever des montagnes vietnamiennes pour combler son abîme de chagrin. Venir de si loin, du côté opposé de ce monde, être si différent d'écorce et de noyau, n'avoir en naissant pas plus de chances de se rencontrer que deux oiseaux dans le ciel, de se croiser que deux étoiles filantes dans la nuit, et devenir amis.

Hồng s'est mêlée à la conversation. Elle en a oublié sa séance de piano solitaire. Viêt Nam ! s'exclame-t-elle en elle-même. Cet homme sera au Viêt Nam dans moins d'un mois. Respirera l'air de Quang, brûlera de son soleil, frissonnera sous son crachin. Marchera dans les rues de sa ville natale, sur les gousses éclatées des tamariniers, humera l'odeur lourde des fleurs de frangipanier et celles, légères, des noix d'aréquier. Entendra les cris du vendeur de thé chaud dansant sous son fléau et celui du cyclo en maraude. Et à la campagne le chant des cigales et le beuglement des crapauds-buffles, et la chanson triste des aveugles s'accompagnant de leur violon-coco ou rythmant la mesure à l'aide de deux cuillères frappées l'une contre l'autre. Viêt Nam. Elle part, elle est partie, elle est dans l'avion, dans les nuages. Adieu, Hồng. Elle revient avec sa voix de fillette qui a peur d'être punie :

« Je pourrais vous aider à préparer votre itinéraire », avance-t-elle timidement sans pouvoir regarder Lepelletier en face. Quelle audace lui a soudain donné l'envie de revoir son pays, elle dont seuls les doigts sur les touches osent hausser le ton ! Et si maintenant elle lui parlait de Quang, si elle l'incitait à aller à Hanoi demander sa libération avec celle de son frère ? Quang libéré comme Lan ! Folle, tu es folle.

— Mon itinéraire sera malheureusement tracé par mes hôtes, répond Lepelletier. Je serai dans un couloir. On m'a déjà prévenu. Les journalistes communistes eux-mêmes sont astreints à ces règles. »

Mais il accepte l'initiative. Le lendemain soir, il est donc de retour aux Tilleuls, accompagné, cette fois, de sa femme. Ils se joignent à la famille, aussitôt la table desservie. Et sur la carte déployée commence le grand voyage de la nostalgie. Carreaux verts tendre des rizières que tachent de blancs échassiers, comme des pochettes abandonnées. Satin des joncs et des herbes aussi hauts qu'un paysan debout dans son sampan, et moire de l'eau saumâtre, à perte de vue, jusqu'à lasser la vue. Et fleuves où des jonques traînent leurs petits. Et plages bordées de filaos miaulant. Et montagnes. Et ciel. Et soleil. Tout cela sur la carte déployée avec ses richesses, ses beautés et ses mystères. Tout cela dans les yeux de Hồng et des autres, et dans la bouche de Giàu qui n'a pu se retenir d'ajouter sa poésie et sa philosophie. Et dans les rires de tous, derrière le fin rideau de la pudeur vietnamienne.

Les préparatifs de l'anniversaire achevés, c'est au tour de Hồng et de Giàu de se rendre chez les voisins. Pour une première visite. Sur leur invitation, bien sûr. Pierre Lepelletier souhaite parfaire son initiation. Après avoir accepté, Hồng s'est grignoté les lèvres, assiégée d'inquiétude. Ne dirait-on pas qu'elle va devoir se montrer au sortir de son bain ? Depuis qu'elle est en France, combien de fois a-t-elle franchi la porte d'un Français ? Jamais. Discrétion ? Crainte d'affronter un monde différent et peut-être hostile ? De ne pas être à la hauteur de ses interlocuteurs ou de les ennuyer avec des préoccupations qui ne sont pas les leurs ? Son oncle n'a pas eu plus de hardiesse. Aucun commerce avec la société qui les accueille. Rien n'a jusqu'ici réussi à les guérir de cette attitude de méfiance et de scrupule. A leur instiller cette confiance en eux-mêmes qui leur manque tant. La gêne qu'éprouve Hồng au moment où elle se trouve devant les Lepelletier, sur leur seuil, gêne qu'elle essaie d'enfouir dans de petits rires nerveux, hi, hi, hi ! lui montre encore, comme s'il lui était nécessaire, tous les efforts qui lui restent à faire pour se comporter, dans une telle situation, comme son frère, sa nièce et son neveu. Et pourtant, devant elle et son oncle, que d'application et d'amabilité pour tenter de mettre à l'aise ! De se mettre à la portée d'autrui. Liliane, bras ouverts :

« Entrez donc, chers amis, entrez vite. Il fait si froid dehors. Ah ! quelle neige. On n'en aura jamais fini avec cet hiver. Je pense souvent à vous qui venez d'un pays où il fait si chaud. Vous allez voir, on vous a préparé ce qu'il faut pour se réchauffer. »

Pierre Lepelletier arrive avec sa jovialité et François avec son sourire de bon élève, suivi de ses deux cadettes, fillettes malicieuses et remuantes. Thé ou chocolat ? Liliane sert chacun pendant que la conversation s'engage autour des cartes et des livres apportés des Tilleuls. Retranchée, comme assise tout au fond de la pièce, Hồng est plus absorbée par l'étude de son propre comportement que par le sujet de la rencontre, plus réservée que son oncle, dont la verve déguise à merveille l'absence d'assurance qu'elle devine. Pourquoi nous a-t-on rendus ainsi ? se demande-t-elle. Pourquoi ce manque de simplicité dans nos rapports, ce refus du langage direct à côté de la sincérité sans détour affichée par les Français ? Serions-nous moins honnêtes que ces gens-là, nous qui ne pouvons communiquer avec notre prochain que derrière un paravent chinois ? Elle observe l'attitude de Pierre Lepelletier et la compare à celle de son oncle, et compare leur façon de s'adresser l'un à l'autre. Spontanéité contre affectation. Elle se rappelle d'où vient le mal. Se rappelle les leçons de maintien de sa grand-mère, la douce Liên. Elle avait fréquenté la cour impériale de Huê et gardait de cette époque la prestance et la toilette. Gardait la tunique à quatre pans, le châle en bec de corbeau et le turban noir qui couronnait une chevelure à raie centrale, ornée sur la nuque d'une fine queue de cheval postiche. Gardait cette posture faite de décence et de circonspection, mais qui n'empêchait pas un pouvoir de séduction assez irrésistible. Qui n'empêchait pas qu'elle avait eu, chuchotait-on chez les bonnes, quelques aventures galantes dont une assez tardive avec un mandarin militaire (de 6e degré, 1re classe, précisait-on avec admiration.) Toujours coincée dans sa retenue, Hông s'étonne du naturel de ses hôtes, de leurs gestes et de leurs propos, et se rappelle les règles de l'étiquette très formaliste que sa grand-mère lui enseignait : Ne jamais mettre son « moi » en avant, car il est haïssable. Considérer que tout ce qui vous appartient est modeste, sans importance, insignifiant, même, alors que tout ce qui appartient à votre interlocuteur est de premier ordre, d'une qualité ou d'une noblesse incomparable. Et attention, pas de mots déplacés. On peut rattraper un faux pas, avertit la loi des ancêtres, on ne peut pas rattraper un écart de langage. Penser, avant d'ouvrir la bouche, qu'il faut feindre, en répondant, d'avoir déféré à un ordre fictif. Feindre d'avoir été impoli quand on est d'un avis contraire. De s'excuser d'avoir osé prêter l'oreille à une conversation quelconque ou de s'être permis de regarder ce qui ne vous était pas destiné. Apprendre, dès son plus jeune âge...

Cris de Liliane Lepelletier, hors d'elle : « Les enfants ! Vous n'avez pas bientôt terminé ? Déguerpissez, je ne veux plus vous voir. Allez dans le jardin. » Et ensuite, cris des deux fillettes bombardant leur mère, à travers la vitre, à coups de boules de neige.

Quel monde différent du nôtre ! se répète Hồng en lançant ses petits rires automatiques. Hi, hi, hi ! Notre monde qui nous commande de nous incliner devant nos parents tout en évitant de lever les yeux sur eux. Qui nous force à connaître la liste démesurée des marques de respect envers eux, en commençant par les expressions particulières à employer pour les désigner, ainsi que les autres membres de la famille, les grands-parents, les frères et sœurs, les oncles, les tantes, les neveux, etc. Ces expressions compliquées que l'on prend soin de bien retenir sous peine de commettre de graves impolitesses. Que l'on utilise à la place des pronoms personnels dont la langue vietnamienne est privée, en oubliant surtout les termes équivalents, jugés familiers, pis, méprisants.

Et ceci, et cela... Pierre Lepelletier n'en finit pas de poser des questions. « C'est mon métier », se défend-il, bouche enfumée, pour se faire pardonner sa curiosité. Quel pardon ? Ressaisie, Hồng ressent maintenant un réel plaisir devant cet appétit de savoir. Plaisir de se rendre compte qu'elle est, comme son oncle, la révélatrice d'une planète si chère à son cœur. Que sans elle et lui, peut-être, cet homme ne l'aborderait pas avec les yeux qu'il faut avoir pour la comprendre et l'aimer. Quelle déception elle éprouverait au contraire s'ils ne soulevaient qu'indifférence !

« Expliquez-moi encore, demande Pierre Lepelletier : pourquoi la lune a une si grande importance dans tant de choses au Viêt Nam ? Chez nous, à part les marées...

— La lune ! s'exclame Giàu. (On dirait qu'il s'agit d'une de ses amies et qu'elle vient de pousser la porte.) C'est l'épouse du soleil. Et comme elle règne particulièrement au cours de notre automne, où les nuits sont plus longues que les jours, on la célèbre à cette époque-là. C'est la fête du Trung Thu, du Milieu de l'Automne, le quinzième jour du huitième mois. »

Et voilà l'oncle parti dans la légende de l'empereur Đinh Thiên Hoàng avec le plus grand sérieux. Avec les égards que l'on accorde aux plus hauts faits historiques. Tandis que Pierre Lepelletier, sa femme, François et Caroline l'écoutent, amusés. Découvrent, surpris et ravis, la part de rêve que détient chaque Vietnamien dans les replis de son âme, cette folle du logis qui se complaît à faire des pieds de nez à la froide et rigoureuse logique des Français. Ecoutent l'oncle Giàu raconter comment, avant toute puissance spatiale, le taoïste renommé, Lê Công Viên, lança sa canne dans la nuit et la transforma grâce à des paroles magiques en un superbe escalier menant à la lune. Et comment, de cette façon, l'empereur put entrer dans le palais lunaire où une femme, belle et magnifiquement habillée, cela va sans dire, ajoute-t-il avec un rire enfantin qui agite au bout du menton son duvet déplumé, était assise sur un trône en cristal : la Déesse de la lune. Et comment, revenu sur terre, l'empereur demanda à ses musiciens d'adopter l'air entendu sur l'astre, et à son corps de ballet, la danse qu'avaient donnée pour lui les courtisanes de la divinité. Puis décida, pour commémorer l'événement, de faire de ce jour, pour toujours, l'une des grandes fêtes du Viêt Nam. La fête des enfants. Comme l'est Noël en pays chrétien.

« C'est aussi le moment des fiançailles et des mariages, enchaîne Hồng enhardie, de sa voix d'innocente. Dans les villages, les garçons et les filles se réunissent, le soir, et se livrent à une sorte de joute chantée, accompagnée par les tambours à cordes. On appelle cela chanter en se taquinant, hi, hi, hi ! » (Cette fois, son rire est comme le nuage dissimulateur que lance le poulpe derrière lui quand il est effrayé.) On fait des farandoles à la lueur des lanternes et l'on s'offre de petits gâteaux blancs qui ont la forme de la lune, d'autres, celle du lièvre et du crapaud. Elle décrit de quoi est composée cette pâtisserie, puis avec une audace encore plus étonnante : Je vous en apporterai, un jour, vous verrez, c'est délicieux. »

Depuis combien de temps dure ce voyage au Viêt Nam ? L'heure survient où l'on doit se séparer. Déjà ? Vite, Hồng jette un dernier regard furtif sur ce jeune homme qui suscite tant de conversations aux Tilleuls. Que l'on souhaite tant voir s'éloigner de sa nièce. Que peut-on donc lui reprocher ? Son long nez ? Ses yeux clairs ? Si ce n'est que cela, ne mérite-t-il pas plus d'indulgence ? En tout cas, quelle attention soutenue pour un pays si inconnu de lui et quelle pertinence dans ses questions et ses remarques ! Mais, pense-t-elle encore en se rappelant certaines de ses réflexions, ne dirait-on pas qu'il en sait davantage que ce que l'on pourrait croire ? Et si cette constatation est juste, ne voudrait-elle pas signifier que ses rapports avec Colette sont plus intimes qu'on ne le suppose ? A cette réflexion, curieusement, une bouffée de plaisir gonfle son cœur.

« Au revoir, au revoir. » On se tend la main. Où est donc la distance que l'on doit garder avec son prochain ? Et les mains jointes devant soi en guise de salut ? Décidément, songe-t-elle enfin sur le pas de la porte, moi aussi, j'ai beaucoup à apprendre. Et devant Pierre Lepelletier, si empressé, elle ne peut s'empêcher de suivre la règle cent fois répétée par la douce Liên. De lui dérober son visage en baissant les yeux.

Dehors, la pleine lune argente les toits enneigés. L'empereur Đinh Tiên Hoàng doit être aux anges, se réjouit l'oncle Giàu, la lune est aussi belle qu'à la mi-automne. Et pendant un moment, il demeure, nez en l'air, à observer les personnages mythiques qui se détachent de son relief : le lièvre blanc, le crapaud, le menteur et le vieillard. Pour en tirer des présages.

Bienfaits du Ciel ! Sous le souffle d'un redoux salutaire, la neige a levé le siège dans la nuit précédant l'anniversaire de Colette. Hélène se désespérait à la pensée de voir la boue des chaussures maculer les carreaux blancs et noirs de son entrée, et le parquet de chêne de son salon et de sa salle à manger qu'elle ne cesse de cirer à toute heure avec la constance d'un cavalier pour ses bottes. D'autant que l'allée menant de la porte de la propriété à la maison n'a toujours pas été gravillonnée par le brave Tabard, plus enclin à lever le coude qu'à relever ses manches. La chance a quand même voulu qu'il termine la peinture de la salle à manger dans les délais prévus. Fin prête est donc la demeure quand les premiers invités s'annoncent, portant fleurs ou paquets. Raidie par la fierté et l'émotion, dans sa tunique au phénix triomphant, Hélène les reçoit à la porte, aux côtés de Manh, un peu guindé dans son costume trois pièces fraîchement sorti de chez le tailleur. Et aux côtés de Colette puisque, ce soir, c'est elle l'hôtesse. Dans la splendeur de ses dix-huit ans. Aidée par Hugues, Hồng a pris en mains le vestiaire tandis que Thu et Giàu ont préféré la solitude et le silence de leur chambre. Hoàng Trí Khanh, sa femme et son fils, Luỏng, se présentent en avant-garde. Hélène ne leur accorde qu'un intérêt médiocre. Ces gens sont d'agréables amis, mais n'ont pas de fortune. Ou plutôt, n'en ont plus. Madame l'a croquée sur les tapis verts, accompagnée de Thu, plus habile, semble-t-il, à déjouer les mauvais coups du sort. Avant ce revers, leur fils aurait pu être un gendre possible. Mais à présent ! Heureusement, nul n'est besoin d'y voir plus près pour comprendre que Colette n'en a que faire. Avec la tête qu'il a et la cervelle qu'il n'a pas ! Question : vaudrait-il mieux un Vietnamien désargenté, laid et idiot, qu'un Français fortuné, beau et intelligent ? Question qu'Hélène ne voudrait formuler haut et clair par crainte de voir la raison répondre à la place du cœur.

Voici maintenant le jeune Pham Quy sans ses parents retenus par leur travail. Celui-là non plus ne captive pas Hélène. Non qu'il ait l'air aussi hébété malgré des études assez poussées, mais arrivé de lui-même, son père est un homme sans éducation. Et Manh, elle le sait, fuit la vulgarité autant que l'odeur du fromage. Pauvre Pham Quy ! Ses simagrées et ses ronds de jambe ne font pas plus d'effets que la cravate et la pochette assortie qui égaient avec ostentation son costume bleu pétrole. Mais qui vient d'entrer soudain pour provoquer chez Hélène et chez Manh cette effervescence contenue ? S'ils n'étaient vietnamiens, quelle démonstration de joie aurait salué leur apparition ! Sans doute se serait-on jeté dans les bras de chacun. Les Phú Càt, leur fils et leurs deux filles. Le mari, bel homme aux cheveux lustrés, quoiqu'un détail déplaisant dans le visage. Sa bouche ? Oui, c'est cela. La bouche étroite et serrée, comme sur une parole définitive. Sa femme est habillée à l'européenne. A bon escient. En tunique, ses formes rouleraient avec disgrâce. Dans cette ample robe, ni vu, ni connu. Gloire aux couturiers dont le talent parvient à cacher ce qu'il ne faut surtout pas montrer. Et puis ce décolleté est une vitrine idéale pour les perles et les pierres qui rivalisent d'étincellement. On se parle français comme des Parisiennes maniérées. Ma chère Hélène. Ma chère Irène. On se prend même par le bras. On n'en fera jamais autant pour les autres. Parce que les Phú Càt sont assis sur un gros magot et parce qu'ils ont un fils en âge de se marier. Antoine.

« Alors, ces études, lui lance Manh, ça marche toujours sur les chapeaux de roue ? Vous faites pharmacie je crois ? » Comme s'il l'ignorait ! Hélène lui enlèverait le fil qu'il a sur l'épaule si elle était sa mère. Elle lui aurait aussi donné un bon coup de peigne avant de sortir. Cela mis à part, nullement mal bâti, ce gosse. Si l'on omet également l'acné enflammée qui le défigure. Mais si peu ! « J'avais un grand-oncle pharmacien à Saigon, continue Manh, quelles heures merveilleuses je passais dans sa pharmacie à sucer des cachous et des boules de gomme ! Elle était située rue Turc. Vous voyez, non loin de l'endroit où se tenait la quincaillerie Wegelin ? » Sourire de la petite bouche en cul de poule de Phú Càt. Hélène fascinée par les deux colliers superposés qui enluminent, rutilement sur du marbre jaune antique, le buste frémissant de son amie. Mais où est Colette ? Pourquoi cette indifférence à l'égard de gens si importants ? Colette tournant le dos, occupée à arranger des fleurs dans un pot. Hélène piaffe : « Colette, Antoine est là avec ses deux sœurs, tu l'as vu ?

— Bien sûr, maman. »

Ah ! si cette soirée pouvait déterminer son avenir dans le sens où nous le souhaitons, rêve sa mère. Si une flamme, même minime, une lueur, un simple lumignon pouvait s'élever dans ses yeux quand ils rencontrent ceux de ce garçon. Mais que fait-elle donc à présent, ce pot de fleurs dans les bras, alors qu'elle devrait s'exposer dans sa splendide toilette sous son regard admiratif ?

« Cette robe, mais c'est du Dior ! » s'extasie Irène Phú Càt, pareillement désireuse de voir enfin Colette prêter attention à la présence de son fils. Chimère. Colette n'attend que le moment où la porte va laisser passer les Lepelletier. N'est-ce pas visible ? A combien de reprises a-t-elle regardé sa montre ? Si proches, n'auraient-ils pas dû être déjà arrivés ? On frappe de nouveau le heurtoir. Ça y est, ce sont eux, c'est lui. Cette façon si bruyante de s'annoncer avec tous ces coups n'est pas vietnamienne. Quelle célérité, quel élan pour aller ouvrir ! Et quelle déconvenue ! Les Maillard. Un couple de médecins et leur fille, partenaire de Colette au tennis. Et si ces voisins ne venaient pas ? Si le voyage de Pierre Lepelletier au Viêt Nam avait été avancé et que. Si Liliane était tombée malade et que. Ou si François, avait trouvé d'autres occupations parce que. Parce que, a-t-il fait remarquer, une fois, il a senti cette réticence à son sujet aux Tilleuls. Surpris des clignements d'yeux en coulisse de la part d'Hélène. De ma mère ? Je n'ai jamais entendu quoi que ce soit contre toi à la maison. (Premier gros mensonge de sa vie.) Ecoute, je ne suis pas complètement idiot, quand vous êtes venus dîner chez nous, cet air qu'elle avait pour... François, crois-moi, je te jure, je te promets, je, je, je...

Vaine frayeur de Colette. Les voilà enfin. Liliane Lepelletier, d'abord, blondeur florissante, bouche pour baisers appuyés, jupe courte, puis les quatre enfants, un bouquet dans la main de chacun. Un bouquet plus volumineux dans celle de François. Puis leur père, les bras chargés d'un paquet imposant, que l'on imagine d'un bon poids, vu ses efforts pour le porter, et qu'il abandonne sur un fauteuil en soufflant exagérément. Il s'agit, en fait – Colette le saura plus tard – d'un anorak fourré, d'une légèreté de plume. Surprenant cadeau pour un anniversaire, avait estimé Liliane, avant de se ranger docilement à l'avis de son mari et de son fils qui avaient appris par Hồng que la coutume exigeait que l'on offrît des vêtements ou rien. Souvenir de l'époque de l'invasion mongole où les Vietnamiens étaient si pauvres que la moindre étoffe sur le dos avait valeur de trésor. Un vêtement, mais surtout pas de foulard, avait précisé Hồng. Le foulard porte malheur, on le met pour aller à l'enterrement. Grand est de nouveau l'étonnement de Liliane devant l'indifférence manifestée par Colette et ses parents au moment où son mari se débarrasse de son énorme charge. Un petit merci et c'est tout, et l'on passe à autre chose. En délaissant le paquet comme si l'on s'en moquait. Ainsi le commande tout autant le savoir-vivre.

Cinquante, soixante personnes, peut-être ? Peut-être davantage. Tout le monde est là, maintenant, bavardant, riant et goûtant aux succulentes fabrications des quatre occupantes des Tilleuls. Et peu à peu, sans s'être entendues, les générations se séparent. Et bientôt, Colette n'est plus entourée que par des jeunes gens de son âge, au grand regret d'Hélène qui la voit, qui ne voit qu'elle, si loin d'elle déjà et si près de François Lepelletier. Si près de son visage quand il lui parle, de son bras, de sa poitrine. Qui ne voit qu'elle et soudain ne la voit plus, la cherche. La cherche des yeux avec l'angoisse d'une mère dont l'enfant vient de s'échapper de sa main, dans la rue. Et la redécouvre, un instant plus tard, avec joie. Mais quelle tenue scandaleuse ! Tendant la bouche en riant vers les doigts de François qui lui donnent à manger. Mangeant au bout de ses doigts. Alors elle se dit : Il va nous l'enlever et nous ne pourrons rien y faire. Se dit que, cette fois, c'en est terminé de l'autorité d'un père tout-puissant, d'un père comme l'était son beau-père qui parvenait à conjurer le mauvais sort, à arracher son fils au bras d'une étrangère et à le remettre dans le droit chemin. Le chemin de la tradition des ancêtres. Et se dit en quittant le couple des yeux pour regarder, là-bas, l'autel où fument les jossticks : Seuls les morts peuvent aujourd'hui modifier le cours des événements, interdire cette union intolérable. Se le dit en regrettant qu'une telle soirée d'anniversaire n'ait pas commencé dans le recueillement et la prière, tête courbée devant les photographies des défunts, bâtonnet d'encens dans les mains jointes. Et Manh se dit, aussi attentif à la scène, mais la déplorant moins, que le jour va arriver où il lui faudra intervenir, où il devra se décider lui-même avant d'en décider pour sa fille. Et se dit ce que dit souvent le vieil oncle dans sa grande sagesse. Se dit ce que l'on dit dans ces cas-là au Viêt Nam en buvant sa quatrième coupe de champagne et en s'enivrant, de la même façon, de son rire et de celui de Pierre Lepelletier, que trois joies vous rajeunissent et que trois joies vous vieillissent. Et comme d'habitude quand il se surprend à lever autant de verres à la file, il finit par apercevoir le ciel bleu à travers et le soleil éclatant.

Du champagne !

Il est allé rejoindre Catherine à Nice où ses parents l'ont envoyée vivre, consumée de chagrin comme une orpheline, en attendant leur propre installation sur la Côte d'Azur. Et il vient de sortir de sa valise une bouteille de mousseux gagnée à coups de pétoire, boulevard de Clichy, avec des copains, dans une boutique foraine. Et trinque à présent avec Catherine dans des gobelets en carton, assis sur la plage déserte de cette matinée d'automne. Célèbre le jour de leur rencontre à Saigon. Moustache de bulles sous le nez de Catherine.

Il crache. Pouah ! Quelle bibine ! Et en plus, elle est chaude.

Mais que de bonheur dans ses yeux après une semaine sans rien pour les remplir. Que du vide. A Paris, Catherine a été forcée de fléchir. C'était ça où je me fâchais définitivement avec eux. Tu me comprends ? Comment ne comprendrait-il pas, lui dont le dilemme est semblable ? Que sa sœur, Hồng, a appelé au téléphone. Pour l'informer que son père venait de rentrer à l'hôpital et le supplier de prier pour lui. Et lui confier en deux mots, dans le bruit de houle de la ligne à grande distance qui lui semblait être celui des océans à traverser, combien sa mère verse de larmes de le savoir amoureux d'une femme qui n'est pas sa fiancée. Téléphoner de si loin ! Fallait-il que le message soit pressant. Soleil dévisagé à deux, blottis tous deux dans le même nid du bien-être. Et crissant comme les cigales de là-bas, l'inlassable friction des galets par le reflux savonneux.

Tu vois, Catherine, c'est un mensonge de prétendre que Nice est au bord de la mer. Nice est au bord du ciel. Au bord de Monsieur le ciel bleu, comme on l'appelle chez nous avec révérence.

Captivée : Mais, tu es poète ! C'est merveilleux. Tu devrais l'écrire.

Et lorsque le soir descend : Tu vois, maintenant, Nice reprend sa place au bord de la terre. C'est l'heure où les génies en profitent pour descendre chez les hommes.

Brrr ! Elle se jette dans ses bras. Tu es poète, Manh, et j'aime la poésie, Baudelaire, Verlaine...

Tous les Viêts sont poètes, assure-t-il, et je suis viêt.

Mon petit Viêt, mon petit poète, je voudrais toujours être avec toi.

Après le dîner, quand la surveillance du personnel se relâche, elle le fait entrer subrepticement dans l'hôtel qu'elle habite, celui des Malleret, par la porte de service, et lui ouvre sa chambrette sous les toits. Pas de vue sur la mer, mais auraient-ils le temps de la contempler ? Et puis la lune leur est bien suffisante. Elle les épie par la lucarne qui perce la toiture au-dessus du lit et les inspire dans leurs étreintes jusqu'au milieu de la nuit. Catherine se plaît à glisser sur la peau imberbe, d'un poli de galet niçois. Alors, prisonnière savourant sa prison, elle ferme les yeux, puis les rouvrant au bout de son voyage, éprouve le bonheur d'une accouchée devant le fruit de son sein. Ensuite, corps apaisés, couchés sur le dos, yeux au firmament, ils repartent chez Monsieur le ciel bleu.

Manh raconte : Là-haut, habite l'empereur de Jade. C'est le maître souverain de l'univers. Il a sous sa direction le soleil, la lune, les planètes, les étoiles, le tonnerre, la pluie et j'en oublie. Ah ! oui, les génies des montagnes, des fleuves et des forêts.

Elle : Mais qui t'as appris ça, un bonze ?

Lui : Non, mon oncle Giàu.

Elle : Comme je voudrais le connaître ! Tu me le présenteras ?

Un baiser pour toute réponse, puis : L'empereur de Jade a deux principaux lieutenants. Nam Tào, l'étoile du sud, et Bắc Đẩu, celle du nord. Il a une kyrielle de fils et de filles qui sont des génies. La plus célèbre de toutes est la sainte mère Liên Hanh qui fut envoyée en transmigration sur la terre pour avoir brisé un vase précieux au cours d'un festin, au palais céleste. Dans la pagode, sa statue est revêtue d'une jolie robe jaune impérial et elle a les mains jointes sur un sceptre d'ivoire. Tu veux savoir pourquoi on l'invoque ?

Catherine ne veut plus rien savoir du tout. Elle dort.

Livré à lui-même, Manh repense au coup de téléphone de Hồng. A son père malade, à sa mère inconsolable. Et repense à Hélène, la fiancée abandonnée. Et voit Catherine, nue contre lui, dépeignée avec art, mouillée de leurs deux sueurs, enfouie dans le plus charmant des abandons. Et se demande : Qu'est-ce qui m'arrive ? Et se demande : Qui pourrait me préciser où commence l'amour au milieu des feux du plaisir et quand le devoir est assez fort pour éteindre tout à la fois ? Et entend : Tu aimes le risque, Manh, c'est ton défaut. Et entend Giàu souffler : A force de sortir la nuit, on finit par rencontrer des fantômes.

Il lui reste encore un an avant de passer son certificat et il se doit de l'obtenir. Ne serait-ce que pour prouver que les Vietnamiens sont plus intelligents que les autres. Les Vietnamiens, il les fuit plutôt au Quartier latin. Tous des fils de bourgeois à son image, amis du régime saigonnais et transfuges d'un pays en guerre éternelle. Et il répugne à les regarder, car il s'aperçoit dans leurs yeux.

On réussit à l'entraîner un soir dans une réunion politique, à la Mutualité. Des bouddhistes qui font des risettes aux communistes derrière un nuage d'encens et d'hypocrisie. Sur l'estrade pavoisée aux couleurs de la religion, un vieux barbichu aux bras nus s'accroche au micro. Il a reçu une lettre de Hanoi et la lit, d'un œil seulement, l'autre semblant vouloir continuer à dormir. Nous avions tous perdu notre patrie. Le Viêt Nam n'était plus vietnamien. Des hommes venus de loin régentaient notre vie, nos richesses et nous laissaient les rebuts, les miettes. Parler, écrire, penser vietnamien, dérision. Le grand chic, la suprême élégance, c'était de parler français avec l'accent de Paris. (Détraquée, la sono vole la voix, un instant, l'enfouit sous terre, puis la rend.) Des femmes qui arboraient de magnifiques chevelures d'ébène rêvaient de devenir blondes. Pour imiter les Occidentaux, on pelait les oranges en poussant le couteau devant soi, non en sens inverse, comme le faisaient nos parents. Mais la chape de plomb coloniale qui bouchait le ciel azuré a sauté. Du moins, au Nord. Frères du Sud, que la sagesse de Bouddha vous inspire et aiguise votre courage afin de vous inciter à combattre comme nous l'avons fait et à bouter l'étranger hors du Viêt Nam.

Voilà qui est bien dit, remarque quelqu'un, derrière, en ruminant sa gomme à mâcher.

Euh ! tout ça, c'est du baratin (son voisin), faut voir comment ils vivent, là-haut, à présent, ils n'ont rien à bouffer et ils ne peuvent pas aller pisser sans en demander la permission au commissaire politique.

Im caí mồm ! Ta gueule !

Manh sort de la salle, un bourdon dans les oreilles et une fille à ses côtés. Dans le métro bondé, il en profite pour se coller à elle et ils descendent à la même station, Anvers. Minh est de Hanoi et pleure sa ville. Ses parents l'on emportée dans un panier quand les *bộ đội* sont entrés, et ils oublié d'emporter son cœur. A chaque minute, elle se retourne vers sa ville natale en rejetant ses longs cheveux en arrière, agacée, comme si on lui avait imposé une perruque. Sa chambre est une boîte de poupée. On a du mal à y tenir à deux. Pour ce qu'il y a à y faire, il n'y a pas besoin d'une place excessive. Minh est jolie et le sait trop. Quand elle le dévisage, elle prend ses yeux pour un face-à-main. Nue, elle le déçoit. Finalement, juge-t-il, comme beaucoup de produits de consommation, elle est plus appétissante empaquetée. Il ferme les paupières et en imagine une autre tandis qu'elle balance ses principes aussi vite qu'un collant troué. Avec elle, il a plaisir à retrouver les minauderies de chatte et le poids d'oiseau de ces premières amoureuses, de ces femmes-fleurs aux épaules et aux hanches étroites, aux seins inexistants et aux gestes d'une grâce équivoque. A retrouver son pays d'une aussi délicieuse façon. Non que Catherine souffre de la comparaison – elle a des attraits difficiles à égaler —, mais n'y a-t-il pas meilleur poivre que le changement pour relever le menu habituel ?

Dis, Grand Frère, si je retournais au Viêt Nam, tu me suivrais ? Minh traîne sa nostalgie, comme une jonque en traîne une autre.

Bien sûr, Petite Sœur.

Péché du soir, repentir du matin. Pensée : le Viêt Nam est si fort qu'il parvient à me rattraper par le seul contentement de mes sens.

Une seconde virée à Nice lui laisse un goût d'aloès dans la bouche. Catherine est devenue différente. Premier indice : il l'a cherchée vainement à l'arrivée du Train Bleu. L'été a commencé et c'est la raison. Elle a peine à se lever, le matin, et lui à la reconnaître, tant le soleil a peint sa peau et décoloré ses cheveux. Virevolte maintenant autour d'elle un monde de dandies et de snobinettes dont l'occupation est de briller dans les salons après avoir grillé sur les galets, comme des merguez. Manh ne l'a plus pour lui seul et il n'est pas du genre partageur. Il délaisse les balades en bateau et les baignades en troupe. D'autant qu'il rechigne à se montrer en maillot de bain. A montrer son physique un peu trop malingre, selon lui, et sa pilosité déficiente. Complexe dont Colette n'a jamais pu le guérir malgré tous ses témoignages de satisfaction. A la fin, il réussit à l'enlever à sa bande et se met à imaginer qu'elle est toujours la même. Il fait alors le bilan de ses contrariétés et de ses réjouissances, trace un trait dessous et conclut : Bon, assez de jérémiades, vivons.

Mais quelque chose a cassé chez elle au point qu'elle invente à présent nombre de raisons pour le décourager à monter dans sa chambre. Elle joue avec son cœur, comme un jongleur avec ses anneaux. Un soir, au marché aux fleurs, dans un restaurant où ils dégustent un poisson frit, elle soupçonne un brin de moquerie chez certains de ses amis attablés non loin d'eux. Et aussitôt pense avoir deviné le fin mot de l'histoire. Pense être le point de mire. Pas de doute, ils se foutent de ma tête de Viêt, de mes cheveux raides, de mes yeux en chas de passe-lacet, de ma peau mate fuyant le bronzage. Me prennent pour un gargotier chinois du 13ᵉ arrondissement. Regarde-les. On se croirait au Cercle sportif de Saigon quand les premiers d'entre nous commençaient à s'y risquer. Voilà le venin que ces gens ont instillé dans les veines de Catherine. Comment a-t-il pu supposer aussi longtemps qu'on n'attachait pas d'importance à sa dissemblance ? Ou du moins que l'on n'en attachait plus. Car dans les premiers temps, il n'entendait et ne voyait que cela, que ricanements et qu'ironie sur les visages. Jusqu'au moment où il a compris que ce n'était que fabulation de sa part.

Dans le wagon-lit qui le ramène à Paris, sur la couchette trépidante, des heures à chercher le sommeil. Longs déchirements de soie des trains qui croisent le sien, bruits de roues qui cafouillent, de pieds qui s'emmêlent au passage des aiguillages, et brouhaha infernal de ses pensées. Ah ! cette lutte éternelle de l'homme et de la femme qui ne laisse que plaies et bosses. *Trời ơi !* Ciel ! il faut que je m'occupe l'esprit au plus vite si je ne veux pas voir l'esprit malin le faire à ma place. Et il finit par s'endormir dans les bras de Minh imaginée. Dans son odeur de cannelle et d'huile d'embrocation, celle des petites masseuses de Saigon. Et avec les mots lointains de son vieil oncle instillés dans l'oreille : L'oiseau a son nid, le renard son terrier. L'homme a son pays, son village. Comment les abandonner ?

Elle l'attendait. Depuis trois jours, dans un petit hôtel, non loin du parc Monceau. Téléphonant sans répit au docteur Pugeaud qui n'eût pu lui expliquer où il était parti et quand il reviendrait. Et le voilà de retour, ce matin, alors qu'inquiète de son sort, elle a décidé de faire antichambre chez le gentil médecin en ce lundi où logiquement il devrait reprendre ses cours. Hồng. Tunique à fleurs, sac à main blanc trop volumineux pour sa petite personne, pour ses mains si fines, et si peu à la mode, détonnant si loin de son pays ensoleillé.

Petite Sœur, si j'avais su !

Je viens te chercher. Père va au plus mal, on a besoin de toi à la maison. J'ai pensé que tu comprendrais mieux où en sont les choses si j'allais te les exposer à Paris. Au téléphone, on n'a pas le temps de se parler. Puis Père m'a demandé d'emmener des fonds et des bijoux afin de les mettre en sûreté, ici, à la banque.

Alors, elle parle de la situation à Saigon, lance sa voix de gamine en l'air, ses paroles chantées aux allures de comptine malgré les tourments dont elles sont chargées. Père toujours à l'hôpital, médecins aux cent coups. Tu connais le professeur Couvain, un grand bonhomme, quelqu'un de confiance, eh bien ! il m'a avoué... Elle n'a pas terminé sa phrase. Et elle parle de sa mère. Santé de fer, mais dépressive. Plus rien ne l'intéresse. Plus faim, plus soif. Plus guère sa tête à elle. L'autre jour, par exemple, si tu savais ce qu'elle nous a fait... Elle ne recouvre sa lucidité que pour se préoccuper de toi. Son obsession : Où est Manh ? Pourquoi n'est-il pas là ? Quand rentre-t-il ? Il est mort comme son frère est mort et on me le cache... Et sa femme ? Elle s'imagine que tu es déjà marié avec Hélène. A ce propos, il faut que je te dise aussi... Et Hồng parle non d'Hélène, mais de Thu, sa mère. Qui multiplie ses visites intempestives depuis l'hospitalisation du maître de maison. Avec les mêmes questions : Ne devrait-il pas être déjà rentré ? Et ce stage, le suit-il vraiment ? Et ce mariage, quand en fixons-nous la date ? Thu d'autant plus intéressée par Manh qu'elle flaire une prochaine succession...

Il voit rouge : *Tham lam !* Rapace !

Mais Hồng n'a pas tout rapporté : Tu te souviens sûrement de Khê, le fils de Thành Phố. Eh bien ! figure-toi que j'ai eu vent... Et elle lui raconte que trépignant à l'idée que Manh n'épouserait pas sa fille, Thu s'est retournée vers Thành Phô, propriétaire des grands magasins Charner. Et que devant l'indifférence de son fils pour Hélène, elle a inventé... Tu ne devineras jamais. Elle a demandé à Binh, son *thầy phù thũy*, moyennant un paquet de piastres, bien entendu, d'ensorceler la mère de ce garçon le plus rapidement possible. De profiter des parties d'échecs qu'elle dispute chez lui avec cette femme pour la convaincre peu à peu par hypnose d'empêcher tout mariage de son fils qui ne soit pas avec Hélène. Je ne sais pas comment il s'y est pris, mais en tout cas, la mère de Khê ne jure plus que par Hélène. Ça ne doit pas être pour ton déplaisir, Grand Frère...

Il rirait aux éclats s'il n'y a avait cette nouvelle concernant son père. Que faire d'autre que de rentrer au pays sans tarder ? Son devoir filial le lui commande. Mais il reviendra en France. Pour obtenir son certificat. Et pour Catherine ? Peut-être aussi. Mais si son père meurt, ne sera-t-il pas obligé de le remplacer, rue Chasseloup-Laubat ? Thu, sa bouche tombante, ses yeux sans paupières, ses yeux de rapace qu'il voit frire de joie à son retour. Son oncle encore, dans son oreille, au bord du Mékong : Le maître absent, les poulets vident la marmite de crevettes.

Hồng avec lui dans une agence de voyages : Je te l'accorde, Grand Frère, la vie est bien compliquée. Sais-tu que l'on a appris que Quang est devenu un homme important chez les communistes ?

Et Manh, pensif, son billet d'avion entre les mains : Au moins, lui, il est heureux, il se bat pour ses idées. Même si c'est un mauvais combat, il y engage tout ce qu'il a de bien. J'aurais dû l'imiter, entrer dans l'armée, devenir officier et venger mon frère. Alors que je ne suis qu'un déserteur, un apostat qui a tout abandonné : idéal, patrie, famille. Pour une femme qui ne vaut pas une seule ligature de zinc, dirait Giàu.

A minuit, Hélène luttait toujours contre le besoin de bâiller et de fermer les yeux, assez fâchée, mais le dissimulant, par la tournure que la soirée d'anniversaire avait prise. On dansait ferme aux Tilleuls. Seuls les Phú Càt et les Lepelletier résistaient encore à la fatigue des jambes et des tympans. Les autres s'étaient éclipsés, laissant derrière eux leurs enfants les plus âgés. La fête ne paraissait pas vouloir s'arrêter. Sur son tourne-disque, comme un chasseur enfourne cartouche sur cartouche, Hugues enchaînait succès sur succès, et les amplificateurs ébranlaient jusqu'aux poitrines. Mais tout à coup, brusque embellie après un gros temps, une musique douce, genre slow, se mit à cheminer avec une lenteur de marigot le long d'une rizière. Alors, rentrant leurs griffes, les lionceaux se firent agneaux et les tigresses biches énamourées. Et Hélène n'eut plus envie de dormir du tout et se demanda sur qui d'abord passer sa colère. Sur son mari ou sur sa fille. Le premier avec Liliane Lepelletier, la seconde avec son fils, François. Car il lui sembla que tous les deux éprouvaient l'égal plaisir malicieux de la provoquer. Rien pourtant dans leur attitude ne transgressait les convenances. Peut-être dansaient-ils un peu serrés, mais avec ce rythme, comment faire autrement ? Plus émoustillé par ses nombreuses libations qu'il ne l'avait jamais été, Manh revivait, lui, contre ce corps parfumé, dans un tel remous langoureux, le voyage interrompu de sa folle jeunesse. Voyage que Colette, elle, rêvait d'accomplir avec l'intransigeance de son âge, même si fidèle au respect traditionnel envers les parents, elle s'interdisait de succomber à l'affrontement.

Vers une heure du matin, on se sépara enfin. Quand, délicieusement épuisée, Colette entra dans sa chambre, elle découvrit la lampe en opaline verte. Un chemisier brodé à la main l'accompagnait. Car Thu avait tenu malgré tout à observer la coutume vietnamienne de s'offrir des cadeaux. Branchée aussitôt, la lampe répandit sur son lit une radieuse lumière d'été.

6.

Pierre Lepelletier. On est lui, avec son excitation, ses rires. On a comme lui des valises aux pieds et un billet d'avion pour le Viêt Nam dans la poche. Et l'on s'en va. Embrassades, recommandations. Les portières claquent comme les voiles d'un beau voilier. Adieu. La voiture quitte la voie privée, s'éloigne dans l'avenue de l'Impératrice-Joséphine. La main ne flotte plus, joyeuse, à la fenêtre. C'est fini, on est parti. Et l'on se retrouve là, immobile et un peu triste, comme si, au dernier moment, l'on avait oublié d'embarquer. Manh a chargé Pierre d'une lettre et d'une centaine de dollars pour Đức, un de ses cousins qui ne s'est jamais décidé à quitter le Viêt Nam après ses trois ans de « rééducation ». Le pauvre. Quand il est rentré chez lui, un autre homme était dans son lit. Mais comme on lui a assuré que nombre de ses camarades d'infortune avaient connu la même épreuve, il en a pris son parti. Ancien capitaine d'infanterie, il répare aujourd'hui les vélos dans la rue. Rustines et pompe à pied. Le beau-frère de Đức n'est pas mieux loti. Pareillement puni pour avoir travaillé dans un ministère, il n'a plus pour vivre qu'un pèse-personne. Assis devant, sur le trottoir, il attend que le client veuille bien monter dessus. Manh voit souvent ces deux hommes en serrant les poings. Voit souvent Lan libéré et subissant pareille déchéance.

« Comptez sur moi », lui a lancé, une fois de plus, Pierre Lepelletier, au sujet de son frère, vitre baissée, juste avant de démarrer. Et ces paroles sont restées derrière lui alors que sa voiture était déjà au bout de la rue. La saveur d'un mets reste ainsi sur les papilles. Mais quelle espérance ? A-t-on déjà vu Hanoi oublier sa haine pour exaucer les vœux d'un frère inconsolable ? Hồng ne nourrit pas plus d'illusions sur ce que Pierre Lepelletier pourrait faire pour Quang. D'autant qu'elle les sait plus cruels encore envers ceux qui crachent dans le plat après y avoir largement goûté. Plus facile sera pour Pierre d'aller se rendre compte de ce qu'est devenue la propriété de la rue Chasseloup-Laubat. Il paraît qu'un comité ouvrier y a élu domicile. Que l'énorme banian aux racines aériennes parmi lesquelles Manh, son frère et sa sœur jouaient, enfants, a été abattu sans pitié. La haine va-t-elle jusqu'à s'en prendre aux arbres ? Que le pagodon aux offrandes consacré au génie tutélaire et perché sur sa colonne devant l'habitation n'a pas eu plus de chance. Mais que le lilas du Japon qu'affectionnait Hồng a été épargné, peut-être parce qu'il sert d'étendoir pour le séchage du linge. On a appris en outre que la pelouse où l'on aimait voir sauter les merles chapardeurs et se vautrer les chats de passage est maintenant un jardin potager où poussent taro, manioc, igname, navets blancs et aubergines. Et que la haie des hibiscus s'est vue écrasée en partie sous les roues d'un camion un peu trop pressé. Autant de lamentables choses que Chi Ba a racontées, un jour, dans une lettre, avant de disparaître soudainement. Chi Ba, sa serviette de toilette enroulée « en bec d'aigle », autour de la tête, son ventre en avant dans son *aó bà ba*, son chemisier blanc à pressions, et son *caí quần* noir pendant sur ses claquettes en bois. Est-elle malade, n'est-elle plus ? Cela également le voyageur essaiera de le tirer au clair.

« Je prendrai des photos, a-t-il promis en plus, et j'enregistrerai la voix de Chi Ba et de Phát, votre ancien jardinier, si je les retrouve.

— Il y a aussi Kim, notre lingère », ajouta Manh en se souvenant de la fois où Catherine est venue la chercher parce que le père de cette jeune fille, cuisinier chez les Verger, était tombé malade. De cet instant où tout a commencé entre le fils du professeur de médecine et la fille de l'ancien magistrat français.

Personne n'aurait demandé à Lepelletier d'aller au cimetière, et grand fut l'étonnement quand il se proposa lui-même de rendre visite aux tombes familiales, en pleine nature, près de Long Xuyên. En espérant que les autorités lui permettraient d'accéder à cet endroit. Et grande fut la gratitude de Manh quand il entendit cette proposition. Moins grande sa surprise d'apprendre que Colette était à l'origine de l'initiative. C'est du reste à cette occasion qu'il a pris conscience de l'intimité qui s'est établie entre elle, sa tante et son grand-oncle. Qu'il a eu vent des longues conversations qui ont lieu, certains soirs, dans leur chambre, à propos du Viêt Nam. Et surtout des rencontres improvisées chez les Lepelletier, où François se montre le plus avide à être initié. A tel point que, décidé à se diriger vers la carrière diplomatique, il a entrepris de se mettre à l'étude du vietnamien. D'où l'engouement subit de Colette pour cette langue alors qu'elle la boudait avec obstination, au grand dam et à l'irritation de sa mère et de sa grand-mère.

Devant tant d'affection déclarée pour le Viêt Nam, quel cœur vietnamien ne fondrait-il pas ? Celui de Manh est comme celui des autres, à la différence qu'il appartient au père d'une jeune fille de dix-huit ans courtisée par un jeune Français et que ce père continue à chevaucher des principes qui en surprendraient peut-être beaucoup. Des principes certainement plus accommodants que ceux de sa femme et de sa belle-mère, mais qui n'en n'existent pas moins. Ainsi a-t-il agi de telle sorte que Colette ne parte pas aux sports d'hiver avec toute une bande d'amis, sachant que François Lepelletier était du nombre. En l'emmenant au même moment, avec son frère, à Saint-Tropez, sur l'invitation des Phú Càt qui possèdent à cet endroit une « superbe propriété » surplombant la mer. Invitation que sa femme – il l'ignorait – avait secrètement inspirée. Colette se contenta donc de longues parties de tennis et d'échecs avec Hugues et Antoine Phú Càt, sous l'œil palpitant d'Hélène qui prenait pour argent comptant ses rêves d'épousailles à la vietnamienne. Obéissante comme on doit l'être par tradition, elle se garda de montrer son amertume à ses parents. Tout au long de son court séjour sous les pins parasols de leurs riches amis, son sourire demeura imprimé comme sur une image. Indice suffisant pour qu'Hélène se persuade qu'elle commençait à trouver agréable la compagnie du jeune boutonneux avec lequel elle la voyait déjà fiancée. Au téléphone, informée quotidiennement par sa fille, Thu ne put retenir son exaltation. La lampe magique opérait. Elle alla aussitôt en annoncer la nouvelle à son médium qui en profita pour lui extorquer une somme d'argent supplémentaire, de quoi, lui expliqua-t-il, garnir d'offrandes pour un certain temps l'autel dédié à Núi Bà Đen, la Vierge noire de Tây Ninh. Une pareille cagnotte qui allait prendre le chemin des airs, le lendemain, ne pouvait que décider la sainte à encourager le génie Thần Đèn résidant dans la lampe en opaline à mettre les bouchées doubles. Mais au retour de Saint-Tropez, Thu dut se rendre à l'évidence. Mauvaise tête, l'esprit renâclait à l'ouvrage. Peut-être l'avait-on contrarié ? Colette s'était moquée d'Antoine Phú Càt, devant elle, au cours d'une conversation avec son frère, et des mots blessants avaient jailli avec des rires. Manifestement, cette lampe ne remplissait pas son office. Thu se résolut alors à aller y regarder de plus près. Pendant une absence de sa petite-fille, cœur battant, elle se glissa dans sa chambre. La lampe était bien sur la table de chevet, mais sous la poussière. Pas besoin de chercher plus loin. Le génie manifestait son mécontentement. Qui n'eût pas eu une réaction semblable devant une telle négligence ? Elle se promit donc de demander à sa fille de veiller à ce que Colette passe un peu plus souvent le plumeau dans sa chambre.

Jour de l'An. Depuis quelques années, la famille sacrifie aux habitudes occidentales. Sans enthousiasme excessif. La vraie fête du renouveau demeure le Tết, dans un mois. La période où l'Au-delà est le plus proche des hommes, où l'on entre en communion avec le surnaturel. Le jour de l'An est la fête française. Par respect envers le pays qui vous accueille, on doit donc y prendre part. On célèbre tout autant Noël et le 14 Juillet. Par respect et solidarité. Afin de démontrer aux Français qui vous entourent que l'on est sur le même sampan et que l'on rame ensemble. L'année dernière, les rapports avec les Lepelletier étaient moins étroits qu'aujourd'hui. Aussi chacun était resté chez soi. On avait borné les échanges de souhaits à un simple coup de fil. Aujourd'hui, impossible de s'en tenir là. Surtout que Liliane Lepelletier se retrouve seule.

« Peut-être pourrions-nous l'inviter avec ses enfants ? » suggère alors Hồng, de sa petite voix de fée.

Giàu appuie : « Voilà une bonne idée. Nous sommes toujours fourrés chez eux, cela ne serait qu'un prêté pour un rendu. » La barbiche se fige dans l'expectative. Colette murée, comme sa mère. On attend la décision du chef de famille. Qui vient enfin.

« D'accord, tranche Manh qui a senti la chaleur de l'amitié le prendre en même temps que celle du feu rougeoyant dans la grande cheminée. S'il avait été là, Pierre nous aurait sûrement invités lui-même. »

Un instant après, Colette et sa tante roulent vers Paris, l'esprit surexcité, en quête de tous les ingrédients nécessaires au repas qu'elles vont préparer à cette occasion. De toutes ces viandes de porc, de volaille et de crevette que l'on va cuire à l'étouffée, bouillir, fricasser ou rôtir. Que l'on va hacher, piler ou simplement découper. Puis pimenter, poivrer, parfumer au gingembre, au coriandre, à la menthe sauvage. Pour ce repas qu'elles veulent exemplaire. Deux jours de travail assidu à la cuisine auquel Hélène s'oblige à participer parce qu'elle y règne quotidiennement, mais en accomplissant sa tâche avec mollesse. Elle regrette cette nouvelle rencontre qui ne peut, redoute-t-elle, que resserrer les liens davantage et aboutir à l'échéance qu'elle rejette. De son côté, Thu a prétexté un refroidissement afin de se dérober aux yeux de tous. Elle s'est enfermée dans sa chambre. Lèvres serrées (« comme si elle venait de croquer dans un carambole », dit Giàu quand il la surprend ainsi), elle ne décolère pas contre son mage, en espérant malgré tout l'événement fortuit qui couronnera ses efforts. Buvant force doses de thé au chrysanthème, un fortifiant souverain, et suçant du gingembre confit pour chasser ses aigreurs d'estomac, elle épie la moindre parole montant de la salle à manger. Bien que toujours couché le premier, parce que le premier levé, l'oncle, lui, n'a pas voulu manquer cette soirée. Vêtu d'un costume de velours noir que l'on ne lui voit qu'aux grandes occasions, il a tenu à recevoir ses invités aux côtés de son neveu. Sans que personne dans la maison ne lui ait jamais confié ses sentiments au sujet de l'idylle de sa nièce, il a compris depuis longtemps l'opposition qu'elle soulève. Et son vieux cœur de sage s'est mis à battre plus fort encore pour elle. Surtout quand il a commencé à mieux connaître le garçon pour qui elle brûle. Après l'avoir étudié au mieux avec sa discrétion coutumière. Et à Hồng, dont il a senti la même complaisance à l'égard des deux jeunes gens, il a soufflé, une fois, en signe d'entente complice : « Le feu près de la paille finit par l'enflammer. » A table, il est sûrement le plus disert. Trouvant sans cesse le sujet propre à relancer la conversation et amusant Liliane et son fils avec ses souvenirs d'enfance à la campagne. Parties de cerfs-volants en papier et en bambou, de la forme d'un poisson, d'une hirondelle, d'un banian ou d'un cache-sein. Rires. De cerfs-volants musicaux sur lesquels on ajuste un tube de bois percé qui lui donne le son d'un sifflet, d'une cloche ou d'un gong. Combats d'oiseaux, de poissons ou de grillons. Ou parties de balançoire qui vous permettent, plus grand, de nouer des relations avec d'agréables personnes. Rires. Et rires quand, à propos de balançoire, il va chercher, au XVIIIe siècle, la poétesse Hồ Xuân Hủởng, experte en vers grivois, pour chanter, avec elle, le garçon qui, « poussant ses genoux de grue, bande, bande ses reins » et la fille qui, « redressant son dos de guêpe, tend, tend son bassin ». Rires si intenses que, sans le montrer, Hélène s'offusque et décide soudain de se retirer dans la cuisine. Alors, Giàu ironise à propos des rites magiques qui ont encore cours dans les villages, railleries dont il se dispenserait si Thu était présente. Racontant, par exemple, comment, avec des amulettes de toutes sortes, on peut chasser les maladies, écarter les fantômes, se préserver des voleurs, s'enrichir, marcher sur le feu sans se brûler, terrifier quelqu'un, le faire souffrir dans ses parties sexuelles ou s'assurer d'un bonheur éternel.

« Que voulez-vous savoir de tout cela ? interroge-t-il à la cantonade.

— S'assurer d'un bonheur éternel. » (François Lepelletier, en s'empêchant de regarder Colette.)

Giàu a une moue d'impuissance. « Vous avez choisi ce qu'il y a de plus compliqué, car pour la fabrication de ce talisman, il faut se procurer les petits osselets que le tigre a sur les épaules, et ce n'est guère possible en France où ces animaux sont plutôt invisibles. Mieux vaut alors vous décrire comment on parvient à se débarrasser d'une femme qui vous ennuie... De votre belle-mère, par exemple, ajoute-t-il dans un filet de voix malicieux en montrant l'escalier des yeux. (Rires étouffés.) C'est très simple. Il suffit d'acheter du poivre chinois, du gingembre et de la poudre de haricot, toutes choses faciles à dénicher dans le 13e arrondissement. Vous mélangez ces produits et vous les flanquez à la figure de l'empoisonneuse. C'est radical. Cela l'oblige à relever sa robe, à la jeter sur sa tête et à s'enfuir à moitié nue. »

Rires de plus belle. Mais comme François semble regretter sa recette du bonheur, l'oncle en arrive à parler du bétel. De cette chique à la saveur brûlante, constituée d'une feuille de la plante en question, d'un fragment de noix d'arec et de chaux vive. A parler du bétel que l'on mâchouille environ un quart d'heure et dont on rejette le résidu ligneux, rouge sang, dans un crachoir. L'oncle se met à en parler parce qu'il est, selon la tradition vietnamienne, le meilleur porte-bonheur et qu'il accompagne l'homme pendant toute sa vie de son influx bienfaisant. Ainsi offre-t-on aux déités la noix et la feuille sur un plateau lors de la naissance d'un enfant, comme on l'offre lors de son passage de la porte du savoir ou de ses succès aux concours. Comme on l'offre à l'instant de la mort tandis qu'on place, dans la boîte qui le contient, l'âme de soie du défunt. Cette âme blanche qui participera ensuite, par le couvercle entrouvert, aux cérémonies en hommage aux ancêtres.

Timidement, Hồng fait remarquer de son côté qu'on l'offre également au moment du mariage. Très occupée par le service, par ses allées et venues à la cuisine, elle n'a guère fait entendre que son petit rire d'oiseau depuis le début du repas. Ce qui donne plus de poids à sa remarque. Un poids dont elle s'effraie un peu et dont elle essaie, par un sourire doux, d'atténuer les effets. Le vieil oncle confirme en lissant sa touffe de poils mentonniers, comme une douairière son collier de perles : « La chique de bétel est le symbole de la fidélité en amour. Aussi joue-t-elle un rôle particulièrement important dans les cérémonies du mariage. Pour une jeune fille, recevoir du bétel d'un garçon est considéré comme un engagement sérieux. » Et d'assurer avec un sourire de connivence que les qualités du bétel confinent parfois au surnaturel, car certains sorciers le préconisent comme un philtre d'amour. Qu'il suffit d'en faire mâcher à l'être désiré pour obtenir la réalisation de ses vœux. Que l'échange de chiques est le prélude à toute entreprise galante. Et que dans la chambre nuptiale, le jeune couple doit consommer cent chiques – il colore le mot « cent » d'une nuance de drôlerie – pour remercier les génies d'avoir bien voulu présider à cette union qui doit durer cent ans.

« Cent ans ? (Exclamation de François Lepelletier.)

— Pourquoi, demande Giàu, vous croyez cette estimation trop modeste ? »

Rires. Et rire forcé d'Hélène revenue à l'instant même de la cuisine avec un plateau couvert de crêpes molles cuites à la vapeur entourant riz gluant, confiture de sésame et pulpe de coco, le tout enveloppé d'une feuille de bananier. Et maintenant, accents mélodieux de Giàu traduisant les versets d'une chanson populaire, celle que l'amoureux chante à sa belle quand il lui offre une chique de bétel. Souhaitant que ce bétel puisse lui apporter richesse et bonheur, puisse lui inculquer des sentiments d'humanité et de loyauté. Unir et teindre de rouge vif, couleur de la passion, leur lien d'hyménée qui, de leur jeunesse à leur dernier jour, ne se fanera jamais. Giàu perdant soudain toute facétie dans le regard pour se souvenir encore de quelques vers de Hồ Xuân Hủỏng, sa poétesse préférée. D'un quatrain souvent récité par les jeunes gens nouvellement épris et qu'il a dû lui-même déclamer dans sa jeunesse, à considérer la façon dont ces mots résonnent, comme s'ils sortaient de la gorge d'un adolescent. Ces mots qui espèrent que leur union prendra la belle couleur vermeil de la chique de bétel, qu'elle ne restera pas verte comme la feuille et blanche comme la chaux.

Silence, curieux silence que celui que ce poème laisse derrière lui, comme s'il demandait que l'on en invente un autre. Silence dont se sert, tout à coup, avec une gaieté étonnante, sous sa cloche de verre, la pendule du salon. Pour annoncer que l'on entre dans l'an neuf. Minuit, déjà. On se lève aussitôt, on se regarde, les yeux brillants et enchantés. Ne vient-on pas, tous ensemble, de traverser un fleuve, émerveillés de se retrouver sur la rive opposée ? Alors, bousculant l'immobilité générale, Liliane Lepelletier s'écrie de nouveau :

« On s'embrasse ? »

Et chacun ouvre ses bras à son voisin. Contre toutes les règles établies qui veulent que l'on extériorise le moins possible ses sentiments. Qui exigent une réserve de bon aloi. Qui commande à la femme, plus particulièrement, des gestes posés, des airs de biche effarouchée et une lenteur de félin allant boire à la mare. On s'embrasse. Même Hồng, surmontant son excès de pudeur et de modestie maladives. Et même Hélène qui ne s'imaginait jamais devoir, un jour, prêter sa joue en public. Même elle, plus irritée encore à la vue de Colette, des libertés qu'elle prend avec les préceptes de son éducation. Colette demeurant plus longuement que permis, que souhaitable, la joue posée contre celle de François Lepelletier.

La fureur de Thu, le lendemain, quand elle apprend par sa fille ce dont elle se doutait. Ces embrassades qu'elle a facilement imaginées, l'oreille tendue jusqu'à la fin, porte de la chambre laissée entrebâillée, à l'affût des paroles, des rires et des silences. Sa fureur devant l'inefficacité de sa lampe magique, devant l'incompétence ou la roublardise de son mage.

Le lendemain. Non, le surlendemain de la Saint-Sylvestre. On est à la fin du dîner quand Hồng rentre de Paris. Toute en joie. L'a-t-on jamais vue ainsi ? On songe immédiatement à Quang. Elle a eu vent de sa libération, ou mieux, de son départ en exil. Non, signifie-t-elle du menton. Alors, quoi ? Elle est si émue qu'elle ne parvient pas à se faire comprendre. Si désireuse de tout dire à la fois que les mots sortent en désordre. Une cascade. A la fin, on saisit. Chi Ba, la brave Chi Ba de la rue Chasseloup-Laubat. En France ! Mais comment ? Le plus naturellement du monde. Par avion. Grâce à un arrangement international tout récent qui permet à certaines personnes de quitter le Viêt Nam officiellement à condition d'avoir été séparées d'une famille qui, à l'étranger, vous réclame et s'engage à vous héberger. Et à condition que le régime n'ait rien à vous reprocher et que vous soyez considéré comme improductif. Agé ou malade. Et à soixante-douze ans, Chi Ba n'est sûrement pas d'une santé florissante. Hồng assistait à une réunion chez Alain Vần quand un de ses voisins a laissé tomber une photo de son portefeuille en cherchant une adresse.

« La maison, articule Hồng, encore sous le coup. J'ai aperçu notre maison de Saigon ! Alors, je me suis penchée vers le sol et j'ai reconnu Chi Ba. Elle était photographiée devant, en grand. Et plus loin, derrière, assis dans un fauteuil, il y avait Père et Mère. Et à une fenêtre, à la fenêtre de la salle à manger, il y avait toi, Petit Frère. Lan était à tes côtés, sans lunettes.

— Tu n'étais pas dessus, questionne Manh ?

— C'est moi qui prenais la photo. Elle a l'air de la prendre à l'instant, l'œil fixe. Elle se souvient, ce jour-là, elle avait une robe bleue, toute neuve. Et voilà qu'elle va jouer dans le manguier et que l'idée lui vient de cueillir un fruit. Et voilà sa belle robe toute tachée. J'ai pris une de ces corrections ! Hi, hi, hi, hi ! Tu te rappelles l'odeur de la mangue quand il avait plu dessus ? Et quand on en écrasait avec la voiture ? »

L'homme à la photo, un ancien parachutiste évadé en bateau, est un des petits-cousins de Chi Ba. C'est chez lui qu'elle est descendue, il y a quelques jours. A Bagneux, dans un immeuble à loyer modéré. « Ce n'est pas grand, mais on se serre, a-t-il expliqué à Hồng, il faut bien s'entraider en famille, sinon, où irions-nous ? Nous n'avons déjà plus de patrie. » Cette photo, c'est Chi Ba qui la lui avait envoyée de Saigon afin qu'il la reconnaisse à l'aéroport. Comment aurait-il pu ? Elle date de si longtemps. Aussi ont-ils eu quelque mal à se rencontrer. Heureusement, les passagers vietnamiens n'étaient pas très nombreux.

Que pourrait-on faire pour elle ? se demande Manh. Son petit-cousin ne roule pas sur l'or. Serveur dans un restaurant. Comment lui porter secours ? se demande-t-il tout en dégustant l'une des mangues qu'Hélène vient justement de servir à la fin du dîner. Tout en respirant l'odeur de térébenthine de ce fruit qui lui fait penser à Chi Ba et à sa complicité. Aux fois où, en grand secret, elle allait en porter un panier, de sa part, aux parents de Catherine, de l'autre côté de la rue. Et aux messages qu'elle glissait à Catherine quand il n'était pas en mesure de se déplacer lui-même et qu'ils devaient modifier l'heure de leur rendez-vous.

Deux jours plus tard, il revient de Paris avec Chi Ba. Et avec sa valise. Et c'est comme si le soleil de Saigon entrait par toutes les fenêtres des Tilleuls, en ce jour gris et froid, avec tous les oiseaux de Chasseloup-Laubat, les tourterelles à ailes vertes et les corbeaux à collier blanc. Et comme si on entendait la bonne voix du passé sur le pas de la cuisine : « Les enfants, vos parents vous attendent pour le déjeuner. » La bonne voix qui criait toujours dans le désert. « Elle sera moins à l'étroit qu'à Bagneux », a estimé Manh avec l'air de vouloir s'excuser. A Bagneux, obligée de partager une chambre exiguë avec deux enfants. Sans pouvoir dormir. Avec toute la journée, sous sa fenêtre, le cimetière et le cortège attristé d'une douzaine de cyprès. Alors, Manh l'a convaincue de le suivre. Son petit-cousin ne l'en a pas découragée. Alors, aux Tilleuls, c'est l'euphorie. L'une s'occupe de la valise, l'autre du déjeuner. Car Chi Ba a faim. Non, non, se défend-elle, gênée de voir tout ce monde à son service, elle qui a été toute sa vie au service des autres. Si, si, il faut manger. Parce qu'elle n'a pas dû manger beaucoup, là-bas. Voyez ses joues, comme elles rentrent, la malheureuse, et ses dents. Et sa tunique usée, et ses mauvais souliers. Colette descend de sa chambre avec le nécessaire. Et dans la cuisine, on la regarde piocher dans son riz avec des yeux de mère attendrie. Mais où va-t-elle coucher ? C'est vrai, personne ne s'était posé la question. Sauf Hélène. Elle n'a pas vu surgir cette autre locataire sans déplaisir. Sa connivence avec son mari, elle le sait, est née de sa liaison avec sa rivale. Mais son respect de l'âge prévaut contre sa réserve. Elle se montre même très attentionnée. « En débarrassant la lingerie de ce qui n'y est pas indispensable, propose-t-elle, il y a largement la place pour mettre un lit et une armoire. »

Manh décide aussitôt : « Allons nous en rendre compte. » Peu après, on se met à l'ouvrage. Après que Hugues fut allé emprunter un instant Tabard aux voisins dont il est en train de repeindre le garage. Et Chi Ba s'installe dans son nouveau logis. Oh ! rien de bien luxueux. Situé au bout de l'aile gauche, près de la cuisine. Mais quel palais à côté de la cabane recouverte de fûts de pétrole aplatis où la pauvre femme s'était réfugiée après le départ de ses maîtres pour l'exil ! Et où va-t-elle prendre ses repas ? Sans que le sujet ait été l'objet d'un débat, Manh s'est déterminé avec l'assentiment tacite de tous. En priant Hélène de placer un couvert de plus sur la table de la salle à manger, entre le sien et celui de Colette. Ainsi l'exige la vénération que l'on doit aux gens d'âge sans distinction.

Et voici l'heure du dîner. Voici Chi Ba transformée en grande dame. Dans la tunique dont Hồng s'est privée pour elle. La tunique gris perle moirée comme les ailes d'un couroucou, l'hôte des profondes forêts indochinoises. Et dans les escarpins de satin broché que Colette a trouvés dans les affaires de sa mère. Et sur les épaules, ce châle. Voyons, où a-t-on déjà aperçu ce châle de soie lamée d'argent ? Mais à Saigon, pardi ! Le châle que Manh lui a offert le jour de son départ définitif du Viêt Nam. Qui avait appartenu à sa mère. C'est la gratitude qu'elle porte là, Chi Ba, pense-t-il, en même temps que le poids de nos souvenirs. Et la tristesse se mélange à son tranquille bien-être, comme du salé et du sucré. La tristesse que l'on ressent quand le bonheur vous reproche de ne pas avoir su le conserver. Chi Ba qui, pénétrant pour la première fois dans le salon, tient à se recueillir un instant devant l'autel des ancêtres.

Devant les photos des maîtres d'hier, du professeur Lê et de sa femme souriant dans leur fauteuil en rotin. Tient à les saluer dans leur au-delà avec sa baguette d'encens, tête hochante et yeux fermés. Puis rajustant son châle d'un geste lent et précautionneux, elle va s'asseoir, timide comme une jeune fiancée chez ses futurs beaux-parents, à la place qu'on lui désigne. Alors, regard sur elle, Manh refait le voyage des jours anciens, se laisse de nouveau happer par cette trappe dans laquelle vous attire et vous capture, comme une bête sauvage, la vie que l'on croit révolue. Une chute interminable dans un gouffre de lumière dont on remonte souvent hagard et parfois aveugle. Il sort de la faculté de médecine en scooter et bute sur Chi Ba, tout près de chez lui. Affolée. Elle allait à sa rencontre. Et elle prononce le nom de Catherine, de Catherine, de Catherine, seul mot compréhensible dans le galimatias qu'elle débite sans pouvoir s'arrêter. Catherine ! Mais qu'a-t-elle ? Pourquoi cette angoisse ? Et il distingue maintenant le mot enfant, bébé. Catherine aurait-elle un bébé ? Eclair de peur dans son crâne, incendie qui meurt tout aussitôt étouffé par la dérision. Allons ! Si Catherine était enceinte, il le saurait. Mais si elle venait seulement de s'en rendre compte elle-même et que, terrifiée, elle avait appelé Chi Ba à son secours ? Il fait monter la bonne derrière lui et elle l'entraîne loin, dans un quartier excentrique, une ruelle bordée de cagnas misérables. Et entrant à sa suite dans une de ces baraques branlantes et obscures découvre Catherine. Au chevet d'une jeune femme qui se tord de douleur, plutôt une toute jeune fille, une adolescente comme on les fait au Viêt Nam, avec des yeux de chaton, un petit menton rond et une natte lustrée à l'huile de coco, lovée sur sa paillasse, pareille à un orvet dans l'herbe. Xuân, la boyesse des Verger, est l'une des nièces de Chi Ba. En train d'accoucher à la lueur d'une mauvaise lampe à huile. Vite, Manh exécute les gestes appris, il y a tout juste huit jours, à l'hôpital. Aide Xuân à donner naissance à une petite fille. Et quand tout est terminé, la joie éclate au milieu de la pauvreté. Joie de Catherine montrant son bébé à la jeune mère et de Chi Ba rassérénée. Et après coup, l'inquiétude. Xuân est fille mère et cet enfant un accident fâcheux. Un accident que l'on doit cacher à tout prix aux Verger si l'on ne veut pas qu'ils la chassent impitoyablement de chez eux. Et cacher à ses propres parents, des gens de sac et de corde, qui pourraient saisir le nouveau-né pour le vendre à des étrangers.

Manh se rappelle ce jour en regardant Chi Ba manger. Ce jour où elle décrit tous les périls que court sa nièce. Dans la cabane, il revoit alors son visage perdre son éclat, son front s'endeuiller comme si une chauve-souris venait de contrarier le faible éclairage de ses ailes déployées. Et plus tard son alarme quand on décide d'attribuer un nom à cet enfant qui n'en a pas alors qu'il a déjà un mois. Ngoc, a choisi Catherine en accord avec sa mère. Perle, un nom qui plaît pareillement à l'accoucheur bénévole. Mais Chi Ba lève les bras au ciel. Que n'avait-on pas inventé là ? Ne sait-on pas que tout nom ressemblant à une louange met la vie de l'enfant en danger ? Que des esprits grillant de jalousie risquent de se précipiter sur lui pour lui voler son âme ? Et Manh se revoit lui-même en train de se retenir de rire devant l'étonnement de Catherine, balai à la main. Ce beau balai en paille de riz qu'elle a offert à l'accouchée et auquel Chi Ba vient d'arracher trois brins d'un air courroucé en récitant des mots incompréhensibles. Et son fou rire, le lendemain, quand il lui explique qu'elle a voulu ainsi brûler l'esprit vital de Catherine, brûler son foie et brûler ses entrailles pour avoir dépossédé cet enfant de ses dons en le baptisant d'un nom précieux.

Ngoc, notre enfant, articule maintenant Catherine. Grâce à ses économies et à celles de Manh, ils l'ont placée chez une bonne femme, amie de Chi Ba, derrière le Jardin botanique, le plus près possible de la rue Chasseloup-Laubat, afin que sa mère puisse reprendre son travail chez les Verger. Et ils viennent la visiter à la dérobée chaque fois qu'ils en ont le loisir. Plaisir secret de Manh. Et ce jour qui resurgit aussi de lui, de son fond, avec un égal plaisir, ce jour où il se met à rire devant le mouvement de colère qui vient de saisir Catherine. Où, ayant offert un boléro à l'enfant, elle voit qu'un chien introduit par Chi Ba dans la pièce a ce vêtement sur le dos. Non un de ces fiérots pointus de la queue et du museau qui mordillent à tout instant les jarrets des cyclos, ni l'un de ces clébards bien portants qui n'ont jamais assez de la nuit pour faire entendre leur chant d'amour ou de guerre, mais un pauvre corniaud tout décharné, un sac à puces et à gale, l'œil chassieux et piteux. Catherine crie au fou et se jette sur l'animal pour récupérer son bien. Quand Manh l'arrête et élucide encore l'une de ces drôles de choses. Que l'on n'habille jamais un enfant d'un vêtement neuf sans en avoir affublé le chien le plus sale et le plus efflanqué que l'on trouve, cela afin d'écarter une fois de plus les génies bavant de jalousie. Si le mal survient malgré tout, le chien qui est sur l'enfant le dévore, confère à l'enfant une sorte d'immunité. Autrement dit, la pureté de l'animal garantit la pureté de l'enfant. De la même façon, a-t-on rapporté à Manh, certains soldats portent sur eux un foulard, une chemise recueillie sur un cadavre. La mort peut arriver, elle se casse les dents sur ces effets indéchirables.

Catherine aurait voulu emmener Ngoc avec elle, en France, sans avouer à ses parents de qui elle était la fille. La mère de Ngoc était d'accord, mais pas la sienne. Elle ne voulait rien rapporter de ce pays qui, répétait-elle, avait tant haï son procureur de mari et dont un garçon avait dérobé le cœur de son unique enfant. Qui sait si cette petite fille n'aurait pu être ce qui manqua plus tard à leur amour pour survivre ?

« Et aujourd'hui, Tante (c'est ainsi que Manh appelle sa vieille bonne en raison de son âge), que sont devenues Ngoc et sa mère ?

— Je ne sais pas, répond-elle. (Mais peut-être désire-t-elle éviter tout chagrin à Manh. Peut-être Xûan a-t-elle mal tourné. N'est-ce pas ce qu'il devine dans ce qu'elle garde pour elle ?) Après un instant : Je crois qu'elle a vécu pendant un temps avec un soldat américain. Quant à Ngoc... Sa main ridée et déformée flotte au bout de son poignet comme la tête d'une poupée désarticulée. Ensuite, sur un ton différent, celui d'un bon vieux médecin de famille, avec la hardiesse que lui confère sa qualité d'ancienne mère nourricière : Tu as revu Catherine ?

— Non, jamais.

— Tu as essayé de la revoir ?

— Non. Un jour, à Nice, il y a quatre ou cinq ans, j'ai cru la reconnaître sur la promenade des Anglais. De loin, son visage, sa silhouette, tout me la rendait. Mais au moment où elle s'approchait et où j'aurais pu la croiser, un groupe de coureurs à pied s'est interposé et me l'a cachée. »

Confesser à Chi Ba que l'envie le poussait de la rattraper ? Seul à Nice, ce jour-là, participant à un congrès, il avait tout loisir de disposer de son temps et se sentait assuré de l'impunité. Mais la raison l'a retenu. Une poigne de fer. Avec cette question : Crois-tu que tu aies besoin de te compliquer la vie à ton âge ? Et avec la peur de provoquer un conflit dans son ménage. Car après tant d'années de mariage, si l'édifice se montrait solide, il ne demeurait pas moins quelques fissures qu'un choc aurait pu agrandir. Et puis Hélène a beau être imprégnée de culture confucéenne, elle n'est pas prête à accepter aussi facilement que d'autres que son mari devienne un *đa thê*, un homme à plusieurs femmes, même si elle est assurée de conserver sa légitimité. C'est pourquoi elle nourrit aujourd'hui – c'est visible – une certaine inquiétude à cause de Liliane Lepelletier. Sa façon de s'habiller court, ses formes enveloppées, ce parfum qui rappelle à Manh tant d'agréables moments avec Catherine... Non, Hélène peut continuer à savourer la tranquillité de son foyer. Sans se prétendre un parangon de fidélité, il ne se souvient pas d'avoir cherché à obtenir quelque faveur d'une inconnue depuis son mariage. Il en aurait été tout autrement si le destin ne l'avait congédié de chez lui. Avec cette tradition de la concubine observée, là-bas, par tout mari comme une sorte de devoir. Cette manie de se vanter du nombre de ses lits, comme le faisait du nombre de ses défenses un chasseur d'éléphants sauvages. Sept ! clamait un ami de son père. Il mourut d'ailleurs dans les bras d'une huitième, épuisé. L'empereur Tủ Đức n'entretenait-il pas cent quatre femmes et autant de concubines ? Le père de Manh ne s'en privait pas non plus, ni le père d'Hélène. Allant jusqu'à construire une maisonnette au fond de son jardin afin d'avoir à toute heure, sous la main, de quoi contenter ses désirs.

Manh s'entrevoit dans le miroir que Hồng a accroché pour Chi Ba au mur de l'ancienne lingerie. L'âge est là. Il l'a vu arriver ce matin en apercevant des traces de craie sur ses « pattes ». Mais cela ne l'empêche pas de ressentir un perfide plaisir à chaque fois qu'il se compare à quelque ami du même âge. Car Chi Ba le lui a confirmé quand elle l'a redécouvert aux Tilleuls : il n'a rien perdu de son pouvoir de séduction. Voyez-vous cela ! Ce sont pourtant ses mots exacts. Sans doute n'aurait-il pas à déployer de grands efforts pour plaire à l'une des six ou sept élégantes qu'il voit de temps en temps papillonner dans la communauté, les jours de fête. Il y a aussi les Françaises, mais curieusement, il éprouve toujours avec elles, en dépit de son expérience avec Catherine, un sentiment irraisonné de prévention. Beaucoup d'entre elles, suppose-t-il d'ailleurs, nourrissent des préjugés semblables à son égard. Opinion partagée par plusieurs de ses confrères vietnamiens. Pour si compétents, si adroits et si consciencieux qu'elles les considèrent dans leur art, elles les devinent sans doute moins experts en d'autres domaines. Leur taille modeste, l'étroitesse de leur carrure leur confèrent, estiment-elles peut-être, une apparence de fragilité qui nuit à la virilité qu'elles réclament. Mais, se console-t-il sans modestie, l'immuabilité de notre jeunesse est telle qu'on ne sait jamais nous donner d'âge.

C'est ce qui plaît à Catherine. Il l'entend le lui couler dans l'oreille, à Nice, alors que, sens apaisés, face au ciel d'été, il admire, par la lucarne éclairant la toiture, les rais que font sur le bleu nuit, comme avec la pointe d'un diamant, les étoiles filantes. Alors que, nez contre le hublot de l'avion, il regarde à l'instant la nuit descendre sur le Bosphore et les premières lumières des hommes essayer de battre de vitesse celles du firmament. Hồng dort sur le siège à côté. Comment ne l'aurait-il pas suivie ? On ne laisse pas un père mourir dans la solitude. Derrière lui, tout se dilue dans le bruit diffus des réacteurs, tout s'efface, la France, son stage d'endocrinologie et Catherine. Reverra-t-il tout cela un jour ?

Loin le temps ou Tân Sân Nhut était un paisible aéroport de province somnolant sous le soleil. L'Amérique est là, pullulante et remuante, avec ses uniformes et ses impedimenta de riche. Loin la guerre civile à la petite semaine pour la piétaille en godillots, les blessés abandonnés à leur sort dans la rizière, faute de pouvoir les évacuer. Le spectacle est hollywoodien. Un hélicoptère s'envole pour un petit doigt qui saigne et l'on ne meurt plus anonyme, sans cérémonie, mais sous l'œil de dix caméras et de millions de voyeurs. Manh et Hồng ont du mal à se frayer un passage au milieu de cette faune au poil ras, couleur paille, aux grandes dents et à la corpulence écrasante. Au milieu des sacs marins et des valises en toile kaki. Haut-parleurs nasillant comme à Chicago, odeur de tabac virginien, de chewing-gum et d'after-shave. Hélène et son père, Tùng, les attendent derrière la barrière de casquettes qui filtre les passagers. Hélène si heureuse de revoir Manh, mais si soucieuse de ne pas trop le montrer. Sa mère, grâce au Ciel, n'est pas là. Autant Manh aime Tùng, cet être simple et bon qu'un rien fait rire et dont la tête descend rarement des nuages, autant sa femme lui a toujours inspiré de l'aversion. Comment un botaniste de cette expérience a-t-il fait pour se laisser embobiner par un spécimen aussi vénéneux ? Tùng a profité de ce saut à l'aéroport pour prendre livraison d'un plant de mangoustanier débarqué tout droit des Philippines, et cet arbuste occupe une telle place dans le coffre arrière que l'on a de la peine à y loger les bagages du voyageur.

Il explique avec gourmandise : Ce *Garcinia Mangostana* va rajeunir le bosquet né des quelques sujets qu'avait importés en son temps Mgr Pigneau de Béhaine, des îles de la Sonde, et j'en suis fort heureux.

Eternel rêveur ! s'exclame Manh pour lui-même. Les hommes d'ici ne pensent qu'à s'étriper, qu'à inventer mille choses pour y parvenir, et lui n'a qu'une idée : la régénération d'un jardin. Tùng ne lui a pas encore parlé de son père, son meilleur ami. Mais il parle de son mangoustanier, parle de ses fleurs, rit même à plusieurs reprises en abordant la situation politique. Mauvais signe, estime Manh. Si Père allait mieux, il nous l'aurait annoncé aussitôt. Mais trêve de délicatesse. Sous ses questions tombent maintenant les nouvelles, une à une, de ses lèvres récalcitrantes. Rien de bien neuf par rapport à celles que Hồng lui a données à Paris. Père entre vie et mort, revenu de l'hôpital hier sans que l'on ait pu améliorer son état. A son chevet, immobile et silencieuse, Mère inspire autant d'inquiétude, ajoute Hélène entre deux soupirs. Regard perdu on ne sait où, elle a l'air déjà loin. Manh écoute ce bruit de lente destruction, d'écroulement des piliers familiaux que font ces paroles, tandis que courent devant lui sa ville, son pays, et que les quatre fenêtres grandes ouvertes engouffrent, avec les éclats de la circulation, le parfum mouillé de la poussière et le vent chaud et humide, comme l'haleine d'un fauve. Ecoute ce lent engloutissement et se demande : Quels secrets ont-ils, ces navigateurs émérites qui réussissent à éviter tous les récifs de la vie ?

Jardin un peu défraîchi, chemin un peu plus cahoteux, et Chi Ba devant la portière. Son beau visage de campagnarde marqué par les circonstances. Et puis, esseulés devant le perron, les deux fauteuils en rotin et la table bancale, comme brusquement délaissés au milieu d'un repas. Et puis dans la maison, dessinées sur le pavé, les portées tristes du soleil à travers les persiennes rabattues. La maison que l'on pourrait croire inhabitée, désertée, comme après une saisie. C'est ainsi que la mort procède, constate Manh. Elle fait le vide de tout avant d'occuper les lieux, la moindre relique des jours précieux. Et il perçoit, au loin, dans ses pensées nostalgiques, des cris et des rires d'enfants qui s'enfuient en batifolant.

Trop fort ! Thu est face à lui, à la porte de la chambre paternelle. Elle a profité du court voyage de Hồng en France pour se rendre maîtresse des lieux en dépit de la présence de Giàu et de Nhút, le demi-frère de Manh, celui qui réside en Thaïlande, et de deux cousines âgées appelées en renfort. Qu'est-elle donc pour la famille ? Rien. Que la mère de la fiancée du fils aîné, l'abusive belle-mère en puissance. Manh ne paraît pas avoir enregistré ses remerciements incongrus. L'a-t-il seulement remarquée ? Il passe à côté d'elle, suivi de Hồng, et pénètre dans la chambre où son père repose dans son lit, sans souffrance apparente. Curieusement, sa voix altérée ressemble à celle de ces mainates dont on coupe, ici, le sifflet pour les entendre parler comme des hommes.

Tu es venu. C'est bien, Enfant.

Manh a le cœur brisé. Comment ! Son père lui-même lui manifesterait-il sa gratitude ? Lui aurait-on laissé redouter qu'il refuserait d'écourter son séjour en France malgré l'insistance des siens ? Thu en serait bien capable. Bras croisés, courbant la tête pour le saluer, puis agissant de même devant sa mère qui lui répond d'un pauvre sourire, Manh cherche à se justifier d'une telle accusation, mais les mots nécessaires le fuient et il les remplace par ceux-là, si conventionnels :

Père, tu vas te remettre, tu vas voir. Hồng m'a rapporté qu'on était très content de tes progrès à l'hôpital.

Et s'il y avait, là-dedans, malgré tout, un brin de vérité ? Avec sa chemise blanche à brandebourgs et au col officier, il a encore fière allure, le professeur Lê. N'étaient-ce sa pâleur significative et sa position couchée qu'un étranger eût peut-être éprouvé pour lui moins d'inquiétude. Manh se demande, tout compte fait, si on ne lui aurait pas noirci le tableau à plaisir. D'autant que sa langueur ne ressemble guère à une asthénie incurable.

Dans le salon, au rez-de-chaussée, portes soigneusement fermées, cela afin de ne pas inquiéter les deux malades, prières et offrandes vont bon train devant un autel spécialement dressé. Un bonze officie le plus discrètement possible tandis qu'une fumée âcre et de plus en plus dense, celle d'un brûle-parfum de belle taille et des jossticks tenus dans les mains serrées piquent la gorge et les yeux de l'assistance. Thu, bien sûr, est au premier rang de cette chapelle improvisée où plusieurs amis proches se sont joints aux membres de la famille, et la ferveur de ses prières témoigne des élans de son âme. Ce qui irrite Manh plus encore que ces exhalaisons odorantes. Il sait que son père s'est préparé à quitter ce lieu terrestre dans la plus grande tranquillité, et cette assurance lui ôte une part de tristesse. Sait que, depuis quelques années, maintenant, à l'exemple de bien des vieillards prévoyants, il travaillait pour son salut. En fréquentant de nouveau la pagode. Sa femme et son frère, Giàu, lui ont montré le chemin. Jeune, on trouve sa joie au foyer, vieux, on la trouve chez les bonzes, dit l'adage. Chaque jour, il étudiait donc le canon bouddhique, observait rigoureusement les abstinences et aidait les indigents. De la même manière, il préparait son grand voyage avec soin, suivant en cela les prescriptions ancestrales. Pour ce qui concerne la bière : choisir avec une application d'ébéniste le bois destiné à sa fabrication, la faire laquer rouge et or et veiller à son étanchéité. Quant au linceul qui recouvrira sa dépouille : prêter attention à ce que soient bien imprimés dessus les sceaux porte-bonheur du Bouddha, cela afin d'obtenir la paix dans l'au-delà. Placer ensuite cercueil et linceul sous l'autel des ancêtres, dans la maison, sans susciter aucune idée macabre ni dans la famille, ni chez les visiteurs.

Tout à l'heure, Manh a pu converser seul à seul avec son père, et ce qu'il a entendu a fini de le délivrer de toute appréhension.

Il lui a soufflé : Ne t'inquiète pas pour moi, Enfant, ma foi a enlevé à la mort tout caractère d'horreur. Elle fait de la vie un séjour temporaire dans le monde des poussières et de la mort le retour à l'éternel. J'attends avec sérénité l'heure suprême où il me sera enfin permis de m'évader. Je vais me plonger au-delà du tombeau sous une forme nouvelle.

Le tombeau. Manh part le lendemain avec Hồng pour Long

Xuyên, la petite ville près de laquelle ses parents ont décidé d'être enterrés. Part en autocar à cause de la voiture en panne, vers cette région de rizières et de marécages, de boue et d'eau qui est le berceau de la famille. Il a pour mission d'aller contrôler le travail de l'ouvrier à qui son père a confié l'édification de son mausolée selon les indications précises du géomancien. Et en route, serrée sur l'étroite banquette, entre deux paysannes encombrées de paniers et de sacs, Hồng lui parle d'Hélène. A droite, à gauche, plaine sans fin parsemée de diguettes, de bouquets de cocotiers et de buffles immobiles sous un ciel mat, chauffé à blanc, et tout à coup, Hélène avec sa natte ornée d'une barrette en argent. Hélène qui s'ajoute à ce décor si paisible.

Hồng raconte : Sa mère l'avait installée dans ton ancienne chambre aussitôt après mon départ pour la France. Elle-même avait pris celle de Lan. Giàu n'a rien osé dire. La veille de notre arrivée, elles ont délogé toutes les deux.

Tu plaisantes.

Non. Dès que Thu m'a vue partir, elle s'est mise dans la tête de soigner Père et Mère. Alors, le lendemain, elle a fait venir un médecin chinois de ses connaissances.

Un charlatan chez le professeur Lê ?

Et ce type, m'a rapporté Chi Ba, a voulu donner à boire à Père un cocktail composé de gingembre, de pivoine blanche, de graine de lotus et, tiens-toi bien – elle pince le nez et les lèvres –, de lait de femme, et évidemment Père lui a souhaité de mourir haché. L'homme lui jurait qu'avec sa décoction, le bruit de son cœur allait devenir moins sourd, que sa pression sanguine s'accélérerait et que ses douleurs cardiaques se dissiperaient. C'est Giàu qui l'a congédié.

Manh sert les poings. Petite Sœur, je vais finir par tuer cette femme.

Plus tard, assis sur la murette blanchie à la chaux entourant le mausolée, dans le silence de la campagne que ne brouille qu'un bruissement lointain, celui d'un bras du Mékong. Les cheveux de Hồng flottent en même temps que sa voix aigrelette.

Tu vas épouser Hélène ? Elle n'attend que cela. Il observe l'envol de trois aigrettes, puis leur hésitation à se poser sur le dos d'un buffle assoupi dans la vase. Manh hésite aussi, et Hồng épie le moment où il va se décider.

Non, répond-il enfin. Les aigrettes s'enfuient à tire-d'aile.

Pourquoi ? Tu veux épouser Catherine ?

Je ne sais pas. Des oiseaux, il ne reste que trois points blancs à l'horizon. Trois points de suspension.

Au retour vers Saigon, sur le bac traversant le fleuve, des soldats se reposent au pied de leurs engins blindés et de leurs camions. Sueur, cigarettes, rires et somnolence. Et Manh repense soudain à Quang, à son engagement de l'autre côté. Comme lui, ces soldats ont choisi leur camp et se battent avec acharnement. Ils mourront avec contentement. Quang a délaissé Hồng pour son idéal et il est en paix avec sa conscience. Il est allé jusqu'au bout de ses idées. Il ne doit plus rien à personne. Tandis que moi, se lamente-t-il en crachant dans l'eau jaune, j'ai jeté l'épée avant de l'avoir tirée, je ne suis qu'un poltron misérable. Et il se revoit encore, au lendemain de son retour, graissant la patte du fonctionnaire qui lui avait sauté dessus dès son arrivée chez lui pour l'envoyer sous les drapeaux. Se revoit jubilant d'avoir réussi à l'acheter pour cinq cents dollars. Jubilant ! Mais non loin de Saigon, dans l'autocar avec Hồng, alors que le jour baisse, soudain, des flammes, des détonations, devant, en tête du convoi. La peur. Une attaque. Les Viêt-công. Sa sœur se presse contre lui, panique au ventre, s'accroche à lui, s'agriffe à ses vêtements, hanneton dans les cheveux. Il doit la calmer, la bâillonner des deux mains.

Quang, c'est lui, gémit-elle entre ses doigts, il nous tire dessus, il veut nous tuer. Manh a du mal à la retenir.

Im ! Im ! Tais-toi ! Tais-toi ! (N'est-ce pas à son remords qu'il tente d'imposer silence ?)

Les soldats qu'il a vus sur le bac passent maintenant, devant eux, sans un mot, fusil à la main, puis s'égaillent en tirant dans la plaine boueuse. Et après une brève échauffourée, retournent sur la route, crottés jusqu'au bas-ventre, s'essuyant le front de leur foulard, boxeurs sur le chemin des vestiaires. Et Manh se dit encore : C'est bon d'avoir des hommes pour vous défendre quand on est assis tranquillement dans un autocar.

Son père va mieux. Le professeur Couvain en est bien d'accord. Il est venu faire une petite visite à son vieil ami vietnamien.

Attristé : Les Américains poussent vos compatriotes à nous mettre dehors. Ce jour où ils les ont incités à démolir le monument aux morts franco-vietnamien ! Il fallait voir leur jubilation. En ville, les Français refusaient de se retrouver à la même table qu'eux. Je ne peux plus traverser cette place où se dressait ce monument, j'ai trop mal au cœur.

Le professeur Lê, en soulevant avec peine ses paupières fatiguées : Ce n'est pas bien de s'attaquer aux morts, ils se vengent.

Manh constate aussi une amélioration de l'état de santé de sa mère. Son retour près de lui en est la cause. A présent, les rouages de ses esprits ont recouvré un fonctionnement quasi normal et son sourire refleurit même à chacune des apparitions de son fils.

Barbichette frémissant de sagacité, Giàu y va de son explication : Là où ça vous démange, là où vous vous grattez. Elle était la seule à connaître les causes secrètes de sa souffrance. Maintenant que tu es revenu près d'elle, elle est revenue dans notre monde.

Si Thu espace ses visites, rue Chasseloup-Laubat, son assiduité auprès de Manh n'en continue pas moins. D'autant qu'elle redoute qu'il ne décide de repartir sitôt libéré de toute crainte quant au sort de ses parents. Mais il a l'art de l'esquive. Bien que courtoises, les rencontres qu'elle suscite ne sont pas à la mesure de ses espérances. Il est évident que l'on ne se conduit pas ainsi avec une jeune fille que l'on a promis d'épouser. Sa réserve à l'égard d'Hélène frise l'indifférence.

Hélène qui fait remarquer à sa mère : Quand tu penses, maman, qu'il ne m'a pas pris la main depuis son retour.

Mais qu'est-ce que tu attends pour le faire toi-même ?

Je n'ai jamais fait ça de ma vie.

Thu sous cape, hochant le tête de haut en bas, comme un margouillat pensif : Qu'est-ce qui m'a donné une *ngáo ngáo*, une écervelée pareille ? Elle va finir comme son père, dans les roses, avec un arrosoir. Et de se demander s'il ne faudrait pas mieux renoncer à ce filon pour en exploiter un autre. Celui des Thành Phố. Puisque l'hypnose de la mère du jeune Khê, pratiquée par Binh, son magnétiseur, a pleinement réussi, que cette femme ne désire plus qu'une belle-fille : Hélène. Reste cependant à essayer de convaincre le jeune homme en question d'abandonner les impératifs de son cœur. Et à chacune de ses partie d'échecs qu'elle dispute âprement avec sa mère, Thu en mesure la difficulté.

Mon fils, avoue l'hypnotisée, ressemble à son père. Il a une tête dure comme un noyau de mangue. (Elle tape son fou contre la tablette d'ébène et d'ivoire.) Il connaît une vendeuse de notre magasin, une péronnelle qui ne vaut pas dix piastres, et pour lui, il n'existe qu'elle sur terre. (Abîmée dans son animosité, elle s'est fait souffler son roi.)

Thu a exposé son nouveau problème à son thaumaturge, mais cette fois, il a avoué son incompétence. Elle doit donc se rabattre sur Manh. Un matin, coup de chance, elle le croise en ville alors qu'un paquet à la main, il sort de la pharmacie Centrale, rue Tự Do. Coup de chance pour elle qui souhaitait pouvoir discuter sans témoin. Et guigne pour lui qui se voit contraint de l'inviter à prendre un thé au jasmin, rue Gia Long. Elle l'a coincé et ne le lâchera pas de sitôt. Pas avant de savoir s'il n'est vraiment plus nécessaire de nourrir quelque espoir à son sujet. Entre deux aspirations de son thé, bouche plus tombante que jamais, elle le soumet à la question. Non sans le tâter au préalable avec prudence.

Hélène a eu beaucoup de joie de vous revoir. Elle vous attendait depuis si longtemps. (Une aveugle s'assoit à leurs côtés, accompagnée d'une amie, et un rayon de soleil joue avec sa frange à la Jeanne d'Arc, sans savoir. Elle est demeurée coquette, se coiffe avec soin, s'habille avec goût, comme si de rien n'était.) Vous ne me croiriez pas si je vous disais à quel point elle rêvait de votre retour. Savez-vous qu'elle a déjà choisi la tunique qu'elle voudrait que je porte lors de votre mariage ? (Manh observe l'aveugle, l'imagine en train de se coiffer, d'arranger le col de dentelles garnissant sa robe, de tout faire de mémoire.) Elle a non seulement choisi cette tunique, mais aussi le sac à main. Ah ! elle veut que je sois belle, ce jour-là. (La mémoire aide sûrement cette aveugle à croire qu'elle n'a rien perdu de sa séduction d'antan. Beaucoup de femmes aux yeux grands ouverts sont dans ce cas, pense Manh en considérant les joues de Thu, froissées comme une taie d'oreiller au réveil.) Thu qui commence à se fatiguer de parler seule. Vous ne dites rien remarque-t-elle, vous êtes toujours inquiet pour votre père, n'est-ce pas ?

C'est ça. Il aspire un jus d'orange, et le passage du liquide glacé dans le chalumeau transparent l'occupe plus que tout.

Il va mieux, pourtant, vous ne trouvez pas ? Ce matin, par exemple... Et elle lui raconte que rentrant dans sa chambre... Lui raconte que lui disant telle chose... Et lui disant telle autre chose... Et à la fin, tout miel, demande brusquement à Manh : S'il se remet aussi vite, ne pensez-vous pas que nous pourrions fixer votre mariage dans un avenir très proche ?

Impossible. (Le mot est tombé de lui avec un bruit métallique.)

Mais pourquoi donc ? Remontée de quelques centimètres, la bouche de Thu semble avoir reçu un coup de poing magistral. Manh a eu le temps de fabriquer sa réponse :

L'année du Tigre.

Oui et alors ? demande-t-elle. Alors, les yeux dans les yeux, il lui affirme que son astrologue lui a déconseillé d'entreprendre quoi que ce soit d'important au cours de cette année qui est celle de sa naissance. Le Tigre, chacun sait, est le pire symbole du zodiaque. Derrière ses lunettes fumées, l'aveugle paraît sourire vers lui, rire intérieurement de sa parade si astucieuse. Et il se dit que ceux qui ne voient pas ont souvent de meilleurs yeux que ceux qui voient.

Dans le grand hall décoré de la poste, à côté de la cathédrale, de ses bouffées de répétitions psalmodiées et de cantiques. Dans une des cabines téléphoniques aux portes vitrées. Manh assis sur la banquette, l'appareil raccroché, l'œil dans le vague. Il vient d'appeler Catherine, et les paroles qui lui sont parvenues, celles du portier de l'hôtel de Nice, s'accrochent encore à lui comme un paquet de ronces. Non, mademoiselle est absente. Non, elle n'a laissé aucun message pour vous. Oui, il y a deux lettres par avion dans son casier, depuis un mois, peut-être, avec des prospectus publicitaires. Oui, elle les a vues, mais elle n'a pas voulu les prendre.

Petite Sœur, je crois bien que je ne sais plus où j'en suis. Il sort de la douche, une serviette autour des reins, sans que cette eau fraîche ait pu lui remettre les idées en place. Pourquoi ce besoin d'aller remuer des ossements dans les charniers de la mémoire ? Oublie donc que tu as connu cette fille un jour. Il raconte à Hồng sa rencontre avec Thu et son dialogue avec le portier. Et pour tout compliquer, elle lui confie que, hier soir, son père a fait allusion devant elle à son mariage avec Hélène et qu'il a voulu savoir si la date en avait été fixée. Giàu était là, cherchant la meilleure diversion possible, quand le professeur Couvain est entré avec une infirmière pour sa dernière visite avant son départ. Hồng regarde son frère, frileuse. Elle aussi souhaiterait une réponse. Mais laquelle ? Qu'il va obéir à la loi ancestrale ? S'il ne s'est jamais senti confucianiste, il n'a jamais oublié pour autant qu'un jeune doit être respectueux chez lui à l'égard de ses parents, en société à l'égard de ses aînés. Bon. Piété filiale et respect des aînés ne sont-ils pas les racines mêmes de la bonté ? Bon, bon. Mais ma vie, mon avenir et ma vie sentimentale, qui s'en préoccupe ? Obéissance à son père, d'accord, à condition que cela n'aille pas jusqu'à la domination, jusqu'à la perte de toute liberté. Que cela ne freine pas toute ambition. Et ne nous jette pas dans les bras des plus forts ou des plus malins. Halte au monde imposé, au carcan de l'acceptation, du fatalisme !

Son père se lève le lendemain et Hồng ouvre son piano, comme elle a rouvert les persiennes à la lumière et à l'espoir. Ce jour-là, Manh assiste au cimetière de Gia Dinh, sous un crachin prédestiné qui endeuille la nature environnante, à l'inhumation d'un de ses anciens camarades de l'université. Robe et pantalon blancs, ceinture en lanières de bananier tressées, turban en toile effilochée ceignant le front et cheveux pendant pour les femmes. Et pas un seul bijou ou parure. Les uniformes sont nombreux. Le mort était lieutenant dans un commando.

Quelqu'un à côté de Manh : Il s'est engagé pour venger son frère tué aussi au combat. Pauvre Dông. Il aurait mieux fait d'ouvrir un cabinet comme nous tous et de gagner son fric tranquillement. Manh toise son interlocuteur et reconnaît en lui avec déplaisir l'un de ceux qui achetaient leurs diplômes aux examinateurs. L'homme joue avec sa clef de contact. Sans doute a-t-il hâte de l'enfoncer sous son volant. Une trompette, elle, prend tout son temps pour dire adieu au jeune sacrifié.

A présent, Manh rejoint seul sa voiture tandis que la précoce manifestation de la mousson d'été tache de larmes sa chemisette couleur sable. Et lui reviennent, avec d'autres souvenirs, l'arôme de la rizière assoiffée sous ces gouttes et celui de la route brûlante comme un toit au crépuscule. Arômes de son enfance avec son oncle, à Long Xuyên, au bord du fleuve roulant ses eaux thé au lait. Odeurs de poissons, de joncs et de vase. D'animaux au travail et de terre retournée. Tout en marchant, il offre son visage au ciel mouillé et respire ses odeurs d'humeurs et d'humus qui sont celles de son pays. Ah ! qu'elles ne défraîchissent jamais avec le temps ou l'éloignement, qu'elles pénètrent en moi, au plus profond de moi afin que le Viêt Nam flotte éternellement sur moi, sur ma tête confuse et malheureuse. Flotte comme l'âme de ce soldat mort, avec les âmes de tous ces morts généreux et glorieux qui peuplent l'infini de l'espace en se prolongeant au-delà de leur tombeau.

Le surlendemain, un policier se présente rue Chasseloup-Laubat et sort un papier de sa sacoche. Mandat d'amener. Il demande à Manh de le suivre. Assis à l'ombre, dans son fauteuil en rotin, visage taillé dans du bois blanc, son père le voit s'éloigner et franchir la porte de la propriété. Sans se retourner. Comme s'il n'y avait personne derrière lui. La loi l'a rattrapé, raisonne le professeur Lê, il n'est jamais bon de l'ignorer.

Thu exulte. Dans ses yeux à fleur de peau grouillent des grillons folâtres. Colette a accepté l'invitation des Phú Càt à venir passer de nouveau quelques jours dans leur propriété de Saint-Tropez, à l'occasion du Têt, et cette fois, seule. N'avait-elle pas pourtant qu'ironie pour leur fils, il n'y a pas si longtemps ? Inespéré ! Thu attribue ce coup de théâtre à sa lampe magique. Peu de temps auparavant, elle avait coulé le nez dans la chambre de sa petite-fille, inquiète à l'idée que l'on aurait pu éloigner ce talisman de sa table de chevet. Mais tout était en ordre. Ce jeune Français n'a plus maintenant qu'à lancer ses traits vers une proie plus arrangeante, claironne-t-elle en elle-même. Celle-ci lui a bel et bien glissé entre les doigts. Thu et sa fille ne sont pas les seules à se demander quel esprit neuf a soufflé sur la jeune fille. Manh s'interroge tout autant. S'en réjouit-il ? Sûrement moins que les deux femmes. Il n'a aucune estime pour Phú Càt, suborneur bien connu, et Antoine, son fils, lui paraît plutôt falot. Cependant, il ne lui déplaît pas de voir que Colette semble s'être décidée à se rendre l'avenir plus facile en s'éloignant de François. Parce que, réflexion faite et mémoire soigneusement époussetée, il craint qu'un mariage avec une personne extérieure à sa communauté ne sombre, tôt ou tard. Quoi que l'on fasse ou que l'on veuille, on n'est vraiment bien dans sa peau que lorsque celles qui l'entourent lui ressemblent. Giàu le stipule : « Que notre lac soit propre ou soit sale, il faut se baigner dedans, on s'y sent toujours mieux. »

Hồng détient le secret du revirement de Colette. Elle le lui a avoué avant de partir. Et subtil et avisé, l'oncle le partage sans qu'elle s'en doute. Il n'a pas été long à le découvrir, et cela grâce à ses visites chez les voisins. François Lepelletier a simplement fini par comprendre qu'en dépit de ses efforts pour essayer d'atteindre la rive qu'il guigne, on refusera obstinément et pour longtemps de lui tendre la main. Douze mille kilomètres ne se franchissent pas aussi facilement qu'avec un doigt sur une carte. Fini par comprendre que Colette lui donne le change quand elle lui jure, bon jeu, bon argent, que tout le monde, à part sa grand-mère, souhaiterait le voir entrer dans la famille. Alors, en garçon probe et sincère, il s'interdit de fracturer la porte des Lê. D'avoir à arracher de force Colette aux siens en l'exposant à leur fureur. Son consentement ne lui suffit pas. Il lui faut celui de tous ceux qui l'aiment. Il le lui a signifié et elle l'a pris mal. Et maintenant, elle lui en tient rigueur. Lui reproche son manque de détermination, la mollesse de ses sentiments. Lui reproche surtout avec rancœur de risquer de passer, aux yeux de tous, pour abandonnée, laissée pour compte. De l'avoir atteinte dans sa dignité. L'un des plus inqualifiables affronts que peut subir un Vietnamien. Car le pays est là, qui coule à toute heure en elle sans qu'elle puisse en ralentir le flux. Et avec lui le vieux proverbe qu'elle connaît depuis l'enfance : Si les pages sont déchirées, garde au moins intact le dos de la reliure.

7.

Tết Dậu Thần, année du Coq. Ce matin, pour la célébrer, Oncle Giàu a entonné cette chanson du haut de son perchoir, avant de donner à manger à ses oiseaux dans la gouttière : « *Le coq est beau grâce à son plumage, les dents sont noires grâce à la laque et l'alcool est fort grâce aux ferments...* » Et il a scruté les astres. Rien de néfaste à l'horizon, a-t-il conclu avec une caresse affectueuse aux poils rares de son menton. Il n'en eût pas été de même avec le Singe, le Serpent ou le Cochon si l'un des membres de la famille présent sous ce toit avait pour année de naissance l'une de ces années-là. Mais, a rappelé le patriarche, il faudra se priver de sortir le 14 de ce mois de février sous peine de graves ennuis. Avec le cinquième et le vingt-troisième, il fait partie de ces jours du mois où il vaut mieux éviter de rencontrer un enterrement ou une femme enceinte. Ennuyeux : Colette doit rentrer précisément le 14 de chez les Phú Càt. Hélène a donc entrepris de lui conseiller la plus grande prudence lors de son retour. Elle l'appelle, matin et soir, et se réjouit presque plus que sa mère : ses courtes vacances se déroulent au mieux. Nul doute que l'on est bien parti pour apprendre, cette année, la plus belle des nouvelles attendues. L'heure est donc à la satisfaction. Un regret malgré tout. Colette aurait dû choisir meilleure période pour quitter la maison. Jamais jusqu'à présent, a fait remarquer Manh, la famille n'a été divisée lors d'un Tết depuis que l'oncle et Hồng l'ont rejointe. Il s'en désole un peu, se souvenant du respect dont on honorait jadis cet événement que l'on considérait, rue Chasseloup-Laubat, comme la sanctification et la glorification de la religion familiale et du culte des ancêtres. Et combien, pendant ce renouveau général de la nature et des êtres, chacun proclamait sa foi en la vie et sa soif de bonheur et de bien-être. Chacun avec tous. Car pour éloignés qu'ils fussent, les voyageurs s'obligeaient à rentrer au bercail, même s'il fallait pour cela franchir des océans. Comme Lan qui débarqua, une fois, de Hongkong, interrompant le congrès auquel il avait été invité. Et comme Nhút et Thuy qui, tout fils d'un autre lit qu'ils sont, étaient revenus pareillement, le premier de France, le second des Philippines, dès le vingt-neuvième jour du douzième mois, pour partager avec les descendants la liesse du printemps retrouvé. Mais Manh garde ce petit mécontentement pour lui, sachant, à l'exemple de tout Vietnamien, qu'il est prudent de ne respirer ni tristesse ni mauvaise humeur lors de cette fête de grande importance si l'on ne veut pas les voir impressionner un an durant son visage. Autant que l'on s'abstiendra de parler d'accident, de revers ou de maladie. Trêve des ressentiments et des haines, des gestes déplacés et des paroles mal sonnantes. Vive l'harmonie universelle ! Manh souhaiterait bien savoir quand même pour quelle raison impérieuse sa fille, rompant avec la tradition et sans lui demander son avis – ce qu'il estime plus surprenant –, a décidé d'aller fêter le Têt en dehors de sa famille. Si François Lepelletier est en cause, comme il le suppose, jusqu'à quel point l'est-il ? Serait-elle vraiment captivée par Antoine Phú Càt ? Elle le connaît si peu et elle l'a tant moqué. Ce garçon bourgeonnant du haut du front au bas du cou et à la tête hirsute (n'a-t-il pas toujours l'air de sortir d'un poste de police où il aurait passé la nuit ?) ne peut l'avoir séduite ou alors elle n'est pas ma fille.

Dans le salon décoré des trois caractère traditionnels, Bonheur, Longévité et Prospérité, et où jaillissent de plusieurs pots des gerbes de forsythia remplaçant les fleurs de pêcher et d'abricotier de jadis. Enfoncé dans son fauteuil, devant la télévision, il entend les femmes s'affairer dans la cuisine en jacassant avec entrain et ne parvient pas à s'empêcher de se demander encore : Est-il normal qu'un père se soucie avec une telle hantise des états du cœur de sa fille ? Et répond : Oui, lorsque la voyant souffrir, il devrait lui porter secours. C'est au cours de ces réflexions que surgit tout à coup l'inattendu. (La vie invente parfois des surprises que l'on croit soufflées par les dieux eux-mêmes.) Un visiteur. François Lepelletier. Comme si, pensant trop à lui, Manh avait fini par l'attirer aux Tilleuls. Souriant, des roses à la main, de la couleur de ses joues.

Troublé de tomber sur Manh alors que des voix aiguës et enjouées traversaient la porte qui allait s'ouvrir.

« Ma mère et moi, balbutie-t-il, en tendant son bouquet, nous avons pensé qu'en ce jour de nouvel an vietnamien... »

La suite se dilue dans les remerciements de Manh, tout aussi embarrassé, et dans ceux de Hồng, en tablier, offrant une joie de façade. Ciel ! s'écrie-t-elle en secret, le premier visiteur du Tết, et il faut que ce soit lui. La croyance est là, bien vivace malgré les années et l'éloignement : le premier visiteur apporte le bonheur ou le malheur à toute la famille, selon ce qu'il possède lui-même. Gare donc à ceux qui laissent entrer chez eux un amoureux en disgrâce, tout comme un homme ruiné ou en deuil, ou une femme, même parée de toutes les chances (car il n'y a pas plus néfaste qu'une rencontre féminine au cours de cette matinée). Il convient alors, dans tous ces cas, de conjurer le mauvais sort en jetant une poignée de gros sel aux quatre points cardinaux. Un geste que Thu n'eût pas manqué de faire si, sortant de la cuisine, elle avait aperçu ce cœur brisé.

Mais François Lepelletier tranquillise aussitôt Manh et sa sœur. Il vient d'extraire une enveloppe de sa poche. Une lettre de son père.

« Nous l'avons reçue ce matin. Il y a un paragraphe pour vous, là, en bas. »

Manh lit. Et ces mots valent toutes les poignées de sous neufs, sonnants et trébuchants que les amis semaient, chez vous, à Saigon, en signe d'opulence, quand ils venaient présenter leurs vœux. Et toutes les étrennes que l'on recevait avec des souhaits de félicité, de florissantes affaires, de fortune cent fois plus importante que celle acquise l'année dernière, de longue vie dix fois plus longue que celle que la biologie vous permet. Ces mots du Việt Nam qui parlent de Lan, le frère bien-aimé. Lan qui a été l'objet d'une conversation de Pierre avec l'ambassadeur de France. « Ecoute ça ! » Manh lisant maintenant à haute voix, pour Hồng, l'un des passages soulignés : L'ambassadeur a obtenu de grandes précisions sur Lan depuis quelque temps, car on lui a fait parvenir une lettre de lui. « Tu entends ? » Il ne sait pas comment cette lettre est arrivée, mais elle est bien signée de lui alors qu'il est prisonnier dans un camp situé très loin de Hanoi, dans la haute région. « Tu entends, Petite Sœur, tu entends ? » Cette lettre écrite sur du papier gris, au crayon, il me l'a montrée, dénonce en français les mauvais traitements qu'ils subissent, lui et ses camarades, et proteste contre leur détention illégale et sans procès, contre la terrible injustice qui leur est faite. Enfin, elle demande que soient alertés le gouvernement français et le comité international des droits de l'homme.

Un événement surgit, inopiné et stupéfiant, et l'on a l'impression que tout s'arrête en soi, le cœur, la tête, tout. Que l'on reste suspendu dans le vide, sur une balançoire céleste, entre la fin de l'ascension et le début de la chute. Et maintenant, l'on se regarde avec des yeux différents, ceux des êtres que l'on est subitement devenus et dont on ne soupçonnait pas l'existence, une minute auparavant. Et l'on regarde le jeune messager comme s'il était tombé avec les giboulées qui frappent aux carreaux. Alertées par Hồng, Hélène et sa mère viennent ajouter leur enthousiasme, tandis que tout aussi extatique, Chi Ba assiste à la scène, cuillère en bois à la main, sur le seuil de la cuisine. Hélène traduisant pour sa mère, qui continue à patauger dans le français avec l'entrain d'un canard, en dépit des leçons qu'elle reçoit de chacun. Puis apparaît Giàu, descendu de sa chambre sous les toits, sans cesse à l'affût des bruits et des voix qui rythment la vie de la maisonnée. Giàu s'écriant devant François Lepelletier : « Mais c'est une véritable carte de vœux sur papier vermeil que votre père nous a adressée là ! » Et Thu et Hélène se mettent aussitôt à faire des « rêves de lune et de vent ». Lan libéré bientôt, Lan expulsé du Viêt Nam, Lan ici dans six mois, dans un mois... Quand la voix aiguë de Hồng bouscule ces chimères.

« Gardons la tête froide, conseille-t-elle en pensant à Quang. Son cou de fée s'est tendu sous l'effort du sérieux. Ce n'est pas la première fois que l'on est informé d'une intervention étrangère en faveur d'un prisonnier politique et jusqu'à maintenant le résultat a été nul. Nous avons fait le point dernièrement avec notre cousin Vẫn, au cours d'une réunion de La Revanche. S'il y a des libérations, il n'y a eu que trois expulsions. Vol désabusé de ses doigts de pianiste. Et libéré, on demeure toujours sous la menace d'une nouvelle arrestation arbitraire. On est un citoyen de seconde zone. On est bon pour crever la faim, comme le cousin Đức qui n'a plus qu'une pompe à bicyclette pour tout instrument de travail.

— C'est vrai. (Manh rembruni.) La haine des communistes est inextinguible, il ne faut jamais attendre de pitié d'eux. (Sur les murs et les montants des portes, les lettres chinoises sur fond rouge semblent à présent lancer des souhaits dérisoires. Eclairé d'une lucidité baignée de tristesse, son regard va de sa sœur à la fenêtre que les giboulées strient à coups de craie rageurs.) Mais l'espoir éclôt quand même aujourd'hui. L'information est importante : Lan a encore assez de vie pour se battre. »

Giàu rappelle ses prédictions concernant le prisonnier. Les aurait-on oubliées ? Et aurait-on oublié que personne ne l'avait cru quand il avait annoncé que Lan avait survécu ? Même si l'on hésite à croire que l'avenir se conformera à son oracle, on est bien convaincu qu'il n'y a pas meilleur *thầy boí* que lui dans la communauté. « Persévérons dans la foi, conseille le vieil homme, à force d'aiguiser le fer, on finit par obtenir une aiguille. » Et ses yeux malicieux guettent dans ceux qui l'entourent le germe de confiance qu'il vient de semer.

On a avancé un fauteuil vers le jeune voisin, mais prenant tout le monde de court, le voici devant l'autel des ancêtres sur lequel est servi le repas destiné aux mânes : assiettes débordant de gâteaux et de fruits, tasses minuscules contenant de l'alcool de riz. Le voici retirant deux baguettes d'encens d'un vase où elles se consument doucement, et raide, mains jointes à la hauteur de la poitrine, courbant la tête par trois fois et non le buste, comme il se doit. Le voici. Figé dans la gravité, il salue les morts de la famille jusqu'au trisaïeul. Montrant par là sa connaissance des traditions. Que le Tết est pour lui, comme pour tous les Vietnamiens, plus qu'un premier jour de l'an, plus qu'une rupture avec le passé. Qu'il est tout autant une renaissance de l'âme avec celle de la nature. Que cette fête n'est pas seulement celle des vivants, mais aussi celle des morts.

Alors, précédé de Giàu, Manh va à son tour cueillir un joss-tick, puis s'asseoir dans la position de la prière. Et sans Hélène et sa mère, retournées à la cuisine, Hồng imite les deux hommes, jambes repliées sur le côté droit, mains jointes au front, comme il est demandé aux dames de se tenir. Pour murmurer quelques mots, puis s'incliner à quatre reprises jusqu'à ce que sa tête touche le sol. Et dans ces mots, comme dans ceux de Manh et de Giàu, sans doute, bourdonnent les remerciements à Bouddha pour avoir pris soin d'amener à la maison un premier visiteur chargé d'autant d'espérance. Bourdonne aussi son imploration au profit du fiancé perdu.

Le premier jour du Têt tombant un samedi, on peut, contrairement à l'année précédente, procéder au rite du second jour, c'est-à-dire aux échanges de vœux et aux visites que l'on se rend entre parents et amis. Thu en profite alors pour quitter les Tilleuls, courroux caché sous un sourire. Car si le séjour de sa nièce chez les Phú Càt l'a comblée d'aise – cette lampe magique est vraiment un trouvaille insigne –, l'apparition de François Lepelletier et l'accueil qu'on lui a réservé la font bouillonner d'indignation. Accorder une telle importance à une simple lettre et traiter ce jeune homme comme un membre de la famille ? On aura tout vu. Il y a un instant, dans la cuisine, au mépris des oreilles de Chi Ba, elle s'est expliquée avec sa fille. Et comme Hélène ne semblait pas aussi choquée, elle a eu cette repartie qui rappela bien des souvenirs à la vieille bonne : « Tu ne changeras jamais. On fera toujours de toi ce que l'on voudra. Et après avoir avalé, coup sur coup, deux gâteaux au riz gluant pour essayer d'étouffer ce mécontentement si préjudiciable en ces moments où il faut montrer bonne figure, puis vérifié d'un œil en coulisse la fermeture de la porte : Tu verras ce que je te dis, Enfant. Il finira par donner la main de ta fille à ce Tây et tu lui diras merci. »

Peu après, elle partait donc pour Paris, chez son amie restauratrice, veuve du général caodaïste. Partait disputer une partie de *tủ sắc* dans son arrière-salle. Moment propice s'il en est que ce deuxième jour du Têt dont on assure qu'il garantit une main heureuse aux joueurs tout le long de l'année. Par précaution, elle n'oublia pas de prendre dans sa mallette aux secrets le vieux billet d'une piastre qu'elle conserve depuis quarante ans. Relique d'un magot que le Ciel lui a envoyé, un soir de chance, alors qu'elle était à croupetons sur une natte crasseuse, bras reposant sur les genoux, devant les deux cent douze cartes jaunes, rouges, vertes et blanches de ce jeu particulièrement prisé par les dames. Et si aujourd'hui la fortune se refuse à elle, eh bien ! elle emploiera les grands moyens : plongeant la main sous sa tunique, elle arrachera un poil entre ses jambes et le posera subrepticement sur la tête de son adversaire. Le sort tournera alors en sa faveur. C'est ce qu'elle a fait, pour son bonheur, une fois, à Saigon, devant les dernières miettes de son compte en banque, à deux doigts de se retrouver sur la paille.

« Ne m'attendez pas pour dîner, a-t-elle prévenu. Je risque de rentrer fort tard. » Paroles inutiles. On sait que ses parties de cartes durent souvent jusqu'à l'aube. A Saigon, se rappelle Hélène, il lui arrivait même de jouer pendant trois jours et trois nuits d'affilée.

L'idée est venue de Manh et non de sa sœur ou de son oncle. D'un seul coup. L'idée d'aller rendre visite à la voisine esseulée. Le Têt n'est-il pas le moment où l'on s'oblige à payer ses dettes ? Et s'il est quelqu'un avec qui la famille est endettée, c'est bien avec Pierre Lepelletier. Quel visiteur a-t-il jamais fait plus beau cadeau que sa lettre providentielle ? Mais Manh a aussi une idée derrière la tête : approcher François, l'étudier, le sentir et déterminer jusqu'où va cette brouille avec Colette. Panier bourré de bonnes choses préparées par Chi Ba, on va donc sonner à la porte de Liliane. Le temps s'est remis au beau. Bouche fermée du vent. Jardin mouillé souriant sous le soleil froid. Cris des deux fillettes, jappements du chien. « Comment, on ne vous a pas encore présenté Joséphine ? Pierre me l'a rapportée juste avant son départ, mais on l'avait mise en observation chez mon beau-père, qui est vétérinaire, car elle avait quelques troubles. » Comme s'il était dressé en conséquence, le petit fox tricolore sautille, debout sur ses pattes arrière, puis monte sur les genoux de Hồng, un peu effrayée à cause de sa tunique en satin. Liliane s'étonne de l'absence d'Hélène. « Juste un simple refroidissement. Par ce temps... » Quel caractère ! se plaint Manh au-dedans de lui, en pensant à elle, mais vivons l'instant présent. Il se renverse dans un fauteuil avec abandon. Il aime cette ambiance particulière aux intérieurs français, cet entrain fait de mots d'esprit, d'exclamations et d'éclats de rire. Quel contraste avec ce que l'on connaît de l'autre côté du mur ! constate-t-il une fois de plus. Mais dans cette comparaison, point de regret. L'impassibilité que l'on nous reproche souvent n'est que superficielle. Elle ne traduit pas l'indifférence. Nous désirons seulement rendre notre présence légère, ne pas peser sur autrui plus que nous voudrions que l'on pèse sur nous. « Nous sommes, estimait le cher Tùng, pareils au mimosa pudica (il fleurissait en août, dans notre jardin saigonnais, et nos doigts d'enfants s'amusaient à le taquiner), nous nous rétractons au premier contact, fût-il impalpable. » Mais qui sait que nous avons malgré tout une tendance naturelle à nous épancher ?

« Les enfants, venez voir. » Ameutés par la voix fraîche de Liliane, François et ses sœurs assistent au déchargement du panier de Hồng. Il y a là, confits et rangés dans la boîte traditionnelle à compartiments et couvercle transparents, tous les fruits du Viêt Nam : papaye, ananas, graines de lotus, cédrat, orange, coco, main de Bouddha, tamarin, kumquat, et même de la racine de cactus... Ouaille ! Et fabriqué par Chi Ba, le fameux *keọ lạc* vendu dans les rues de Saigon et alléchant les gosses, une sorte de nougat fourré de cacahouète et rôti sous la cendre. Attention, ça colle aux doigts et aux dents ! Des bananes séchées, des bâtons de sucre d'orge, des bonbons à la réglisse et au gingembre dont le cœur est un noyau d'abricot cassé, et des dizaines d'autres friandises composées de sucre soufflé et épousant la forme d'oiseaux ou de mammifères. Autant de bestioles qui arrachent des cris de volatile aux deux fillettes. Et pour les grandes personnes, tous les *bánh* imaginables, les gâteaux de riz à la viande, à la pâte de crevette ou de soja.

Liliane s'enquiert de Colette, de son séjour sur la Côte. (François lui a-t-il tout dit ?) « Il paraît qu'il y fait un temps superbe. » Elle lance ce dernier mot comme un ballon dans le ciel bleu. Manh et Hồng regardent plutôt son fils, qui ne bronche pas. Et l'on passe à autre chose. Et mousse le champagne. Hop, hop, hop ! ça va déborder. Et l'on parle de Pierre, là-bas. On le voit, là-bas, accompagné de son guide (je le sème à chaque fois qu'il tourne le dos, mais ce n'est pas facile), parcourant le Viêt Nam, du nord au sud, dans une vieille Volga aux pneus usés (un ressort a surgi du siège et a fait un trou dans mon jean). On le voit parcourant ce pays perdu et interdit. Perdu comme peut l'être un bateau fantôme au milieu d'un océan, interdit comme un prêtre frappé d'indignité. On le voit. Et l'on entend les pétards du Têt crépiter au passage, dans la rue, de la licorne en carton bouilli, ce monstre dansant qui fait si peur aux *nhõ*, aux gamins, avec sa gueule béante et son long corps ondulant. On entend les tambours et les tam-tams barbares, et les cymbales guerrières, le tapage infernal destiné à éloigner les génies malfaisants toujours aux trousses des âmes en peine. Et l'on entend, dans les pagodes et les églises, les litanies du peuple pieux. Et dans les foyers décorés et embaumés du santal et de l'encens, la récitation des enfants sages adressant leurs vœux à leurs parents, bras croisés et habillés de neuf. Et Oncle Giàu adjoint des couleurs à ces images et à ces sons. Celles des fleurs. Du prunier, du pêcher, des coquelicots, des chrysanthèmes, des narcisses, des orchidées. Et celles des papiers carrés ou rectangulaires sur lesquels sont dessinés au pinceau les caractères magiques que personne ne comprend parce que chinois, mais que l'on sait prometteurs de chance pour une année.

Et Giàu s'en vient à évoquer la passion des Vietnamiens, durant ces fêtes, pour la consultation des chiromanciens. « Aux portes des pagodes, raconte-t-il, on se précipite sur les devins. Chacun veut interroger ses génies et ses dieux. Sans grand espoir de réponse. Il y a tellement de charlatans ! (La barbe maigrelette frissonne sous un petit rire de dérision.) Mais on est si heureux de croire que l'on se met en relation avec les volontés extratemporelles, que l'on va forcer le mystère de l'imprévu et du futur.

— Oncle Giàu parle en expert, enchaîne Manh pour ajouter son mot.

— Ah ! bon, s'écrie Liliane, vous lisez l'avenir ? Très intéressée, elle s'est rapprochée du vieil oncle. Dans sa précipitation, sa jupe a remonté davantage sur ses cuisses, ce qui n'est pas désagréable à voir.

— Oh ! j'arrive parfois à déceler certaines choses dans le destin des uns et des autres », répond Giàu avec sa modestie coutumière.

Manh rit, ce qui provoque les aboiements de Joséphine. Il assure que son oncle aurait pu gagner une montagne d'or s'il avait fait profession de sa science. Liliane lui tend déjà sa main gauche. Giàu la repousse gentiment. « Non, précise-t-il en lui montrant le ciel, je ne m'intéresse qu'aux astres. » Liliane jubile : « Vous lisez les horoscopes ? Ah ! les horoscopes, j'en suis folle. Toutes les semaines, je ne les manque jamais dans *France-Dimanche*. Vous pouvez tirer le mien ? » « Promis, accorde l'oncle un peu embarrassé par tant d'exubérance. Mais on ne fait pas ça ainsi. Il me faut beaucoup de renseignements. Je vous dirai tout cela plus tard. »

On prend date. C'est à ce moment-là que, sans doute encouragée par ses trois gorgées de champagne, Hồng fait entendre sa voix haut perchée. Pour affirmer avec force hi, hi, hi, qu'il existe un moyen plus commode et plus rapide pour connaître l'avenir. Qu'il suffit de prendre un certain recueil de poèmes, de l'ouvrir à n'importe quelle page, de fermer les yeux et de poser un doigt dessus, au hasard. Elle mime le geste sur le plat de sa main. On a alors la réponse que l'on se pose sur son sort. François Lepelletier lui demande si elle a déjà expérimenté cette méthode elle-même.

« Bien sûr, répond-elle. Mais il ne faut pas prendre n'importe quel livre de poèmes. Il est recommandé de choisir le plus grand chef d'œuvre de la littérature vietnamienne : le *Kim Vân Kiều*. Vous voulez essayer ?

— Pourquoi pas ? » acquiesce François amusé.

Elle se propose alors d'aller chercher ce livre chez elle. Bruissement de satin froissé. Mue par une excitation très enfantine, elle a aussitôt abandonné tout le monde, suivie par la cohorte bruyante des deux fillettes et de la petite chienne. Pendant que Giàu dit que ce poème fleuve, long de trois mille deux cent cinquante-quatre vers, écrit en 1800 par Nguyễn Du, un haut mandarin de la cour de l'empereur Gia Long, est le livre de pensées de tous les Vietnamiens. Dit que tout lecteur y trouve son compte aux heures de joie ou de désarroi, y puise l'éclaircissement, l'argument ou la solution dont a besoin son état d'âme du moment. La confiance devant l'épreuve à surmonter, la force dans la bataille à gagner. Dit aussi que ce monument de la littérature, qui raconte l'histoire d'un mariage brisé par les circonstances de la vie et triomphant après de multiples péripéties grâce à un amour prédestiné et violent, retrace le destin de chaque homme au même titre que le grand livre du Ciel. Que tomber sur le passage approprié vous permet d'être prévenu de ce que l'avenir vous réserve. Que beaucoup de Vietnamiens ont donc pour coutume — surtout lorsqu'ils sont amoureux, précise-t-il sur un ton légèrement différent — de piocher dans ce gros livre au hasard, au moment du Têt, comme on le pratique ici parfois avec un jeu de cartes.

Bien improbable alors qu'un vers ou deux ne satisfasse pas l'interrogateur.

« Le voilà. » Il est là, ce livre, entre les doigts effilés de Hồng tout essoufflée. Avec sa couverture fanée, écornée aux deux bouts, comme par un écolier négligent. Il date de 1911. Elle l'a découvert chez un bouquiniste, aux Puces, raconte-t-elle sans pouvoir s'empêcher d'émettre son rire de grive musicienne. L'exemplaire qu'elle avait à Saigon, elle a dû le laisser, là-bas, avec tout le reste (et son cœur, ajoute-t-on en voyant voguer dans ses yeux son bateau d'exilée). Elle a posé le livre debout, sur ses genoux, et tranche à la hauteur du nez, elle le respire. Respire l'odeur de son pays et apprend à François : « Pour un Vietnamien, ce livre est sacré. Il le garde toute sa vie, aussi précieusement que le recueil généalogique de sa famille. » François le lui prend des mains et commence à le feuilleter.

« Non, non, s'écrie-t-elle en le reprenant, ce n'est pas comme ça que l'on agit. On le met devant soi, ainsi, et d'un seul coup, après avoir fermé les yeux — ce qu'elle fait — hop ! on l'ouvre n'importe où, puis sans hésiter, on vise d'un doigt une page quelconque. Elle lui rend l'ouvrage. Vous êtes prêt ? »

Pour quelle raison, soudain, ce silence et cette immobilité des visages ? Est-ce à cause du ton inhabituel que Hồng a curieusement adopté pour dispenser ces explications, ou bien de l'air troublé que le jeune homme affiche, comme s'il était sur le point de s'engager dans une entreprise capitale ?

« J'y suis », annonce-t-il enfin, paupières closes, après avoir respiré un bon coup. D'un geste brusque, il a cassé le livre par le milieu, pointé son index en bas de la page de droite et rouvert les yeux. Attente. On surveille ses lèvres. Qu'y a-t-il ? Il fronce les sourcils. Le passage en question le contrarie-t-il ? C'est autre chose. Il est tombé sur la version en langue vietnamienne. Doit-il répéter l'expérience ? Non, non, surtout pas, s'exclame Hồng en lui recommandant de ne pas bouger son doigt. On ne recommence jamais deux fois. Ce n'est pas valable. Elle s'emploie d'abord mentalement à traduire les vers que le hasard a choisis. Nouvelle attente, nouveau silence. Manh est le seul a se parer d'un sourire, celui des esprits forts devant ce qui dépasse l'entendement. Sans être agnostique, il se méfie des vaticinations. Elles ne servent bien souvent que les gens cupides, estime-t-il. L'eau trouble engraisse le crabier, soutenait son grand-père qui avait un esprit presque aussi rationnel qu'un Tây. Alors, la menue voix s'élève. En tâtonnant un peu, pour débuter, en errant un peu, puis en devenant plus assurée. Et l'on entend :

« Quatorze ans s'étaient écoulés et, maintenant, seulement, leurs vœux étaient réalisés,

A l'amour et à l'union d'aujourd'hui, à l'union et à la séparation de jadis,

Combien de fois, en y pensant, furent-ils tristes, furent-ils joyeux ? Cette nuit-là, leur bonheur fut comblé. »

Et l'on commente en plaisantant. Liliane avec sa pétulance habituelle : « Eh bien ! mon garçon, te voilà obligé de languir pendant quatorze ans avant de te marier. J'espère que tu vas te débrouiller autrement, car n'oublie pas, je veux être une jeune grand-mère. » Rire général et quolibets des deux sœurs de François. Le nom de Colette est présent dans tous les esprits, mais qui le prononcerait ? Le rire est bien commode quand on s'interdit de s'exprimer d'une manière différente. Toujours subtil, l'oncle Giàu a le mot de la fin : « Au Viêt Nam, énonce-t-il, les yeux fixés sur François, Confucius nous a appris la résignation, à ne pas se révolter contre la volonté du Ciel. “On peut crier vers le Ciel, écrit Nguyễn Du, mais le Ciel est si haut !” Le destin est tracé, il faut le suivre. Nous avons une expression pour cela : *Aí nộ, aí ố*, amour, haine. La vie est une chaîne, nous ne pouvons la briser. Il observe une pause, puis éclate de rire. Et en levant sa coupe de champagne vers François, tout chose : Mais vous n'êtes pas vietnamien, vous n'avez donc pas à obéir à Confucius. »

En rentrant en taxi vers quatre heures du matin, Thu déclencha les protestations de Joséphine, ce qui troubla le sommeil de chaque côté du mur. Près de Manh, Hélène se retourna dans son lit avec la vivacité d'un *cá đôí*, ce mulet d'eau saumâtre que son père allait pêcher dans les bouches du Mékong et qui se débattait au bout de la ligne, sous ses yeux d'enfant. Et elle entendit son père maudire entre ses dents les esprits malfaisants qui entraînaient sa femme dans ses dévergondages et manquaient à chaque fois de le ruiner.

Décidément, ce Tết va de surprise en surprise. Celle-là est de taille. Elle surgit alors que, table mise, on se prépare à partager le dîner du troisième jour après avoir servi le leur aux mânes des ancêtres qui doivent, ce soir, retourner dans leur lieu de vérité, la besace pleine à craquer d'offrandes, de pétards et de liesses en tout genre. Surprise d'entendre soudainement quelqu'un sonner à la porte de la propriété. Qui donc à cette heure ? Hugues est déjà debout, prêt à traverser le jardin. Son père l'arrête.

« Prends la lampe électrique et regarde par le judas avant d'ouvrir. On nous a signalé des rôdeurs. »

Colette ? Non, elle a les clefs. Et puis son retour n'est prévu qu'après-demain. Elle le répétait hier encore à sa mère, au téléphone. Alors, la voisine ? Elle se serait annoncée. Hugues revient, et derrière lui, Colette. Clefs oubliées dans sa chambre. Frimousse contractée. Encadrée de ses cheveux longs et de son col de renard, elle a l'air d'une sauvageonne. Etonnement général. Questions. Et réponses ambiguës. Sale temps sur la Côte. Pourtant, à la télévision, la météo ne semblait pas... C'est vrai, il ne faisait pas mauvais, mais il y avait du vent, et le vent, pour le tennis... Puis la migraine frappa, cette migraine dont parfois Colette est la victime. Bref, une place était disponible dans un avion et elle l'a prise. Pressentant la fâcherie ou le petit drame que ce vent et cette migraine dissimulent, chacun sent la nécessité de changer de sujet. A la fin du repas, baguettes posées en travers du bol, un mot s'échappe et apporte une précision inattendue. Un mot débusqué par Thu qui demande comment les Phú Càt ont trouvé le cadeau qu'elle s'est elle-même chargée d'acheter afin que sa petite-fille n'arrive pas chez eux les mains vides. Une boîte en porcelaine de Chine provenant d'une vente-exposition du Printemps. « Irène, elle, l'a trouvée à son goût. » Que signifie donc cette restriction ? Ce présent n'aurait-il pas plu à son mari ? La réponse siffle juste avant que le visage ne se ferme, pareil à une corolle aux abords de la nuit : « Ne me parlez pas de cet individu. » Et comme personne n'ose aller plus loin, c'est le silence. Grâce au Ciel, Chi Ba intervient à temps. Avec un dessert qui produit son effet. Un plat de *bánh gai*, de « gâteau épine », ce nom insolite né du fait que sa pâte, composée de farine de riz, de soja et de graines de mangoustan, est empaquetée dans un triangle de feuilles d'ortie, une ortie piquante, mais inoffensive. On se pâme, on la félicite, et le moment vient de se lever de table.

Martel en tête, Manh souhaite qu'Hélène interroge sa fille. C'est son rôle. Il pense que Colette se confiera plus volontiers à elle si, comme il le subodore, Phú Càt lui a manqué de respect. Mais, fidèle à sa pusillanimité d'usage, Hélène recule, remet cette besogne délicate à plus tard. D'ailleurs, Colette a déjà rejoint sa chambre, fatiguée, soutient-elle, par ce voyage. Il y a un an, Hélène aurait eu plus d'audace avec sa fille. Une frontière invisible vous sépare soudain d'un enfant et vous ne pouvez pas la franchir sans son autorisation. Thu aussi aimerait bien percer le mystère. Un instant auparavant, devançant sa nièce, elle a entrouvert la porte de sa chambre. Ouf ! la lampe n'avait pas bougé de place. Alors, pourquoi ce brusque retournement de situation ? Tout marchait si bien. N'était-on pas persuadé que Colette allait revenir avec la nouvelle de ses fiançailles prochaines ? Hélène lui réapparaît, hier matin, souriante malgré sa réprobation contre cette démente partie de *tứ sác* qui a croqué sa nuit et une partie de ses économies. Heureuse à l'idée que le plan dressé menait à la victoire. Hélène rapportant les dithyrambes de cette godiche d'Irène (son mari ne cesse de la cocufier alors qu'elle lui décerne le premier prix de fidélité), admirative des qualités de Colette, les détails de son séjour chez elle et de ses rapports avec son fils, Antoine. Les parties de tennis jusqu'au crépuscule, et puis les randonnées à bicyclette dans l'arrière-pays, et puis les repas au bord de la piscine, et puis, et puis... Bref, les dieux présidaient au débat et nul doute que cela se terminerait bientôt comme les deux familles le souhaitaient. D'autant que – autre raison de se réjouir – ce petit Tây n'était plus à craindre en dépit des relations de plus en plus étroites de Hồng et de son oncle avec les voisins. « Je ne sais pas à quel jeu ils jouent, mais on dirait vraiment qu'ils travaillent dans le sens inverse. Hier, par exemple... » Et Hélène raconte leur visite, le panier chargé des préparations de Chi Ba. « Et Manh les a accompagnés. Ce n'est pas que ces voisins soient désagréables, mais comment ne pas comprendre que l'on doit être vigilant quand on a une jeune fille de dix-huit ans à la maison ? » Amis peut-être, ces gens-là, mais des étrangers, quoi que l'on fasse. « Les Tây seront toujours des Tây, on n'y peut rien. » Des gens bien loin de notre culture, de notre mentalité, de nos habitudes. Embrassades, gesticulations, certitudes, fromages... Heureusement, les ancêtres avaient veillé et la lampe magique accompli son office, s'était rassurée Thu. Il ne lui restait plus qu'à attendre les conclusions de son mage après la manipulation qu'elle avait exécutée sur sa demande, chez son amie, la veuve du général, avant de se jeter, à corps perdu, avec elle, sur le tapis vert : à genoux devant une image du Bouddha, secouant un tronçon de bambou rempli de baguettes numérotées jusqu'à ce que l'une d'elles tombât à terre. Des baguettes dont chaque numéro correspond, sur un registre détenu par l'officiant, à un oracle dont il se charge ensuite, contre monnaie, de traduire les termes ésotériques. Dans trois jours, après réception de son chèque, Thu obtiendrait donc la réponse au vœu qu'elle avait formulé. Celui, bien sûr, que sa nièce fît un mariage vietnamien. Une réponse qui ne pouvait être que positive. Hélas...

Hồng est la seule, ce soir, à recevoir les confidences de Colette. Passant devant la chambre de sa nièce, elle a vu une main se glisser par la porte entrebâillée et l'inviter à entrer. Depuis un certain temps, elle s'est encore rapprochée de sa tante. Jusqu'à rechercher ses conseils. Elle apprécie la justesse de son raisonnement et la douceur de ses sentiments. Et à l'instant, elle a besoin plus que jamais d'elle, besoin de son affec tueuse compréhension et de son expérience. Assise sur son lit, dans sa robe de chambre rose, cheveux ruisselant le long d'un cou qui n'en finit plus, yeux de faon qui a perdu sa mère, quel peintre n'inspirerait-elle pas ? En l'examinant, Hồng se rappelle l'enfant qu'elle était, il n'y a pas si longtemps. Ce visage ovale (tiens, cela, je le connais), ce front haut, si dégagé (pour mieux penser), cette poitrine gonflant légèrement l'étoffe après s'être annoncée avec pudeur dans l'échancrure. Femme déjà, songe-t-elle, alors que nos yeux ne sont pas encore prêts à la considérer sous cette forme nouvelle, qu'ils s'étonnent de ne pas la retrouver comme avant. Femme aussi dans sa manière de s'exprimer. De charger ses paroles de tout son caractère et de leur apposer le contreseing du léger froncement de ses sourcils et de ses lèvres.

Fi de ces paroles de médecin précautionneux que l'on apprend avec l'alphabet et le calcul. Parlons clair. D'ailleurs,

Colette se sent-elle vietnamienne ? Elle n'y va pas par quatre chemins, ne désire rien cacher à sa tante, car il lui faut se débarrasser du poids que ses jeunes épaules ne peuvent supporter seules. Et comment le faire ici si ce n'est avec Hồng, ouverte, elle, bien que vietnamienne pur *nủỏ mắm*, ou plutôt, *đạc kẹo*, c'est-à-dire « concentrée comme un bonbon », aime-t-elle rappeler parfois. Contrairement à cette famille qui a peur des mots, qui replie ses ailes, pareille à une coccinelle dans le creux de la main, devant le moindre sentiment trop affirmé, pénétrée de cette longue tradition de respect envers son prochain, de réserve et de circonspection qui empêche tout coudoiement spontané. Alors, Colette retourne son cœur, tête en bas, et lui fait rendre sa bile. Tout sort pêle-mêle, comme si elle craignait d'être brusquement privée du droit de parler. Parle. De la raison qui a précipité son retour. De Phú Càt, du dégoût qu'elle a ressenti lorsqu'elle a deviné son manège. « Il était si gentil avec moi. Un homme de son âge ! » Lorsqu'elle a deviné qu'il se servait d'Antoine pour mieux la côtoyer. Parle d'un jour où, soudain, alors qu'elle pédalait avec lui, Antoine et sa mère, par un beau soleil et dans l'air parfumé de lavande, sur une petite route de l'arrière-pays, il s'est mis à la poursuivre. Pour rire, croyait-elle. A la poursuivre jusqu'à l'orée d'un bois, où là, hors de la portée des autres, il s'est arrangé pour la faire chuter en fin de course dans un fossé moussu. Pour rire, croyait-elle aussi. Trouvant quand même suspect la lenteur avec laquelle il l'aidait à se relever et sa façon de la regarder, empêtrée dans cette situation malencontreuse. Et parle du jour où, prétendant chercher une raquette que l'on devait donner à réparer, il s'est introduit dans sa chambre, et elle l'a aperçu à travers la porte translucide de la salle de bains, tandis qu'elle quittait la douche. Et parle enfin de la fois où, pendant le déjeuner, c'était hier, alors qu'elle essayait de rattraper sa serviette qui tombait sous la table, elle a senti sa main sur son genou droit. C'en était trop. Simulant une migraine affreuse, elle a décidé de rentrer à Rueil-Malmaison. Et ce benêt d'Antoine qui se demandait quelle bourde il avait bien pu commettre pour qu'elle abrège son séjour avec cette brutalité !

« Parce que tu n'as aucune considération pour lui ? risque

Hồng avec l'intonation de l'enquêteur énonçant plus une évidence qu'une question.

— Tante ! » lance-t-elle dans un long soupir.

Comment Hồng pourrait-elle imaginer qu'elle est retournée chez les Phú Càt pour revoir ce garçon ? A-t-elle oublié pourquoi elle a tenu à s'échapper des Tilleuls au moment même où chacun se doit de regagner le toit familial en courant, comme à l'approche d'un orage ? Bien sûr que sa tante n'a pas oublié. Il suffit de remarquer avec quelle ferveur elle parle maintenant de François. Depuis qu'elle fréquente ces voisins, expose-t-elle à Colette, elle a pu mieux l'étudier et déterminer sa valeur. Parfois, elle a l'impression d'avoir un Vietnamien devant elle : politesse, sincérité, fierté. Et cette sensibilité ardente, mais voilée. Braise sous la cendre. Cacherait-il quelque défaut impardonnable pour ne pas mériter toutes les qualités qu'elle lui octroie ? Elle fouille maintenant le regard de sa nièce et n'entrevoit que de l'attention teintée de tendresse. Alors, elle lui décrit sa venue, le soir du Tết, des roses à la main, ses prosternations devant l'autel. « Comme un vrai Vietnamien. » Et lui décrit la scène du *Kim Van Kiều*, son désir d'interroger ce livre et sa propre surprise quand elle a vu sur quel passage son doigt était tombé. Quatorze ans avant de réaliser son rêve ! La raillerie de sa mère et les quolibets de ses sœurs.

« Quatorze ans ? » répète Colette, songeuse.

Hồng a recopié cet extrait pour elle sur une page de carnet. Sa main part à ses trousses, sous sa tunique, dans la pochette de soie où elle l'a dissimulée. Elle la lui tend. Et comme Colette reste muette après lecture, elle s'apprête à réitérer la question. Quand elle entend :

« Je peux garder ce papier ? » (Hồng la redécouvre enfant, avec sa queue de pie sur la nuque.) Elle lui répond par un coup de menton expressif. Alors, à présent, vive, impulsive, Colette redit, enjouée, presque frivole, redit pourquoi elle a choisi de délaisser la compagnie de François pour retrouver ce garçon dont elle se moque. Pourquoi elle a surpris tout le monde en repartant chez ces gens-là. Lui avoue qu'elle voulait tout simplement éprouver François en aiguisant sa jalousie. Cette dernière phrase semble avoir choqué sa tante. N'a-t-elle pas l'air de la remâcher, comme pour essayer de la mieux digérer ?

« C'est un garçon délicat, plaide-t-elle, il ne veut pas te mettre en porte-à-faux avec les tiens. Il y a longtemps qu'il a senti que l'on ne désirait pas d'un Français dans la famille.

— C'est également ton opinion ? »

Voilà l'instant où elle diffère de la petite Vietnamienne qu'elle était encore quand je l'ai découverte, il y a quatre ans, raisonne Hồng en l'observant avec l'étonnement d'un enfant devant son premier escargot. Ce comportement sans cérémonie, ces tournures de phrase directes, ces mots qu'elle vous envoie comme ses balles de tennis. Que lui répondre ? Qu'une réfugiée de fraîche date n'est pas dans la meilleure situation pour pouvoir émettre un avis valable sur un sujet pareil ? A-t-elle aperçu la clôture invisible qui isole nos compatriotes selon l'époque de leur arrivée en Occident ? Invisible, oui, mais plus infranchissable que le Mékong ou le fleuve Rouge en pleine crue. Au point que l'on serait parfois en droit de se demander si certains membres de la diaspora sont vraiment nés là où sont nés les autres. Dans quel mépris ils tiennent ceux qui viennent de débarquer ! Alors, si tant de Vietnamiens du même âge se tournent le dos et se heurtent de front comme des étrangers, si l'incompréhension entre eux est aussi profonde que les océans qui les ont séparés, comment peut-on se mettre à la place de la deuxième génération ? De tous ces jeunes gens qui ne connaissent pas l'odeur des fruits trop mûrs, de la mangue écrasée sur les routes, du durion puant, du buffle pataugeant dans la rizière et celle du feu de *tràm* avivé à coup d'éventail sous la marmite de *hũ tiếu*, la bonne soupe saigonnaise, à l'aube, et celle des premières cloques de la pluie sur le chemin poussiéreux. Qui n'ont jamais entendu le claquement lointain des semelles de bois derrière les yeux bridés des persiennes et le cri chantant du petit vendeur de glace, sa bouteille Thermos en bandoulière.

« Je suis si mal placée, si éloignée de ta mentalité, de ta nouvelle culture, répond Hồng enfin. Toi et moi, nous n'avons plus tout à fait la même façon de sentir les choses. J'ai peur de te heurter, pis, de te blesser en te livrant le fond de ma pensée. Tu le souhaites vraiment ?

— Oui, Tante, vraiment. Parce que contrairement à ce que tu crois, je te sens beaucoup plus proche de moi que de mon père ou de ma mère, et parce que ton avis m'est très précieux. »

Hồng incline la tête vers son épaule gauche. Ce qu'elle fait parfois devant son clavier. On dirait alors qu'elle perçoit des notes secrètes, un air qui ne vole que pour elle-même. « Mon souhait, mumure-t-elle avec le plus de douceur possible, serait que tu épouses quelqu'un de chez nous. » Elle s'arrête. Vient-elle de prononcer les seuls mots qu'il ne fallait pas ? Mais Colette demeure muette et figée. Ne bougent que ses doigts qui s'amusent avec le papier qu'elle lui a remis. Alors, enhardie, Hồng continue. La prévient que si elle sort de chez elle pour se marier, il est à craindre que la piété filiale n'en souffre, et comme elle le sait, elle commande le culte des morts qui garantit la perpétuité de la famille et de la race. Et si l'encens ne brûle plus sur l'autel, les mânes de ses ancêtres deviendront misérables et malfaisants, réduits à errer au-delà des fleuves et des montagnes où règnent les ténèbres. Et ils la poursuivront de leur rancune. Quelle famille se réunit aujourd'hui dans sa totalité, comme jadis, le jour anniversaire du décès de la mère ou du père ? « Tu vois, tout se perd chez nous, déjà, l'encens ne brûle plus comme il brûlait au Viêt Nam, de nombreux autels vides pleurent après les offrandes. » Aussi imagine-t-elle le malheur de ses ancêtres ? Colette s'impatiente. Entre ses doigts, le morceau de papier est froissé. Une papillote de bonbon. Elle finit par interrompre sa tante. Sur un ton que seul un Vietnamien pourrait jugé inconvenant :

« Tante, je respecte beaucoup les morts, mais je ne peux quand même pas passer ma vie à les honorer. Chez vous (souvent sous-entendue, cette expression sort pour la première fois de sa bouche et elle le regrette), ils prennent un place si considérable qu'il n'en laissent guère aux vivants. Mon mari et moi les célébrerons, comme il convient, les jours anniversaires. Un point c'est tout. Même si mon mari n'est pas vietnamien.

— Car il pourrait ne pas l'être ? » demande Hồng timidement.

Elle se rengorge : « Il sera l'homme que j'aime. Qu'il soit vietnamien ou pas. Elle a émis cela sur un ton détaché, comme si elle avait lu à haute voix une lettre envoyée par une inconnue. La réplique de sa tante ne l'étonne qu'à demi.

— Tu as raison, conclut Hồng, et je te fais confiance. Je

suis sûre que ton choix ne s'opposera pas à l'honneur de ta famille et de tes ancêtres. »

Ces paroles prononcées, une grande douceur emplit la chambre, doublant celle que la lampe en opaline répand avec sa lumière tamisée.

Devant l'autel dressé, dans la pagode consacrée à la mémoire du maréchal Lê Văn Duyêt, à Gia Đinh, dans les faubourgs de Saigon, Hồng jure fidélité à son fiancé parjure. Récite la formule consacrée que connaissent les amants qui viennent implorer l'intercession de ce héros national. De ce grand chef de guerre qui a protégé les chrétiens de Cochinchine contre le terrible empereur Minh Mạng, lequel, pour le punir après sa mort, a fait donner cent coups de rotin sur son tombeau :

Si je suis infidèle à Quang, j'accepterai avec respect la punition de Duyêt. La mort sera mon lot. Oncle vénéré, rends-moi Quang contre cet engagement de fidélité. Puis, tandis qu'un bonzillon ponctue les prières à coups de gong et de sonnette, un second vœu quitte ses lèvres : Que Manh, mon grand frère, demeure avec les siens, qu'il n'aille pas rejoindre les hommes en uniforme des gros bataillons de la guerre éternelle, cette armée dont tu avais en ton temps le commandement.

Modulées, ses exhortations montent lentement vers les caractères d'or qui décorent la charpente sculptée, semblent s'enrouler autour des serpentins d'encens qu'un souffle balance. Mais devant un être aussi obstiné que Manh, quelle prière a la force d'atteindre le Ciel ? De retour de l'enterrement, ce matin, de l'adieu au soldat mort qui, sacrifiant son avenir de médecin, s'était engagé pour venger son frère, il a réussi à acheter le policier qui était venu l'arrêter à son domicile. Mais maintenant, avec Hồng, sur un ton inhabituel, fixant un point imaginaire dans le jardin de la rue Chasseloup-Laubat :

Tu sais, je crois que je n'ai pas bien fait. J'aurais dû me laisser enrôler. Je ne peux pas continuer à voir mes amis se battre, souffrir et mourir alors que je suis là, comme ça, à ne penser qu'à ma petite carrière... Rasant les toits, un chasseur à réaction emporte dans son fracas le reste des ses paroles. (Il a dû m'entendre.)

Voyons, Grand Frère, et avec Lan, tu ne crois pas que la

famille a assez donné à la patrie ? L'avion revient, effrayant les étourneaux de Chine, gris, fauves et blancs en escale depuis hier dans le manguier de leur enfance. Qu'en dit Père, tu lui en as parlé ?

Pas encore. (Tout à l'heure, il est allé jusqu'à sa porte, et au dernier moment, alors qu'il s'apprêtait à appuyer sur la poignée, il a tourné les talons, comme si quelqu'un l'avait appelé à son secours.)

Une moue s'empare de Hồng : Tu sais ce qu'il va te dire ? Moi, je sais. Le soleil moire les cils qu'elle a longs et soyeux. Un sourire tente de les soulever tandis que les étourneaux retrouvent leur perchoir. Il va te dire que cette motivation n'est pas la seule, que tu en as une autre qui domine d'ailleurs la première, en dépit de ce que tu veux bien admettre. Il interroge Hồng des yeux en feignant l'incompréhension. Ton désir de fuite, précise-t-elle. Manh étouffe un rire de gorge et la toise. Depuis quand se permet-on de faire la leçon à son frère aîné ?

Etonné : De fuite ?

Tu es parti pour la France avec ce désir-là, Grand Frère. Tu veux partir pour la guerre avec un désir semblable. Fuir ce mariage que l'on a décidé de t'imposer. Ce n'est pas vrai ? Du regard, Manh est obligé d'en convenir, même si ses lèvres s'y refusent. Les étourneaux redécollent. Eux aussi n'ont que cette idée, pense-t-il : fuir.

Sa rencontre avec son père, dans la chambre où il repose, rouvre une plaie vive. L'impression d'avoir à le défendre contre un intrus malfaisant : la mort. Comme si elle s'était interposée entre eux deux. Avec ce teint de vieil ivoire dont elle a déjà badigeonné son visage, avec cette voix exténuée qui paraît de nouveau rencaisser tous les accablements de la vie passée. Soudain Manh a conscience qu'il va bientôt devoir imaginer son père sous une forme différente, comme un pur esprit flottant dans les vapeurs du ciel et sensible aux seuls rayons de la lumière divine. Alors, il l'imprime en lui, s'efforce de fixer ses traits dans son tréfonds, comme dans la gélatine d'une plaque photographique. Joues que le mal a rongées, paupières d'insomniaque, oreilles faites de terre glaise, bouche où loge un curieux vestige de jeunesse, fleur insoumise d'un bouquet défraîchi. On a fermé les persiennes. Trop tard. La mort est entrée, et il semble bien que, cette fois, elle ne délogera plus.

Lui parler, vite. Lui parler à l'oreille avant qu'il ne commence son grand voyage. Déverser son cœur dans le sien, tout son cœur, comme lorsque, enfant, il attendait d'être seul avec lui pour monter sur ses genoux et lui confier un gros secret.

Il lui souffle : Père, il faut que je te dise... Et les mots refont le chemin de la veille. Et comme Hồng l'avait prévu, Manh entend son père lui reprocher de vouloir fuir. Avant de lui faire part de ses dernières volontés. Alors, fidèle aux traditions, il n'est plus qu'un enfant obéissant qui se plie avec humilité aux ordres paternels.

Il entend : Ton devoir, Enfant, est de rester avec les tiens, car en l'absence de Lan, tu es le fils aîné, et le fils aîné ne peut quitter le navire quand il doit remplacer le capitaine. Le fils aîné ne doit penser qu'à continuer la famille, qu'à faire en sorte qu'elle se perpétue par ses enfants. Tu vas donc demeurer avec les tiens afin d'amener ton bateau à bon port, vers des eaux calmes, car la tempête va se lever. Mais avant toute chose, je veux que tu me fasses une promesse. Approche-toi un peu plus.

Oui, Père. Son oreille touche presque ses lèvres.

Je veux, Enfant, que tu me promettes d'épouser le jeune fille avec laquelle tu es fiancé. Tu as compris ?

Oui, Père.

Sa mère est une chipie. Méfie-toi d'elle comme de la lionne de Hà Đông. Mais sa fille est la meilleure de toutes. Elle a tout pris de son père, mon ami Tùng. Elle te donnera de beaux enfants. Et n'oublie pas ce que dit Tùng : Une femme avec enfant est comme un savonnier qui a des racines, une femme sans enfant est un radeau de varech dans le courant du fleuve. Tu vas épouser Hélène et chasser de ta tête et de ton cœur toutes celles qui y sont passées, et surtout cette Tây. Car tu as le devoir de perpétuer le Viêt Nam qui est en toi, comme tes enfants auront à cœur d'être aussi fidèles à leur sang. Compris ?

Oui, Père.

L'entente doit être parfaite entre vous. Quand la femme et le mari s'accordent bien, ils peuvent aller jusqu'à vider la mer

Orientale. Si tu te laissais de nouveau tenter par cette Française, sache que, de là-haut, tu entendras parler de moi. Je ne veux pas que tu ternisses la réputation de notre famille. Une chenille tombée dans une marmite de bouillon suffit à la gâter tout entière. Tu sais que le Ciel, qui gouverne le monde des mortels ainsi que celui des âmes, autorise parfois certains défunts à reprendre une nouvelle vie humaine. De même qu'il peut se venger en accablant l'auteur d'un méfait. Garde-toi donc si tu ne veux pas, un jour, t'incarner dans le corps d'un buffle pour payer ta dette. Silence profond. La respiration lui manque. Il se ressaisit. T'es-tu occupé de ma tombe comme je te l'ai demandé ? Est-elle bien orientée à l'est ? As-tu vérifié avec la boussole du géomancien si elle se trouve près de la gueule du Dragon Bleu au souffle bienfaisant ?

Oui, Père.

Alors, si tout est en ordre comme tu me l'assures, Enfant, je n'ai plus qu'à prendre le nom posthume que tu m'as choisi, avec lequel on évoquera mon souvenir lors des anniversaires, et à m'envoler comme une plume d'oiseau dans le ciel bleu.

Et son faible rire fait le bruit d'un de ces étourneaux de Chine quittant le grand manguier. Ultime manifestation du professeur Lê en ce bas monde.

Aussitôt la mort annoncée, Manh en informe le bonze sans perdre une minute, comme son oncle, très averti de ces choses, le lui a conseillé. Prenant soin de bien lui indiquer l'heure exacte, à la seconde près, à laquelle son père a rendu l'âme. Importance capitale, a souligné Giàu. Ce renseignement permet en effet au nécromancien de savoir, par des calculs appropriés tenant compte de la compatibilité des âges et de l'horoscope de chacun, si la mort va en rester là ou frapper une nouvelle fois. Le jour et l'heure de l'enterrement ne seront fixés qu'en fonction de ces études, a-t-il encore précisé. Pas facile. Le travail est long et complexe, les astres indociles. Et complication inattendue, l'oncle affirme que le bonze s'est fourvoyé dans ses appréciations. Les siennes, en revanche, ont été vérifiées. On peut placer sa confiance en lui. Il passe sa vie dans les étoiles. On ne l'avait jamais vu perdre son calme. Aujourd'hui, c'est fait.

Ce Vénérable est un ignare. Il nous pousse à la catastrophe.

Ses erreurs vont rejaillir sur une génération entière. (Au bout de son menton, ses longs poils tanguent comme en plein vent.)

Manh tranche. On se rangera à l'avis de l'homme de la pagode. Mais, prévient-il, pour parer à toute menace, chasser les esprits qui pourraient déclencher des drames en chaîne, une série d'amulettes sera préparée. On en collera sur la bière, on en placera dans la tombe. Chi Ba y veillera personnellement. L'oncle a dû s'incliner, non sans avoir protesté et prédit un autre malheur.

Dans le silence de la maison aux fenêtres de laquelle frétillent des morceaux de coton blanc, la voix du bonze s'élève, lugubre : Que le Dragon Bleu nous soutienne à gauche, que le Tigre Blanc nous protège à droite, que le Moineau Rouge nous garde par-devant et le Guerrier Noir par-derrière.

Etrange comme la mort imprègne tout, décolore tout, jusqu'au moindre objet, jusqu'aux arbres et aux fleurs du jardin que l'on dirait froissés de chagrin. A-t-on déjà senti une telle tristesse se dégager de la nature ? Depuis l'aube, la pluie donne du fouet par intermittence. Pauvres oiseaux terrifiés. Seul un chat noir se hasarde, entre deux averses, à trottiner, ici et là. Mèo, le chat de Catherine, affirme Chi Ba. Les Verger ont oublié de l'emporter. Manh a essayé une fois de l'attraper, mais à l'exemple de son ancienne maîtresse, il lui a filé entre les doigts. Attention ! s'est écriée Thu qui n'arrête pas de se mêler des affaires d'autrui, il faut empêcher ce matou d'entrer dans la maison, car s'il escalade le cercueil, il risque de le faire éclater. Le cadavre se promènera alors dans la chambre. Manh a senti l'ironie soulever le coin gauche de sa bouche. Mais prudente, Chi Ba a rempli une assiette de lait dans la cuisine pour dissuader l'animal d'aller ailleurs. Ce chat, croit-elle, est l'amour perdu de Manh qui erre comme une âme en peine en quête d'une main caressante. Sinon, pourquoi aurait-il élu domicile dans ce jardin ? Aussi se doit-on de le protéger. Contre Thu, surtout, qui serait bien capable de truffer sa bouillie de poils de bambous.

Deuxième jour. Jour considéré par le bonze comme le plus favorable pour le déroulement des obsèques, contrairement aux estimations de Giàu qui proposait le troisième. Huit heures. Heure la plus faste pour commencer la préparation de la mise en bière. Manh a décidé d'en écarter sa mère, trop faible pour supporter le long rituel. Aspersion du corps avec le sang d'un pigeon, habillage dans le plus beau de ses costumes, enveloppement dans un linceul rouge. Puis pose sur le visage du coupon de soie noué en une vague forme humaine dans lequel l'âme va pénétrer. Puis introduction dans la bouche d'une boule de riz gluant et de trois pièces de monnaie. Pour le voyage. Huit heures trente. Le cadavre est couché dans la bière et le couvercle vissé. Stop ! Manh a interrompu la fermeture. Il sert quelque chose contre lui. Un stéthoscope. Il le glisse près de la tête de son père. D'un geste instinctif, chacun a regardé sa montre, puis soupiré : On est dans les temps. Alors, Chi Ba apporte un bol de riz. Elle le place sur le cercueil et plante deux baguettes entre lesquelles elle glisse un œuf dur. Pour que, séparé de son corps, le mort puisse continuer à satisfaire sa faim. Car, rappelle Giàu, la mort n'abolit pas la personnalité, les âmes la conservent. De corporelle qu'elle était, la vie devient spirituelle et elle a toujours besoin de nourriture terrestre.

L'orage gronde, la foudre éclate et les éclairs éventrent à grands coups de sabre les nuages fuligineux. Bon signe, estime l'oncle un peu tranquillisé. A condition que le ciel recouvre son calme au moment de la sortie du cercueil. Le voici justement et voici le soleil de retour avec les oiseaux sur la pelouse, les tourterelles à ailes vertes, les pigeons cendrés et les merles parleurs rassemblés comme pour saluer une dernière fois le maître de maison. Vite, Chi Ba répand du sel et du riz sur le passage du cercueil, car la mort peut laisser des traces pernicieuses. A Long Xuyên, après une demi-journée de route, on se retrouve au grand complet dans le convoi qui s'étire le long du fleuve. En blanc. Blancs le bandeau entourant la tête des hommes et le capuchon en pointe des femmes. Blanc le chanvre grossier des tuniques et des pantalons sans couture ni ourlet. Et blanc le mouchoir démesuré pressant le nez de tous, celui de Manh touchant presque le sol, comme si une épidémie de grippe s'était jetée sur le cortège. Manh cassé en deux et appuyé sur un bâton de bambou, vieillard impotent avant l'âge, comme le veut le grand livre des préceptes, à côté de sa mère soutenue par un de ses demi-frères, et derrière, son autre demi-frère, sa sœur et son oncle Giàu, et derrière encore, le restant de la famille, les alliés et les amis, dont Thu, inconsolable, et les siens. Une bonne cinquantaine de personnes marchant au son d'une fanfare composée de plusieurs monocordes, d'une guitare, d'un saxophone, d'un gong et de plusieurs cymbales. D'une fanfare alternant airs traditionnels, tangos et vieux succès français, le tout bien allègre afin de célébrer la vie réussie de celui qui s'en va et de lui préparer un accueil triomphant parmi les puissances célestes. Marchant derrière le cercueil rouge et or surmonté de la tablette funéraire en bois de santal et d'une maison en bambou et en papier décoré, pourvue de tous les meubles et accessoires nécessaires à la vie ordinaire. La maison qu'habitera l'âme du défunt, là-haut, celle que l'on va brûler avec le bâton de bambou et les invocations à caractère propitiatoire.

La fosse est là, béante, bouche affamée de la terre. Et Manh est là, seul devant elle, alors que la musique vient d'égrener les dernières notes d'une sérénade. Au loin, le fleuve murmure, rapporte le vent, et plus près, sur la rizière, une aigrette jette son cri aigre, comme un signal. C'est le moment où Manh s'empare de la tablette et l'élève au-dessus de sa tête.

Le moment où l'on entend sa voix : Maintenant que voici mon père dans la sépulture définitive, je demande à inscrire son nom secret sur cette tablette. Le corps matériel allant dans la terre, je prie l'âme de quitter son ancien refuge pour entrer dans le nouveau, dans cette tablette, afin que plus tard je puisse l'évoquer pour lui offrir des sacrifices.

Expert en calligraphie, Giàu trempe alors un pinceau dans le vermillon et procède à l'inscription. Incarnée dans ce bois, l'âme du professeur Lê rejoint ensuite sa maison saigonnaise. Manh dépose la tablette sur le fauteuil habituel devenu dès lors celui des ancêtres, et après s'être prosterné, lance une seconde invocation. C'est fini.

Le repas funéraire a lieu le lendemain, rue Chasseloup-Laubat. Vœu du professeur Lê qui souhaitait revoir, par-delà la mort, ses amis de Saigon, notamment les médecins de son hôpital que leurs obligations auraient empêchés de le suivre si loin. Après les prières devant l'autel, le silence est rompu, vaincu par le désir de chacun de renouer avec la vie après tant d'heures passées avec la société mortuaire, tant d'intimité avec l'âme du défunt et celles des ancêtres. Et la lumière rentre à flots dans la maison dont les persiennes ont été repoussées par

Chi Ba, comme autant de bras étouffants. Rentre pour chasser les miasmes maléfiques dont le cadavre paternel a souillé sol, meubles, garde-robe. Chi Ba qui a pris soin de brûler au fond du jardin les quelques vêtements de son ancien maître qu'elle n'avait pu placer, lors de la mise en bière, entre le corps et les parois du cercueil.

Autrefois, se rappelle Oncle Giàu, les familles des morts étaient tenues à l'écart durant les trois ans du deuil imposé au fils pour son père ou pour sa mère. Elles avaient pour devoir d'éliminer l'impureté dont elles étaient atteintes, qui constituait un péril mortel pour l'entourage direct. Aussi était-il défendu de se marier pendant tout ce temps et d'avoir des relations sexuelles. Cette interdiction est aujourd'hui fort heureusement corrigée. Réduite à trois jours pendant lesquels la séparation entre les hommes et les femmes est absolue, la viande, l'alcool et le bétel prohibés. Et deux ans en ce qui concerne le mariage. Deux ans à la fin desquels on abandonne les vêtements blancs prescrits pour le deuil.

Tùng soupire : Deux ans !

Le père d'Hélène est allé rencontrer Manh le surlendemain des obsèques, à la fin d'une matinée de travail au Jardin botanique. Envoyé de force, comme son air l'indique, par son dragon de femme. Il a cru bon d'offrir à Manh, pour l'occasion, une plante très rare, une ottelie alismoïde, fleur aquatique à trois pétales blancs, de la couleur du deuil, originaire d'Egypte et rapportée par un missionnaire français, il y a bien longtemps. Et en spécialiste toujours soucieux du confort de ses protégées, il a voulu déposer lui-même cette nouvelle venue dans le petit bassin qui pare la pelouse de la rue Chasseloup-Laubat de son œil mélancolique. Les deux hommes sont au bord de cette eau dormante, le regard fixé sur la fleur flottante. Tùng a le même œil chagrin. Deux ans à attendre encore avant que Manh puisse épouser sa fille ! Serait-ce impossible d'écourter cette période de deuil ?

D'une voix prudente : De nos jours, Petit Frère, beaucoup de coutumes tendent à disparaître. Je vous citerais par exemple le cas d'un de mes jardiniers, pas n'importe qui, d'ailleurs, le meilleur, qui, ayant perdu sa mère et...

Manh se cabre : Vous n'y pensez pas ! Que dirait mon père dans son lieu de vérité ? Vous imaginez ensuite la réaction de notre entourage en apprenant que nous avons violé les rites ? Je connais des gens qui décideraient aussitôt de nous tourner le dos, et cela pendant des années. Mon oncle Giàu, pour ne parler que de lui, m'en voudrait jusqu'à sa mort. Non, libre à votre jardinier d'agir comme il lui chante, moi, je me conforme au devoir sacré. Pas de mariage avant que je ne me dépouille de mes vêtements de deuil.

Contraint par la promesse faite à son père, Manh consent dès lors à voir Hélène plus souvent. A accepter les invitations de Thu qui invente toutes les raisons pour réunir les deux familles et le laisser en tête à tête avec sa fille. Mais que l'on n'aille pas lui reprocher de maintenir avec elle une certaine réserve. N'est-il pas en deuil ? Et ne respecte-t-il pas là, d'autre part, les prescriptions élémentaires – avec une particulière rigueur, c'est vrai – que doivent suivre les jeunes gens en public, aussi amoureux soient-ils ?

Comme on agace une dent douloureuse, il harcèle ses pensées d'une supputation aléatoire : qui sait si, lassée de languir après un mariage aussi problématique, Thu ne finirait pas par se résoudre enfin à changer de cible ? Par viser plutôt le fils de Thành Phố, dont la bonne volonté semble devenue entière ? Une conclusion pareille lui éviterait de se parjurer. En paix avec sa conscience, il pourrait alors convoler avec la femme de son choix. Avec Catherine, en dépit des consignes et des menaces paternelles ? Mèo, son chat, passe et repasse devant lui, chaque jour, comme s'il avait charge de lui rappeler l'existence de sa maîtresse. Materné par Chi Ba, il dort maintenant dans la cuisine, loin des intentions assassines de Thu.

Aux Tilleuls, personne ne s'en est aperçu. Surtout pas Thu qui ne cesse de couler un œil dans la chambre de sa petite-fille. Personne n'a remarqué que la lampe en opaline n'est plus tout à fait comme avant. Surtout pas Colette, qui pourtant l'allume et l'éteint chaque matin et chaque soir. Colette étonnée quand Hồng lui a dévoilé le secret de l'affaire : d'un coup de chiffon malencontreux, Chi Ba, qui nettoyait la chambre en question pendant l'absence de son occupante partie sur la Côte, a renversé cette lampe, la brisant en plusieurs morceaux. Eplorée, elle s'est aussitôt confessée à Hồng. Elle était prête à sacrifier ses économies pour la remplacer. Mais Hồng l'en a dissuadée. Elle irait en acheter une semblable, le lendemain, au Bazar de l'Hôtel de Ville. « Remets-la dans sa chambre, au même endroit, lui a-t-elle soufflé, et surtout pas un mot. » Seule Thu ignore donc que cette lampe est nouvelle. Si elle connaissait la vérité, elle ne manquerait sûrement pas de rapprocher ce petit drame de l'interruption brutale des vacances de Colette chez les Phú Càt. Et du risque de la voir reprendre le chemin de son amour français. Le sorcier ne lui a pas caché que le danger serait long à conjurer. En plagiant le poète : « La tige du lotus est rompue, mais les fils soyeux du cœur en raccordent encore les deux bouts. »

8.

La seconde lettre de Pierre Lepelletier. Adressée à Manh, cette fois. Elle arrive au moment où Hông entame au piano le morceau qu'elle jouait si souvent à Saigon, cette composition qui rappelle bien des choses à tout le monde, ici. Arrive à la minute même où les premières notes courent à travers la maison, comme si, ce matin, le Ciel avait poussé Hông à s'asseoir devant son clavier et à ouvrir son couvercle en entendant chuinter la bicyclette du facteur au bout de la ruelle. C'est Hugues qui, averti de la venue du vélo par les manifestations bruyantes de Joséphine, est allé chercher le courrier dans la boîte suspendue à la lourde porte du jardin. L'enveloppe est là, maintenant, frissonnante de son papier soyeux entre les doigts de Manh. Quel air plus nostalgique que celui-là pourrait mieux convenir à la lecture d'une lettre pareille ? D'une lettre à laquelle il ne manque que la touffeur du pays et le parfum du jasmin et du gardénia dont les jeunes filles ornaient leur chignon. Par prudence, Pierre a confié sa lettre à un voyageur, ce qui explique son timbrage français. Il parle de Lan, d'abord. Manh s'est assis dans le jardin, sous le tilleul dont, rapprochement symbolique, le feuillage déborde sans se gêner chez le voisin. Pour sa chance, il ne doit pas se rendre aujourd'hui à l'hôpital. Le voici donc à Hanoi, chez l'ambassadeur de France que Pierre a revu avant de quitter le Nord. Le voici écoutant cet homme serviable mais impuissant. « Il ne m'a pas caché que sa démarche en faveur de votre frère risquait d'être tombée dans l'oreille d'un sourd, bien qu'il sente depuis quelque temps, même chez les plus durs des communistes, un certain désir d'ouverture. Une bonne nouvelle malgré tout : la lettre que Lan a fait adresser à l'ambassadeur et dont il avait envoyé le double à un opposant notoire aux Etats-Unis a eu, contrairement à ce que l'on craignait, un effet bénéfique. Grâce à ses protestations contre les sévices infligés par ses geôliers, le régime de détention du camp 18, le sien, a été depuis lors, croit-on savoir, sensiblement atténué. Comme quoi le silence est le meilleur complice des tortionnaires. Comme quoi aussi une démarche officielle, appuyée par les plus hautes instances françaises, est toujours utile. La double nationalité de votre frère (étonnement et satisfaction de Manh qui ignorait que Lan avait conservé son passeport français) est un point positif qui doit pouvoir peser dans une négociation. »

Brave ami. Vouloir insuffler autant d'espoir dans la description d'une situation si peu prometteuse. Le deuxième feuillet est pour Hồng, car Pierre y parle de Quang. Serait-ce pour cette raison que le piano vient d'abandonner subitement une élégie de Rachmaninov pour une ballade engageante de Chopin ?

« Hugues, vite, appelle ta tante. Il y a quelque chose pour elle dans cette lettre. » Arrêt du piano. Pas de fée dans l'escalier. Sous le tilleul, à présent, toute frémissante dans sa tunique de brocart, attentive à la lecture. La voix est douce. Elle semble venir de là-bas, à travers ce ciel de printemps sillonné d'oiseaux. (Apportée par l'un de ces oiseaux ?) Quang est à Saigon ! Magie d'une seule phrase qui fait naître cent images. Pierre ne sait pas où il habite, ne sait pas ce qu'il fait, mais le sait à Saigon et sait qu'il est libre de ses mouvements. Sait cela par un journaliste vietnamien qui le fréquentait à Hanoi quand il dirigeait les éditions en langues étrangères. Car Quang avait un grand nom et un visage connu avant de tout perdre, jusqu'à sa citoyenneté. Peut-être, pour vivre, donne-t-il des cours de français, comme d'autres anciens professeurs. Peut-être. Car il n'a plus rien, à l'exemple de tous ceux que le régime a débarrassés de leurs chaînes. Plus de toit, plus de travail, et parfois, tel est son cas, plus de famille, plus d'amis. Plus rien que ce qu'ils ont dans la tête ou dans les mains. Des connaissances à transmettre ou une pompe à pied pour gonfler les pneus de bicyclette. Ce journaliste affirme l'avoir rencontré sur le port, au milieu du peuple nomade et des vendeurs de toutes choses, de tripes, d'œufs couvés, d'oreilles de cochon en lamelles, de seiches fumées, de crabes, de palourdes, d'agar-agar. Sans doute vit-il là, avance Pierre, à la lueur d'une lampe à acétylène, entre une cuisine ambulante ou une presse à canne à sucre. Sans doute couche-t-il là, dans un sac en nattes, comme tant d'autres sans-abri, entre un cyclo-pousse grignotant des graines de pastèque et un coolie assommé de fatigue. Sans doute ne mange-t-il pas tous les jours à sa faim, n'a-t-il pour tout vêtement qu'un maillot de corps troué et qu'un mauvais pantalon. Mais il est à Saigon, libre, semble-t-il, de ses mouvements. Et sans doute à la recherche d'un moyen pour s'évader, d'une place sur un bateau.

Hồng, son timbre de pipeau : « Tu crois, Grand Frère, tu crois vraiment ?

— Après tout ce que tu as vécu toi-même, que pourrais-je t'apprendre à ce sujet ? Il doit essayer de se faire quelques piastres en bricolant, comme Pierre le laisse entendre, de quoi négocier son départ. »

Pourquoi ces suppositions optimistes, ce grain qu'elle ne va plus cesser maintenant de moudre ? N'a-t-elle pas assez des prédictions hasardeuses de Giàu ? Travail obscur de l'espérance, luminance d'une étoile morte, pense Manh. Je voudrais tant qu'elle oublie cet homme à jamais. Ne l'a-t-il pas oubliée, lui, depuis longtemps ? Qui l'assurerait du contraire ? Combien voit-on de ces anciens officiers ou fonctionnaires auxquels la longue séparation a arraché du cœur de leur femme tout ce qu'ils y avaient semé ? Hồng a quarante-six ans, Quang un peu plus, et voilà vingt ans que ma sœur espère le retrouver. Vingt ans qu'elle vit comme une veuve, avec ses souvenirs. Quelle semence, aussi résistante soit-elle, arrive à germer après vingt ans de sommeil sous vingt tonnes de terre ?

« Oncle Giàu a raison, s'écrie-t-elle, Quang sera ici avant la fin de l'année. » Dans son enthousiasme, elle a effrayé deux moineaux qui s'approchaient. Trop de foi peut miner la santé, constate Manh en regardant l'usure de l'âge au coin des yeux de sa sœur, ses coups de patte qui ressemblent à des coups de griffe. Mais la lettre continue avec le récit que Pierre fait de sa visite, rue Chasseloup-Laubat, moins attristante que l'on aurait pu le redouter. Oui, le manguier a été abattu. Oui, le pagodon a disparu à l'entrée et la pelouse a été transformée en potager. Oui, des voitures ont creusé des ornières boueuses dans le chemin et des canards barbotent maintenant dans la pièce d'eau. Mais la maison a tenu bon face aux attaques des moussons et des hommes. Même si une pancarte rouge défigure la façade sur toute la longueur pour marquer le changement de propriétaire. Même si l'une des persiennes, celle de la dernière pièce, à gauche (ma chambre, note Manh), pend, sortie de ses gonds, comme une paupière affaissée par un crochet du droit.

« Ton piano, Petite Sœur, il a vu ton piano (feuillet voletant au bout de la main, Manh enthousiaste), dans le salon, il n'a pas bougé de place. » Pierre a entendu que l'on en jouait et il est entré. Une jeune fille était au clavier. Un couple mangeait, assis en tailleur sur un bat-flanc, à côté. Ces gens lui ont offert une tasse de thé. Des gens du Nord. Et il est demeuré là, un moment, à écouter cette jeune fille qui pianotait. « Elle avait quelque chose de toi et tes mains fines », poursuit Manh. Et en observant l'air figé de Hồng, comme en admiration devant un tableau lointain, cette réflexion lui vient : il suffit souvent d'un tout petit coup de pinceau pour qu'une croûte devienne un chef-d'œuvre. Et de son côté, Hồng imagine : Cette jeune fille, c'est moi. Je suis restée à Saigon, dans la maison des ancêtres, et j'attends le retour de mon fiancé.

« Il dit ce qu'elle jouait ? demande-t-elle.

— Non, il ne le dit pas. Il dit seulement que le piano avait besoin d'être accordé. » Et son rire affole de nouveau les deux moineaux qui revenaient.

Pierre Lepelletier rentrera à la fin du mois. Plus que deux semaines à inventer tout ce que l'on souhaite voir rapporté d'un pays qui vous a flanqué sa porte au nez. Il a glissé une fleur dans l'enveloppe avant de la fermer, une fleur très rare. Celle d'un hibiscus Linné. Seuls les broussards qui s'aventuraient dans les espaces déboisés de la péninsule connaissaient cette fleur solitaire dont les cinq pétales jaune d'or ont une tache rouge en plein cœur. Symbole du Viêt Nam crucifié, a murmuré Giàu quand il l'a aperçue dans le creux de la main de Manh. Il se rappelle bien le soir où Tùng est venu planter cette tige à aiguillons crochus dans le jardin de Chasseloup-Laubat avec, précise-t-il, la méticulosité d'un barbier nettoyeur d'oreilles au travail à l'aide d'un de ses piquants de porc-épic. Cette tige agressive au bout de laquelle allait naître le petit trésor que Tùng annonçait. Et Manh se rappelle bien les matins, où sautant de son lit, il courait, pieds nus sur le gravier, pressé de surprendre la naissance de cette fleur au cœur sanglant. Et le matin où, avec Hồng en pyjama, elle avait éclos sous leur regard extatique. Quelle main a poussé Pierre à ajouter ces pétales fanés dans son enveloppe ? Miracle de l'amitié qui parvient à deviner jusqu'à la plus ancienne de vos émotions profondes.

Thu a tenu à placer la relique près de la photo de Tùng, sur l'autel des ancêtre, dans un petit cadre en verre bordé d'argent. « Cette fleur, a-t-elle soupiré en retenant une larme, est la continuation de mon mari sur terre. Un jour, j'en suis sûre, nous reverrons cet hibiscus à Saigon, tous ensemble, quand nous reprendrons possession de nos biens. » Sur ces mots, on a baissé la tête sans rien ajouter. Qui croirait ce vœu réalisable ? Et combien sont morts de désespoir sans plus y croire ?

De Tùng, on en reparle, la semaine suivante. Avec la visite de Van Đốc aux Tilleuls, de celui qui fut le meilleur ami du couple en exil, de sa femme, Rosy, et de ses quatre enfants. Les Van Đốc sont installés aux Etats-Unis depuis que Saigon a perdu son nom. Nul besoin d'ailleurs de regarder leur passeport. Leur tenue vestimentaire suffit à indiquer leur lieu de résidence. Fi de la discrétion coutumière des Vietnamiens. Mais peut-être tiennent-ils aussi à se distinguer de la gent émigrée qui a eu la malchance d'échouer sur la rive des petits épargnants plutôt que sur celle des millionnaires en dollars. Millionnaire, Van Đốc ne l'est pas. Chacun sait cependant qu'il a fui le Viêt Nam les mains pleines. Que dans l'avion qui l'a arraché au naufrage, la veille de cet événement, la mallette qu'il serrait avec anxiété entre ses jambes, comme s'il venait de l'enfanter, contenait de quoi vivre de ses rentes jusqu'à sa mort. C'est ce qu'affirmaient alors des témoins qui ajoutaient que sa position d'ancien secrétaire d'Etat au Budget avait dû l'aider grandement à constituer ce capital. La maison où il loge, depuis, contiguë à celle qu'occupait Tùng, dans la partie la plus résidentielle de Fairfax, en Virginie, fait s'arrêter chaque jour plus d'un admirateur au volant, avec ses colonnes doriques en cyprès et ses balustrades en fer forgé. Poignantes les retrouvailles avec Thu. Que de souvenirs à tirer ensemble de l'oubli en mangeant des pan-cakes recouverts de sirop d'érable ! (Ils sont arrivés avec.) Promenades dans le parc qu'enchantait un couple de daims, pique-niques sous les érables dorés de l'été indien, palabres à n'en plus finir dans la serre chaude de Tùng, d'où s'exhalait, avec le parfum des fleurs du pays interdit, une mélancolie douce et rêveuse.

En vacances, les Van Đốc, pour la première fois de ce côté-ci de l'Atlantique. Une semaine à Paris, puis un tour à Lourdes. Car ils sont catholiques et pas seulement de tradition. Catholiques passionnés et même militants. Le curé de Fairfax peut en témoigner. Il n'eût pas embelli pareillement son église si Van Đốc n'avait eu à cœur de lui apporter son obole. D'ailleurs, ce dimanche aux Tilleuls a commencé pour eux par la messe. Manh a tenu à les y emmener en voiture. Comme ils sont six, Colette s'est dévouée. Elle en a pris deux dans la petite Fiat 500 : Jack, le fils aîné – dont le prénom vietnamien, Mỹ Kim (Dollar), n'a pas été jugé du meilleur goût aux Tilleuls –, et Helen, la seconde, baptisée ainsi par affection pour Tùng et Thu, si entichés de leur unique fille. Jack et sa sœur ne parlent qu'anglais, à part quelques mots usuels en vietnamien, tels que bonjour et merci. Et l'anglais scolaire de Colette est plutôt déficient. D'où la difficulté de la conversation. On réussit malgré tout à se comprendre un peu et l'on rit beaucoup. Pendant le déjeuner, Thu et sa voisine, Rosy, se félicitent en sous-main de la bonne entente qui semble régner entre Colette et Jack. Quelle géniale idée cette rencontre organisée au téléphone, le mois dernier, avec la complicité d'Hélène ! Jack est un garçon intelligent et son avenir lui sourit – il se destine au métier paternel, celui de la banque –, et nul n'ignore que son père a du répondant. Avec sa brosse en hérisson et son nez épanoui plus qu'il n'est séant, personne ne se risquerait certainement à le considérer comme un séducteur, mais il a pour lui une taille au-dessus de la moyenne de celle de ses compatriotes et le maintien assuré du jeune ambitieux arpentant les trottoirs de Wall Street, armé de son attaché-case. Certes, il est catholique, et cela n'est pas sans inconvénient. Doit-on cependant s'arrêter à ce genre de détail dans la situation présente ? On ne peut pas tout vouloir à la fois, qu'un gendre soit vietnamien et bouddhiste par-dessus le marché. La communauté est trop restreinte pour contenter la totalité des exigences. Thu et Hélène ont vite fait le tour des amis proches et lointains chez qui un merle blanc aurait pu se cacher. Las ! Antoine Phú Càt semblait si bien convenir. Grâce au Ciel, voici donc ce renfort d'Amérique.

Thu à sa voisine, encore, derrière sa main : « Regardez-les, ne dirait-on pas qu'ils se connaissent depuis toujours ? »

Jack Van Đốc va demeurer à Paris pendant un an. Durée du stage qu'il a obtenu à la Bank of America. Sans se douter qu'en se rendant ainsi au désir de ses parents qui n'en avaient que pour cet établissement, il entrait dans leur stratégie de marieurs. Rosy, bouche en cœur (un rouge moins écarlate lui irait mieux) :

« Jack a déniché une chambre dans le même quartier que sa banque, avenue de la Grande-Armée. (Elle écorche ce nom et déclenche le rire de Hugues.) Emerveillement d'Hélène :

— Quelle chance ! En métro et en autobus, c'est en ligne droite jusqu'à Rueil-Malmaison. Il pourra venir ici tous les dimanches. Si ça lui chante, évidemment », ajoute-t-elle d'un air que l'on a peu l'habitude de surprendre chez elle.

Rosy répète la proposition en anglais, et Jack paraît la trouver à son goût. Et Colette ? L'habileté qu'elle déploie généralement lui permet de ne rien dévoiler de ses sentiments. A l'exemple de son père, elle rit quand elle ne veut rien montrer de sa personne. Et lui, Manh, est-il satisfait de cette nouvelle intrigue nouée par sa belle-mère ? Question à laquelle il serait bien incapable de répondre. On est passé au salon, puis sous le tilleul, où Chi Ba sert le café avec un air de grandeur résignée. Van Đốc fume un mauvais cigare. Sa cravate ressemble à son verbe : criarde. Une mouche tourne autour du cendrier, premier fredonnement du printemps. En épiant le jeune homme, Manh entame un dialogue avec lui-même. S'il m'était possible de converser avec lui, je saurais peut-être ce qu'il a dans le ventre, mais comment faire ? Nous ne parlons pas la même langue. Observe-le bien : le crois-tu mieux qu'Antoine Phú Càt ? Mais que valent l'un et l'autre à côté de notre jeune voisin ? Allons ! de toute façon, tu mets celui-là hors course. Il le revoit devant l'autel, baguettes d'encens près de son front. Avoue que tu es un drôle de bonhomme. Te rappelles-tu combien tu reprochais à tes parents de ne pas te comprendre au sujet de Catherine ? Derrière le mur, le petit fox-terrier donne de la voix et Hélène des signes d'impatience. Elle a toujours tenu les animaux à l'écart. Souviens-toi du chat de Catherine. Rares sont les gens qui ne mettent pas sur le dos de ces bêtes la détestation que leur maître leur inspire. Je dis donc que tu es incohérent. Tu voulais épouser une Française et tu ne veux pas que ta fille... Avec ses grands gestes, Van Đốc a fini par renverser sa tasse sur les genoux d'Hélène et Chi Ba s'emploie à essayer de réparer les dégâts. Excuses, rires et fumée âcre du cigare mordillé. Et tu ne veux pas que ta fille... Mais que veut-elle, elle-même ? Voilà qu'elle a subitement décidé de s'éloigner de François Lepelletier. Parviendra-t-on jamais à suivre les circonvolutions du cerveau féminin ? Il a fixé les yeux sur elle et les maintient farouchement, comme s'il essayait de lui percer la tête. Elle écoute Jack nasiller et, fermée à son langage, barre son front de deux rides. A part cette mimique et ses éclats de rire, que discerner ? Elle est bien ma fille et elle est bien vietnamienne. Nous sommes plus hermétiques qu'un durion, les piquants en moins. Une petite croix en or pend au cou de Rosy et le soleil la taquine. Catherine aussi était catholique, et elle n'aurait jamais changé de religion pour m'épouser. En revanche, si Colette épousait ce jeune homme... Cela te choquerait-il tellement ? Et Hélène et sa mère si attachées aux traditions et à la foi des ancêtres ? Décidément, le cerveau des femmes...

Est-ce parce que Chi Ba approche avec le cognac sur un plateau d'argent ? La vue de cette bouteille et de ce liquide doré ranime le doux plaisir que l'on ressentait, là-bas, à traîner à table en attendant la sieste. Ce n'était pourtant pas ce cognac-là que l'on buvait à Saigon, mais du Martel Trois Etoiles. Ah ! ce nom. Quand cesserai-je de patauger dans mes marécages ? Van Đốc s'en vient justement à évoquer des jours anciens. A parler sur un ton polémique des Français et des Américains à Saigon.

« Je connais les Français, j'ai travaillé avec eux, jadis, à la BNP de Saigon, se vante-t-il (il prononce *Bi-ène-pi*), et croyez-moi, ils n'atteignent pas la cheville des Américains. Son cigare lâche un nuage à la mesure de sa grande expérience. Il faut voir d'ailleurs comment ils conduisaient la guerre en comparaison des Américains. J'étais au gouvernement, déjà, à cette époque, donc bien placé pour le savoir.

— En tout cas, rétorque Manh, ça ne leur a pas servi davantage et ça leur a coûté beaucoup plus cher.

— Plus cher ? Van Đốc fait entendre une sorte de brondissement de toupie qui étonne même sa femme. L'Amérique pourrait soutenir dix guerres du Viêt Nam qu'elle ne serait jamais ruinée. Vous ne soupçonnez pas sa puissance financière. Elle pourrait acheter la France, si elle le voulait, la France entière avec tous ses châteaux et tous ses musées, hein, Rosy ? » Sa femme a un sourire irrésistible et elle s'en sert plus que de raison, comme les présentatrices de publicité à la télévision. Américain, prononce Manh dans son tréfonds, comme il dirait Persan. Ce type est devenu américain. Un Vietnamien n'est pas vantard comme cela et ne cherche pas à rabaisser son interlocuteur. Comment peut-on devenir américain quand on est vietnamien ? Sans doute peut-on devenir français, à la rigueur, mais américain ! Il lui répond en cachant son agacement :

« Les Américains pourraient peut-être acheter la France, mais ils ne deviendraient pas français pour autant, car il faut beaucoup de temps pour le devenir. Et il pense à tous les Français qui ont fait la France et aux médecins qui ont formé son père, et il pense aussi à tous ceux qui ont créé la médecine vietnamienne. Et il répète : Il faut beaucoup de temps pour devenir français et tout le monde n'y arrive pas. Mais je crois que les Vietnamiens y arrivent plus facilement que d'autres parce qu'ils ont beaucoup de choses en commun avec les Français. Ils ont toutes les qualités et tous les défauts des Français alors qu'ils n'ont que les défauts des Américains. » Et il s'interroge : Me suis-je tellement attaché à la France pour me sentir le devoir de la défendre comme si elle était ma mère ?

Irrité, Van Đốc cherche une idée pour reprendre le dessus. La voici : « Et les Françaises ! On nous avait dit qu'il n'y avait pas femmes plus élégantes au monde. Si l'on en juge par celles que nous avons aperçues jusquà présent, elle peuvent aller se rhabiller, hein, Rosy ? Son bruit de toupie recommence. Baladez-vous sur la 5e Avenue, vous allez voir la différence. » Rosy a des reflets bleus dans les cheveux et un maquillage de poupée Barbie. Elle semble accrochée à sa jeunesse comme elle devait l'être aux jupes de sa mère. Dès lors, c'est aux dames des Tilleuls de s'insurger contre Van Đốc. Manh leur laisse volontiers la place. Ils se voit mal en train de plaider pour les Françaises devant elles...

Alors, Hồng lance soudain avec une hardiesse surprenante : « Vous voulez voir l'élégance française ? » Elle revient juste du salon où elle est allée chercher une photographie qu'elle montre maintenant à Rosy. Qui pousse un petit cri de chiot dans son sommeil. Par-dessus son épaule, l'ancien ministre dodeline de la tête. Son sourire sent la concession obligée. Sous leur regard, Colette est en robe de Dior. Personne ne se souvient que Hồng a pris cette photo, le soir de l'anniversaire des dix-huit ans de sa nièce.

« Et qui est ce jeune homme qui danse avec elle ? demande Rosy en toute innocence.

— Un voisin, répond Hélène qui vient de distinguer François non sans déplaisir. Le fils d'un voisin. Et sa main folâtre devant elle, comme pour signifier : sans importance.

— *Cuty !* s'exclame Rosy, émerveillée par la toilette de Colette, on dirait une princesse.

— C'est une robe de Dior, précise Hélène qui a besoin de se requinquer et de reprendre avantage sur cet homme sans délicatesse. En même temps, elle toise sa belle-sœur d'un œil chargé comme un ciel d'orage.

— *Diorrr !* » L'« Américain » n'en revient pas.

Colette s'est approchée à son tour. Elle aussi découvre cette photographie. Manh guette son air et pense : J'en aurais un semblable si je me revoyais sur une photo avec Catherine. Colette se retourne maintenant vers sa tante et la tendresse coule de ses yeux.

« *Diorrr !* répète Van Đốc, fasciné, ça vaut combien une robe comme ça ? Deux mille dollars ?

— Beaucoup plus que cela, répond Manh qui n'a aucune idée du prix pratiqué chez le grand couturier, mais connaît la somme raisonnable qu'Hélène a dépensée chez sa petite main.

— *Crazy !* s'écrie l'ancien secrétaire d'Etat au Budget.

— Folie peut-être, relève Manh, mais nous, en France, on est comme ça. Rien n'est trop beau pour les femmes. C'est ce qui nous différencie des autres. » Et la revanche pique ses yeux d'un éclat de diamant.

Décidément, ces gens ne lui plaisent pas. Même si sa femme et sa belle-mère n'ont pour eux qu'eau bénite et lauriers. De son côté, Giàu n'a pas attendu pour juger Van Đốc. Dès la porte repoussée sur lui. En puisant, comme d'habitude, dans son livre de sagesse. « Cet homme, a-t-il lancé en riant, n'est qu'un présomptueux. Il est de ceux qui veulent apprendre aux licenciés à entrer au camp des Lettrés. » Le camp des Lettrés ! Encore un souvenir de Saigon. Souvenir de cette illustration exposée, rue Chasseloup-Laubat, entre un panneau de laque et le portrait du grand-père dans sa robe d'apparat, parmi les taches d'humidité épousant, pour Manh, enfant, la forme des continents sur la mappemonde. Cette mauvaise photographie extraite de *La Revue indochinoise* de 1894 que son grand-père avait rapportée de Nam Dinh, d'où il était revenu avec le grade de *cữ nhân* (licencié). Onze mille candidats, tête baissée sur leur pupitre, le jour des épreuves, parqués dans une enceinte carrée, clôturée d'un clayonnage en bambou. Onze mille lettrés « tricotant du pinceau », selon l'expression de l'époque, sous la carapace en paillote qui les isolait les uns les autres et sous l'œil affûté des surveillants, du haut de leur mirador, armés de jumelles. Ah ! ce n'était pas le temps où on achetait son examinateur, s'exclamait son grand-père en se rappelant cette grande journée où il avait reçu, des mains du gouverneur général, les insignes de son grade : une robe de soie bleue, un parapluie de mandarin et une boîte à bétel laquée.

Pas de doute. Ce type a recraché tout ce que ses ancêtres lui ont injecté dans le sang, se désole Manh en revoyant Van Đốc et sa cravate peinte au ketchup. L'Amérique est une machine qui broie tout : contenance traditionnelle, respect du prochain, de ses idées, souci permanent de ménager sa susceptibilité. Confucius, qu'a-t-on fait de toi, là-bas, au bord du Potomac ? Dans le fond, déplore-t-il, je n'ai pas de vrais amis vietnamiens. Pourquoi ? Suis-je trop exigeant ou bien trop jaloux de ma tranquillité ? Ou n'est-ce pas l'exil qui est en cause une fois de plus ? L'obligation que l'on a de se battre seul, sans attendre le moindre secours de quiconque, sur une terre inconnue, parfois hostile. Et de fil en aiguille, l'habitude que l'on acquiert de se recroqueviller, comme un porc-épic en boule, face à tous les dangers. Les confrères ? Bien sûr qu'il en fréquente, mais à part un ou deux, ils sont tous français. Comment expliquer cela aussi ? Certains ont pourtant les mêmes origines, la même situation sociale, les mêmes convictions politiques. Oui, constate-t-il encore, mais ils ont également le même goût de l'indépendance, la même fierté qui vous attache trop à votre petite personne, la même méfiance qui vous fait vous retirer dans votre paillote et, contradictoirement, le même souci de ne pas rester entre Viêts afin de mieux connaître les autres. Manh s'interroge enfin : Si les Vietnamiens ne se fuyaient pas entre eux, comme c'est souvent le cas dans notre classe, rencontreraient-ils tant de difficultés à marier leurs enfants avec des compatriotes ? Il serait donc peut-être raisonnable de se réjouir de l'irruption de ce nouveau venu dans l'environnement de Colette en dépit de l'antipathie que son père inspire.

Le revoici, Jack, le dimanche suivant. Sans ses parents, cette fois. Louanges à la Sainte Vierge qui les a attirés chez elle, à Lourdes. Le revoici avec une heure de retard (il s'est perdu dans le métro), mais il peut compter sur l'indulgence d'Hélène. Elle lui pardonnerait tous les manquements à la politesse. « Jack, s'émerveille-t-elle, vous n'auriez pas dû. » Il a apporté un bouquet de fleurs, des narcisses, sachant que c'est la coutume des Français quand on est invité à déjeuner. Elle a oublié qu'il est fermé à toute autre langue que l'anglais et se voit donc forcée d'avoir recours à la traduction de Colette. Ce garçon a certainement bien des choses dans la tête, mais comment le savoir ? Ah ! si tout le monde parlait la langue de tout le monde, se désole aussi Thu dans son coin. Sa question à Jack par l'intermédiaire de sa petite-fille : « Vous n'avez pas l'intention d'apprendre le français ou le vietnamien ? (S'il pouvait défoncer cette porte blindée qui le sépare plus de Colette que l'océan Atlantique !)

— Si, répond-il en anglais. Demain, je prends ma première leçon de français. »

Soupir d'aise. On s'escrime, grâce à de subtiles manœuvres, à laisser Colette en tête à tête avec lui, mais trouble-fête, Hugues s'ingénie sans cesse à contrarier ces visées en imposant sa compagnie et en les entraînant tous les deux dans ses facéties familières. Et la journée terminée, on s'aperçoit, avec la déception de deux éleveurs d'oiseaux rares qui ont loupé l'appariement du siècle, que l'on n'est pas plus avancé que la semaine précédente. Que Colette et le jeune « Américain » montrent autant d'indifférence l'un pour l'autre que lors de leur première rencontre. Irritation d'Hélène et de sa mère qui espéraient bien proposer à leurs amis, avant leur retour aux Etats-Unis, de demeurer quelques jours de plus en France afin de sceller ce que l'on aurait pu considérer comme des fiançailles avant date. Thu, alors, mors aux dents, un peu plus tard, à sa fille (elle est allée la rejoindre dans la cuisine où elle préparait une infusion d'engenier, astringent à souhait), aussitôt assurée que Chi Ba avait rejoint sa chambre : « Ce jeune homme, tu en es d'accord, serait pour nous un gendre parfait. Une pareille chance ne se reproduira pas. Imagines-tu le beau parti qu'il représente ? Tu dois donc agir en conséquence. Exiger de ton mari qu'il remplisse enfin ses responsabilités. Et devant l'air dépassé d'Hélène, celui d'un agneau qui a bu de l'eau frappée : Il est temps de te secouer. Il faut que tu fasses comprendre à Manh qu'il doit imposer ce mariage à Colette. Tu entends ? Imposer ce mariage comme son père lui a imposé de t'épouser et comme mon père m'a imposé d'épouser ton père. »

Hélène abandonne sa casserole sur le feu. « Mais, Mère, le temps n'est plus où l'on pouvait imposer un mariage à sa fille. D'ailleurs, tu as vu ce qui s'est passé avec le fils Phú Càt, Colette a sa personnalité, a sa...

— *Cha chã !* Elle doit obéir comme tu as obéi, comme j'ai obéi, comme nos aïeules ont obéi. Tu connais le dicton : Dans sa famille, la fille obéit à son père, mariée, la femme obéit à son mari, le mari mort, elle obéit à son fils. C'est le destin de toutes les femmes, et tu dois t'y conformer. (La casserole d'eau bouillante a débordé et éteint le gaz.)

— Mère, je ne veux pas t'offenser, mais je crois que tu te fais des idées. Ta petite-fille ne voudra jamais se laisser faire. Plutôt que de se voir imposer un mari, elle préférera rester vieille fille. »

Cri étouffé de Thu. « Que le Ciel l'en préserve, Enfant ! Rappelle-toi ce que ressassait ta grand-mère : Une femme mariée est un dragon qui a des ailerons, une femme sans mari est comme un moulin à décortiquer le riz dont le pivot est cassé. Alors, agis, agis sans tarder, sinon elle va finir par passer de l'autre côté du mur. (Joséphine l'a-t-elle entendue ou lui a-t-on marché sur la queue ? Ses aboiements n'arrêtent plus.) Tu as vu l'air qu'elle avait quand elle regardait la photo que ton imbécile de belle-sœur a prise ? Méfie-toi de Hồng : les pirates chinois sont moins cruels que les sœurs des maris. Ta grand-mère répétait cela aussi. »

Thu quitte sa fille en hochant la tête et en s'adressant à elle-même : J'ai parlé à une tortue, bec dans le sable. Elle ne dira rien à son mari, et son mari n'osera jamais rien dire à Colette. Te souviens-tu de Tùng quand tu lui a demandé d'intervenir auprès de Manh pour qu'il se décide à épouser ta fille ? Il t'a dit oui et il est parti s'occuper de ses orchidées. De ses orchidées ! Elle aperçoit, en traversant le salon, le petit bouquet de narcisses de Jack Van Đốc. *Thôi thôi !* fait-elle en soufflant de mépris. Les hommes d'aujourd'hui espèrent pouvoir conquérir les femmes avec des fleurs. Où sont les hommes d'antan qui imposaient leur loi à chacun dans la maison ? Elle se revoit à Saigon, les yeux baissés devant cet inconnu qui s'appelait Tùng et les paroles d'une chanson lui reviennent alors qu'elle monte l'escalier. Celle de la jeune fille qu'elle était, à l'époque, semblable à toutes ses amies, incertaine de son sort, à la merci d'une injonction paternelle : « *Je suis comme une pièce de soie rose qui flotte au milieu du marché sans savoir entre quelles mains elle va tomber...* » Elle a plaisir à se remémorer cette complainte malgré l'amertume qu'elle exhale. Il en est souvent ainsi des souvenirs, pense-t-elle, le temps les innocente. Une autre chanson descend l'escalier, au même instant, frétillante de gaieté, celle de Giàu : « *Con mèo, con mẽo, con meo...* » *Thôi !* jette-t-elle encore. Il n'y a plus d'hommes au Sud-Viêt Nam. Pas étonnant que nous ayons perdu la guerre.

Deux jours. Deux jours avant qu'Hélène ne se résolve à aborder avec son mari la question qui la tourmente. Quelle meilleure occasion que ce mariage auquel ils ont été conviés au château de la Rouvraie, près de Melun ? Celui de Lưởng, le fils aîné de Hoàng Trí Khanh, ingénieur informaticien comme son père, et aussi défavorisé par la nature, avec ses yeux rapprochés à l'extrême, au point, s'est moqué Hugues, une fois, qu'un seul pourrait lui suffire, sa bouche ballante et sa démarche de croque-mort s'avançant vers la famille, le goupillon à la main. Khanh a donc réussi à le caser. Chez des Français. Aux Tilleuls, on avait bien pensé à ce parti pendant quelque temps, mais il était l'objet de tant de sarcasmes de la part de Hugues et de sa sœur que l'on n'avait jamais tenté de démarche auprès de sa famille. Cette grosse blonde aux joues de crémière, trop grande de dix bons centimètres pour son petit mari, s'est donc dévouée. L'accouplement prête à sourire, mais le bonheur ne se cache-t-il pas parfois dans les endroits les plus insolites ?

Mairie, puis église où cheveux noirs et cheveux clairs sont quasiment à égalité. Puis sur le parvis, pluie de riz traditionnelle et mitraillade des photographes amateurs ajoutant leur feu au soleil éclatant. C'est à ce moment-là qu'Hélène se décide. Au moment où, les bousculant un peu, un couple de jeunes Vietnamiens se place devant eux pour mieux pouvoir admirer les mariés. Transgressant la discrétion en usage, ils se tiennent par la main. Est-ce parce que la jeune femme a des airs de Colette avec son cou de biche et son col de fourrure ? La hardiesse étreint Hélène à bras-le-corps.

« Grand Frère, je voudrais tant que notre fille épouse quelqu'un de chez nous. »

Lui regarde les deux jeunes Vietnamiens, leurs mains jointes, leurs sourires complices, et plus loin, baissant la tête sous l'averse amicale, ces mariés sympathiques dans leur smoking et leur robe à traîne, mais d'apparence si mal assortie, et rumine : Rien, c'est vrai, me donnerait plus grande joie que la réalisation de ce vœu. Ne réjouirait-elle pas, là-haut, tous ceux qui nous ont précédés ? Aucun jour, c'est vrai, ne serait plus ensoleillé pour moi que celui où je verrais Colette, main dans la main, avec un beau garçon de notre sang, liée à lui par les fils roses. Mais si celui-là n'existe pas, n'a-t-elle pas le droit d'être quand même heureuse ? Et qui sait si ce marié en smoking ne sera pas plus heureux que ce jeune Viêt avec sa biche en pelisse ? Le couteau d'or doit être mis dans un fourreau en velours aux fils d'or, conseille-t-on chez nous. Cela signifie-t-il qu'il faut se marier entre gens de race similaire ? Non pas. Mais qu'il faut éviter de mélanger bergers et princesses. Et puis, après tout, de quel mariage avons-nous affaire, du nôtre ou de celui de Colette ? Alors, comment se mettre à la place d'une jeune fille de dix-huit ans née en France, modelée par la France, avec sa perception et sa manière de raisonner particulières si éloignées de notre culture, de nos mœurs, de nos règles ? Nous ne parlons même plus la même langue. Avons-nous encore les mêmes artères ?

La voix d'Hélène le déloge de ses réflexions : « Grand Frère, je te parle... (Une sorte d'abattement s'entremet et la trouble un instant, comme si, couchée, un matin, elle n'avait plus envie de se lever.) Tu m'as entendue ? Je te disais que je ne voyais pas Colette mariée autrement qu'avec un Viêt. Et comme il n'ouvre toujours pas la bouche : Oh ! je sais, tu n'aimes pas que l'on aborde ce sujet ensemble. D'ailleurs, l'avons-nous jamais abordé ? Oui, il y a longtemps et cela n'a débouché sur rien. »

Le découragement va la ressaisir. Quand une voix familière les interpelle : Irène Phú Càt aux côtés de son benêt de fils, et derrière eux, son mari, bouche aussi étroite qu'un goulot de bouteille et yeux de télagon, cette sorte de blaireau qui peuplait la campagne de Long Xuyên et que l'on fuyait à cause de sa puanteur. « Partons, glisse Manh à sa femme. Je ne veux pas devoir serrer la main de cet individu. » Salamalecs d'Hélène en arrière-garde, esquive et échappée dans la foule. Plus tard, isolés des autres, sur la terrasse du château, devant un régiment de tournesols, tête gauche face au grand soleil, Hélène est prête à reprendre le duel. Mais Manh la devance :

« Bien sûr que mon souhait serait de voir Colette épouser un Viêt, mais est-ce possible ? Regarde autour de nous le nombre de mariages mixtes. C'est la preuve que tout le monde se heurte à semblable complication : le manque de choix.

— Tu ne t'opposerais donc pas à l'idée de ce genre de mariage ? Le ton est sûr de lui et l'étonnement de Manh, de taille. S'adresser ainsi à son mari ! Où est donc cette éducation qui rabaisse constamment la fille au profit du garçon et rend les femmes frileuses, timorées ? Mariage mixte, le sujet tabou sur lequel se déploie, fantomatique et indélébile, l'ombre de Catherine Verger. Hélène visant ses yeux : N'est-ce pas cette ombre qui assombrit son front ? Manh est aussi direct :

— Je préférerais un mariage mixte avec un garçon comme il faut à un mariage viêt avec un imbécile. (Petit rire moqueur.) Il ajoute : Mais comment peut-on aujourd'hui tenir un pareil langage : je préférerais... ? »

L'assurance d'Hélène contraste avec ce scepticisme. « Il y a Jack, maintenant. Ce n'est pas un imbécile. Certes, il est américain et surtout catholique, mais tout cela n'est pas... »

Manh la coupe : « Colette t'a dit que ce garçon lui plaisait ? A lui, à présent, de plaquer ses yeux contre les siens.

— Elle ne me l'a pas dit, mais peut-être me le dira-t-elle

bientôt, répond-elle avec l'air de celle qui feint d'être dans le secret.

— Tu rêves, réplique-t-il, ce garçon ne l'intéresse pas. Elle a beau donner pour l'instant l'impression de s'éloigner de ce jeune voisin, elle ne pense qu'à lui. »

Hélène, butée : « Ma mère me rabâchait : Non salé, le poisson pourrit. Ainsi est mille fois l'enfant qui n'écoute pas ses parents.

— Je connais ça. (Il rit.) Mais mille fois je répéterai que le temps du mariage de raison est révolu, que les parents ne peuvent plus se passer des sentiments des enfants, qu'ils doivent s'incliner souvent devant leurs penchants.

— Grand Frère ! Tu vas trop loin.

— Je suis seulement réaliste (il met sa voix en sourdine, car des couples sont venus occuper la terrasse et il a aperçu plusieurs amis parmi eux). Nous sommes tous ici obligés d'accepter l'élargissement de la liberté individuelle ne nos enfants. C'est le prix que nous devons payer à notre propre liberté. Le prix de notre adaptation à cette société qui nous accueille. Si nous maintenons chez nous la rigidité de notre éducation traditionnelle, nous courons à la catastrophe. Nous risquons de voir nos enfants nous rejeter. (Que penserait le professeur Lê de toutes ces belles phrases ? N'importe, martèle Manh au fond de lui, j'ai besoin de me mettre cela dans le crâne, même si c'est dur à admettre.)

— Grand Frère ! » Bridé, ce cri a malgré tout ameuté des regards. Manh n'a jamais vu les lèvres de sa femme se crisper avec cette force. Deux lombrics desséchés au soleil.

Il lâche : « Tu vois ce type, là-bas, près de la balustrade, en train de boire ? Elle ne le voit pas. Ce type avec des lunettes. Il est de Huế. Elle le voit. Eh bien ! c'est un de mes confrères. Il vient de divorcer. Elle a un soubresaut. Tu sais pourquoi ? Elle secoue la tête. Sa fille s'était mise à vivre avec un autre de mes confrères, un Français, et il exigeait qu'elle rompe. Sa femme a pris fait et cause pour sa fille et ils ont divorcé. Demande-lui ce qu'il pense aujourd'hui de l'évolution des Viêts en France. »

Le soleil a-t-il chaviré ? Pour Hélène, oui. Il s'est éteint d'un coup, frappé en pleine tête par le mot divorce. Mot terrible pour un Vietnamien. Déshonneur personnifié, dégradation aux yeux des autres. On se cache, on fuit jusqu'aux siens. Une divorcée, soutient-on, affriande le malheur comme un rat crevé les mouches vertes. Une femme est-elle vertueuse qu'elle a aussitôt tous les péchés. Défense de l'approcher. Plus de mari, plus de famille, plus de lis jaunes sous la fenêtre de sa chambre, symbole de l'épouse heureuse. Hélène s'interdit à présent de se tourner vers le buveur solitaire. Le simple fait de porter le regard sur lui pourrait être dangereux, brûler les yeux, comme une éclipse solaire. Pourquoi Manh a-t-il donc voulu attirer son attention sur cet homme ? Si cet exemple était une prémonition, ou pis, un avertissement du Ciel ?

Le lendemain matin, Hélène rapporte à Thu sa conversation avec son mari en omettant toutefois l'histoire du divorcé, et sa crécelle se déclenche dès la voiture du gendre disparue au bout de la rue. « Enfant, avec lui Colette n'en fera toujours qu'à sa tête, car il ne finira pas de se moquer de toi. J'ai compris cela dès vos fiançailles. C'était écrit dans ses yeux.

— Pourquoi alors as-tu poussé au mariage avec cette obstination ?

— De tous les partis que nous avions examinés avec ton père, il représentait le meilleur... et puis tu étais si amoureuse de lui ! »

C'est vrai qu'elle est amoureuse. Et lorsqu'on lui annonce que le deuil de Manh va durer deux ans, le désespoir la prend. Il n'attendra jamais un tel délai avant de l'épouser. Et à Saigon les tentations sont si nombreuses. Et cette Française dont le souvenir doit le hanter, comme ce chat noir hante la maison, ce chat dorloté par Chi Ba avec l'affection d'une nounou ? C'est vrai. Une passion pareille ne s'apaise pas aussi facilement qu'un orage. D'autant que chez lui le dépit s'y ajoute. Celui de savoir, depuis quelques jours, par un de ses amis revenant de Paris, que Catherine aurait maintenant pour amant Philippe Malleret, le fils du propriétaire de l'hôtel de Nice où ses parents l'avaient envoyée vivre pour la séparer de lui. Avec qui elle jouait parfois au tennis, au Cercle sportif de Saigon. Dépit et rage. Et envie d'aller affronter l'infidèle en France. Car que fait-il ici alors que son stage d'endocrinologie n'est pas terminé ? Retourner à Paris. Pour reconquérir Catherine ? (Voix de son père.) Non, pour terminer mon stage. En es-tu bien sûr ?

Oui, essaie-t-il de se convaincre. Mais, ce matin, il n'ose pas regarder les vitrines. De peur d'y voir passer un parjure.

Hồng essaie de l'amener à la raison : Si tu pars pour Paris, tu ne reviendras plus. Que feras-tu alors de ta promesse à Père ? (Elle est la seule à en partager le secret avec Giàu.)

Je ne peux pas me marier avant deux ans, et d'ici deux ans...

Que veux-tu dire par là ? Qu'Hélène pourrait se lasser et t'oublier ?

Peut-être.

Tu te fais des idées. Elle tient trop à toi. Et puis, il y a Thu.

Décidé. Il a écrit au docteur Pugeaud, son gentil correspondant parisien, et il a reçu sa réponse. Enchanté de le revoir bientôt chez lui. Ça tombe bien. J'ai fait repeindre votre chambre, lui annonce-t-il. Il est donc décidé à prendre l'avion dès la semaine prochaine, malgré les gros yeux de Hồng et de Giàu. Hồng angoissée par leur mère. Ngoc Trai redonne en effet des signes alarmants. Dans son lit, paupières et lèvres closes, elle semble prête à tourner, à son tour, la page de son existence. Aurait-elle eu vent du départ de son fils ? Pourtant, rien n'a filtré. Mais les grands malades sentent souvent ce que ne sentent pas les autres. Sans doute la souffrance exaspère-t-elle leur capacité d'intuition. C'est alors qu'Hélène grandit aux yeux de Manh. Depuis longtemps, elle s'est prise d'affection pour Ngoc Trai. Sans aucune arrière-pensée. Sans avoir été l'objet d'une obscure manœuvre de sa mère. Parce que, d'abord, elle a été touchée de compassion. Parce qu'elle a compris combien cette femme discrète avait toujours été exemplaire. Après avoir appris, de sa propre bouche, au cours de ses longues stations à son chevet, toutes les blessures infligées à son cœur par un mari qui ne cessait de la tromper. Compris jusqu'où une femme trompée pouvait pousser la dignité, ne se plaignant jamais, remplissant avec conscience son devoir d'épouse légitime et de mère parfaite. Une compassion qui s'est transformée, peu à peu, chez Hélène, en tendresse. Aidant Hồng et Chi Ba, bien seules dans cette grande maison dont un malade complique le train de vie. Hồng découvrant, de jour en jour, cette jeune fille silencieuse pour laquelle elle n'avait, au début, qu'indifférence, et livrant à l'instant ses conclusions.

Elle mérite d'être mieux connue, tu sais, Grand Frère. Sa mère l'étouffe et l'empêche d'être appréciée comme elle doit l'être. Quand elle est seule, elle apparaît sous son vrai jour, et je t'assure que c'est une fille bien. Elle serait pour toi une bonne épouse.

Paroles qui n'incitent pas pour autant Manh à changer d'avis. Il partira. Quand soudain la mort s'interpose et l'accapare de nouveau tout entier. Quand elle pénètre une fois de plus dans la maison avec son cortège d'affliction et de rites interminables. La mort de la magnanime mère. Un mois après celle de son mari. Le salon qui retrouve sa nuit striée derrière les persiennes repoussées, les fleurs et les sentences parallèles louangeant la disparue, les psalmodies entêtantes devant l'autel surchargé d'offrandes. Et revoici Manh, mains jointes devant une autre partie de sa vie qui s'en va. Devant le cercueil ouvert alors qu'il déclare à sa mère :

Je fais tous mes efforts pour t'évoquer. Ton esprit est obscurci et ton âme ne sait pas où se poser. C'est pourquoi je brûle cet encens dont le parfum se répandra dans les Trois Mondes. C'est pourquoi je bats ce grelot de bois dont le son se disperse aux quatre points cardinaux et j'agite cette bannière destinée à recevoir ton âme. Oh ! l'âme, écoute-moi.

Prisonnier de son double deuil, il abandonne pour un moment son projet de voyage et quitte Saigon pour Long Xuyên, où après les obsèques de sa mère, un vieux cousin lui a offert l'hospitalité de sa maison au bord du fleuve. Rien de tel que la campagne pour te refaire, Petit Frère. Viens donc vivre un mois chez moi. Tu ne verras que ma tête et celle de mes buffles, de mes cochons et de mes poissons. Nous irons à la pêche.

La première semaine l'abreuve d'un contentement inégalable. Rappel de ses vacances chez l'oncle Giàu, au temps où lui aussi préférait à la turbulence de la ville le calme de la plaine vert jade et les mares fourrées de jacinthes d'eau. Suivre avec les enfants du village les semeuses aux pantalons retroussés dans la boue luisante où les pieds claquent comme des langues. Voler avec eux dans les vergers grenades, sapotilles, longanes et caramboles. Attraper l'anabas, le petit poisson qui grimpe aux arbres, et qui, dit-on, augmente le lait des femmes et donne de la force aux hommes. Respirer à l'aise, jusqu'aux nuages, cette sérénité faite de mots simples, de rires francs et de silences habités...

Mais une nuit, le charme s'effondre avec le bruit d'un grand pan de verre que l'on fracasse. Un attentat à la grenade dans un marché a eu lieu, non loin de là, et l'on a besoin d'un médecin. Et une fois encore, il s'aperçoit que le sang colle aux doigts plus que le riz gluant et que sa couleur tourne vite à la rouille. Il passe des heures à débrider les plaies, à aseptiser, à panser, au milieu des gémissements pudiques, des larmes avalées et des sanglots déchirants. Réalité d'une guerre dont personne n'entrevoit la fin. D'autres cris percent la nuit suivante, des gens courent, des armes tirent, des chiens aboient. Tuez-le ! Non, attrapez-le vivant, on va lui faire payer ça ! Cavalcades, explosions. Toubib, encore du travail pour vous. Dans une infirmerie, Manh, torse nu baigné de sueur et de sang. Quel est le pays où la mort ne vient que naturellement, où les hommes ne sont pas des chiens sauvages qui s'entre-dévorent, où les femmes ne pleurent que d'amour ?

Il rentre à Saigon, le cœur rongé comme ces statues de sel, dans les églises, au bord de la mer. Non, décidément, il ne peut plus regarder les gens souffrir et s'en laver les mains. A la recherche de la paix de sa conscience, il se retrouve alors à l'hôpital Grall, grâce à d'anciens amis de son père, dans le service chargé des blessés civils. Mutilations, plaies, contusions, cour des miracles. Ainsi n'est-il plus à ses yeux le déserteur méprisable, le dégonflé qui laisse les copains aller au casse-pipe. Salaire dérisoire, mais honneur sauvé. Et quelle plus profitable expérience pour un jeune médecin que d'avoir à se plonger chaque jour dans ce monde de souffrance extrême ? Passion au cœur, les semaines défilent à toute allure, mais pas pour la mère d'Hélène. Deux ans ! Durée raisonnable, pourtant, comparée à la réglementation d'autrefois. Quand on se souvient qu'un fils en deuil de son père avait interdiction d'assister, trois années durant, à toute cérémonie publique ou privée, outre celles célébrées en l'honneur de ses ancêtres.

Thu, un jour, à sa fille : On ne va quand même pas attendre jusqu'à s'user les yeux. (Elle est fatiguée de noircir son calendrier, chaque matin, comme un prisonnier décomptant les jours qui le séparent de sa libération.) Ton père et moi connaissons plusieurs personnes qui ont réduit leur deuil d'un an sans pour autant déclencher les foudres de leur famille. A l'étranger, c'est aujourd'hui chose commune chez les Vietnamiens.

Au bout des trois premiers mois, elle profite d'un dimanche pour aller frapper à la porte de la rue Chasseloup-Laubat, accompagnée de Tùng. Il l'a encore suivie contraint et forcé, en bougonnant un peu. Par chance, Manh vient de finir sa sieste et lit, installé à l'ombre, sur une chaise longue, non loin de la pièce d'eau qu'effleurent des libellules. Tùng en a assez d'être considéré comme l'éternel second derrière sa femme et, à la surprise de cette dernière, engage la conversation. Et après quelques contorsions entre dans le vif du sujet. Pourquoi ne serait-il pas permis d'envisager que ce mariage puisse avoir lieu plus tôt que... ?

Mais Manh l'interrompt avec douceur : Vous m'avez déjà suggéré de réduire mon deuil en me citant l'exemple d'un de vos jardiniers et je vous ai répondu ce que j'en pensais. Puis-je vous prier de ne pas insister ? Parlez-moi plutôt de cette fleur d'une rare beauté que vous m'avez offerte lors de votre visite. Vous avez vu ce qu'elle est devenue ?

Et à l'étonnement de Thu, les voilà tous les deux penchés sur cette eau dormante. Deux enfants devant leur bateau à voile.

Cri du botaniste : Magnifique ! Et elle a donné six autres pousses. Vous allez en avoir bientôt tout un banc. Il invite Thu à s'approcher. Elle s'exécute en mâchonnant sa contrariété décuplée par l'apparition du chat noir de Catherine qui rôdaille non loin, à l'affût d'un oiseau.

Manh : Phát, mon jardinier, voulait mettre de l'engrais. Je m'y suis opposé.

Tùng indigné : De l'engrais dans une plante aquatique ? Il est fou. En botanique, il ne faut jamais forcer les choses. Tout vient à point à qui sait attendre. La nature est une leçon de sagesse permanente.

Manh : Ne jamais forcer les choses... Vous l'avez dit.

Un grand éclat de rire salue cette réplique sans que Thu saisisse la raison pour laquelle des fleurs dans un bassin peuvent rendre des hommes aussi gais.

Cependant, Manh ignore que la vie est en train de passer à une vitesse supérieure et que de ce fait elle va l'entraîner, comme une voiture folle, dans une série de péripéties. L'année 1967 vient de se terminer comme les précédentes : dans le sang. Américains et Sud-Vietnamiens piétinent dans des batailles confuses qui, à la fin du compte, tournent toujours à l'avantage de leurs adversaires. Parce que ces derniers ont une alliée plus puissante que tous les canons et tous les bombardiers lourds de Nixon : la presse internationale. Pour elle, le courage et le droit n'ont qu'un camp, celui du Nord. Au Sud, il n'est que drogue et corruption. Pourtant, de ce côté-là, aussi, les hôpitaux regorgent de blessés et les cimetières militaires de tombes fraîches. Ce qui pourrait laisser suggérer que les Sudistes ne meurent pas tous de surdose d'héroïne ou d'indigestion. A l'hôpital Grall, le travail ne manque donc guère et Manh y trouve son compte. C'est sa façon de prendre parti, de remplacer son frère dans l'arène sanglante.

Un matin, la surprise est totale. Cette infirmière qui s'avance, là-bas, au fond du couloir, cette jeune femme dont il reconnaît tout de suite la silhouette malgré sa mise inattendue, mais oui, c'est elle, je ne me trompe pas. Hélène.

L'excuse brouillant sa voix : Je voulais être utile, alors, j'ai suivi un stage, et me voilà. Je ne suis encore qu'une stagiaire, mais j'espère bien gagner mes galons rapidement.

Nouveau subterfuge de Thu ? Hồng, le soir même, tandis que, d'un air rêveur, Manh caresse le chat noir en boule sur ses genoux : C'est vrai, sa mère est infernale. C'est la pire femme que l'on pourrait rencontrer un matin de Tết. Mais Hélène a toutes les qualités et elle a le velouté d'une boule de farine. Crois-moi, son geste est sincère. Cette fois Thu n'y est pour rien. Mais Hélène est si discrète ! On dirait tes ottélies.

Giàu appuie : Cette fille donne l'impression d'être fade comme du bouillon d'escargot. Elle est en fait aussi bonne qu'une mangue mûrie à point.

Le soir, à présent, Manh invite Hélène à la raccompagner chez elle en voiture. Abandonnant son vélomoteur, elle se glisse alors à côté de lui avec bonheur. Et un soir, épuisée par une journée sans repos ni repas, elle s'endort sur son épaule. Quelques heures auparavant, il l'a vue à la tâche, penchée sur un enfant estropié, un petit être pantelant, douloureux. L'a vue, madone charitable, et son cœur s'est soudainement ouvert pour elle, comme le sien pour ce gamin malheureux. Et maintenant que sa tête pèse sur son épaule, dans la voiture, de cette manière douce et chaude, avec ses cheveux qui lui caressent la joue droite, il se demande si elle ne pourrait pas rester à cette place un peu plus longtemps. Si cette tête n'aurait pas plus de douceur et de chaleur que toutes celles que son épaule d'homme a accueillies jusqu'ici. Se demande si, tout compte fait, il ne serait pas possible de hâter ce mariage malgré l'obligation du deuil. Alors, il se renseigne autour de lui, consulte même un bonze. Qui montre son intransigeance. Pour lui, raccourcir le deuil, c'est aller chercher le malheur. Moins âgé, son voisin est plus coulant. Un an lui suffirait. Mais la famille, les amis ?

Oncle Giàu : Tss, tss ! Les poules d'autrui n'ont pas à fouiller ta balle de paddy. Ce qui importe, c'est ton bonheur. Agis selon ta conscience et moque-toi des détracteurs. Ils sont souvent cent fois plus critiquables que toi. Une seconde maxime lui revient tandis qu'il polit ses trois poils suspendus devant sa glotte : Il y en a qui ont les pieds tout couverts de crotte et qui allument une grande torche pour voir les pieds des autres. Fiche-toi d'eux.

Appuyé contre la balustrade du balcon courant autour de la cour intérieure de l'hôpital, Manh, en blouse blanche, face à Hélène, pendant un court moment de repos, alors que passe derrière eux la procession des mutilés et des éclopés : Petite Sœur, ma famille et moi, nous avons discuté de notre mariage et nous pensons qu'il pourrait se faire plus tôt que prévu. Après le Têt prochain, dès les fêtes terminées.

Après le Têt prochain, répète-t-elle en elle-même. Elle le regarde, regarde la cour, le ciel, le soleil, les oiseaux rayant l'azur en tous sens, à grands coups de crayon de couleur, et s'interroge : Est-ce bien sa voix, et si c'est elle, est-ce bien à moi qu'elle s'adresse ? Et lui se dit : Ça y est, tu t'es enfin décidé à t'engager pour la vie. Ton cœur a fini par venir à bout de tes réticences. Plus d'échappatoire. Tu dois maintenant aller jusqu'au bout de ta promesse. Ton père salue ton attitude. Et dévisageant Hélène, prenant son visage dans ses yeux, comme il le prendrait dans ses mains, il essaie d'effacer à jamais celui qui a occupé si longtemps cette place.

Mais Hélène, subitement inquiète : Il faudra que nous choisissions des jours fastes pour fixer la date de la présentation des cadeaux et celle de la cérémonie.

Et lui : Mon oncle Giàu est le meilleur astrologue de Saigon.

Ne crains rien, Petite Sœur. Il se penchera sur nous comme ton père sur ses fleurs.

Cependant, Thu tient à se que l'on se conforme d'abord à l'avis de son propre devin et Manh ne s'y oppose pas. Dans ce domaine, il le sait, la famille de la jeune fille a toujours la prépondérance. Rue Chasseloup-Laubat, sans que surtout rien n'apparaisse aux yeux des voisins, on se prépare pour le grand jour. L'année touche à sa fin et le prochain Têt accourt déjà dans les esprits et déjà dans la ville. Année du Singe. Une bonne année, affirme-t-on avec la foi du soldat en son général. Adieu à la guerre ? Giàu, lui, a vu des choses terribles parmi les astres. Ce Têt sera désastreux, parce que, pressent-il mystérieusement, le Sud-Viêt Nam élève des guêpes dans ses manches. Il faudra bien encore lui donner raison. Le 31 janvier 1968, on se bat dans les rues de Saigon. Les Viêt-công ont investi les principales villes du pays. Pas de doute, Oncle Giàu a bien un pied dans le Dragon Bleu et un autre dans le Tigre Blanc.

Liliane Lepelletier ne tient plus en place. Son mari lui avait annoncé son arrivée hier matin, et elle est revenue de l'aéroport sans lui et dans tous ses états. Son attente anxieuse jusqu'au dernier passager sortant de la douane, ses questions à chacun. A Air France, le brouillard. Pierre figurait bien sur la liste des passagers au départ. « Nous n'en savons pas plus. » Sa colère. « Mais enfin, mon mari n'a quand même pas disparu en plein vol ! » « Il a dû se présenter trop tard et on l'a refusé à l'embarquement. » Et maintenant, son coup de téléphone à Manh. Non, répond-il, aucune nouvelle de Pierre depuis sa lettre écrite à Saigon. N'y avait-il rien entre les lignes qui aurait pu laisser suggérer une prolongation de séjour ? Rien. « Il va sûrement vous téléphoner, vous allez voir. »

Dans la soirée, rentrant de son cabinet, Manh se heurte à Liliane accompagnée de son fils. De retour de Paris. Sur des charbons ardents. Désireux de leur remonter le moral, il les invite à passer un moment chez lui. La pétulante voisine a perdu son tonus. Brisée, les épaules rondes. Parlant à sa place, François rapporte qu'au journal, Pérol, le patron, ne comprend pas. Il y a trois jours, il assurait que Pierre serait de retour aujourd'hui. A son hôtel de Saigon, personne ne l'a revu depuis qu'il a quitté sa chambre, hier. Pérol ne comprend pas, mais ne cache-t-il pas quelque chose ?

Recouvrant un peu d'énergie, Liliane déballe les cogitations nées de son anxiété. Connaissant son mari, elle craint qu'il ne se soit lancé dans une affaire interdite, déclenchant ainsi la colère du pouvoir. Peut-être a-t-il été jeté en prison, d'où son silence. Silence aussi dans ce salon, soudain, au milieu des regards qui se croisent, chargés d'inquiétude, corbeaux dans un ciel de cendre. Manh pense aussitôt à Lan. Pierre n'aurait-il pas essayé d'entrer dans son camp de prisonniers ? Et ce camp n'est-il pas situé dans le Nord ? Il faudrait donc supposer que Pierre ait décidé de repartir pour Hanoi au dernier moment. Etrange. A moins qu'ayant réussi à localiser Quang parmi la faune grouillante des quais ou dans les entrelacs du bidonville de Saigon, il ait été accueilli par la police... Car Quang est un pestiféré que l'on n'a pas le droit d'approcher. Son piano refermé, Hồng s'est jointe à la conversation, traversée des mêmes réflexions. Elle les garde évidemment pour elle. François les a-t-il débusquées ? Il prononce le nom de Quang, dit que dans la lettre où son père annonçait la date de son retour, une phrase ambiguë donne l'impression de parler de lui. Volontairement ambiguë parce que l'enveloppe portait le cachet de Saigon et qu'il avait donc dû appréhender la censure. Dit qu'il ne se rappelle pas les mots exacts et qu'il propose d'aller chercher cette lettre chez lui, à l'instant. On l'y encourage. Comment le hasard s'y prend-il parfois pour étonner son monde ? A peine François s'est-il élancé dans le jardin que la porte de la propriété s'ouvre sur Colette. Trois pas de plus en courant et le voici devant d'elle. Essoufflé et manquant de tomber sur elle. Et les voici tous les deux riant de ce face-à-face imprévu. Lui, expliquant pourquoi il est là, dans son jardin, et si pressé. Elle, se demandant pourquoi elle éprouve tout à coup ce plaisir à sentir cette main dans la sienne qui ne veut plus lâcher la sienne. La sienne apprivoisée. Et sous la lune, ce front diapré, ces yeux tracés d'un coup de fusain, ces cheveux qui mélangent leur douceur à celle du col de renard. La serrer contre lui et ne plus la rendre. Mais on l'attend. Il lui faut repartir, courir. Tout de suite ? Tout de suite. Obligé. « A tout à l'heure ! » Les doigts se sont dénoués. Fantaisie de l'amour qui prend plaisir à séparer les amants pour les faire s'aimer deux fois plus lorsqu'ils se retrouvent.

« Alors, cette phrase ? » questionne Manh. Encore haletant, François lit : « J'ai peut-être la chance de pouvoir bientôt revoir un vieil ami que j'ai perdu de vue depuis des années et je m'en fais toute une joie. » S'agirait-il de Quang ? Ou de Lan ? Liliane ne se rappelle pas avoir entendu son mari évoquer la présence d'un ami au Viêt Nam, mais il en a tant à travers le monde ! Et des Français isolés commencent à se risquer dans ce pays. « Un vieil ami », remâche Manh, songeur. Puis : « Il n'aurait pas marqué pareille prudence avec un véritable ami. Il l'aurait nommé, ou il aurait ajouté un détail pour le personnifier davantage. » C'est aussi l'avis de Liliane. S'il s'agissait d'un inconnu, il n'aurait pas pris non plus la peine d'informer sa femme de leur rencontre éventuelle en soulignant combien il s'en réjouissait à l'avance. Hồng est maintenant convaincue et le déclare : « Il est parvenu à découvrir l'endroit où vit Quang. » Le déclare avec une exaltation tempérée par le souci de respecter l'inquiétude générale. Et elle voit Quang étreignant Pierre Lepelletier à l'énoncé du nom de sa fiancée, et entend Pierre Lepelletier lui raconter, ici, les circonstances de leur entrevue en lui tendant la lettre, la tendre lettre qu'il lui a destinée. En haut de la gamme, sa voix part au secours de Liliane :

« Après tout, peut-être a-t-il retardé son retour en apprenant subitement où habitait Quang. La preuve en est que cette phrase a été ajoutée en bas de page, à la fin de la lettre.

— C'est vraisemblable », appuie Manh qui n'y croit pas et déguise sa voix et ses yeux avec le plus de sincérité possible. Et rassemble toute son indulgence pour sa rêveuse de sœur.

Sortant de la nuit de sa tête, Liliane objecte : « Il aurait téléphoné. » Manh modère un rire de gorge : « N'imaginez pas que l'on appelle la France, comme cela, de là-bas. » « C'est vrai, ajoute Hồng, c'est très compliqué, tout est contrôlé. » Ah ! non, on ne va pas laisser cette voisine rentrer chez elle, l'angoisse au cœur. « Restez donc dîner avec nous », propose Manh. Mais si Pierre appelait ? Pas à cette heure. Il est quatre heures du matin, là-bas. Et les enfants ? Il y a de la place pour tout le monde. Non, Caroline s'en occupera. Tant pis pour Hugues dont le sourire s'éteint. Qu'ils viennent donc tous, propose Manh. D'accord. Hugues va les chercher, sourire reconquis. Mais que va-t-on manger ? Chi Ba perplexe. Neuf couverts sans compter ceux de Thu et de Giàu dans leur chambre. Les commerçants de Rueil-Malmaison sont-ils faits pour les chiens ? « J'y vais », décide Colette. « Je t'accompagne » (voix de François). Hélène, mine maussade. N'est-ce pas pourtant une bonne chose ? Cette jeune fille attaquée, avant-hier soir, dans la rue, tout près d'ici, un maniaque, paraît-il. Course et rire dans le jardin et chevrotement de la Fiat réveillée en sursaut. Et les paroles de Manh au mariage du jeune Luong, le fils de Hoàng Trí Khanh, avec sa Française. « Fini le temps où les parents avaient le pouvoir de décision. Aujourd'hui, ce sont les enfants qui commandent. » Et les paroles de Thu : « Manh laissera Colette libre de son choix. Comment pourrait-il en être autrement quand on se remémore son propre comportement à Saigon ? » Un voisin n'est bon que lorsqu'il reste chez lui, soupire Hélène.

Le lendemain, c'est dimanche, les cloches dans le vent, et à travers les volets, le soleil que l'on imagine ce jour-là plus présent que les jours ordinaires. Tôt le matin, la petite chienne a donné de la voix chez les voisins et les deux plus jeunes enfants l'ont imitée. Et cette animation si matinale a fait naître, de ce côté du mur, le sentiment que la joie avait repris possession des Lepelletier. Mais, signe inquiétant, le silence s'est vite imposé de nouveau et pour longtemps. Un peu plus tard, au marché, rencontrant Hélène et Colette, Liliane confirmait la mauvaise impression : toujours aucune nouvelle de Pierre. Mais cette sonnerie lancinante que l'on avait perçue à l'aube ? Pérol, son patron. Il avait réussi à toucher quelqu'un au Consulat général de France de Hồ Chí Minh-Ville. Pour ne rien apprendre. « M. Lepelletier n'a pas cru bon de nous contacter pendant son séjour au Viêt Nam. » La seule information.

Manh tourne et retourne ses pensées. Et regrette. Regrette de ne pas avoir déconseillé à son ami d'aller à la recherche de son frère et de Quang. Mais n'est-ce pas lui-même qui en a émis l'idée ? C'est égal, nous aurions dû le décourager. Aujourd'hui, à cause de nous, peut-être connaît-il de graves ennuis et sa femme est accablée. Hier soir, après le repas, ce regard perdu que l'on n'osait pas fixer, ces paroles que l'on n'eût pas voulu entendre. « Il était si heureux de partir à la découverte de votre pays après tout ce qu'il avait su grâce à vous ! Et puis il voulait tellement vous rendre service. Pérol me le répétait, tout à l'heure : il est de ceux qui ne peuvent jamais s'empêcher de se dévouer pour les autres. » Allons ! on ne va tout de même pas l'enterrer. A supposer qu'il ait été arrêté, il ne risque guère que l'expulsion. Mais que dire à une femme qui n'écoute que les battements fous de son cœur ? D'autant qu'une seconde inquiétude la ronge. Fragilisée à ce point et mise en confiance par cette ambiance si charitable, elle en a avoué la raison à Manh et à Hélène avant de rentrer chez elle. L'avenir professionnel de son mari est dans une passe difficile. Difficile ? Ne compte-t-il pas pourtant parmi les meilleurs journalistes de son espèce ? Comment aurait-il pu démériter aux yeux de ceux qui l'emploient ? Le groupe de presse auquel appartient *Le Mondial* bat de l'aile. Et le bruit court que, couteau sous la gorge, on aurait décidé de fusionner ce titre avec son principal concurrent, obligeant ainsi quelques têtes à aller chercher fortune ailleurs. « Dans ce métier d'alpiniste qu'est le journalisme, les premiers de cordée sont toujours les premiers frappés par la foudre. » Paroles de son patron. Voilà ce que Liliane a confessé sans honte à ses voisins consternés. Dévoilant avec la même franchise dans quelle situation précaire l'éviction de Pierre plongerait la famille. « Quand je pense qu'il est en train de faire construire un tennis ! Les travaux ne vous dérangent pas trop, au moins ? Comment allons-nous faire si... ? (Un soupir soulève sa jolie poitrine.) Enfin ! »

Jack Van Đốc, encore lui. Nul besoin de lui rappeler qu'il est le bienvenu aux Tilleuls, le dimanche. Après la grand-messe de onze heures, il est là. Avec son petit bouquet de fleurs. Au cours de la semaine écoulée, il a ramassé trois mots de français et les ressert à toute occasion. « Je *souis toué* content *d'et'* avec *voous.* » Hugues se moque de lui, et sportif, il n'est pas le dernier à en rire. Et Colette a du mal à garder son sérieux. Et en observant sa fille, Hélène se désole en secret. Elle voudrait tant déceler dans son regard une couleur différente. Mais cette impossibilité de se comprendre. Cette langue qui se brise contre le faux nez du rire, qui ne peut jamais atteindre le cœur. Vite, qu'il apprenne le français, qu'il puisse converser couramment avec Colette. Combien de mois lui faudra-t-il pour en être capable ? Surtout que le temps presse, car François Lepelletier a regagné la faveur de Colette. Cet empressement à la suivre, hier soir. Et lorsqu'ils sont rentrés de la ville avec leurs courses, cet air d'avoir chapardé quelque chose ensemble dans une boutique...

Après le dîner, Hélène révèle à Jack, avec difficulté, qu'il y a, non loin des Tilleuls, un beau château que Napoléon a habité avec sa femme et que de nombreux touristes étrangers visitent. Napoléon, voilà un nom qui jaspe les yeux bridés du jeune « Américain », comme la bannière étoilée. Avec La Fayette et de Gaulle, n'est-il pas aussi célèbre que Kennedy ? Il est déjà debout, prêt à s'y rendre. Sollicités pour l'accompagner, Colette et Hugues sont moins enthousiastes. A la fin, par politesse, ils y consentent. Partent avec lui, d'un pas lent, et en reviennent à marche forcée. C'est avec de petits riens comme celui-là que l'on finira sans doute par rafler la mise, suppute Hélène, obstinée dans son espoir. Thu ricane, puis actionne ses gloussements : « Je ne te rappellerai jamais assez que tant que ton mari refusera d'intervenir, nous aurons toujours le dessous avec Colette. Qu'attend-il ? Qu'elle aille vivre avec ce garçon dont le père risque de devenir aussi fauché qu'un cyclo ? » Hélène se révolte contre ces mots trop durs. Bonne comme un cœur de jade, telle que la qualifie Giàu, elle n'a jamais pu excuser la véhémence de sa mère. « Comment ! s'étonne Thu devant ses gros yeux, ce n'est pas toi qui m'as raconté que ces gens n'avaient plus un taël en poche ? »

Quoiqu'il s'en défende, Manh ne néglige pas cet aspect de la question lorsqu'il lui arrive maintenant de considérer l'éventualité d'un mariage de Colette avec François. Sans aller jusqu'au marchandage, un mariage n'est-il pas, à chaque fois, le résultat d'une négociation serrée ? C'est du moins la règle au Viêt Nam. A tel point que marier sa fille y est traduit par l'expression populaire *gã bán*, « marier et vendre ». Naguère, se rappelle-t-il, la famille de la mariée exigeait même une importante somme d'argent. Les tractations qui ont précédé les fiançailles avec Hélène, cette bataille de chiffres entre son père et sa future belle-mère... Car Tùng dédaignait ces basses sujétions. Quel parent n'a vraiment cure du poids en argent que représente un parti ? Et quel père ne souhaiterait pas voir sa fille au bras d'un mandarin opulent ? Bref, quand on apprend par Hélène, aux Tilleuls, que les Van Đốc seraient ravis de recevoir Colette et son frère chez eux, à Fairfax, pendant les vacances de Pâques – Jack y retournant à cette occasion –, les regards retrouvent leur brillance. Une salle de coffres que l'on viendrait brusquement d'éclairer. Reste maintenant à savoir si Colette se laissera attirer par les lumières de l'Amérique. Thu y compte bien, elle qui a arrangé ce dernier coup de *tứ sắc*.

9

Il est là, on entend sa voix, son rire, c'est lui. On ne peut se tromper. Il est là. Débarqué, ce matin, sans crier gare. Joséphine l'a senti avant tout le monde, dès sa descente du taxi. Et comme une furie, elle s'est élancée vers la porte, à travers le jardin, et elle l'a accompagné jusqu'à la maison en dansant la sarabande. C'était lui, elle le savait. Les chiens sont plus malins qu'on ne le pense. Et ce ne sont maintenant que bavardages ponctués d'éclats joyeux et de rires, de rires encore. Il est là, Pierre Lepelletier, après cette attente anxieuse, ce silence que l'on ne comprenait pas. Retenu par la police pendant cinq jours. A cause de Quang ? A cause de lui, oui. Qui vous l'a dit ? Cette phrase dans la lettre, cette phrase étrange qui annonçait une rencontre avec un vieil ami. Hồng avait eu du nez, comme toute bonne Vietnamienne. Alors, on écoute Pierre, en grappe autour de lui, les valises à ses pieds, comme prêtes à repartir. On écoute le voyageur revenu sur terre. Voilà. Il avait trouvé l'endroit où Quang vit, une baraque dans un bidonville, au bout d'un pont de singe. Une baraque empiétant sur un marigot, un égout à ciel ouvert avec des rats gros comme ça. Comme ça ? Pouah ! Voilà, il ouvre la porte et il voit un homme assis par terre, torse nu, jambes nues et un pied en moins. Un pied ? Oui, coupé au ras de la cheville. Ici. Le pied droit. Quang ? Lui-même. Maigre, maigre au possible. Et les yeux, comment dire, les yeux enfoncés comme au creux de trous profonds. La conversation s'engage pendant que le photographe opère, clic, clac, vite. Quand, tout à coup, des gens accourent, derrière, et se mettent à crier, des uniformes, des casquettes plates, toute une flopée de gens armés. Bref, c'est d'abord le poste de police, puis l'interrogatoire et ensuite la résidence surveillée dans un hôtel, sans moyen de communiquer avec l'extérieur, au secret, passeport saisi, photos saisies, au secret pendant cinq jours. Jusqu'à hier soir. Il était quelle heure ? Sept heures et demie, oui, c'est cela, poussé dans l'avion avec les excuses des autorités, bien sûr, hop ! et voilà.

On lui laisse le temps de prendre une douche et de se changer, et ensuite, on appelle les voisins et on les invite tous à entendre le voyageur, l'homme qui a vu leur pays interdit, bouclé, qui va leur en parler, réveiller leurs souvenirs, comme des fleurs arrosées, baignées, les faire voyager à leur tour. Alors, ils sont arrivés sans tarder, ils se sont assis, tous, Manh, Hélène, Hồng et Colette, et ils ont écouté, bouche ouverte, paralysés de bonheur, le grand voyageur rentré du pays aimé, interdit, bouclé. Pour commencer, il a relaté sa rencontre avec Quang, bien sûr, et Hồng a tordu ses longues et fines mains sur ses genoux et ses yeux ont coulé doucement dans leur fente, mais personne ne les a vus, non, personne. Surtout lorsqu'il a révélé que Quang était amputé à cause du fer qui s'était incrusté dans sa chair, et qu'il était maigre, maigre au possible. Non, personne n'a vu Hồng pleurer. D'ailleurs, a-t-elle vraiment pleuré ? Elle est comme le Viêt Nam, pense Pierre, si décent, si digne. Qui pourrait croire qu'il souffre à regarder les photos rapportées de ce voyage, tous ces rires qui mangent les yeux ? Comme le Viêt Nam et comme Quang, l'amputé couvert de coutures et de vermine. Pendant la guerre, c'était pareil, se rappelle-t-il, il souffrait, mourait en souriant, en riant. On le torturait et il souriait, riait. Sa souffrance était invisible et muette. Peut-être est-ce pour cette raison que la guerre a duré, duré.

Tous écoutent Pierre Lepelletier, écoutent le Viêt Nam qui bat en lui, ce Viêt Nam qui a bien changé, qui a revêtu des habits de calamiteux, de clochard. Et qui a faim, d'une faim monstrueuse. Et soif. Soif de millions de désirs et de ce qui constitue, avec l'oxygène, l'élément indispensable de la vie : l'espérance. Soif à en mourir. Et Chasseloup-Laubat, Pierre, la maison, Phát, le jardinier, Kim, la lingère ? Et le piano dont il parlait dans sa lettre ? Ah ! oui, le piano dans le salon saccagé, près du sofa dépenaillé comme par une armée de souris, et cette jeune fille qui en jouait. Hồng, la fraîcheur de sa voix : « Vous avez pensé qu'elle me ressemblait ? A ce point ? » Il la dévisage, puis s'exclame : « C'est vrai, je la revois, elle avait tout de vous, on l'aurait facilement prise pour votre sœur. » Se souvient-il de ce qu'elle jouait ? Il secoue la tête. Elle avait une partition devant elle. Du Chopin ? Peut-être. Ses partitions, Hồng les avait laissées. Cette maison persiste donc à vivre avec nous si longtemps après avoir été désertée par nous, continue de vivre en souvenir de nous, songe-t-elle. Certaines plantes de la forêt dont les racines sont mortes continuent à vivre ainsi longtemps, racontait Tùng. Phát, Kim, non, il ne les a pas retrouvés. Tous ceux qui habitent ce quartier sont des inconnus, installés là par les nouveaux maîtres, des gens du Nord, des fonctionnaires, des *bộ dội*. Les autres, les anciens habitants, ils leur ont dit : *cút đi !* Foutez le camp ! Ils n'existent plus, ils se sont fondus dans la masse anonyme, dans le fatras des cagnas, la grande taupinière des va-nu-pieds à vélo, silencieux comme leurs vélos.

On suit Pierre et son photographe dans les rues, leurs pre miers pas dans ce monde étranger qu'est devenu ce pays perdu. On vit leurs premières émotions, ces scènes qui ne varieront jamais pendant leur mois de présence. Les gosses les fêtant en riant : *Pháp ! Pháp !* Des Français ! Les adultes s'approchent avec précaution. Qui sont ces invités du régime ? Puis, comprenant, ouvrent leurs bras, leur cœur. Cinquante, cent personnes autour d'eux, devant leur guide stupéfait. Les mains courent sur eux, les doigts se coulent dans les leurs, les pincent avec affection. Les gosses tirent sur les poils de leurs bras. Aïe ! A-t-on déjà vu des poils à cet endroit du corps en Asie ? On suit Pierre et son compagnon partout ainsi au Viêt Nam, du nord au sud. Avec cette foule amicale à leurs basques et les gamins adorables et insupportables, et les mendiants qui s'agenouillent à leurs pieds et leur entravent les jambes. Et les culs-de-jatte, les pauvres hommes en morceaux, les lambeaux de la guerre qui marchent sur les mains et sautillent comme des crapauds. Et les aveugles en guenilles qui piétinent à la queue leu leu en se tenant par l'épaule et en chantant tristement, précédés par un enfant, sébile tendue. On les suit à l'hôpital n° 2, l'ancien hôpital exemplaire du professeur Lê, et l'on surprend les yeux de trois mères veillant sur leur bébé couché à côté de deux autres, dans un seul lit, yeux de la douleur pudique, yeux du Viêt Nam. De ces malades faisant la queue pour acheter un seul cachet d'aspirine qu'ils enveloppent ensuite dans un petit morceau de papier journal. Et yeux de ce vieux couple qui prend l'avion avec eux, pour la France, après onze ans d'attente. Yeux de tous ceux qui, derrière les barrières de la police, partent par la pensée avec eux, en silence, et voient le Viêt Nam s'esquiver sous leurs ailes, les rizières briller au soleil comme leurs yeux.

Et maintenant, les questions de Hồng, encore, au sujet de Quang naturellement. Car comment pourrait-elle se contenter de ces mots douloureux ? Pierre a-t-il eu le temps, par exemple, de lui parler avant que la police n'intervienne ? Oui, juste le temps de lui apprendre que tout le monde est arrivé, sain et sauf, en France, et que l'on attend qu'il vienne à son tour. Et qu'a-t-il répondu ? Rien, car c'est à ce moment-là que la police a fait irruption. Là-bas, on n'a pas le droit de parler à un étranger, et un étranger n'a pas le droit d'entrer chez un Vietnamien. Tout est interdit. Le pays lui-même est interdit. A présent, Hồng est obligée de se contenter de cela. De ces mots douloureux. Tout ce que l'on ajouterait ne serait qu'invention. Et Lan, y aurait-il d'autres mots que l'on aurait omis d'exprimer à son propos, que Pierre n'eût voulu formuler ni dans sa lettre, ni tout à l'heure, quand on a commencé à l'entendre ? Oui, ceux-là, peut-être, oubliés dans la précipitation : « J'ai su où son camp est situé, près de la frontière laotienne. Nous avions tout combiné pour nous y rendre. Nous devions partir à l'aube après avoir semé notre guide. Quelle naïveté ! Le chauffeur nous a conduits directement à la police. » Et à ce récit, Manh ajoute pour lui, comme sa sœur avec Quang, les inventions de son cœur, écoute le récit imaginaire d'une rencontre prodigieuse.

A quoi sert d'épiloguer davantage ? Refermons le livre du chagrin. Si le Ciel, qui nous a fait naître sur cette terre de misère, a quand même souhaité nous en arracher, ce n'est pas pour que nous gaspillions nos jours et nos nuits à la regretter, mais pour qu'elle survive grâce à nous et en nous, avec tout ce qu'elle a de meilleur.

Des cadeaux ! Ils sortent, un à un, des valises avec des ah ! et des oh ! jaillissant par bouffée, comme le parfum d'un flacon renversé. Pierre a pensé à chacun. Même à Thu avec cette ottélie séchée cueillie, au milieu des canards, dans la pièce d'eau de la rue Chasseloup-Laubat, car il n'ignorait pas qui avait planté là ces fleurs mélancoliques. Coutume oblige, Hồng se refuse, quant à elle, à développer le paquet que Pierre vient de déposer dans ses mains. Ne lui plairait-il pas d'en connaître le contenu ? Colette l'aide à se décider. Voyons, qu'a-t-il bien pu offrir à cette prude femme pour déclencher ce petit rire d'écolière derrière son cahier ? Hi, hi, hi ! On guette l'ouverture complète de l'emballage et l'on admire un fichu brodé où une jonque bourlingue entre des rochers fleuris. Hélène reçoit, pour sa part, un service de table aussi joliment décoré. Et Pierre prend pour du bon pain la gêne qui, telle une pharyngite, lui embarrasse la gorge dans ses remerciements. S'il savait l'autorité que Manh a dû déployer, ce matin, par exemple, pour la convaincre de l'accompagner jusqu'ici ! Et tous les prétextes qu'elle a opposés devant sa mère qui l'encourageait de ses mimiques, comme clapie dans l'entrebâillement d'un rideau.

Pour Colette, c'est légitime, le plus gros paquet. Et sans qu'une parole ait pu mettre sur la voie, on subodore que François n'est pas étranger à ce qui se trouve à l'intérieur. Hồng, plus que les autres, qui a dû fournir, avant le départ de Pierre, des indications très utiles. Il suffit de l'observer, de suivre le va-et-vient de son regard, des doigts de Colette dans leur occupation à ses yeux brûlant de curiosité. Et soudain brasillant sous l'enthousiasme. Une tunique de soie traditionnelle, de la couleur du forsythia, celle du Tết. Qu'elle déplie et dont elle se couvre aussitôt le corps en la retenant à chaque épaule. Et la voilà courant jusqu'au miroir de la cheminée et s'exclamant :

« Mais c'est ma taille ! Quel œil vous avez eu ! On croirait qu'elle a été faite pour moi. »

Envolée la timidité qu'elle manifestait il n'y a pas si longtemps avec lui. La discrétion que l'on s'impose en toute occasion quand on est une jeune fille bien élevée, soucieuse de ne jamais prononcer un mot plus haut que le voisin, d'éviter toute démonstration intempestive, aussi joyeux soit-on, jusqu'au moindre mouvement de ses traits ? Hélène est effarée. Est-ce ainsi que nous l'avons éduquée ? Et Manh, sous le charme, prêt à lui pardonner cent fois plus de manquement. Par exemple, cette façon qu'elle a maintenant d'exprimer sa gratitude en se lançant, oui, en se lançant dans les bras de Pierre pour lui appliquer un baiser sur chaque joue. Et embrasser Liliane, par-dessus le marché. Et pourquoi pas son fils pendant qu'elle y est ? François dont le sourire en coin avoue la complicité. Car c'est lui qui a guidé le choix de son père dans cette boutique de Saigon, lui que Hồng a renseigné en conséquence. Regarde donc l'air chafouin de celle-là, s'indigne Hélène. N'avait-elle pas le même à l'époque où elle couvrait la duplicité de son frère avec sa Française ? Ma mère a raison de répéter ce que garantissait ma grand-mère : La sœur du mari est plus à craindre qu'un scorpion, parce que l'on ne peut pas l'écraser.

Mais Hélène n'a pas tout vu. Colette veut maintenant essayer cette tunique sans attendre. Alors, elle court déjà chez elle, accompagnée de Caroline, toutes deux poursuivies par le petit fox-terrier. Et revient (avec quelle célérité !) pour provoquer de nouveaux ah ! et de nouveaux oh ! pour se laisser contempler, allumer tous les regards en marchant de long en large, en faisant des effets, comme un mannequin. Comme une cocotte, s'indigne encore Hélène. Ô l'*áo dài* à la dignité si religieuse qui feint de passer vite sur le corps, comme si elle n'en avait cure, tout en s'y attardant comme des mains caressantes ! Jolie comme elle est, sa fille, devant elle, ne mérite-t-elle pas malgré tout l'indulgence ? Et puis n'est-il pas heureux qu'elle se plaise à porter la robe traditionnelle plutôt que de copier cette mode scandaleuse qui dévoile tout de la femme ? Souviens-toi, remarque Hélène, combien elle rechignait à pratiquer le vietnamien, et voilà qu'elle l'apprend, et voilà qu'elle aime à s'habiller comme toi. De quoi te plains-tu ? Qu'elle ait un inspirateur qui ne soit pas de ton choix ? Elle n'a que dix-huit ans, et le cœur d'une jeune fille de cet âge a moins la consistance de la papaye onctueuse que celle de la grenade.

Clos le piano de Hồng, et close elle-même dès le lendemain du retour de Pierre Lepelletier. Et la sollicitation de Manh et de Colette à son égard n'est qu'un stérile onguent contre son mutisme opiniâtre. Et Manh s'en veut. S'accuse de ne pas avoir prévenu Pierre dès son arrivée, de lui avoir permis de blesser cruellement sa sœur. Facile eût été pourtant de mentir. D'affirmer que Quang était demeuré introuvable malgré ses recherches. Facile. Et profonde maintenant sa blessure. Pourra-t-on jamais lui enlever des yeux l'image qu'elle a aujourd'hui de cet homme diminué et déchu qui l'avait séduite par sa force, sa beauté et sa foi en l'avenir ? L'image de cet amputé abandonné à la misère.

C'est Giàu qui a donné l'alerte. Il a compris que Hồng a l'intention de partir pour le Viêt Nam. Stupéfaction, incrédulité. Mais l'oncle l'assure et le maintient. Il a surpris une de ses conversations téléphoniques avec le cousin, Alain Vẫn, alors qu'elle se croyait seule à la maison. A Manh, plus tard, après lui avoir avoué combien il était contrit de l'avoir poussée, par ses prédictions, à se repaître de chimères : « Alain semblait très hostile à son idée et elle s'énervait. C'est ce qui m'a mis la puce à l'oreille. Ce que j'ai perçu m'autorise à penser qu'elle est très déterminée. » Le jour même, Manh appelait le cousin qui confirma. « Elle envisage de demander un visa. Je lui affirmé qu'elle ne l'aurait pas, mais elle s'enferre. Elle prétend qu'elle l'aura en allant l'acheter en Thaïlande. C'est possible, mais dangereux. Une des nôtres a disparu en empruntant cette voie. De toute façon, elle a fui le pays en bateau et d'y rentrer peut lui coûter cher. »

Depuis, une coalition s'est formée, Manh à sa tête. On a demandé à Pierre de s'y associer. Pierre se blâmant plus encore. Alors, seul chez lui, il invite Hồng sous prétexte de lui montrer les photos qu'il vient de rapporter du journal. Colette l'accompagne. Alors, les photos glissent entre ses longs doigts, brillent un instant et, l'une après l'autre, tombent sur le tapis, telles les dernières feuilles d'un arbre en train de mourir. Et dans les commentaires s'immiscent des arguments que Pierre imagine être de poids. Pays surveillé, quartiers quadrillés, pas un seul pas sans être suivi, prisons pleines, anciens prisonniers en quarantaine, interdiction de les accoster, etc. Mais, au bout d'un moment, il se frotte le menton d'un air embarrassé et arrête ses boniments. Il n'a plus rien dans son sac. Et il a senti que sa présence était superflue. Il va donc au fond du jardin surveiller la construction du tennis. A Colette de prendre le relais. Devant le Viêt Nam étalé, devant les paysages et les visages du pays perdu, ces feuilles d'arbre mort, assise près d'elle, sur le tapis, elle déclare alors à sa tante :

« Tu sais combien je t'aime. Je t'aime peut-être plus que ma mère. Tu sais qu'il y a comme un pacte entre nous, parce que toi et moi nous sommes faites de la même pâte. Tu me l'as dit d'ailleurs, un jour. Tu as l'impression que je suis toi lorsque tu avais mon âge. Aussi je voudrais que tu m'écoutes, car malgré les années qui nous séparent et le respect que je te dois, je me vois obligée par amour pour toi... » Et elle la supplie de renoncer à son projet. Le cousin le lui a répété : elle risque gros. Et Pierre l'a prévenue : en admettant qu'elle parvienne à entrer au Viêt Nam, elle finira en prison si elle tente de rencontrer Quang. N'a-t-il pas eu lui-même de graves ennuis, tout journaliste étranger qu'il est ? Et pour la première fois de sa vie, elle capture les fines mains de sa tante en chargeant sa voix de la plus convaincante des persuasions. Et Hồng l'écoute d'un air absent, comme là-bas, déjà, regard fixé sur les photos éparses qui carrellent le tapis comme les rizières le font du pays, vues d'avion, sur ces feuilles d'arbre mort. Et ni l'une ni l'autre n'a entendu François pénétrer dans la pièce et se plaquer contre la porte, s'immobiliser. Les découvrir à cet endroit, chez lui... Il s'excuse, bafouille, explique qu'il pensait que la maison était vide. Eprouve l'obligation de se retirer. Mais Colette lui propose de venir s'asseoir à côté d'elles. Lui dit :

« Tu as vu, j'ai mis la tunique de ton père. Je ne peux plus la quitter. Elle en relève un pan, le pose sur ses genoux, dégage ainsi le fuseau de sa cuisse sous le satin blanc de son pantalon. Ils seraient seuls qu'il l'enlacerait. Nous parlions du voyage de Tante au Viêt Nam. Il joue l'étonné. Elle voudrait retrouver Quang, le secourir.

— Pauvre Quang, soupire-t-il. Je ne sais rien de lui. Comment était-il ? »

Alors, Hồng lui raconte Quang, le jour où ils se sont connus, Quang à la sortie du lycée Marie-Curie où elle est surveillante, Quang, leurs promenades dans le Jardin botanique, le long de l'étang fleuri de lotus. Elle a vingt-quatre ans, une robe de la couleur de celle de Colette, des cheveux comme les siens, titillant ses épaules à chaque pas, et elle marche à ses côtés, c'est visible, marche sans le tenir par la main – la règle le condamne – sous les arbres habillés de fougères ou ruisselant d'orchidées. Marche jusqu'à un banc sur lequel elle s'assoit près de lui, dans le secret d'une charmille. S'assoit à côté de Quang, comme Colette est assise à l'instant à côté de François. Et là, enfin, dans l'ombre complice, leurs deux mains se rejoignent, comme celles de Colette et de François se rejoignent et s'aiment à l'instant. Hồng est Colette, qui vit son amour pour François, qui l'affiche au grand jour, dans la tendresse de la complicité. Plus rien ne diffère entre elles. Oui, un pacte les lie. Leurs deux cœurs ne font qu'un. Alors, soudain, Hồng sort de son rêve, tout étourdie. Et entend François prononcer doucement :

« Vous retournerez à Saigon, Hồng, vous y retournerez bientôt.

— Vous croyez, vous croyez ? Elle ressemble à cette mendiante de la rue Tự Do, sur cette photo, là, au-dessus des autres.

— Oui, Hồng, car on vous y emmènera, Colette et moi, n'est-ce pas Colette ?

— Oui, Tante, on t'y emmènera, nous partirons tous les trois.

— Quand le Viêt Nam rouvrira ses frontières, dit François. C'est pour bientôt. Tous ceux qui le veulent pourront alors y retourner.

— Et on ira voir Quang ?

— Bien sûr, répond François, et l'on ira s'asseoir tous les quatre au Jardin botanique. On nous délivrera un visa et nous prendrons l'avion. C'est pour bientôt, m'a dit mon père.

— Bientôt ?

— Quelques mois, a dit mon père, un an peut-être. Il faut attendre avec patience, alors nous partirons tous les trois. »

Le lendemain, baromètre infaillible, Hồng rouvre son piano, et les notes volent dans les étages, comme les oiseaux dans le soleil ressuscité. Et là-haut, dans son pigeonnier, Oncle Giàu chante de nouveau : « *Con mèo, con mẽo, con meo...* »

Derrière le mur, la bonne humeur est revenue de même, car l'avenir professionnel de Pierre Lepelletier semble s'éclaircir. Des assurances ont été données aux journalistes du *Mondial*. La fusion épargnera le magazine, du moins pour l'instant. Pierre mord à belles dents ce pain béni inattendu. Aujourd'hui, justement, on inaugure le tennis et Manh est de la fête. Depuis combien de temps n'a-t-il pas touché à une raquette ? Depuis Nice où Catherine l'entraînait sur les courts avec sa bande. Souvenirs amers. C'était l'époque où leurs amours commençaient à se décomposer comme un vieux vin qui tourne. Plutôt se rappeler les parties avec elle au Cercle sportif de Saigon, une fois vaincue cette sorte de paralysie qui le prenait face à l'obligation de se soumettre aux regards des Européens. Face au risque d'affronter la sourde moquerie ou l'hostilité déclarée de ceux qui voulaient rester entre eux. Mais n'est-ce pas aussi à cet endroit que Catherine a connu ce Malleret dont le père tenait l'hôtel de Nice, ce blondinet aux joues rose fillette qui est devenu son amant ?

« Oh ! joli, crie Pierre, en admiration devant un miraculeux revers de Manh. Encore quelques jours de pratique et vous allez voir, vous n'en aurez plus pour longtemps avant de nous battre tous. »

Rire mouillé de bonne sueur. Assis sur un banc, le long du court, Colette et François attendent leur tour, raquette entre les jambes, bavardant, et à chaque balle qui tombe dans leur direction, Manh ne peut s'empêcher de se revoir à la place de ce garçon, à Saigon, avec Catherine, si différente des filles du pays. Ironie du sort. Pied de nez de cette puissance mystérieuse qui régit la vie des hommes. Faut-il donc que tout recommence toujours, que cette faiseuse d'événements dans lesquels nous nous débattons, comme une mouche tombée dans une jarre de *nưởc mắm*, n'ait jamais fini de se jouer de nous ? « Manh, qu'est-ce qui vous arrive, vous avez perdu la main ? » C'est vrai qu'il loupe toutes les balles depuis un moment. A trop réfléchir, la tête se vide. Allons, retourne à ton jeu. Mais le jeune couple est là et sa vue l'obsède. Que t'aurait apporté un mariage avec Catherine ? Des embêtements, rien que des embêtements. Ton père te l'a assuré : Le mélange, c'est la complication. Avec les Français, nous avons beaucoup de choses en commun, mais pas assez pour tenir le couteau dans le même sens quand on pèle un fruit ou pour répondre oui quand on pense non. Le jour où nous pourrons faire cela comme eux, alors seulement nous pourrons vivre côte à côte sans nous chamailler. « Balle de set ! » Manh la renvoie tant bien que mal, mais au bout de trois échanges doit capituler. Et il n'aime pas rendre les armes. Dans un duel conjugal avec Catherine, qui aurait eu le dessus ? Sûrement pas lui. Fiasco. Voilà par quoi tout se serait terminé.

« Allez, les enfants, lance Pierre, c'est à vous ! »

Manh regarde François et Colette se lever et occuper leur place de chaque côté du filet. Une petite brise agace les cheveux et colle à la peau chemisette et short. Ces corps sains, cette chair neuve. Quel alliage ils composeraient, tous les deux ! D'autant plus qu'ils ont plus de choses en commun que nous n'en avions, Catherine et moi. Eux pèlent les fruits en poussant le couteau d'une manière semblable. Hélène a raison : nos enfants sont plus français que vietnamiens. Faut-il le regretter ? N'ai-je pas eu tort de ne pas me gendarmer dès le début, quand ils étaient encore malléables, contre leur refus de chausser nos claquettes ? Mais ne les aurais-je pas privés des armes nécessaires pour se défendre et gagner dans ce pays ? « Egalité ! » hurle Pierre juché sur le dos d'une chaise, avec l'autorité d'un arbitre international. D'une force égale, oui, pense Manh de nouveau, voilà comment nous les avons rendus. Assez forts pour oser entrer au Cercle sportif, tête haute, et se mesurer aux plus coriaces. D'un geste brusque, il relève le menton, entraîné par la bouffée de fierté qui vient de l'envahir, et il voit son père, car de temps en temps, quand il se sentait satisfait, un tic approchant lui soulevait le bas du visage. Il l'eut, par exemple, au moment où Manh lui annonça qu'il avait réussi sa médecine. Il voit son père et maintenant se demande : Quel air adopterait-il si je lui annonçais le mariage de sa petite-fille avec un Tây ? Et il voit son père sur son lit de mourant, son visage émacié mais conservant sa noblesse, et l'entend lorsqu'il lui fit promettre de demeurer fidèle au pays de leurs ancêtres, d'épouser sa fiancée vietnamienne. Promettre de continuer la race à travers ses enfants. L'entend l'enjoindre de retenir cet adage : L'arbre a ses origines, le fleuve sa source.

Les dimanches se succèdent sans que Jack Van Đốc oublie une seule fois l'invitation de venir aux Tilleuls quand bon lui semble. Mais, hélas, sans que l'on constate chez lui quelque attirance pour Colette. Et Thu ne décolère pas. Dès la porte refermée sur lui, l'oreille d'Hélène est le réceptacle de sa bile : « A-t-on jamais vu un ballot de son espèce ? Il a la tête dure comme de la terre et le cerveau mou comme de la boue. Dédaigner ma petite-fille ! Il n'y en a pourtant pas beaucoup comme elle en Amérique. Je me souviens qu'elles étaient encore plus mal éduquées qu'ici. On aurait dit des taxi-girls. » (Recracherait-elle du bétel qu'elle ferait la même bouche.) Difficile, en effet, d'apparaître plus indifférent devant une beauté comme Colette. A se demander si le sexe faible ne rebuterait pas ce garçon. Tùng prétendait à ce sujet qu'il y avait aux Etats-Unis autant d'homosexuels que de mâcheurs de chewing-gum. « As-tu remarqué sa façon de se tortiller lorsqu'il aborde quelqu'un ? » Regarde Hugues, à côté. Il a quinze ans, mais quel homme, déjà ! Tu devrais d'ailleurs le surveiller davantage. Je l'ai surpris, l'autre soir, dans la ruelle, avec la sœur du jeune François, Caroline, une délurée de première, celle-là, et ils avaient l'air de bien s'amuser ensemble. Elle était montée sur le cadre de sa bicyclette. » Hélène trouve sa mère trop sévère, mais elle est forcée de reconnaître qu'il y aurait lieu d'être plus attentif en ce qui concerne son fils. Il a l'âge des bêtises et l'attitude des petites Françaises qui l'entourent a de quoi l'encourager à les multiplier. Qui a jamais aperçu, au Viêt Nam ou ici, de telles aguicheuses parmi nos jeunes filles ? Elles ont, s'indigne Thu avec les mots de là-bas, une vraie vie « de frelon et de papillon ». Ah ! la bonne emprise de la mère vietnamienne, la plus souveraine des éducatrices.

Il est vrai que Manh pourrait l'aider davantage dans ce domaine, se désole-t-elle parfois quand elle pleurniche un peu sur son sort. Mais c'est toujours le travers du père. Les études avant tout. Et pas n'importe lesquelles : les plus prestigieuses, celles qui permettront aux garçons d'atteindre les sommets. Ne s'est-il pas fichu dans l'idée que Hugues devrait entrer à l'Ena ? Rien que ça ! Ambition démesurée ? Tant de jeunes Vietnamiens fréquentent aujourd'hui les grandes écoles. Quelle revanche, de pareils succès, devant cette défaite que représente pour une famille la perte de tous ses biens sous le soleil natal, l'obligation d'arracher ses racines et de se disperser à travers le monde ! Et quelle récompense pour les parents qui souvent n'ont pas hésité à se saigner à blanc dans cet espoir ! Dont les sacrifices pour la progéniture sont, soulignent les sages, « immenses comme la montagne et la source de la mer ». La plupart, constate Manh, ne sont pas plus inquiets qu'il ne l'est lui-même quant à la volonté de réussite de leurs enfants. On les laisse à eux-mêmes et ils galopent, brides abattues. A l'exception de ceux qui, débarqués plus récemment du Viêt Nam, parfois arrachés à leurs parents, ont perdu tout repère traditionnel sous la botte communiste, puis dans le croupissement des camps. Elève brillant, Hugues. Comme sa sœur. Leur père n'a qu'un regret : que son épouse n'ait pu lui offrir d'autres enfants. Il eût bien voulu élever deux garçons de plus. Pour en faire des polytechniciens. Jack a choisi la finance, une voie plutôt rare chez nos compatriotes, observe-t-il. Nous ne sommes pas des hommes d'argent. Alors que nos femmes... ! Qui d'ailleurs tient les cordons de la bourse dans un foyer, et qui dépense des fortunes au *tứ sắc*, au majong ou aux « trente-six bêtes » ? Il rit en se souvenant de Tùng, des clameurs de son beau-père à propos des nuits que Thu passait à jouer avec ses amies, et surtout à dilapider ses économies de botaniste, au temps de la facilité, à Saigon. En vieillissant, elle s'est quand même un peu calmée. Il est vrai qu'elle ne dispose plus du pactole de son malheureux mari. Mais elle a vendu tout ce qu'elle possédait aux Etats-Unis et Manh soupçonne Hélène de glisser quelques œufs dans son panier lorsqu'elle en touche le fond. L'irruption aux Tilleuls de ce jeune Américain déniché par Thu est donc apparue dans l'ordre des choses quand on a appris à combien se montait la fortune de ses parents.

En ce dimanche où le soleil indifférent aux soucis des hommes se donne à fond, la consternation de la mère et de la fille est à son comble : délaissant Colette, Jack occupe sa journée, nez sur un jeu d'échecs, puis sur un Monopoly, à compter ses pièces ou ses billets factices avec Hugues et un de ses copains de lycée. Pendant qu'elle rejoignait son père au tennis, chez les voisins, après avoir attendu poliment – il faut en convenir – que l'on voulût bien s'intéresser à elle. Clappements des balles, cris joyeux des joueurs, tirades endiablées de Joséphine. Dix-huit heures déjà et ils n'ont pas bougé de derrière ce mur. Soupir d'Hélène qui regarde sa montre, et grincement des dents de Thu dans le jardin où Chi Ba a servi le thé. Et maintenant, Thu à voix basse, comme si les joueurs allaient abandonner leur raquette pour coller leur oreille au mur :

« Tu vois cet arbre, là ? Elle le désigne du menton en s'interdisant d'employer son index.

— Le tilleul ?

— C'est ça, répond Thu. Eh bien ! il est là, l'esprit, j'en suis sûre.

— Là ? interroge Hélène, partagée entre ironie et perplexité. (Les arbres ensorcelés, au Viêt Nam, il y en a des forêts.)

— Parfaitement. Tu as peut-être noté combien ce tilleul est attirant. Dès les beaux jours, on ne cesse d'aller s'asseoir dessous, ton mari le premier. Et puis tu vois comment il aime déborder chez les voisins. (Sa voix n'a plus que la résonance d'un filet d'eau.) J'ai demandé à Chi Ba de déplacer la table. C'est à cause de cela qu'elle est maintenant ici. Quelqu'un m'a conseillé d'agir ainsi. Cet esprit est particulièrement fielleux, car c'est un démon femelle, l'âme errante d'une femme morte en couches. (Ces derniers mots sonnent lugubrement.)

— Maman ! Qui t'a raconté ça ? Hélène sent la contrariété la gagner. Comment ma mère, si éloignée aujourd'hui de tous ces sorciers et jeteurs de sorts que compte le Viêt Nam...

— Renseigne-toi, Enfant. La fille de l'ancien propriétaire de cette maison est morte dans ces circonstances. Tu ne le savais pas ? Les esprits femelles sont les plus redoutables, et c'est toujours dans un arbre qu'ils se réfugient. Au Viêt Nam, ils préfèrent le banian centenaire, mais ils peuvent choisir un autre arbre. C'est pour cela qu'on procède à des rites conjuratoires au moment d'une mise en bière.

— Mais nous ne sommes plus au Viêt Nam ! objecte Hélène à court d'argument. Elle a élevé le ton et sa mère bat l'air de sa main.

— *Cha chã !* les âmes errantes sont partout. Elles ignorent la géographie des hommes. Ce tilleul est certainement plus que centenaire. C'est donc là que l'esprit habite et c'est à cause de lui que nous ne connaissons que des déceptions avec Colette. Celui qui m'a appris cela est une personne d'expérience. Elle ne se trompe jamais. »

Comme Thu est encore rentrée fort tard, la nuit dernière, Hélène en déduit qu'elle récolte ces balivernes pendant ses parties de cartes. Quelques heures après, fermant les volets de sa chambre, l'odeur chaude de l'encens la saisit, provenant curieusement du jardin. Au pied du tilleul, Thu a déposé une assiette chargée de fruits, le dernier bouquet de fleurs offert par Jack et piqué dans l'herbe deux ou trois jossticks.

Le lendemain. « Mais qui donc a décidé d'enlever cette table de l'endroit où elle était ? » Chi Ba oppose à cette question de Manh le visage d'une statue énigmatique. (On dirait l'un des mandarins de pierre du tombeau de Khãi Định, à Huế.) Il sait qu'il n'en tirera rien. Aussi interroge-t-il Hélène. Ses explications embarrassées tentent d'assourdir l'animosité qui couve en lui. « Nous voilà bien. Mon tilleul est hanté ! » De tous les arbres de son jardin, c'est celui-là qu'il affectionne le plus. Son ombre est pour lui celle d'un ami cher, le bruissement de ses feuilles argentées, une musique lénifiante. Et il n'attend que le moment de sa floraison pour profiter, le soir, quand le soleil a fini de le bassiner, de sa douce transpiration parfumée. Pourrait-il aller jusqu'à affirmer que c'est ce tilleul qui l'a déterminé à acheter cette propriété ? Installé à Paris depuis son arrivée en France, la nature lui manquait. Nostalgie de Saigon ? Assurément. Il n'eut pas à chercher longtemps. Un ami médecin, qui habite non loin d'ici, lui signala que les Tilleuls était en vente. La semaine suivante, il topait. A un prix très raisonnable. Le notaire qui vivait là, seul avec sa fille, désirait, après la mort de cette dernière, en partir au plus vite. Manh avait été frappé par la majesté de ce tilleul. Il trônait comme le manguier de son enfance. Dans toute vie d'homme, il y a un arbre. Celui-là allait devenir le symbole de sa transplantation réussie.

Silencieuse, soumise, Chi Ba a remis la table en place, sans cependant toucher aux offrandes déposées au pied du tilleul. Manh a pris une fois de plus le parti d'en rire. Quand donc sa belle-mère comprendra-t-elle qu'elle vit au XXe siècle et dans un pays civilisé ? Cette descendante d'une famille mandarinale, éduquée dans la meilleure école de Saigon et épouse d'un botaniste réputé... Et Chi Ba, bien sûr, n'a pas dû la décourager Et Hélène, elle-même, n'aurait-elle pas participé à cette mascarade ? Il la questionne. Elle se défend : « Comment peux-tu croire que... » Elle a beau faire, il connaît l'influence que sa mère a toujours exercée sur elle. Il la sait prête à accepter n'importe quoi pour conjurer la menace que représente l'inclination renaissante de Colette pour son jeune voisin. Elle devine qu'une discussion va suivre à ce sujet et s'y prépare. Celle qu'ils ont partagée lors du mariage du fils de Hoàng Trí Khanh n'a pas été très concluante. Serait-ce utile d'en rengager une autre ? Il semble en avoir abandonné l'envie. Sans doute présume-t-il comme elle que d'en parler encore ne mènera à rien de plus. Mais se ravise-t-il soudain ? Il en a tout l'air. Serviette à la main, prêt à descendre au garage, il s'arrête et se retourne. Alors, elle prend les devants. Quelle audace ! Elle d'habitude si crantive avec son propre mari.

Décidée : « Jack est notre dernière chance, Grand Frère. Si nous la laissons passer, notre fille sortira de notre communauté. Je suppose que tu as pesé comme moi la gravité de la situation. (Trois secondes de suspension pour lui permettre d'intervenir, mais il s'en abstient.) Dans les familles, la règle était intangible : les filles n'avaient qu'à se taire. Tout mari leur convenait et généralement personne n'avait à s'en plaindre. Tu affirmes que l'on n'a plus le droit d'avoir ces exigences, aujourd'hui. Cependant, pardonne-moi cette remarque : il existe pourtant des cas, autour de nous, de mariages récents que l'on a arrangés, comme autrefois, à Saigon... Elle flaire l'irritation qu'il réprime et se hâte. Ne penses-tu pas qu'il serait quand même possible de... »

Il ne lui laisse pas le temps de finir : « Rappelle-toi l'histoire que je t'ai racontée, celle de ce confrère qui a divorcé parce qu'il s'opposait à la liaison de sa fille avec un Français, contrairement au désir de sa femme. (Le spectre du divorce revient assombrir Hélène. Elle essaie de le chasser, mais son aile se déploie sur elle, la recouvre.) Tu veux vraiment que le drame se jette sur nous ? (Cette aile la gifle, la cravache. Je suis allée trop loin, s'en veut-elle. Tu n'as pas de mesure. Ton obstination te tuera. Tout cela est la faute de ta mère. Elle t'a toujours contrainte à agir contre ton gré.) Un drame est vite arrivé, continue Manh d'une voix étrangement douce pour la circonstance. (Sous l'effet d'un courant d'air, la porte grince comme si un chat l'avait écartée. Il va la fermer.) Ecoute-moi bien. Hier soir, rentrant du tennis, Colette et moi, nous avons échangé quelques mots. Je l'avais vue si empressée auprès de François. Nous étions seuls dans le jardin. Je l'ai retenue près de la porte. Je souhaitais en avoir le cœur net. Je lui ai demandé ce qu'elle comptait faire avec ce jeune homme. Carrément. (Il s'étonne encore de son culot. Eût-il jamais pensé qu'il aurait un jour à parler à sa fille d'un sujet pareil en catimini et à la nuit tombée ?)

— Alors ?

— Alors, elle a eu une hésitation, puis elle m'a expliqué, comme si elle ne se souciait pas de ma question, qu'elle avait besoin de réfléchir, que tout cela était très compliqué, que... » (Il court après les mots.)

Jubilation d'Hélène : « Tu vois, lance-t-elle, rien n'est perdu. Il suffit seulement d'insister un peu. Jack est notre chance. »

Manh retourne à sa phrase délaissée : « ...Qu'elle devrait d'abord terminer ses études et qu'elle se déciderait seulement après. (Il a changé de ton.) C'est à ce moment-là qu'elle m'a dit qu'elle nous aimait beaucoup, qu'elle n'avait que respect pour nous et qu'elle préférerait nous quitter plutôt que de devoir s'opposer à nous au cas où nous nous dresserions contre la volonté de son cœur.

— Elle t'a dit ça ! Un fleuve coule devant Hélène. Sur sa rive, la jeune fille qu'elle était, pétrie de déférence, s'inclinant devant son père, yeux baissés, pendue à ses lèvres, et sur la rive d'en face, la fille qu'elle a mise au monde, irrévérencieuse, presque insolente. Elle questionne Manh en souhaitant qu'il réplique selon ses vœux : Tu la crois capable de... » Elle se refuse à prononcer d'autres mots de peur qu'ils n'engendrent une réalité.

Il la tranquillise. « Colette a un bon fond. Tout peut s'arranger. Mais surtout, ne brusquons rien. Laisse-moi faire. Et (doigt sur les lèvres) pas un mot à ta mère. » Au loin le tilleul s'offre à ses yeux. Majestueux. Comme il s'est offert le jour où il a visité cette maison pour la première fois. C'est vrai que les arbres ont une âme, songe-t-il. Mais comment prétendre que celle de ce tilleul cherche notre malheur ? Regarde-le comme il est heureux que nous soyons là, à côté de lui. Son bruissement lui répond, ample comme celui de la mer.

La voilà, elle est arrivée, l'invitation officielle des Van Đốc. Un matin, aux Tilleuls, dans une lettre adressée à Manh et à son épouse. Accompagnée de quelques photos jugées très publicitaires sur lesquelles on les voit faire le tour de leur propriété avec des sourires d'agents immobiliers. Colette et Hugues sont donc conviés à aller passer deux semaines aux Etats-Unis dans ce petit domaine de nabab parmi les daims et les azalées de Virginie. Offre tentante s'il en est pour des jeunes gens qui ne sont jamais sortis de France. Hugues, c'est sûr, va sauter de joie. Mais sa sœur ? A leur retour, vers midi, on leur annonce la nouvelle et maintenant chacun épie le visage de Colette. « Une semaine aux Etats-Unis, opine-t-elle enfin, pourquoi pas ? » Mais plus délicate que son frère, elle redoute que cette offre n'entraîne une trop grande dépense. On la rassure : il existe à présent, pour les jeunes voyageurs, des tarifs très économiques. Alors, elle accepte et se complaît en remerciements, mesurant le cadeau princier que représentent malgré tout ces deux billets d'avion pour Washington. Quel soulagement pour Hélène ! L'a-t-on jamais vue afficher son contentement avec une telle franchise ? Elle en rajoute aussitôt, accumulant les superlatifs dans sa présentation d'une propriété qu'elle ne connaît pourtant que par les photographies. « Les Van Đốc espèrent vous voir partir le 4 avril. Ils ont déjà réservé les trois places, ce jour-là, car, bien sûr, Jack s'embarquera en même temps que vous. Pour un premier voyage en Amérique, c'est une chance d'avoir un guide avec soi. » Elle lâche un petit rire qui ne lui appartient pas. L'acquiescement de Colette a laissé Manh assez circonspect. Comment admet-elle si facilement d'être séparée de François pendant tout ce temps ? Cette question lui rappelle les paroles jetées à la volée par le jeune homme dans sa direction entre deux coups de raquette, l'ennui qu'il manifestait de devoir aller suivre un stage de comptabilité à la caisse centrale d'un journal de province où son père compte des relations. De là à penser que son absence de Paris coïncide avec ce voyage américain...

Au moment du déjeuner, tandis que Chi Ba présente, avec une dignité souveraine, le résultat parfumé d'un long travail en cuisine, Manh évalue combien sa prudence était justifiée. Quand il entend Colette rire de Jack, main en éventail devant sa bouche. Car Hugues vient de brocarder le fils de son futur hôte avec férocité. Hélène prend sa défense et l'encensement auquel elle se livre agace Colette. Si bien que, contre toute précaution, elle lui demande ce qu'elle pense de lui.

« Ce que j'en pense ? (Bouderie qui lui boudine lèvres et nez.) Je n'ai pas d'opinion.

— Tu n'en as pas ? relance Hélène étonnée, pendant que Hugues glousse derrière sa serviette.

— On ne peut pas avoir une opinion sur un type qui n'existe pas.

— Qui n'existe pas ? Illusions en morceaux, Hélène s'acharne, accablée.

— Oui, appuie Colette sans sourire, ce n'est pas un être vivant, c'est un ordinateur. (Approbation bruyante de son frère.) De sa tête ne sortent que des chiffres, des chiffres et des chiffres. Il n'a rien d'autre dedans. (Hugues redouble de pitreries.)

— Mais un ordinateur, s'obstine Hélène qui n'en a jamais vu, c'est quelque chose de très intelligent et de très précieux.

— Oui, mais c'est aussi très con ! lâche Hugues dans un fou rire qui lui secoue les épaules, comme si sa chaise s'était mise à trépider.

Hélène n'y tient plus : « *Nính đi !* » La colère a débusqué son vietnamien. Tais-toi ! Les rares mots que son fils connaisse dans cette langue avec tous ceux qui rappellent au devoir et à la subordination. Mots qui le glaçaient d'effroi, enfant, surtout quand ils étaient prononcés par son père, mais qui ne lui inspirent aujourd'hui que dérision et une sorte de pitié affectueuse à l'égard d'une domination démodée.

Claustré en une mimique remarquée, Manh n'a consenti, pendant cette algarade, qu'à ébaucher plusieurs sourires assez énigmatiques pour que la signification échappe à tous. Que pense-t-il vraiment ? On s'étonnerait beaucoup s'il l'avouait. Il est en fait très loin de cette table. A Saigon. À cause du bruit qui résonne depuis le début du repas, de ce bruit de pétard provenant de chez les voisins. De ces reliefs de carnaval lancés par la ribambelle de petits cousins que les Lepelletier ont invités à l'occasion des fêtes.

A Saigon, en cette nuit du 31 janvier 1968, à trois heures du matin, alors que commence l'année nouvelle, celle du Singe, et que commence la bataille. Et que commence la grande peur des Sud-Vietnamiens. A la même minute, avec la farouche volonté de vaincre et la férocité du tigre, toutes les forces communistes viennent de se jeter sur leurs adversaires, sur leurs villes principales, sur leurs bases militaires, du centre au sud du pays. Du 17e parallèle sectionnant le Viêt Nam en deux, comme d'un coup de coupe-coupe en plein ventre, à la pointe de Cà Mau, à la mangrove extrême grignotée par la mer. Vers minuit, à l'heure du Rat, devant l'hôtel étincelant de ses cierges et de ses cuivres, vêtu de neuf et coiffé du turban noir, Manh, entouré de sa famille au grand complet, a célébré la fête du passage des années. Prosterné à quatre reprises devant ses dieux, le cœur et l'âme purifiés, il a prié les mânes de ses ancêtres de quitter leur résidence céleste pour revenir au foyer où le repas rituel les attendait. Puis en leur présence, dans la fumée des papiers votifs que l'on brûlait, rectangles de papier représentant des sapèques et des coupons de soierie, il a adressé au temps nouveau un respectueux salut et exprimé le vœu d'orienter son destin vers le bien. Dehors, la perche de bambou érigée devant la maison déclarait sacrée l'enceinte familiale, et sur le sol, dessinés à la chaux, des arcs et des flèches dirigés vers l'extérieur défendaient le foyer contre les mauvais génies éventuels. Alors, retrempés dans les souvenirs de leurs morts et après avoir fait le bilan de leur vie, Manh et sa famille ont laissé derrière eux tous les soucis et les malheurs de l'année écoulée pour se tourner vers l'avenir. Ensuite, vœux échangés, ils sont sortis dans le jardin pour contempler la nuit embrasée de feux de Bengale et de fusées éclairantes. Quel vacarme ! Comme chaque année, ont-il redouté, ils auraient du mal à s'endormir. Ils ignoraient qu'ils passeraient la nuit éveillés et frémissants.

Pétards ? Non. Les explosions sont trop fortes. Grenades ? Obus ? La guerre a dû s'y mettre. Trois heures. Manh s'est levé d'un bond et a entrouvert les persiennes. C'est bien la guerre dont il s'agit. Nuit zébrée de feu, criblée d'étincelles. Chi Ba court dans le couloir. Il l'entend brailler à travers la pétarade.

L'ambassade américaine ! L'ambassade américaine !

Quoi ? Quoi ? Manh, sur le seuil, rejoint par Hồng et Giàu affolés.

Ils l'ont prise ! Ils sont entrés à l'intérieur et ils ont tué tout le monde, l'ambassadeur, tout le monde. Ils tuent tout le monde dans la ville. On essaie de la calmer, on la fait s'étendre sur une natte. Elle fêtait le Têt chez des amis et elle est revenue en courant sous la mitraille, à la maison de son patron, pour le prévenir, pour lui sauver la vie, peut-être.

Ils sortent de partout, hurle Phát à son tour, yeux exorbités. Lui aussi rentre de la ville. *Con gián*, des cafards. Ils sortent de tous les trous. *Con gián*. Il imite leur course sur son bras, avec deux doigts. Il y a des blessés et des morts dans toutes les rues. *Con gián* partout, partout.

Vite, on ferme la maison à double tour, vite, portes, fenêtres renforcées avec des barres de sécurité, meubles poussés derrière les huis les plus vulnérables. Et l'on écoute, haletants, les échos de la ville horrifiée. Puis au téléphone, les parents, les amis, leurs messages horrifiés. Ils sont entrés chez Untel, ils ont tué femmes et enfants, ils se sont emparés de tel immeuble et ils ont massacré les habitants. Ils sont innombrables, ils ont même des canons. Ils sont, ils ont... Et Hélène et sa famille ? Tùng appelle Manh, justement. Voix méconnaissable du botaniste :

Hélène ? demande-t-il. Vous avez vu Hélène ? Elle n'est pas chez vous ?

Non, non, pourquoi le serait-elle ?

Elle est partie dès que l'on a su ce qui se déroulait. On a voulu la rattraper, mais elle était déjà loin dans la rue, avec son vélomoteur.

Alors, Manh a une lueur. L'hôpital. Elle est allée à l'hôpital. Oui, c'est là que je vais la retrouver. A moins que sur son chemin... Oncle Giàu veut le retenir. Impuissants, les bras ouverts devant lui, formant barrage. Impuissantes, les exhortations. Hồng et ses longues mains impuissantes agrippées à ses épaules. Persuadée que Quang court, en ce moment, parmi ces petits hommes noirs, ces *con gián*, dans la ville, court vers la rue Chasseloup-Laubat, et qu'il va surgir, entrer ici. Pour l'emmener, pour l'aimer ou pour la tuer ?

Ils ont supplié, ils se sont accrochés à lui, mais en vain. Le voici déjà au bout du jardin, dans la rue, contre le mur, et plus loin, contre une porte, une porte vert Empire. Celle de Catherine ! Rue déserte. Non, là-bas, ce groupe de fantômes, et ces flammes sortant d'eux. Et ces sifflements. Et ce cœur cognant, et ces tempes tremblotantes, et ces jambes qui ne le portent plus. Dans ce coin de porte, aussi aplati que possible. Pourquoi courir ainsi après ta perte ? Tiendrais-tu maintenant à Hélène à ce point ? Ou n'est-ce pas parce qu'elle t'a montré où était ton devoir et que tu refuses d'être en reste ? Que tu refuses d'avoir moins de courage qu'elle ? Ou parce que tu refuses que le remords coure après toi toute ta vie, comme ces petits hommes noirs, ces *con gián* ? Aplati, paralysé contre cette porte si familière. Collé à elle, retenu par elle, aspiré par elle, comme si elle s'opposait à ce qu'il aille rejoindre sa fiancée, à ce qu'il vole à son secours. Quel soldat n'a pas ressenti cette impression un jour : plaqué au sol, une force inouïe pèse sur vous, comme si le ciel lui-même vous écrasait. Alors, vaincu, sans résistance possible, le corps s'enfonce, attiré par le fond de la terre, aspiré par un vortex vertigineux. Cette impression que dans le dictionnaire on appelle l'épouvante.

Manh serait peut-être resté contre cette porte longtemps encore, vidé de toute volonté, si des parachutistes n'avaient surgi de la nuit, derrière lui, et accompagné ses pas jusqu'à l'hôpital. S'ils ne lui avaient insufflé l'énergie dont ses facultés et ses muscles étaient dépouillés. Dantesque spectacle que tous ces gens pitoyables alignés, une fois de plus, dans les couloirs, que toutes ces souffrances rassemblées, ces regards implorants, ces geignements déchirants et ces silences assourdissants. Dantesques scènes devant lesquelles le cœur le plus imperméable aux sentiments saigne avec tous ces cœurs meurtris, toutes ces vies en charpie. Et au milieu de cette mêlée douloureuse, de cet entassement de suppliciés, de damnés, une fée.

Hélène !

Elle a gardé sa robe de fête, la tunique rose dans le satin de laquelle brillent, damassés, les trois vœux traditionnels du nouvel an lunaire. La tunique des grands jours pour ce jour de grande tristesse. Tunique maculée, bien sûr, damassée de la couleur du moment, de celle de tous ces blessés. Tunique dont elle étale le pan devant elle et montre les taches, désolée.

Tu te souviens, Grand Frère, je la portais le jour de nos fiançailles.

Mais la rage flamboie dans les yeux de Manh : On te cherchait partout, chez toi. Pourquoi es-tu partie, te rends-tu compte de ce que tu as fait ? Ces combats, cette tuerie...

Elle ne lui offre qu'un sourire un peu contraint. Elle est heureuse qu'il soit là. Même si cela ne se voit pas. Elle savait qu'il allait la rejoindre, elle le savait avec la certitude du croyant pour son dieu. Comment eût-il pu agir autrement, l'imaginant à cet endroit ? Et maintenant, elle est heureuse, plus heureuse qu'elle ne l'a jamais été, car elle est sûre qu'il est là pour toujours, qu'il ne la quittera plus. Cette nuit sanglante, ce bain de sang consacre leur union, la rend indissoluble.

Une semaine plus tard, le mariage est célébré. Avec la simplicité qu'imposent les événements et la durée écourtée du deuil, mais dans les règles strictes rappelées par Thu avec insistance. Le deuil caché avec soin, comme un muet cache son mécontentement de manger des aliments amers, dit l'expression populaire. Oncle Giàu ouvre la marche du cortège qui se dirige vers le domicile de la fiancée, car le plus âgé de tous et le plus respectable, le plus digne donc d'être nommé président de la cérémonie nuptiale. Ouvre la marche, saluée à l'arrivée par une longue pétarade annonciatrice des réjouissances et interrompue par un fil de soie rose tendu à travers le chemin menant, au milieu du beau jardin de Tùng, à la porte de la maison. Porte également barrée du même fil. Autant d'obstacles dressés par des indigents ou des domestiques, que l'on ne peut lever sans y être de sa pièce. Porte derrière laquelle apparaît Hélène dans une tunique rouge, dissimulant son bonheur sous le masque de morosité que lui commande la tradition. Hélène entourée de ses parents au grand complet. De Thu, à droite, impériale dans sa robe jaune d'or et sa posture magnifique, triomphe aux lèvres (ne serait-ce pas elle, plutôt, qui viendrait chercher son fiancé ?), et de Tùng, à gauche, plus modeste, mais frétillant de félicité, comme l'un de ses faux cotonniers qui lancent en l'air, à chaque coup de vent, les milliers de flocons de son duvet. Alors, Manh exécute ses prosternations rituelles devant l'autel familial, puis les *lạy*, tête fléchie, devant ses beaux-parents. Et après le banquet, moins fastueux qu'on ne l'eût espéré, arrive l'heure où Hélène va être autorisée à gagner le foyer conjugal. L'heure faste préalablement choisie par le doyen d'âge. Par Giàu dont la barbiche se balance avec perplexité, comme un pendule, devant le col officier de sa tunique noire. Le foyer conjugal, où au pied de l'autel improvisé dans le jardin du génie du Fil Rose, Manh et Hélène s'inclinent de nouveau, boivent dans la même coupe d'alcool préparée par Chi Ba, et prennent une chique de bétel. Ensuite, on se remet à table et le couple remercie tout le monde en s'agenouillant devant chacun.

C'est fini. Ils sont mari et femme. Manh peut regarder son père dans les yeux, sur la photo qu'embrume l'encens quotidien. Il n'aura plus, chaque soir, ce boulet du repentir accroché au cœur, avant de s'endormir sous la nuée frémissante de la moustiquaire. Celui de ne pas avoir accompli le devoir dicté dans le dernier souffle paternel. Demeure à présent la réalisation de l'autre impératif : l'abandon du radeau à la dérive. L'heure presse. Ce Têt meurtrier, on le sent, est le prélude d'un naufrage général et définitif. Avions et bateaux pleins, vente à l'encan des biens les plus précieux. Hồng ne partira pas. Ne délaissera jamais le ciel natal sous lequel vit Quang dans son pyjama et ses sandales découpées dans de vieux pneus. Elle l'attendra tout le temps nécessaire. Même si elle doit subir le joug que l'on sait tyrannique. Manh ne trouve plus de mots pour essayer de la décider à lui emboîter le pas. Jusqu'à risquer de lui arracher l'âme.

Je t'en supplie, écoute-moi, Petite Sœur, Quang ne pense peut-être plus à toi, t'a peut-être oubliée. Tu n'es pas la seule dans ce cas...

Non, non, je n'ai pas le droit de m'éloigner la première. Nous nous sommes juré fidélité. Pour cela, nous avons échangé des chiques de bétel. Et elle répète le serment classique : Faudrait-il grimper trois ou quatre montagnes, je les grimperais, traverser sept ou huit fleuves, je les traverserais, franchir trente-six cols, je les franchirais.

Il s'obstine : L'amour opère des miracles comme il peut faire des martyrs, Petite Sœur.

Mais elle reste sourde. Giàu non plus ne bougera pas. Qu'aller chercher si loin de chez soi, à son âge ? Il a un toit, un jardin. Et si on le chasse d'ici ? Il retournera à la campagne avec les paysans et les pêcheurs. Là-bas est le poisson, est le riz, est le soleil pour tout le monde. Le Ciel a fait naître l'éléphant en même temps que l'herbe pour le nourrir, rappelle-t-il une fois de plus.

L'insistance de Manh n'a pas eu plus d'effet sur son entêtement que les coups de corne d'un buffle contre une aigrette picorant sur son cou. Et si les communistes s'emparaient de lui et le réduisaient à la misère ? Il rit encore et puise dans sa sagesse populaire : Quand on va avec Bouddha, on se vêt de soutane, quand on va avec le diable, on s'habille de papier.

Malles enregistrées. Adieux aux amis les plus éloignés. Dans le salon encombré de bagages, mâchoires crispées, cœur crispé, Hồng a beau jouer, stoïque, un air entraînant sur son piano, les notes ont peine à s'élever. Comment feront-elles, demain, pour se décoller de ses doigts ?

Les portières ont claqué et les dernières images s'impriment vite avant que le taxi n'arrache Manh aux siens et à sa maison. Hồng et Giàu sous le manguier, et Chi Ba, derrière, s'essuyant les yeux d'un bout de son tablier, le chat noir dans les jambes, passant et repassant. Dernières images qui compteront plus que des milliers d'autres, qui laisseront, sur les sillons de la mémoire, des rayures indélébiles. A présent, dans un murmure de machines maîtrisées, le grand bateau blanc glisse sur l'étendue limoneuse de la Rivière tandis qu'à la poupe où l'on s'amasse, un peu triste, le regard cherche à quoi se retenir. Mais déjà tout s'enfonce dans cette mangrove buissonneuse, jusqu'aux flèches de la cathédrale de brique, mains jointes vers le ciel, dans un ultime *lạy*. Allons, soupire Manh, penché aux côtés de sa femme, sur cette eau ocre qui s'en va avec eux, la vie est ainsi faite de départs et de retours, et le même flux qui nous emmène vers le large nous ramènera peut-être au bercail. On se croit planté comme l'arbre, fier et droit jusqu'à la mort, alors que l'on est à la merci de la moindre bourrade du vent.

Hélène n'a pas été plus convaincante avec ses parents. Tùng était prêt à s'expatrier, à suivre ses amis français qui travaillaient avec lui au Jardin botanique. Grâce à eux, il eût facilement trouvé à s'occuper au Musée d'histoire naturelle de Paris. Mais Thu s'est accrochée. Elle ne quittera le Viêt Nam que lorsque Binh, son sorcier, le lui conseillera. Et soucieux de conserver sa meilleure cliente, le futé personnage lui a mis un rat dans la cervelle. Tout voyage au long cours lui serait fatal, qu'elle emprunte la mer ou les airs. Cependant, trois mois après, il change d'avis lorsque se dessine pour lui l'opportunité de s'installer aux Etats-Unis. Il lui demande alors de le suivre là-bas, dans son avion, unique moyen pour elle, affirme-t-il, de lâcher ces rivages sans coup férir. Et à condition toutefois qu'elle pourvoie à ses frais de transport... Thu résiste quelque temps. Aller vivre si loin de sa fille ?

Binh ne lui cache pas son inquiétude : Libre à vous, mais si vous prenez le bateau ou l'avion sans moi, vous n'arriverez jamais. Le démon n'hésitera pas. Il fait alors un geste significatif qui couvre le dos de Thu d'un friselis glacé.

Elle oppose cette solution : Et si vous m'accompagniez d'abord en France ? Vous iriez ensuite aux Etats-Unis.

Après un autre geste exprimant la stupeur et l'effroi : Vous croyez que l'on trompe le démon comme un porc-épic avec une noix de coco ?

Argument suffisant pour que Thu choisisse l'Amérique, et déconvenue de Tùng qui se voyait déjà, avec ses amis, dans le grand jardin, au bord de la Seine, dont une carte postale orne son bureau de Saigon. Mais, raison pour se sentir moins amer, ses deux fils ont obtenu une bourse aux Etats-Unis. De plus, Tùng vient d'hériter d'un de ses frères émigré dans ce pays d'une confortablbe maison entourée d'un parc arboré, près de Washington. Comment Thu ne verrait-elle pas, dans cette concordance de faveurs célestes, la main heureuse de son pythonisse avisé ?

Radieuse, à sa fille : Ton mari peut perpétuellement répéter que les sorciers passent leur temps à vous mettre du sel dans les yeux, le sort n'est avec vous qu'à l'instant où vous avez foi en celui qui en est le maître.

Dans une semaine, Colette et son frère décolleront donc pour Washington, accompagnés de Jack Van Đốc. Et Thu ne sait plus à quel génie se vouer pour que le séjour américain de sa petite-fille décide enfin de son avenir sentimental. Pour que Jack abandonne ses ordinateurs au profit d'une passion plus humaine. Hélène lui a rapporté les propos de Colette à son sujet, et elle est affligée. Mépriser un tel postulant ! Où les filles d'aujourd'hui ont-elles la tête ? « De mon temps, lui rappelle-t-elle, mon père m'aurait condamnée à demeurer à genoux toute la nuit devant l'autel des ancêtres jusqu'à ce que je reconnaisse ma faute. Ah ! Quand je pense que mon gendre te laisse te débattre seule avec elle, qu'il suffirait de quelques mots bien sentis de sa part pour que tout rentre dans l'ordre. Il n'a pas plus d'autorité qu'un piment pourri n'a de feu. »

Dimanche prochain, Jack reviendra aux Tilleuls une dernière fois avant de faire ce voyage à trois. Occasion pour Thu de tenter une expérience qui, assure son mage caodaïste, réussit généralement au-delà des espérances. Accoudée à la fenêtre de sa chambre, couchant en joue ce tilleul hanté qui la nargue de toute la splendeur de sa crinière frissonnante, elle sourit devant l'idée que lui a donnée hier son inspirateur. Mais faut-il encore la réaliser, et ce n'est guère commode. D'autant qu'elle ne compte aucun complice dans la place. Chi Ba ? Ce n'est pas elle qui se prêterait à ses manœuvres. Trop indulgente à l'égard de Colette, trop prête à passer sur la pire de ses infractions pour entrer dans un jeu qui exige de la part de l'acolyte un engagement sans faille. Car le mage n'a pas choisi la facilité. Il lui a bien proposé certaines poudres qui, glissées dans le verre de Jack, auraient peut-être aiguisé son intérêt pour Colette. Mais en lui montrant la moue du scepticisme sous sa mitre dorée : « Je ne vous conseillerai rien de tout cela. Ces râpures de margouillat ou de crapaud desséché ne sont en fait, avec un certain nombre de rhizomes assez rares sous ces cieux, que des placebos destinés à mystifier les impétrants. Moi, je suis quelqu'un de sérieux. Ce que je préconise a été scientifiquement vérifié. »

Il lui a alors demandé de noter sur un papier, au mot près, cette recette capable de rendre amoureux le plus grand monstre d'indifférence. Au mot près, car la moindre erreur dans la dose risquerait de déclencher d'incoercibles vomissements. Il s'agit ni plus ni moins de mélanger au café de Jack un peu de l'intimité de Colette. Trois gouttes de son sang menstruel. « Trois, vous avez bien compris ? »

Que le tilleul secoue la tête avec ironie, peu importe à présent, se persuade Thu en le regardant, méprisante. Quoi qu'en pensent certains, les mauvais génies n'ont pas toujours le dernier mot. Il suffit seulement d'être plus intelligents qu'eux. Mais fermant la fenêtre, elle prend soudain conscience que le plus dur reste à faire.

10.

Son parfum. Oui, c'est son parfum qui l'a ressuscitée. Peut-être serait-il passé à côté d'elle si elle avait omis, ce matin-là, de se parfumer. Si pour une raison quelconque, parce qu'elle était en retard, par exemple, et qu'un taxi l'attendait, s'énervait sous sa fenêtre, elle n'avait plus disposé de la petite minute nécessaire pour ouvrir son flacon, humecter le bouchon de quelques gouttes et s'en imprégner le cou. Ou si, dans sa précipitation, qui sait, le flacon lui avait échappé des mains et... Ou bien, cas extrême et imparable, si elle avait décidé de choisir un parfum différent, d'embaumer différemment, parce que lubie, caprice dû à la couleur du ciel ou à celle de sa robe, son humeur le lui commandait, lui inspirait d'apparaître autre aux autres et à elle-même. Bref, elle portait le parfum que son souvenir avait entreposé avec soin, protégé de l'évaporation, et c'est pour cette raison que, lui présentant son dos, il lui a fait soudain face et qu'ils se sont retrouvés. Vingt ans après.

Plusieurs fois depuis leur séparation, Manh s'était posé cette question : si je rencontrais Catherine, quelle devrait être mon attitude ? Maintenant, ça y est, elle est là, devant lui, et il lui faut se débrouiller. Pas commode après tout ce temps passé à l'oublier et à la renier. A la repousser au fond de sa mémoire, comme de la vieille poussière sous un lit. D'abord, la surprise. On ne peut échapper au coup qu'elle vous assène. Tomber nez à nez, quelle expression plus juste ? On se frotte les yeux, puis on les écarquille, comme lorsqu'on émerge d'un seul coup d'une pièce plongée dans le noir. Et l'on se regarde. Ou plutôt on se redécouvre. En juxtaposant l'image d'aujourd'hui à celle que l'on a conservée et embellie, que l'on a retouchée au point qu'elle n'est plus conforme à l'original. On examine cette image nouvelle et l'on s'écrie : C'est elle. C'est elle ? Puisque je t'assure que c'est elle. Mais... Il n'y a pas de mais. C'est elle et tu dois ranger dans un tiroir celle qu'elle n'est plus. Ne plus penser qu'elle a existé, un jour, te contenter de celle qui l'a remplacée et qui l'imite un peu quand même. Ces cheveux roux, toujours, mais coupés court, ces yeux qui reflètent toujours le ciel d'été, celui de Saigon, celui de Nice, comme deux bouts qu'elle en eût rapportés. Pierres inaltérables que les yeux d'une femme que l'on a aimée. Et la voix. Etrange comme la voix lui paraît intacte. Aussi familière à ses oreilles que son parfum à son odorat. La voix et les paroles conventionnelles :

« Manh ! Comment imaginer... ? »

Rue de Penthièvre, dans la galerie de tableaux de Philippe Maison. Vernissage d'une exposition. Verre à la main, devant l'une des œuvres maîtresses de Gaston Roullier, le peintre de l'ancienne Indochine : *Le Jardin botanique de Saigon.* Ainsi s'amuse le hasard. Il agite un chiffon rouge dans le vent et les faucons accourent du bout de l'horizon, parfois même de l'autre côté de la terre. La preuve : Catherine vivait au Chili, il y a un mois encore.

« Au Chili ? Mais qu'étiez-vous allée faire si loin ? Elle rit. (Ah ! le rire aussi appartient bien à cette jeune fille qu'il connaissait.)

— Comment, on ne se tutoie plus ?

— Que je suis bête ! Comment vas-tu depuis Nice... depuis combien d'années, déjà ? » (Bête je suis, bêtes ces mots, mais qu'articuler qui ne le soit pas quand on s'oblige à feindre le naturel devant une métamorphose qui vous étonne et vous déçoit ?)

Bon. On se parle, ce verre dans le poing bien utile pour la contenance, et mine de rien, on continue à comparer ce qui est à ce qui fut. Alors, soudain, Manh s'ordonne avec force, comme si quelqu'un criait dans son oreille : Maintenant cesse de regarder cette femme avec ces yeux-là, prends les yeux que tu as lorsqu'une personne t'apparaît pour la première fois, quelqu'un que tu n'as jamais, jamais vu auparavant, et laisse-toi envahir par les sentiments que cette inconnue t'inspire à la seconde. Ne te laisse pas tromper par ce parfum, ces yeux, cette voix, ce rire, car tu ne l'as jamais, jamais vue avant de te retourner, il y a un instant.

« Ce tableau, quelle coïncidence ! », lance-t-elle en balayant l'œuvre de sa main. Ils s'y replongent ensemble. Oui, il était écrit et certifié que c'était là et non ailleurs que ce cadre devait être accroché puisque c'était là et non ailleurs qu'ils devaient se revoir. Là, devant le décor de leur passé. Mais Manh se contraint à revenir au présent. Brutalement. Sort de ce décor comme d'une forêt profonde, heureux de redécouvrir l'air libre, le bruit, le mouvement. Où étais-tu ? Quel âge avais-tu ? Sais-tu quel âge tu as, aujourd'hui ? On le bouscule. Des gens qui, en conversant, veulent contempler la toile. Un couple le sépare de Catherine. Le voilà seul, comme il l'était il n'y a pas plus de trois minutes. Si facile de se quitter, à présent. Un petit signe de loin, comme cela, un petit sourire de loin, et l'on s'en va chacun de son côté. Combien de fois a-t-il agi ainsi avec quelque vieux copain perdu de vue et rencontré par accident ? On peut même aller jusqu'à se serrer la main. On échange alors son numéro de téléphone et l'on se promet de s'appeler plus tard tout en sachant qu'on ne le fera pas. Si facile. Mais Catherine le rattrape. A distance, il la discernait mieux, et surtout entière, appréciait mieux ses contours. Un corps plus en chair, mais non sans élégance, soumis sans aucun doute à un régime rigoureux. Elle glisse son bras sous le sien. Avec quel aplomb !

« Tu connais Philippe Maison, le propriétaire de la galerie ? Viens, c'est un ami, je vais te le présenter. »

Mondaine, un peu précieuse, audace effrontée de la bourgeoise parisienne. Le corps n'est pas seul à s'être transformé.

« Philippe, je te présente un ami, un vieil ami. On s'est connu à Saigon.

— Alors, vous êtes ici chez vous », prononce le dénommé Philippe en montrant ses murs couverts des vues nostalgiques. Vous aimez ? »

La conversation s'engage entre eux deux et, pendant ce temps, Manh sent le regard de Catherine le parcourir, le sent traîner sur lui comme des doigts fureteurs, s'arrêter, puis repartir, puis s'arrêter de nouveau. A l'instant même où il croit pouvoir la guigner du coin de l'œil, s'arrêter sur son œil et le lui capturer. Philippe Maison leur propose : « J'invite quelques amis chez moi, là-haut (il désigne l'étage supérieur), tout à l'heure, pour terminer la soirée. Vous êtes des nôtres ? » Catherine accepte d'emblée. Tressaillante. Elle interroge Manh en silence. Il va dire non. Elle le craint et s'évertue à lui faire comprendre la déception qu'elle va éprouver. Cette moue enfantine, cette façon de plisser les yeux, cette quête... Autant de reliques, encore. Non, il n'a pas le droit d'accepter. Il n'est pas libre, lui, il doit rentrer, lui, car on l'attend, lui. Alors qu'elle est veuve ? Divorcée ? Sa femme, ses enfants, les Tilleuls... Il répond non. Il lui donne la main et la retire aussitôt de peur qu'elle ne la lui garde.

De retour chez lui, ce soir-là, lorsqu'on s'efforce à tout prix de raconter sa journée et qu'un secret vous pèse sans qu'il vous soit possible de vous en débarrasser en le confiant à un tiers. Et jusqu'au sommeil, les pensées qui s'attroupent en désordre et veulent toutes s'imposer la première dans la conscience. Celle-ci, par exemple : Pourquoi lui as-tu repris ta main si vite ? Avais-tu peur de t'engager par un geste aussi bénin ? T'engager à quoi ? Tu serais resté avec elle et ses amis que cela n'aurait pas porté à conséquence. Mais après le dîner, quand vous vous seriez quittés, sur le trottoir, au milieu des embrassades de la compagnie ? Ne lui aurais-tu pas offert de la raccompagner en voiture ? Car il était visible qu'elle ne cherchait qu'à renouer. Visible dès la première seconde, quand il a percuté ses yeux, quand il s'est retourné vers elle après avoir senti son parfum devant le tableau monumental. On ne regarde pas un homme avec une telle insistance, même lorsqu'on a couché avec lui il y a longtemps.

Elle se rappelle à son existence dès le lendemain. Par un coup de téléphone au cabinet que Manh partage avec un autre confrère. Evidemment, c'est à la galerie qu'elle a obtenu son adresse. « Elle a beaucoup insisté pour avoir vos coordonnées personnelles, rapporte Suzanne, sa secrétaire, mais j'ai tenu bon, je me méfie toujours de ces patientes un tantinet hystériques. » « Vous avez bien fait. » Il a maintenant son numéro sous le nez et un problème insolite dans la tête. La vie réserve-t-elle souvent ce genre de mésaventure aux hommes ? Quel ami pourrait le renseigner sur ce genre de situation ? A-t-il jamais lui-même entrepris la moindre tentative de séduction depuis qu'il est marié ? Il est vrai qu'aucune femme n'a eu jusqu'à présent la faculté de l'allécher suffisamment pour franchir le pas. Même parmi ses patientes ? Rude pourtant de rester de marbre devant certaines anatomies sans voile, mais de là à en profiter ! Quand on vient le consulter, on attend de lui qu'il mette fin à des douleurs, rien de plus. Et puis il tient à sa réputation de médecin, à sa probité professionnelle. Quant aux femmes rencontrées à différentes occasions, il ne se souvient pas d'en avoir connu une seule qui fût parvenue à l'émouvoir au point d'en perdre le raisonnement. Et puis il y a des obstacles. Avec ses compatriotes, ce bouclier de méfiance ou de discrétion maladive derrière lequel elles se blottissent dès le premier regard un peu soutenu dans leur direction. Avec les autres, cette espèce de confusion qu'il ressent quand il les aborde, en dépit parfois d'une attitude qui pourrait sembler encourageante.

Chaque matin, sur son carnet de rendez-vous, le numéro de téléphone de Catherine inscrit au crayon. Et un matin, de bonne heure, au bout d'une semaine, sa brutale envie de l'effacer, de rejeter Catherine là où elle était tombée : dans l'oubli. Quand le téléphone se met à sonner. Seul au cabinet, il décroche avec l'appréhension de surprendre sa voix. Mais ce n'est pas la sienne. Une patiente ? Non plus. Une amie de Catherine. « De Catherine Malleret », précise-t-elle avec gravité. Catherine a donc épousé ce Niçois avec lequel elle jouait au tennis à Saigon. Cette femme désire-t-elle une consultation ?

« Non, docteur, je vous appelle à son sujet. Elle ne va pas très bien. Elle est même dans un état lamentable. La voix est angoissée.

— Mais de quoi souffre-t-elle ?

— Je ne peux pas vous le dire à l'instant. J'ai besoin de vous voir. C'est urgent.

— Mais pourquoi moi ? Elle n'a pas de médecin ? C'est elle qui vous a demandé de m'appeler ?

— Pas exactement. Elle m'a parlé de vous et c'est ce qui m'en a donné l'idée. »

Une heure plus tard, cette femme est dans son cabinet. Cinquantaine florissante, chic des beaux quartiers, croisement de jambes suggestif, effluves de luxe. Mme Isabel Etcheverry. Il a quitté son bureau et lui offre avec une inclinaison cérémonieuse le fauteuil qui lui fait face. Accent étranger. Espagnol ? Plus doux. Chilien, bien sûr. Elle dit que Catherine lui a raconté ce qu'ils ont vécu ensemble à Saigon et en France, d'où la confiance qu'elle lui témoigne. D'accord, mais quel est son mal ? Dit que leur amitié est née au Chili où Catherine vivait avec son mari et que depuis, elles ne se sont jamais quittées, et que... Mais enfin, qu'a donc Catherine pour motiver une demande aussi improvisée ? Voilà, commence-t-elle... Et Manh réentend les explications que son intuition lui a soufflées : tentative de suicide, alcool et barbituriques mélangés, intervention des pompiers, lavage d'estomac, etc. « Il était temps. Un peu plus... » Elle s'est tue et le considère d'un air impatient. Qu'espère-t-elle ? Qu'il coure à son chevet ? Il répète : N'a-t-elle pas un médecin traitant ? Si elle habite toujours à côté du parc Monceau, il est prêt à lui indiquer l'adresse d'un confrère professant justement dans le même quartier et dont la spécialité est de... « Non, c'est vous seul qui pourriez faire quelque chose pour elle en allant la voir. » Curieuse impression. On dirait que cette femme lui en veut. D'un geste vif, il se dégage de son regard. Subterfuge, soupçonne-t-il. Folle de bonheur de m'avoir retrouvé, Catherine veut remettre la main sur moi après une déception sentimentale, un divorce, peut-être, et elles ont inventé cette histoire toutes les deux. Abandonnant la remontrance silencieuse, la Chilienne devient suppliante. « Si vous n'allez pas la voir, je ne réponds plus de rien. » Ses yeux de médecin brassent les siens à la poursuite de la ruse en question, mais ne perçoit que de l'eau claire.

« C'est bien, finit-il par soupirer, j'irai la voir pendant le déjeuner. » Elle lui propose donc de revenir le chercher, ayant la possibilité de parquer sa voiture dans l'immeuble de Catherine. Il accepte. Et vers midi, chemin faisant, elle lui décrit les raisons qui ont poussé son amie dans ses extrémités. Mariage terminé à vau-l'eau, fuite au Chili avec un amant propriétaire d'un troupeau de moutons aussi vaste que la place de la Concorde (traversée à l'instant), trois ans d'amours idylliques au pied de la paroi verticale des Andes, puis disputes, brutalités et retour en France, le cœur en morceaux. Et maintenant, sous les yeux de Manh, la paroi bourgeoise de l'immeuble des Verger et ses souvenirs en morceaux. Vitrine de la boutique de mode qui les croyait enlacés pour la vie, gravés sur son verre pour la vie. Porte cochère dans les coins de laquelle ils se lovaient, faute de nids plus confortables, quand il la raccompagnait tard, le soir, rasant les murs, comme esquivant la pluie, pour échapper au guet d'Odile Verger. Et dans l'ascenseur poussif, cette cage à pensées captives qui allait le déposer devant l'ancien procureur général, les arguments qu'il amassait en hâte en rectifiant le nœud de sa cravate et sa mèche d'étudiant attardé.

Malade, Catherine ? Si ce n'était sa tenue, une robe de chambre en organdi vert menthe qui rehausse sa rousseur, ses pieds nus et les quelques fioles apparaissant sur une commode, on en douterait. Un début de colère souterraine étreint Manh.

« Je vous laisse, annonce la Chilienne après avoir embrassé son amie, je retourne chez moi. Elle désigne le plafond du doigt. Je vous reconduis quand vous voulez, docteur. Il suffit de frapper avec ça. (Elle désigne un balai.)

— C'est une chance qu'Isabel ait pu acheter le studio au-dessus, explique Catherine, aussitôt la porte refermée sur elle. Il a bien failli lui passer sous le nez. » Elle tient, c'est évident, à remplir le vide, aligne ces mots très vite afin que Manh n'ait pas le temps d'occuper la place. Rire nerveux. Celui d'une petite vendeuse surprise, une cigarette aux lèvres, derrière son comptoir. Elle en allume une, justement, se penche dessus, comme par affection. Elle fume maintenant ? Bouffée partant du côté gauche. Elle raconte avec son accent de salonnarde qu'après leur installation définitive sur la Côte, ses parents lui ont laissé leur appartement. L'ancien procureur, sa voix véhémente. En apercevant, près de la fenêtre, le fauteuil Louis XIII guindé comme l'était son propriétaire, Manh entend son envolée de prétoire : « Je vous demande de cesser tout rapport avec ma fille. Vous comprenez ? » Finalement, il lui a rendu service, cet homme intraitable. Il aurait même droit à ses remerciements. Bouffée du côté droit. Catherine parle à présent de leurs rencontres clandestines à Paris et de ses escapades à Nice pour la retrouver. Parle jusqu'au moment où, excédé, Manh l'arrête. Et sur le plus calme des tons :

« Vous m'avez bien eu, ta copine et toi. Je te croyais à l'article de la mort, j'ai rappliqué en courant et en me privant de déjeuner, et me voilà en train de t'écouter papoter. Avec tout le travail que j'ai ! »

Larmoyante : « Je t'en prie, reste. Je suis réellement malade. Isabel a dû te raconter. Je rentre seulement de l'hôpital.

Regarde. Des ordonnances traînent à côté d'elle. Elle les saisit. Lis, lis si tu ne me crois pas. Bouffée, bouffée.

— Si tu veux un médecin, j'en ai un excellent. Il habite à deux pas. Ce que tu as, ça se soigne avec du repos. Change d'air. Va voir tes parents à Nice. C'est ça, le bon air, la natation, le tennis. Et laisse-moi tranquille. Que cherches-tu ? »

Ne le sait-il pas ? Tout pourtant l'en avise. Son air, l'autre jour, à la galerie, et celui-là, identique, derrière ce filtre d'inquiétude. Aurait-il donc besoin qu'elle se déclare ? Ah ! non, pas de scène, pas de numéro d'amoureuse contrite se reprochant ses infidélités. Il en a déjà trop vu et trop entendu. Et que fait-il là, au juste, avec la résurgence de son passé, avec cette vieillerie revenant comme la douleur d'une ancienne blessure, les jours d'humidité. Le présent l'appelle, le réclame à grands cris, son travail au cabinet, sa famille aux Tilleuls. Arrière, ces choses bues jusqu'à la lie, digérées ! On ne ressert jamais les plats de l'amour. Jamais ? Et ces formes épanouies sous cet organdi vert, cette poitrine qui montre sa naissance avec impudence, cette peau de lait... ? Jamais. Cette peau de lait quand il l'a découverte dans la splendeur de tous ses secrets, par une fin d'après-midi pluvieuse, à Saigon, à la sortie de l'université. Mousson d'été. L'averse bat la guitoune du cyclo dans lequel ils se sont assis, elle sur ses genoux, en riant. Un ami lui a prêté sa chambre, boulevard Gallieni. Troisième étage, moustiques, néons papillotants. Mouillés de l'eau du ciel et du corps, ils montent, montent l'escalier crasseux en courant, en riant, en se tenant par la main, et tombent, tombent sur le petit lit, essoufflés, en riant. Noir, il fait noir dans cette pièce minuscule, mais, à l'extérieur, une enseigne publicitaire jette ses feux par intermittence et les arrose. Illumine la peau de lait qui s'offre et qui se dérobe tour à tour aux yeux du jeune Vietnamien, sa première peau française. Alors, ils ne rient plus, ne s'entendent plus. Un boucan de tous les diables s'est emparé d'eux en roulant comme un mascaret géant, a fait exploser leur tête, leur corps, tout, pour les abandonner ensuite, ivres morts de douceur consommée, pour les rejeter sur la grève. Puis au bout d'un moment, il se défait de ses bras, s'assied et la contemple, comme pour mieux apprécier sa possession. Contemple cette peau de lait que ses mains ont enfin pétrie. Cette peau de Française qu'il n'espérait pas pouvoir pétrir un jour. Mais soudain, revenant chez elle, à Paris, il capte cette question à travers un halo de fumée :

« Tu n'as pas mangé ? Suis-moi, le réfrigérateur est plein. » Et il répond : « Non, je rentre, j'ai un rendez-vous. » Elle insiste : « Un sandwich, c'est vite fait. Viens. » Elle se lève et l'entraîne vers la cuisine. Son parfum. Bon sang, c'est ça qui me monte à la tête. Mourante, elle n'a pas oublié de se parfumer ! Il résiste un peu, puis, taquiné par la faim, accepte d'aller s'attabler devant quelques tranches de jambon. Alors, elle explique pourquoi. Pourquoi et pourquoi elle en est arrivée là. Pourquoi un abîme s'est creusé sous ses pieds et l'a avalée. Echec de son mariage avec Philippe Malleret. Un beau mariage à Nice. Puis l'aventure chilienne, l'éleveur de moutons basque rencontré à Biarritz où il menait grande vie avant de retrouver sa pampa. Palaces, champagne à flots, soirées dorées, violons et violons. Et au bout de trois ans de passion rouge vif avec une bête de plaisir, la fin des plaisirs, le réveil des instincts sauvages, la violence, coups et coups. Et après, le retour à Paris, la solitude, les miroirs qui ne veulent plus refléter que des rides et des yeux cernés, le bilan d'une vie grise, disloquée. Et soudain, dans une galerie d'art, dans les allées d'un jardin exotique au temps des jeunes illusions, cet homme, de dos. Le tableau du bonheur manqué. Voilà pourquoi et pourquoi. Pourquoi, à l'instant, elle a ces yeux pour le regarder manger son jambon blanc.

Et maintenant à elle de l'écouter, de bien comprendre pourquoi et pourquoi il refuse de se laisser subjuguer par ces yeux-là. Par cette incitation à retourner en arrière, ce désir violent d'effacer tout et de recommencer. Mais elle s'accroche, n'en démord pas. Comment peut-on être heureux sans elle ? Ne lui a-t-il pas juré jadis que c'était impossible ? Qu'il n'épouserait jamais personne d'autre et surtout pas sa fiancée vietnamienne ? Que le jour cesserait de se lever si ces yeux-là cessaient de briller comme ils brillent à l'instant ?

Promis. Il l'appellera. Dès demain ? Oui. Sûr ? Oui et oui. Il l'appellera une fois pour ne plus l'entendre l'appeler à son secours. Tant pis si elle continue à avoir ces yeux et cette peau de lait sous ce peignoir vert menthe. Il ne les verra plus, ne verra plus la poitrine impudente jaillissant de l'organdi. Elle a soufflé sur des cendres, soufflé à perdre haleine en s'imaginant qu'une flamme, même infime, allait naître. Ignore-t-elle que les feux de paille ne font pas de braises ?

En retournant vers Rueil-Malmaison, ce soir-là, une voix s'est mise à chanter en lui. Celle de l'homme qui apparaissait dans le rétroviseur qu'il était en train de régler. D'un homme propre regagnant son foyer après une bonne journée de travail.

C'est le lendemain que Colette et son frère rentrent des Etats-Unis. Un séjour bien décevant. Si encore ils en avaient profité pour enrichir leur anglais ! Demeurés le plus clair de leur temps en compagnie d'un jeune Français de rencontre, ils ne sont pas revenus, affirme Hugues, avec plus de vingt mots nouveaux. Tout ce que l'on a appris aux Tilleuls, c'est par lui, car à son habitude, Colette n'est guère loquace. Peut-être finira-t-elle par lâcher plus tard quelques bribes d'un air désinvolte, à la va-vite, comme on fait une addition sur un coin de table, mais c'est tout. On n'en attend pas davantage. En revanche, son frère se complaît à évoquer leur voyage, chaque narration étant prétexte à plaisanterie. Si Hélène parvient sans mal à conserver son sérieux, Manh ne résiste pas au rire. Quand, par exemple, Hugues décrit la fois où Colette et lui-même se sont vus forcés d'accompagner Jack et son père dans une expédition à travers la campagne avec des observatrices d'oiseaux. Avec des femmes d'âge mûr, aux cheveux bleutés, qui armées de jumelles de théâtre et d'appareils de photo, s'émerveillaient, bouche fendue, à l'apparition du moindre passereau sur une branche. Mais on rit moins quand il rapporte l'obstination avec laquelle les Van Đốc tenaient à les entraîner tous les deux à la messe dominicale.

« Et vous y êtes allés ? demande gravement Hélène.

— Moi, non, répond-il, gouailleur, mais ma sœur, oui. Elle est tellement polie ! Elle a même accepté d'aller aux vêpres. Il fallait voir sa tête ! »

Ce fait ne peut que déplaire à la fervente bouddhiste qu'est Hélène. Elle évite à tout prix qu'il effleure les oreilles de sa mère. Imagine-t-elle que Colette pourrait épouser ce garçon comme elles ont épousé leur mari, selon la mode ancestrale, devenir Mme Jack Van Đốc sans épouser sa foi chrétienne ? De toute façon, si l'on en juge par le comportement de Jack avec sa fiancée potentielle, cette perspective semble bien aléatoire. Passant ses journées avec Hugues – quand celui-ci, lassé, ne s'évadait pas avec sa sœur chez ces jeunes Français dont ils avaient fait la connaissance pendant leur voyage transatlantique – à manœuvrer ses appareils électroniques dans son studio mirifique. Dans un espace garni de machines à boutons et à écrans pour communiquer avec lui-même et avec le monde entier. Ou bien s'abîmant dans la contemplation d'un jeu d'échecs, dans la méditation profonde du penseur.

Ce résultat ne surprend pas Thu. Sans l'avouer à sa fille, elle le craignait. Car une fois de plus, l'intervention qui devait, selon son mage, orienter le cœur du jeune homme dans le sens désiré a échoué. A cause de Chi Ba. Raison supplémentaire pour vouer la bonne aux enfers. Pour la traiter suivant les termes en usage à Saigon de « putain à cheval » et d'« ogresse ». N'a-t-elle pas toujours été du côté opposé au sien ? Tout ce mal pour rien ! Car quelle difficulté pour parvenir à mélanger au café de Jack ce philtre recommandé par ce Cagliostro au petit pied ! Que de patience pour guetter l'instant propice où la nature parlerait. Et quelle ruse pour s'introduire chez Colette et imbiber un morceau de mouchoir en papier de la chose convoitée ! Ruse encore pour étudier, à la cuisine, les faits et gestes de Chi Ba, tirer avantage d'une de ses absences ou de quelques secondes de son inattention afin de plonger le bout de papier dans la tasse de thé destinée au jeune homme. Mais Thu ne savait pas que la vieille bonne veillait. Alertée par son désir subit de vouloir s'occuper du café, elle qui n'avait jamais daigné accomplir cette tâche subalterne, et par celui d'aller le servir elle-même, tasses remplies, à chacun et à chacune. Veillait du coin de l'œil, dos tourné, feignant de charger la machine à laver la vaisselle. Quand elle la vit glisser cette boulette de papier dans une tasse et s'apprêter à verser le liquide par-dessus. Cette boulette qu'elle aurait ensuite retirée. Si elle en avait eu le temps. Car Chi Ba était déjà à ses côtés, simulant l'indignation devant une telle vision d'horreur : cette tasse qui avait, d'après elle, échappé au lavage et qu'elle s'empressa de plonger dans l'évier.

Assises toutes deux dans le jardin, loin du mur derrière lequel Hugues et Colette jouent au tennis avec leurs voisins. Thu se désespère à la nouvelle que sa fille vient de lui annoncer en la noyant dans un flot de banalités, comme on avale une gorgée de thé pour calmer la brûlure d'un piment. Pierre

Lepelletier a invité Colette à passer ses heures de loisir dans son journal afin de se familiariser avec son métier.

A mi-voix : « Et tu vas la laisser faire ?

— Mais, maman, comment pourrais-je m'y opposer ? Sais-tu l'âge qu'elle a ?

— Parce qu'à dix-huit ans, on te laissait faire ce que tu voulais ? Evidemment, ton mari est d'accord. Ricanement. Il est même ravi. Le ton aigrelet se dilate et Hélène tente, par le geste, de le lui faire baisser. Mais avec une semblable inflexion pointue :

— Je vais dire deux mots à Colette.

— Je pense, maman, que ce n'est pas le bon moyen.

Respectueuse, Hélène s'entoure de quelques autres précautions oratoires pour lui signifier son désaccord, mais comme sa mère refuse de l'écouter, elle lui prend les mains et les serre avec force. Jamais elle n'a osé imprimer son autorité sur elle de cette façon.

« Alors, je vais parler à ton mari, articule Thu en détachant chaque mot comme si elle pianotait avec un doigt.

— Maman, je te le défends. Les mains ont tordu les poignets et Thu a lâché une grimace qui lui a déformé la bouche. Et maintenant, délaissant ses poignets, Hélène lui demande de lui pardonner, l'embrasse à la mode vietnamienne, en reniflant sa joue droite, et la supplie d'oublier toutes ces inconvenances. Puis lui répète avec la déférence retrouvée combien elle souhaiterait qu'elle ne s'immisce pas dans cette affaire. A-t-on déjà vu une belle-mère rappeler ses responsabilités à son gendre, et imagine-t-elle les conséquences d'une telle intervention ?

Derrière le mur, les balles ne claquent plus. Il faut donc ménager ses paroles. Les enfants vont rentrer. Sans doute à cause de ce temps qui menace. Les voilà d'ailleurs au bout du jardin, en short et en chemisette. Lumineuse beauté de leur jeune corps sur le fond du feuillage déjà sombre. Colette, la grâce de sa démarche de gazelle. Mais à sa vue, un tressaillement prend Thu, comme si elle venait d'être témoin d'un accident.

« Regarde ta fille, sa tenue. Crois-tu qu'il est permis de s'offrir à la vue des étrangers aussi peu vêtue ? Ses bras nus, son cou, ses jambes... Pourquoi pas le reste ? Ne lui as-tu jamais inculqué les règles élémentaires de la vertu ?

— Mais, maman...

— *Cha chã !* Je sais ce que tu vas encore me seriner : que les jeunes ont changé, qu'il faut vivre avec son époque, etc. Mais est-ce une raison pour se dévoiler comme une fille de bar ? Je veux bien admettre que les jeunes gens d'ici soient obligés d'abandonner l'*áo dài* pour la robe ou le pantalon, mais à condition que ces vêtements soient décents, assez amples pour cacher tout. Hier, Colette portait ce pantalon qu'elle a rapporté d'Amérique. Il était tellement plaqué sur elle que l'on aurait pu imaginer qu'elle n'en avait pas. Et son corsage, tu as vu comment il était déboutonné ? »

Silence. Manh s'approche. Arrivant du garage, il a gardé sa serviette à la main. Air préoccupé. Nouvelles de Lan ? La présence de sa belle-mère ne semble guère l'arranger. Il a besoin de parler à sa femme sans témoin, c'est évident. Mais Thu, qui le devine, s'incruste. De toute façon, elle saura vite la nouvelle dont il est porteur. D'autant qu'elle n'y est pas tout à fait étrangère. N'a-t-elle pas été à l'origine de la rencontre avec ses amis « américains » ? Il s'agit d'eux, en effet. Quelqu'un vient d'écrire à Manh, de leur part, des Etats-Unis. Une femme médecin vietnamienne habitant Washington, amie des deux familles. La lettre lui a été adressée à son cabinet. Manh l'extrait de sa serviette et la lit. En termes ampoulés, cette femme expose pour Van Đốc son désir de voir son fils se fiancer avec Colette. Suit la liste des qualités que ces gens ont décelées chez elle au cours de son bref séjour à Fairfax. (Il imagine Van Đốc, cigare à la bouche, dressant l'inventaire d'un air avantageux.) Y a-t-il dans leur entourage jeune fille mieux éduquée que celle-ci ? Les compliments sont nombreux et assez exagérés, mais c'est la coutume. Quand on a fait le choix d'une robe, aucune autre n'est plus belle. Et Colette, c'est vrai, est la perle d'un collier inestimable. De quelle plus enviable belle-fille pourrait-on rêver ? Tout oiseau intelligent se perche sur les toits des maisons de mandarin, dit Oncle Giàu.

Voilà donc une demande en mariage des plus officielles. Jusqu'à présent, rien n'avait été exprimé. Tout n'était qu'espoir, intentions secrètes. Certes, on se doutait bien que ces gens poursuivaient ce projet, mais sans plus. Dans le cas contraire, il n'eussent pas répondu si vite à l'invitation de se rendre ici au cours de leur voyage en Europe. De la même façon, il ne leur serait pas venu à l'idée d'ouvrir leur porte à Colette et à Hugues, de les abriter pendant quinze jours dans leur propriété en les considérant comme leurs propres enfants. Ils avaient tout simplement mis Colette en observation. Ainsi agit-on au Viêt Nam. On n'achète pas un chat dans un sac. Hélène elle-même avait dû se laisser soumettre à un examen détaillé pendant des mois avant d'être acceptée comme fiancée possible. Cette attention que l'on avait eu de tous ses gestes et de toutes ses paroles dès qu'elle entrait chez ses futurs beaux-parents, comme si elle avait été poussée sous une rampe lumineuse. Cette désagréable impression d'être sondée jusqu'au fond de l'âme, fouillée comme un bagage suspect. Et les recommandations que Thu lui donnait avant chaque visite, rue Chasseloup-Laubat. Ne fais pas ceci, ne fais pas cela. Cette phrase répétée et apprise par cœur, comme devant un tableau noir, afin qu'elle la transmette, un jour, à sa fille : Un beau jade attend l'acquéreur qui sache apprécier son grand prix.

Lettre à la main, Manh demeure coi, assiégé par des pensées contradictoires. Alors, Hélène parle pour lui, l'esprit autant embarrassé, avec les mêmes mots plats qui lui sortiraient de la tête : « Maintenant qu'ils se sont prononcés, estime-t-elle, il va falloir leur répondre, et vite. Il ne serait pas convenable de les laisser attendre trop longtemps. »

Thu profite d'un silence pour manifester sa satisfaction. Du coup, sa bouche affaissée semble s'être relevée. « Nous devons remercier le Ciel et la Terre, car c'est une grande chance pour Colette. Aux Etats-Unis, je l'ai constaté (la référence à sa vie américaine la pare, chaque fois, de fierté), des filles de famille comme elle sont moins rares qu'ici, et je suis sûre que les Van Đốc avaient de quoi hésiter. Je pense notamment à la fille du général Hùynh Tấn Hùng que je rencontrais souvent chez eux. Cette fille, elle est jolie comme la lune. Je me demande comment elle n'a pas plu aux Van Đốc, surtout avec des parents aussi fortunés. Je craignais tellement qu'à côté d'elle, ma petite-fille...

— Il n'y avait pas de danger, coupe Manh, vexé par cette réflexion.

— Pas de danger ? (La bouche est retombée, flasque.) Que voulez-vous dire par là ? »

Manh émet le sifflement du fumeur de pipe vidant sa

bouche d'un seul coup. « Il n'y a pas de danger qu'une jeune fille soit attirée par Jack. Colette elle-même et son frère nous ont assez parlé de lui. Ce jeune homme a peut-être une tête bien faite, mais il n'a rien pour séduire une jeune fille. »

Thu se dresserait sur ses ergots si elle osait affronter son gendre. Cependant, son éducation et sa prudence la contraignent au calme. Le ton est toutefois un peu sarcastique : « Parce que aujourd'hui, en Amérique comme en France, ce sont les filles qui commandent et les parents qui exécutent ? » Si l'ironie a transpiré à peine, la mine qui l'a accompagnée a été jugée par Manh assez provocante pour lui raidir la nuque. Hélène le regarde et appréhende le pire. Visage refermé à la vitesse d'une porte claquée, yeux mi-clos, mains glacées. A combien de reprises a-t-elle conseillé à sa mère de peser ses mots et de surveiller ses mimiques avec l'homme qui lui a ouvert sa maison quand la sienne s'enfonçait dans la nuit ? Et voilà que le mal est fait. Si ce ciel devenu d'ébène pouvait crever et arrêter cette confrontation ! Mais Manh n'a pas oublié la bonne contenance de l'homme élevé dans le moule traditionnel. Comme on se masque la bouche pour bâiller ou manier le cure-dent après le repas, il rit. Enroule sa passagère irritation dans son rire habituel et profère : « A notre époque, il est quelque chose de plus fort que la volonté du père, de la mère ou de la fille, plus fort que tous leurs raisonnements, que toutes leurs objections, que tous les obstacles qui pourraient se dresser sur leur chemin. Vous voyez sûrement de quoi il s'agit ?

— Non, répond Thu sans avoir éprouvé le besoin de chercher, je n'en ai pas la moindre idée. »

Manh s'étouffe en retenant son rire et Hélène est obligée de lui succéder. Elle s'y décide, soucieuse d'abréger cette scène où sa mère n'a pas le meilleur rôle :

« L'amour, maman. Voilà ce que veut dire Manh.

— L'amour ? s'étonne Thu comme si l'on avait débordé le cadre du sujet. Mais l'amour vient après, voyons. L'appétit vient toujours en mangeant. N'est-ce pas ce qui s'est passé avec vous deux, comme avec tous ceux qui vous ont précédés ? »

A-t-elle contrarié quelqu'un là-haut ? Le grain s'abat, furieux. D'un bloc. A la manière indochinoise.

« Le tilleul, crie Manh, vite, allons-y. » Où se réfugier ailleurs que sous ce toit providentiel ? Thu ne bouge pas, comme frappée par la foudre qui vient d'éclater. « Mais, maman, qu'est-ce que tu fais ? Viens vite. » Hélène la tire par le bras, l'arrache à cette colère du ciel. Ouf ! A l'abri, Manh lâche enfin son rire. Manh ou le mauvais génie de l'arbre ?

Un autre dimanche et Jack est de retour. Après la messe. Avec son bouquet de fleurs habituel et ses conversations limitées. Aussi hermétique au français qu'il l'est au bouddhisme, au taoïsme et au confucianisme Sa présence commence à être encombrante. Pour Hugues, d'abord. Ce dernier a pris goût au tennis et préfère ce sport à tous ces jeux de société auxquels Jack le condamne sitôt entré aux Tilleuls. Surtout que le beau temps paraît maintenant installé à demeure. A-t-on déjà vu soleil plus à son aise ? Finalement, que Hugues aille chez les Lepelletier, attiré par Caroline, ne semble vraiment alarmer personne. C'est un garçon, et à son âge, rien n'est encore sérieux dans ce domaine. Aux jeunes chiens toutes les indulgences. Il en va autrement de sa sœur. Et Colette ne manque pas une seule journée de repos sans franchir le mur. S'y opposer ? Hélène ne s'y risquerait pas. Manh pas davantage. D'autant qu'il lui arrive souvent de se joindre à elle, raquette sous le bras. Sans broncher, ne serait-ce que du regard, Hélène lui reproche à chaque fois de répondre à l'invitation de Pierre Lepelletier. Faut-il dédaigner cette main si amicalement tendue ? Il est vrai que si Colette et François ont commencé à se fréquenter, c'est bien parce que méprisant les réticences qu'elle manifestait à tout instant, Manh a, le premier, accepté les sollicitations des voisins. Seule aux Tilleuls, elle eût certainement refusé tout contact. Se débarrassera-t-elle un jour de sa méfiance ancestrale ? Là, Manh se sent plus vietnamien qu'elle. Avec son envie permanente de communiquer, de réussir des relations humaines, de s'instruire de l'expérience de ses semblables et d'être attentif, même si on ne le montre pas, aux sentiments cachés sous leurs discours. Il se sent vietnamien comme le sont Hồng et Giàu, toujours prêts, l'un et l'autre, eux aussi, malgré le rideau de soie de leur retenue, à essayer de percer à jour la personnalité de l'inconnu afin de se composer une attitude conforme aux circonstances. A accommoder leurs mots aux invisibles liens qui se nouent au gré des rencontres. Giàu et ce dicton dans sa bouche, tombé maintes fois, à Saigon, comme de celles du professeur Lê : « Les paroles ne coûtent rien. Arrange-toi pour qu'elles soient en accord avec le cœur de ton partenaire. »

Ce matin, Pierre Lepelletier, sa voix tentatrice au téléphone avec Manh. « Que diriez-vous d'aller marcher un peu dans la forêt de Saint-Germain, après le déjeuner ? » Ombre bienvenue avec ce soleil si lourd pour la saison, odeur acide des fougères, croupe des lièvres affolés. « Mettez de bonnes chaussures, on ira jusqu'au Cazaudehore. » Liliane, à l'en croire, a décidé de se priver de ce plaisir à cause d'une montagne de linge à repasser. Mais Manh connaît la vraie raison. Convaincu d'avance qu'Hélène refuserait de participer à la promenade, Pierre a prié sa femme de s'en abstenir. Car il a besoin d'être seul avec lui. Seul avec le père de Colette. Que veut-il me révéler ? Que son fils est très amoureux de ma fille et que nous devrions commencer à nous pencher ensemble sur les modalités de futures fiançailles ? Pas de doute. Le voilà cerné, Manh, condamné à arrêter son choix. France ou Viêt Nam ? Coincé entre cette lettre d'Amérique à laquelle il va bien falloir apporter une réponse et la plaidoirie d'un voisin et ami sous les ogives d'une forêt. Car c'est réglé, Pierre et sa femme ne désirent que ce mariage. Leur propension à inviter Colette à tout bout de champ, à lui ouvrir autant leur maison que leur cœur, leur offre de stage au *Mondial*... Ne fait-elle pas déjà un peu partie de leur famille ?

Voiture abandonnée. Que le bruit des pas dans une allée moussue et parfois le chant d'un oiseau. Et les épanchements de Pierre. « Quel délice ! Quand je pense à tous ces Parisiens qui n'ont pas la chance d'habiter si près de ce paradis. La forêt est si belle. » Finalement, Manh éprouve un certain contentement. Ce duo sous les branches en blue-jean et polo intervient à temps. Il n'eût jamais sollicité lui-même un face-à-face à propos de leurs enfants. Dieu sait pourtant combien il avait hâte de débattre cette question avec lui. Mais quel père serait à l'aise dans une situation similaire ? N'est-ce pas plutôt le rôle des mères ? Entre femmes, on se parle plus facilement de ces choses, non ? Imaginer Hélène discutant de cela avec Liliane ! A présent, reste à déterminer qui va ouvrir le feu entre les deux hommes. Un quart d'heure bientôt qu'ils marchent côte à côte sans que ni Colette ni François fussent apparus dans les paroles de Pierre. C'est ce dernier qui a organisé cet entretien solitaire. C'est donc à lui de prendre l'initiative, estime Manh. Mais s'il ne s'y résout pas ? Patience, il est en train d'ordonner ses arguments et il n'a pas encore fini son travail. Remarques-tu comme il se rapproche du sujet ? Ces parties de tennis qui durent jusqu'au crépuscule, ces visites de Hồng et de Giàu que l'on voudrait toujours plus longues tant on a soif de les entendre raconter le Việt Nam et les Vietnamiens...

« Ce jeune Vietnamien que vous recevez tous les dimanches, s'enquiert-il à brûle-pourpoint, Hugues nous dit qu'il habite les Etats-Unis... ? » Voici donc comment Pierre s'en vient à parler de ce que Manh attendait. Ils se sont assis à même le sol, appuyés à un chêne, les jambes pleines d'une bonne fatigue, dans la lumière d'une trouée entre les arbres, à l'endroit où leur chemin se divise en deux sentiers exigus, en une fourche dont les pointes s'enfoncent dans les fougères. La forêt roule doucement avec un bruit de chute d'eau lointaine et, à travers la toison velue qui les surplombe, le soleil joue à je te vois, je ne te vois pas. Et Pierre cherche à savoir qui est ce jeune Vietnamien descendu soudain de son avion. Pour emmener Colette ? Deux hommes seuls dans une forêt, parmi des milliers de fûts rassemblés en cercle autour d'eux, comme pour les écouter, pourraient-ils se dérober à leurs interrogations mutuelles ? Manh évoque alors la lettre reçue il y a quelques jours et explique la coutume de l'intermédiaire entre familles. Et quand il a terminé, il se demande : comment, si secret de nature, parvient-il à se dévoiler pareillement ? Doit-il maintenant avouer quelle va être sa réponse ? Mais tout journaliste qu'il est, Pierre Lepelletier a trop de délicatesse pour violer le cœur d'un ami. Il évite donc de lui poser la question. Et un coup de vent profite de cette interruption pour bousculer la chênaie qui, contrariée, se met à gronder un peu. C'est sur ce son grave et profond que Manh se surprend à exposer :

« Vous voyez ces deux sentiers qui se perdent dans la forêt, devant nous, dans des directions différentes ? Eh bien ! je ne sais pas lequel prendre. Celui de droite me plairait peut-être davantage, c'est le plus proche de moi et son aspect me paraît bien sympathique. Je suis sûr qu'il mène loin et qu'il n'a ni ornière, ni obstacle. Mais l'autre est celui de mes ancêtres, il a été tracé par eux et il me coûterait de l'abandonner. »

Et à la surprise de son interlocuteur, il éclate de rire. Moins rompu au style allégorique, Pierre propose alors : « Si nous parlions franchement ? Et en quête de ses yeux dans leur cache : Je suppose que vous voulez me faire comprendre que, malgré toute l'estime que vous portez à mon fils, vous le voyez difficilement épouser Colette, c'est cela, n'est-ce pas ?

— Si vous voulez », convient Manh avec le restant de rire dont décidément Pierre ne saisit pas le sens.

Une fois de plus, le Français mesure la distance qui l'éloigne de son ami. Cette distance de la réalité à laquelle le discours vietnamien aime se tenir, à l'abri d'un vocabulaire de politesse et de prudence truffé de métaphores, de symboles et de sentences qui vous empêche de vous compromettre. De formules ambiguës qui vous permettent de vous dissimuler afin de protéger votre honneur ou de ménager celui de votre vis-à-vis. Allez dissocier le grain de l'ivraie, le oui du non dans ce langage aux multiples facettes et rencontrer des yeux qui vous fuient par éducation, qui ont ordre de ne se porter sur vous qu'avec votre permission ! Pierre perd patience. Il a ramassé deux glands et s'amuse à les agiter dans ses mains refermées, comme des dés dans un cornet. On ne va quand même pas se contenter de ce dialogue de sourds, se récrie-t-il en secret. Est-il si impossible d'entrer dans le vif du sujet ? Ne voit-il pas l'effort qu'a été le mien pour arriver jusque-là, moi qui, il y a encore une heure, n'aurais jamais parlé à personne des affaires de cœur de mon fils ? Alors, pourquoi ne ferait-il pas un parcours égal ? Nous sommes entre hommes, non ? Cessons donc de jouer au chat et à la souris. Et Manh : Je lui ai déjà tout dit et il estime que ce n'est pas suffisant. Je ne me souviens pas de m'être ouvert un jour aussi grand en dehors de mes murs. Voudrait-il que je lui manque de respect en mettant ces choses noir sur blanc au lieu de les suggérer ? Je lui ai laissé deviner l'essentiel. Qu'ignore-t-il, à présent ?

« A vrai dire, reprend Pierre, remontant de ses réflexions, nous nous doutions, Liliane et moi, que vous n'étiez pas favorable à un éventuel mariage de nos enfants, François ne se livre guère, mais quand il s'est éloigné un moment de Colette, nous avons deviné pourquoi. C'est un garçon délicat. Il ne voulait pas, en s'imposant, risquer de semer la zizanie chez vous. Puis ils se sont rabibochés. Alors, nous avons pensé que vous aviez changé d'avis. Et je m'aperçois que ce n'est pas le cas. Mutisme de Manh. Seconde saute de vent bousculant les plus grands arbres, comme d'un coup d'épaule. Lepelletier guette ses lèvres. En vain. Il ajoute alors : Du moins, si j'ai bien compris ce que vous m'avez laissé entendre. »

Est-ce une question ? Dans l'esprit de Lepelletier, ce n'est que cela, mais dans celui de Manh ? Le regard de Pierre essaie de débusquer dans le sien la réponse qui n'est pas venue. Il n'entrevoit qu'un sourire prêt à éclore en un nouvel éclat de rire incongru. Que de fois, au Viêt Nam, lors de son reportage, il s'est retrouvé ainsi, face à ce visage béat qui interdit de savoir à quoi s'en tenir. Face à l'impossibilité d'obtenir un engagement formel, un avis qui ne soit pas évasif, qui n'élude, comme par jeu, ni la contradiction, ni le refus catégorique. Que de fois il a dû retenir un mouvement d'exaspération devant ces échappatoires ! Jusqu'au jour où, ne pouvant plus se posséder, il s'est cabré. Où il a appelé à la franchise. En brisant la coquille du moi vietnamien. Sans plus de résultat.

De toute la force de son bras, il vient de viser un tronc d'arbre avec l'un des glands qu'il secouait dans ses paumes et il a senti en lui comme un animal se libérer de sa chaîne et s'enfuir. Il lance dans le même élan : « Manh, je crois que nous nous connaissons bien maintenant. Nous pouvons donc tout nous dire. Alors répondez-moi : Vous préféreriez que Colette épouse un Vietnamien, c'est bien cela, n'est-ce pas ? »

Manh acquiesce sans un mot, d'un tout petit signe des yeux. Il a tellement peur de blesser son ami. A-t-il d'ailleurs vraiment cillé ? Il eût tant voulu que ce mouvement des paupières fût plus imperceptible. Mais il l'a fait, et il lui faut maintenant le justifier. Ils se sont levés et, avant de partir, montrant les deux chemins partant chacun de leur côté, Pierre demande encore : « Lequel préférez-vous que l'on prenne ? » Et Manh répond en riant : « J'aimerais prendre celui de droite, je vous le répète, mais je suis contraint de prendre celui de gauche, car c'est celui qui mène vers mon toit. » Et Pierre éclatant de rire à son tour : « Droite ou gauche, de toute façon, tous les chemins mènent à Rome. » Et en reprenant la marche, Manh garde pour lui ses observations sur le drame du père vietnamien, de cet être compliqué qui, mis en demeure de choisir entre deux solutions contradictoires, se résigne de temps en temps à choisir celle qui lui plaît le moins. De ce faux arbitre qui déclare contre son gré le cœur perdant dans le duel éternel qui l'oppose à la raison. Toute sa vie personnelle n'a-t-elle pas été rythmée par ce ferraillement de lame heurtée dans ce combat truqué ?

Le chemin est devenu caillouteux et ils ont du mal à avancer. Ils s'assoient sur un arbre abattu et soufflent un peu. Manh entend alors Pierre lui demander si les traditions pèsent toujours aussi lourd dans toutes les familles après tant d'années d'exil. Les traditions ! Expliquer cela à un Occidental ! Expliquer cet engagement de rester fidèle à sa lignée et à sa race à travers le serment qu'un père vous a demandé de prêter avant de mourir. Expliquer à quel point les morts comptent souvent plus que les vivants chez les Vietnamiens et combien on leur doit donc obéissance. Ne sont-ils pas présents partout, dans la maison et dans toutes les circonstances ? Expliquer que l'individu n'est qu'un anneau dans la longue chaîne que constituent la famille et la race, et que si cet anneau vient à manquer, la rupture qu'il entraîne est le plus grand des sacrilèges. Expliquer tout cela sans apparaître rétrograde lorsqu'on est un médecin responsable vivant dans une société occidentale. Lorsqu'on a pour ami le père d'un garçon que l'on aimerait peut-être malgré tout avoir pour gendre.

Le jour baisse. Il faut presser le pas. Malaisé avec ce cailloutis qui vous tort les pieds. Mais que fait-il des sentiments de sa fille, ce père qui n'a d'oreille que pour ses ancêtres ? Est-il en mesure d'exiger d'elle ce que son propre père a exigé de lui ? Cette interrogation travaille Pierre. Et l'intuition dicte à Manh le soin de l'aborder.

« Il est vrai qu'ici certains jeunes gens ont tendance à jeter ces grands principes aux orties, analyse-t-il. Ils avancent pour excuse qu'il faut évoluer pour mieux réussir leur insertion dans la vie française. Et ils laissent parler leur cœur quand l'âge arrive de s'occuper de ces choses-là. Mais, croyez-moi, c'est une minorité qui agit ainsi. La plupart des filles sont bien éduquées, quel que soit le milieu social de leur famille, et elles écoutent leurs parents. Elles les écoutent quand ils leur démontrent que leur choix n'est pas le bon. (Si Hélène m'entendait !)

— Même aujourd'hui ?

— Même aujourd'hui. La docilité est là. (Il se tape le front.)

Les anciens l'ont érigée en règle d'or et on le répète à la maison : La vénération pour le père et la mère, la perfection dans la piété filiale, telle est la religion de l'enfant. (Paroles de son père.)

— La religion de Colette ? »

L'hésitation de Manh dure plus qu'il ne le souhaiterait lui-même. Il essaie de la mettre sur le compte d'une pierre qui a failli le déséquilibrer. « C'était jusqu'à présent sa religion... Il faudrait l'interroger, et ce n'est pas facile. C'est une fille secrète. » Il a envie d'ajouter qu'elle ressemble à nombre de ses compatriotes, mais s'abstient. N'est-ce pas pourtant l'heure d'être plus franc qu'il ne l'a jamais été ? Ah ! cette promenade en forêt où j'ai l'impression d'être sur une scène de théâtre, devant une salle comble. Où sont donc ses belles tirades avec Hélène affirmant qu'il préférerait voir Colette épouser un Français plutôt qu'un Viêt imbécile et que l'on n'avait plus guère la possibilité de ne pas se plier à la volonté des enfants, de refuser l'élargissement de leur liberté individuelle ? Et où est son plaidoyer passionné en faveur de l'amour devant sa belle-mère outrée ?

« François n'est pas plus loquace, remarque Pierre, heureux d'être parvenu à le faire se livrer un peu. Tout ce dont nous sommes certains, c'est qu'il aime profondément Colette. Mais il est encore si jeune ! Vingt ans ! Liliane et moi, nous nous sommes mariés à vingt-neuf ans et je pense que nous avons bien fait. A vingt ans, est-on si sûr de soi ?

— J'ai épousé Hélène presqu'au même âge, se rappelle Manh en pensant aux bêtises du jeune homme qu'il était, à sa passion irraisonnée pour Catherine. Et Colette n'a que dix-huit ans. Dix-huit ans ! répète-t-il en soupirant, comme s'il venait subitement de se souvenir de sa date de naissance. A cet âge, en effet, comment peut-on être sûr de son choix ?

— C'est vrai, on ne connaît rien de la vie, dit Pierre, à court d'idée, alors que le temps souvent arrange tout.

— On s'emballe, on s'emballe, et l'on ne sait pas où l'on va, reprend Manh.

— On fonce dans le brouillard en se moquant des conseils de prudence.

— Et l'on s'aperçoit, mais souvent trop tard, hélas, que l'on a fait fausse route », ajoute Manh en pensant de nouveau à la catastrophe qu'il a évitée avec Catherine, à la justesse de raisonnement de ses parents et à l'incompréhension coléreuse qui se manifestait en lui à leur égard.

C'est à ce moment-là que les deux hommes se rendent compte que leur chemin aboutit à un cul-de-sac plein d'éboulis rocheux ressemblant à des moraines de glacier. Ils se sont perdus.

« Sept heures ! s'exclame Pierre, vous avez vu le soleil ? Dans un quart d'heure, c'est le crépuscule. Nous n'avons plus qu'à faire demi-tour et à essayer de revenir à notre point de départ avant que la nuit ne soit là.

— C'est de ma faute, s'accuse Manh avec l'expression du conducteur maladroit devant la calandre qu'il vient de défoncer. C'est moi qui ai décidé de choisir ce sentier au hasard. On aurait dû prendre l'autre. »

Pierre s'en veut pareillement. « C'est de la mienne. Je savais que l'autre sentier nous menait à la lisière de la forêt, mais je n'ai pas voulu m'opposer à votre choix. Vous teniez tellement à le prendre ! »

Il y a des chances pour que la forêt de Saint-Germain se demande longtemps pourquoi deux promeneurs égarés se mirent soudain à rire aux éclats, ce soir-là, si loin de leur destination, alors que la nuit allait tomber sur eux.

Voici maintenant deux semaines que la lettre de l'entremetteuse est sur le bureau de Manh, pareille à une lumière rouge qui clignoterait, et que sa réponse n'est toujours pas formée dans sa tête. A en juger par l'attitude du jeune Van Đốc, chaque dimanche, aux Tilleuls, il est permis de supposer que le projet de ses parents lui est inconnu. On attend certainement que Manh réagisse dans le sens souhaité pour l'informer de l'avenir qui lui a été préparé. Actuellement, il est bien trop occupé avec sa formation de financier. Nul doute que son père ne nourrisse aucune inquiétude à ce sujet. Qui refuserait un parti si princier ?

Bonne Hồng disponible à toute heure pour écouter son frère quand une montagne se dresse soudain devant lui, quand son âme bat de l'aile, comme ce fut le cas à Saigon. Il lui confie : « Ces gens croient dur comme fer que je suis d'accord et que tout cela n'est qu'une simple formalité. Thu leur a fait prendre une poule pour un rossignol, c'est sûr. » Hồng partage cette opinion. A présent, les Van Đốc n'espèrent plus que passer à la phase suivante. A la cérémonie dite du « toucher de la porte », l'instant où l'on négocie le montant de la dot que doit offrir la famille du fiancé. Après hésitation, elle lui rapporte sa conversation avec Colette, le soir où cette dernière est revenue de son malheureux séjour chez les Phú Càt. « Je ne pense pas trahir un secret en t'assurant que son amour est grand pour ce jeune voisin. Ira-t-elle jusqu'à vouloir l'épouser ? Je l'ignore. Ce dont je suis persuadée, c'est qu'elle ne se mariera jamais sur commande. Et ce Jack ne l'intéresse pas plus qu'il ne s'intéresse à elle, c'est certain. Alors, conclus toi-même. Il serait dangereux que vous insistiez. » Précieuse Hồng. Puissance d'une petite fleur de rien du tout pour exhaler son parfum.

Dans son cabinet, le lendemain, entre deux visites, Manh, tête dans les mains, lourde de réflexions, élabore sa réponse aux Van Đốc. Négative. Estimant qu'à dix-huit ans Colette est encore trop jeune pour que l'on puisse échafauder à son sujet quelque projet de fiançailles. Que seul compte d'ailleurs pour elle le déroulement de ses études de droit. Le même soir, Hélène et Thu écoutent en silence et yeux baissés, la lecture de sa lettre. « Ceci est mon dernier mot, laisse-t-il tomber pour finir, tout en regrettant son ton trop autoritaire. Si les Van Đốc téléphonent, répondez-leur que je suis parti en voyage. » Dès ces mots prononcés, Joséphine se met à aboyer, comme pour manifester sa joie. Ce qu'il considère comme assez déplacé.

Oncle Giàu ne peut qu'applaudir son neveu. D'autant qu'il avait mis Hélène en garde contre Jack et qu'elle était restée sourde à ses conseils. Ce matin-là, elle était venue lui apporter du thé à l'aglaé. Son régal. Miracle d'avoir trouvé ce mélange si recherché, acheté à prix d'or chez un Chinois. Souvenir du temps où, grâce à Tùng, dont le jardin était garni de ce genre de glaïeul, elle en fournissait à ses futurs beaux-parents. La maigriotte barbiche remuait, soucieuse. Il lui indiqua : « J'ai étudié l'horoscope de ce jeune homme débarqué d'Amérique et je crie casse-cou. Il est Rat alors que Colette, tu le sais, est Cheval. Il y a donc incompatibilité absolue. Quant au jour et à l'heure de la naissance, difficile de faire pire. Souviens-toi des vers de notre illustre Nguyễn Du : Le ciel bleu, à son habitude, est jaloux des jolies créatures. »

Hélène refusait d'en démordre : « Mais Mère a consulté son *thầy số*, et il affirme qu'au contraire...

— Tss, tss ! c'est un imposteur. Ou alors, elle a dû lui fournir de faux renseignements. Je te le répète : rapprocher ces deux êtres, c'est mettre un chat et un chien dans le même panier. Les astres nous l'écrivent noir sur blanc. Seul compte leur jugement. Tergiverser ne sert à rien. Mon père disait à ce propos : Peigner ses cheveux frisés avec un peigne en écaille, que l'on soit debout ou assis, les cheveux restent toujours frisés. »

Depuis que Manh a rejeté la demande des Van Đốc, le vieil oncle ne cesse d'afficher sa belle humeur. On n'entend plus que lui dans la maison : « *Con méo, con mẽo, con meo...* »

Hélène le soupçonne d'avoir empiré les choses, cela afin de dorer le blason de François Lepelletier. C'est aussi l'avis de Thu qui fronce l'œil quand la chanson du vieil homme descend l'escalier et qui attribue cet échec à l'âme errante incarnée dans le tilleul. De toute façon, Manh a décidé et c'est lui qui commande. Quant à Jack, il a disparu. Pour le grand contentement de Colette laissée dans l'ignorance de toute cette histoire et de Hugues fatigué de devoir jouer aux échecs quand le tennis (et Caroline) l'appelle avec insistance. Le tennis qui ne le verra pas aujourd'hui. Pas plus qu'il ne verra Colette et François, car avec la flamme des zélateurs, Hồng les a entraînés à la journée récréative organisée par le cousin Alain Vấn et l'association des Etudiants vietnamiens hostiles au régime de Hanoi. Dimanche à la Mutualité où le Viêt Nam jeune, vieux, bourgeois, populaire se retrouve au sein d'une foule pépiante et riante. Où l'on retrouve langue et souvenirs, chaleur humaine et fraîcheur d'âme en grignotant, de stand en stand, les douceurs du passé, et en feuilletant les brochures incantatoires et les livres cendrés de nostalgie. François et Colette, main dans la main. Puis assis côte à côte en attendant le spectacle, enfouis dans l'obscurité complice qui leur permet plus d'intimité encore.

Coups de cymbales, coups de sabre, chants narratifs, cris. Pièce de théâtre traditionnel. L'intrigue – une histoire de généraux, d'impératrices, de duels et d'assassinats – est familière à l'assistance. Une histoire que François aimerait bien comprendre grâce à Colette si elle n'était pas, hélas, incapable de la lui expliquer. Que saisir en effet de ces voix de fausset au milieu du concert assourdissant des instruments à percussion ? Pour pouvoir suivre le fil avec intérêt, il faudrait connaître les conventions du maquillage, le symbolisme des gestes, le répertoire des chants, toutes choses auxquelles elle est fermée. Nouvelle occasion pour elle de constater avec tristesse combien elle se sent souvent aux antipodes de ses racines. Tristesse adoucie par l'étreinte de cette main possessive.

A la sortie de la salle, Hồng ne semble pas dans son assiette. Visage décomposé, regard trouble. Qu'a-t-elle ? Malade ? On l'interroge. En vain. « Rentrons », propose-t-elle seulement. Dans l'autobus du retour, on n'en apprend pas davantage. « Je n'ai rien, ne vous inquiétez pas, ça va d'ailleurs mieux maintenant. » Et pour le prouver, elle a repris son petit rire : hi, hi, hi ! Malaise passager, suppose-t-on. Passager, non. Tenace et profond. Il a bien fallu qu'elle finisse par se confesser à Manh, le médecin. Il ne voulait pas se contenter des mièvreries que la voix fluette abandonnait derrière elle, comme on jette des piastres en carton aux esprits pour les empêcher de vous courir après. Manh a dû user de patience. Lui arracher les mots, un à un. « L'homme qui était sur la scène, à la Mutualité... », commence-t-elle à raconter. Oui, et alors ? Son visage de plâtre sous les projecteurs, elle ne pouvait s'y tromper. Quand il a surgi, sortant des coulisses et se dirigeant vers le micro, elle s'est écriée en elle-même : C'est lui, ses lunettes, son front dégarni. Et des tremblements l'ont envahie de la tête aux pieds. L'effet d'un courant électrique. Et quand il s'est approché du bord de la scène, quand il l'a aperçue, assise au premier rang, quand il lui a fait un signe de la main, gêné... Alors ? Alors, elle avait juré de l'oublier à tout jamais, et voilà qu'il était revenu soudain habiter son subconscient. Juré de perdre son faciès dans la nuit des temps. Un homme qui était sur son bateau lors de sa fuite du Viêt Nam ? C'est ça, c'est ça. Sur son bateau, près d'elle, comme sur cette scène, aussi près d'elle, quand les pirates ont attaqué. Et qui est resté inerte. Cloué au plancher du pont sur lequel il était tombé agenouillé quand ils ont sauté sur elle. Cloué et vissé, hors d'état de lui porter secours, dépouillé de toute force et de tout courage, et vidé de son sang. Blême. La lividité du pleutre.

Quel mal pour la consoler ! Une semaine après, ce visage la

poursuit encore. En dépit du calmant que Manh lui a administré. Un sédatif dont il aurait peut-être bien besoin lui-même. Dès ce soir. Lorsque, remontant du garage, il entend Hélène lui annoncer sur un ton insolite – celui qu'elle adopte, mâchoires serrées, comme les mors d'une tenaille, quand elle est contrariée et ne tient pas trop à le manifester – qu'une dame, une Française dont elle a cru reconnaître la voix, l'a demandé au téléphone avec une insistance assez déplacée. Lui annoncer cela de cette façon tout en revoyant le petit macaque gris-bleu de la rue Chasseloup-Laubat. Et en se disant : Un singe qui prend quelque chose ne le lâche plus.

11.

Elle a osé et le voilà pris en faute. En flagrant délit. Criminel livré à la justice. Alors qu'il n'est pas fautif. Mais allez exiger de ce genre de femme de ne pas vous appeler chez vous ! Plutôt lui demander de se jeter à l'eau. Maintenant le mal est fait. Hélène est persuadée que le vieux démon a retrouvé son gîte. Après vingt ans d'absence ? Pourquoi pas. Ces monstres n'ont pas la notion du temps et ils sont comme l'hydre : une tête de coupée et deux qui repoussent aussitôt. Il en est ainsi des feux de broussailles. On les croit éteints et ils reprennent derrière vous sans que vous y soyez pour quelque chose. Pendant toute une journée, entre deux visites, il s'essaie mentalement à composer l'explication la plus valable aux yeux d'Hélène. Petite Sœur, je t'en supplie, ne pense pas que... Oui, d'abord savoir commencer, inventer les termes qui accrocheront au point d'enrayer tout début de procès. Mais lesquels ? Bon, ils viendront toujours le moment venu. La nécessité d'agir vite vous rend souvent plus éloquent que deux verres d'alcool. Voix conciliante, celle du médecin, feutrée de confiance : Laisse-moi te raconter. J'étais allé voir cette exposition de tableaux à la galerie Philippe Maison, rue de Penthièvre. Gaston Roullier, le grand peintre de l'Indochine, tu connais, ton grand-père, je crois, le fréquentait à Saigon, ton père avait un de ses tableaux dans son bureau du Jardin botanique... Non, cette histoire n'est pas crédible. Mais c'est la vérité ! Les femmes n'ont rien à faire de la vérité, c'est bien connu. Alors voilà. Voix bien tranchée, cette fois, lumineuse de franchise : J'ai reçu un coup de téléphone à mon cabinet, une inconnue, elle m'appelait de la part de Catherine, j'ai demandé à Suzanne de répondre que j'étais absent pour longtemps. Alors, Catherine a voulu me joindre directement à la maison, elle souhaitait simplement que je reçoive une de ses amies souffrante. C'est tout ? C'est suffisant. A condition que Catherine en finisse avec ses bêtises. Il l'avait pourtant sermonnée en conséquence. Réveiller des fantômes endormis dans les greniers de l'oubli !

Deux appels à son cabinet, une semaine auparavant. Le temps de l'éconduire. Et une visite à l'improviste. Embuscade imparable. C'était le jour de congé de la secrétaire, la porte n'était pas défendue, elle l'a ouverte et elle s'est jetée contre lui. Vlan ! Soixante kilos parfumés. Heureusement, son confrère tardait à arriver. Sinon, quel spectacle ! Cette folle pleurnichant sur l'épaule du docteur Lê. Car elle a le cerveau brouillé, Catherine. S'imaginer qu'un arbre déraciné peut continuer à porter des fruits et ignorer tous les autres hommes (qu'elle est encore fort capable de séduire) pour ne penser qu'à celui-là. Qu'à un Viêt. A ce mongoloïde au crâne brachycéphale, à la paupière épaisse et au coin interne des yeux recouvert par un pli cutané, aux incisives supérieures en « pelle » et « éventail », et au cerveau représentant 1,37 du poids corporel. (Descriptif d'un de ses livres de médecine.) Comme s'il était le seul au monde à pouvoir la satisfaire ! Car que recherche-t-elle de plus que revivre ces nuits de feu sous le toit vitré de la chambrette niçoise et les clins d'œil des étoiles ? Le détacher de sa femme et de ses enfants ? Mais si ses interventions importunes n'avaient justement que ce but ?

Excédé. Catherine, je t'ordonne de me ficher la paix. Ces coups de fil chez moi sont démentiels. Mais n'espère pas une seconde qu'après cela Hélène me suspecte d'infidélité. Je lui ai tout expliqué et elle me comprend. Tu te leurres. Maintenant, si tu continues, je vais... La tartine qu'il s'apprête à lui servir, ce matin. Qu'il va lui servir séance tenante. Il porte la main sur le téléphone. Quand la sonnerie retentit. « Allô ? » C'est elle. C'est elle, à l'article de la mort. Ah ! non, je ne vais pas donner de nouveau dans le piège. Cette fois, elle ne m'aura pas. Mais un quart d'heure plus tard, il est chez elle. La Chilienne lui a ouvert la porte. Elle avait sa clé. Une chance. Elle ne l'aurait pas eue que Catherine Malleret n'existerait plus, n'appellerait plus. Veines ouvertes, elle s'en allait doucement. Sur la plage du cap Saint-Jacques. Ils étaient couchés sur le sable, flanc contre flanc, et les flots les pourléchaient à petits coups de langue. Devant eux, les salanganes voletaient, joyeuses. Tout à l'heure, ils savoureraient leur nid à belles dents, attablés dans un restaurant du port. Et sur eux, le soleil pesait comme un troisième corps amoureux. L'horizon brillait à les éblouir et ils marchaient vers lui, comme vers un château illuminé. Elle rouvre les yeux, châtelaine. Et lui, négligeant pour une fois toute maîtrise de soi et tout souci de ménager son prochain :

« Catherine, tu vas arrêter tes enfantillages. Te rappelles-tu qui a quitté l'autre, il y a si longtemps ? Alors, pourquoi ce retour de flamme ? Si tu as besoin d'un homme, j'en ai cent à ta disposition. Mais ne compte pas sur moi. Je suis heureux dans mon foyer et ne tiens pas à rendre les miens malheureux. »

L'écoute-t-elle ? Si peu. Elle le regarde trop. Elle a sorti son bras blanc de dessous son drap et tire sur la manche de sa veste, et repoussé, le drap laisse poindre la gorge. Le bras blanc et son poignet bandé, et ses doigts agrippés à sa veste comme au parapet d'un pont. Non, il ne touchera pas à cette femme fragilisée, à cet être de cristal à la merci du moindre choc. Elle souffre ? Allons donc ! Il est bien temps. Sait-elle combien il a souffert, lui, quand elle a déserté ses bras pour passer dans d'autres ? Quand elle l'a remplacé par dix autres alors qu'il ne craignait pas d'affronter sa famille pour elle et de renier sa fiancée ? Il desserre ses doigts accrochés comme un coquillage. Partir. L'embrasser sur les deux joues et l'abandonner à son sort. Adieu. Partir à tout jamais. Mais le médecin se révolte contre lui-même. Non-assistance à personne en danger. Accusation irréfutable. Alors, il lui dit doucement :

« Catherine, il faut maintenant penser à te soigner. Je vais demander à un de mes confrères de venir te voir. Dès demain. Il te fera suivre le traitement qui convient et il t'enverra te reposer quelque part. A Nice, chez tes parents, par exemple. »

Elle l'implore, l'innocence dans l'œil : « Tu viendras avec moi ? (Elle a vingt ans de moins.)

— Non, Catherine. Tu vas me promettre de m'oublier. Tu m'as quitté il y a vingt ans, et depuis nos vies ont bifurqué. Elles ne peuvent plus se rencontrer. Tu me le promets ?

— Oui, si tu m'embrasses une dernière fois. »

Il l'embrasse et redécouvre sur ses lèvres ce goût de violette qu'elles avaient à Saigon.

Elle a tenu parole et Manh remercie le Ciel et la Terre qui lui ont permis de tenir, de résister à l'appât, et de perdre déjà ce parfum qui, là-bas, s'échappait toujours trop vite. Remercie le Ciel et la Terre, et son père dont il sait l'attention constante qu'il lui prête, veillant à tout instant sur sa vie, comme une lampe dans la chambre d'un malade, l'inspirant à tout instant, comme s'il lui parlait à l'oreille. Tant il est vrai que la sagesse populaire certifie que le mérite du père est élevé comme la montagne de Thai Son et que la mort est impuissante face à sa volonté de continuer à remplir son rôle auprès de ses enfants.

Hélène a cru à sa version mensongère. Du moins, en donne-t-elle l'impression. Serait-elle prête à admettre une faiblesse de sa part ? C'était l'attitude de beaucoup de femmes de là-bas, atteintes de cécité devant la concubine installée parfois sous leur propre toit. L'attitude de sa mère à lui – comme il s'en souvient ! – murée dans son silence, mais le visage peint d'une sérénité inaltérable, enluminé d'un sourire d'image sainte. Hélène affiche aujourd'hui la même physionomie. Cache-t-elle le même douloureux secret ? Il s'affligerait tellement de la sentir malheureuse, d'autant plus qu'il n'est coupable de rien, si ce n'est d'un pieux mensonge. Aussi attend-il l'occasion de la sonder, et s'il y a lieu, d'éteindre ses inquiétudes. Elle arrive plus tard d'une façon surprenante. A la suite d'un dîner chez des amis vietnamiens qui, après avoir été obligés de s'éloigner de Paris pendant quelque temps pour des raisons professionnelles, ont voulu fêter leur retour. Et profiter de ces retrouvailles pour annoncer le prochain mariage de leur fils, Christian, un garçon brillant, appelé à de hautes fonctions dans une firme aéronautique, avec une Bretonne habitant Toulouse. Christian Ngô à qui Hélène avait souvent songé pour Colette jusqu'au moment de son malencontreux exil en Haute-Garonne. Il était là, d'ailleurs, lors de ce dîner, avec sa blonde fiancée, Yvette Richard, toute rose de bonheur et nullement intimidée par cette assistance si différente de son milieu habituel. Là pour aviver le regret d'Hélène, comme le ferait une chanson du pays perdu. Après ce dîner, donc, en voiture, retournant à Rueil-Malmaison, à travers une nuit bruineuse, les yeux encore diaprés de ces images heureuses, et Hélène repensant à ce garçon :

« Ces jeunes gens ont l'air de s'aimer, mais que dira l'avenir ? Tu crois qu'un mariage de ce genre peut durer très longtemps ? (Une moue envahit le rétroviseur de Manh.) J'en doute. Tant d'autres se sont défaits si vite.

— Ils ont en effet plus de chances de durer quand c'est une fille de chez nous qui épouse un Français, remarque Manh. Les statistiques sont là. Pourquoi ? Certains sociologues prétendent que c'est parce que la Vietnamienne se plie plus facilement aux exigences de l'homme, quelle que soit sa race ou sa nationalité. Moi, je pense plutôt que c'est parce que la Française a du mal à s'adapter à notre culture et à notre solidarité familiale. A l'immixtion de la famille du mari dans le foyer conjugal.

— C'était ce que craignait Catherine ? »

Le rétroviseur réfléchit maintenant un masque impénétrable. Eût-elle proféré une banalité quelconque qu'elle eût présenté un visage aussi tranquille et parlé avec un détachement équivalent. Pourtant, il ne se rappelle pas l'avoir entendue ressortir une seule fois ce prénom du trou où elle l'a jeté. D'ailleurs, a-t-elle jamais évoqué un jour son souvenir devant lui ? Et voilà qu'elle tombe de ses lèvres indifférentes après vingt ans de silence. Non sans raison.

« Catherine ? Il se hasarde à prendre le même ton neutre et s'adresse des compliments. Réussite éclatante. Cette pauvre Catherine ! » soupire-t-il. Et lui rapporte ce que son amie lui a raconté à son propos, son divorce avec Malleret. « Ce type avec lequel elle jouait au tennis, à Saigon, tu t'en souviens ? Un échalas un peu voûté, comme s'il avait toujours peur de se cogner la tête quelque part. » Il se force à rire. Puis lui rapporte sa difficulté à rééquilibrer sa vie. Alors, elle, soudain : « Voilà pourquoi, sans doute, elle t'a appelé. » Dans le rétroviseur, cette fois, leurs regards se sont entrechoqués. Quel bruit dans l'oreille de Manh ! Faut-il que ce coup de téléphone l'ait alertée pour qu'elle y revienne de cette façon. Hélène si discrète, aux anxiétés si sourdes, aux blessures apparemment indolores. Affrontant un homme si sûr de lui, un mari vietnamien si convaincu de son emprise.

Coup de frein. La voiture vient de s'arrêter en bordure d'un trottoir. Non loin de l'autopont de Nanterre. Un lampadaire dispense une lumière parcimonieuse à travers la gaze du brouillard. Lumière qui rend blafard le visage craintif d'Hélène tourné vers lui. Le sien n'est pourtant que douceur. Pareil à sa voix :

« Hélène, je t'ai menti, je me dois de te l'avouer. Cette amie malade qui avait besoin de soins, c'était elle, Catherine. Elle avait tenté de se suicider... Son divorce, une autre affaire de cœur qui avait mal tourné... Bref, elle m'a appelé à son secours.

— Et tu l'as revue ?

— Oui, je l'ai confiée à un de mes confrères, psychiatre, et c'est tout. Tu entends ? C'est tout. »

Il lui a saisi la main, la malaxe un instant, puis la porte à ses lèvres, geste rare et d'autant plus apprécié. Sous cette lumière de cave, le visage a retrouvé sa quiétude. Un fin sourire perce même aux coins des lèvres. Celui du vainqueur ? Manh a repris le volant alors que le brouillard donne du front contre lui, hargneux, lui renvoie ses phares, comme une vitre sale. Mais au bout d'un moment la nuit recouvre ses droits et ses étoiles, et Rueil-Malmaison apparaît. Ils n'ont plus ouvert la bouche depuis qu'ils sont repartis. Mais ne se sont-ils pas tout dit ? Et en vingt ans, ces quelques mots ne valent-ils pas plus que des millions d'autres ? Leur rue approche sous la lune triomphante et Manh se revoit soudain à Saigon, au retour de l'hôpital Grall, recru après sa journée avec les blessés, mais le cœur satisfait. Hélène vient de poser sa tête sur son épaule tandis que, éclairé a giorno, les Tilleuls surgissent parmi les arbres alignés, comme de la fenêtre d'un train, une amie très chère sur un quai plein de monde.

Dans sa victoire contre la tentation, Manh puise des forces neuves. Il va lui en falloir avec les difficultés qui le guettent, à l'affût de sa vie paisible. Colette soulève les premières. Elle a répondu à l'offre de Pierre Lepelletier d'effectuer un stage dans son journal, et chacun redoute que cette nouvelle activité ne l'incite à déployer ses ailes un peu plus et, pourquoi pas, à quitter le nid familial. Dans l'immédiat, en tout cas, cet emploi du temps particulier va la contraindre à rentrer à des heures déraisonnables et peut-être même à parcourir les provinces. Autant de libertés supplémentaires qui lui permettront de fréquenter François à loisir.

A sept heures, par exemple, ce matin. Trois coups d'avertisseur. Soleil déjà là. Vite, elle sort et court dans le jardin, petite folle, dans l'odeur du buis réveillée par la rosée. Pierre l'attend, au volant, Caroline assise à ses côtés, et derrière lui, François qui a ouvert la portière, comme il aurait ouvert les bras. Et alertée par ce signal, Hélène épie la scène, en chemise de nuit, derrière les rideaux de Tergal de sa chambre. Assiste à cette scène quasi quotidienne partagée entre son émotion de femme vivant à travers sa fille un bonheur qu'elle n'a pas connu elle-même et le sentiment de révolte d'une mère qui la pousserait à crier à tue-tête par la fenêtre. Mais elle se contente de maugréer devant Manh, à peine levé : « Elle a encore profité de leur voiture. Comme si elle ne pouvait pas prendre l'autobus. Et ce soir, elle rentrera avec eux. Encore. Et après un soupir, dans le claquement de la portière, bruit mauvais qui la frappe au cœur : Tout ça va se terminer comment ? »

Car Hélène craint maintenant moins le mariage que l'accident qui menace toute jeune fille trop amoureuse. Bien que Colette ne soit pas du genre à enfreindre la loi aussi facilement. Comme beaucoup de Vietnamiennes, elle est trop consciente de l'image qu'elle doit offrir à autrui pour jeter son bonnet par-dessus les moulins. Hélène tairait peut-être ses alarmes si sa mère n'était pas là pour la harceler. Sa mère derrière la vitre, elle aussi, telle une concierge, nez collé au guichet de sa loge. « Tu as vu la mine qu'elle avait hier soir ? Et le jour où elle est rentrée après le dîner, décoiffée comme si elle avait couru après le 258 ? Je te le répète, Enfant, elle est en train de jouer avec le feu. » Hélène a beau examiner sa fille plus qu'elle ne s'y est jamais employée, elle ne voit rien de ce que Thu appréhende. Tout y est calme comme une eau sans ride. Mais son habileté à cacher ce qu'elle a de plus secret ? Les yeux dont le Ciel nous a dotés en prenant bien soin de ne pas trop les écarter n'ont-ils pas été spécialement conçus pour cela ? Non, Hélène n'aperçoit que la sincérité d'une âme simple, que la fidélité aux principes traditionnels. Confucius n'a eu qu'un seul mot pour dénommer ces deux vertus : *tin*. Et Hélène n'a que ce mot à la bouche pour répondre à sa mère. Cependant, que de fantômes effrayants dans la tête ! Car Thu n'a pas son pareil pour lui rappeler ce que coûte la défaillance chez une jeune fille, combien l'opinion flétrit avec la dernière rigueur les manquements au devoir de chasteté. Un déshonneur qui, autrefois, entraînait souvent les parents à renier leur enfant.

« Souviens-toi de ce que je t'ai dit le jour de tes seize ans : Tel le jade pur ou la neige immaculée, la jeune fille qui se respecte doit se préserver de toute souillure. La prudence lui conseille donc d'écarter tout manège galant, même la chique de bétel qu'un étranger pourrait lui offrir. Qu'attends-tu pour répéter cela à Colette ?

— Mais, maman, j'aurais trop peur qu'elle ne me rie au nez.

— *Cha chã !* L'honneur n'a pas de prix. Et quand le mal est fait, il est fait. Tu peux peut-être compter sur ta fille, mais que sais-tu de ce garçon ? Ces Français n'ont pas notre éducation et nos principes. (Et en pensant au chiffre qui désigne le bouc dans le jeu des « trente-six bêtes », lui vient cette expression populaire :) Ce sont les plus grands "trente-cinq" de la terre. Crois-moi, aucun Américain ne les bat dans ce genre de sport. Regarde le nombre de *bé con* qu'ils ont abandonnés derrière eux sans s'intéresser plus à leur sort que la tortue mâle aux œufs de sa femelle enfoncés dans le sable. Demande donc, à ce propos, au cousin Alain Vẫn comment il est né et ce qui est advenu de sa mère. Elle a été obligée de laisser son village devant la réprobation publique. »

Allons, allons ! François n'a-t-il pas que de bonnes intentions à l'égard de Colette ? rétorque Hélène. Ne le soupçonne-t-on pas justement avec hantise de désirer un jour en faire sa femme ? Thu rejette cet argument avec mépris. « Tu parles comme un livre qui n'a pas été écrit, Enfant. C'est chaque fois ce que l'on croit avant l'apparition du *bé con*, et quand il est là, on change de chanson. Malgré tous leurs sourires, ces gens ne veulent sûrement pas d'un métis dans leur famille. Qui en voudrait un, d'ailleurs ? N'oublie pas cette vieille maxime : Quand le pot de saumure est cassé, il empeste toute la maison. » Mais Thu pourra toujours faire aller sa langue comme un clapet de moulin à eau, Colette poursuit son stage et bien malin qui pourrait s'y opposer. Cette occupation la passionne et la prépare à affronter le métier auquel elle se destine. Et il est difficile de ne pas partager son enthousiasme à chaque fois qu'elle raconte ses premières expériences de reporter.

Quand, un soir, une éclaircie s'épanouit. Une éclaircie dans les pensées d'Hélène lorsqu'elle entend Colette annoncer, l'air en berne, que François va devoir faire son service militaire, l'année prochaine, dès son droit terminé et avant même de passer le concours des Affaires étrangères, porte d'accès à la carrière diplomatique. Dix-huit mois de séparation en perspective. N'est-ce pas suffisant pour s'oublier ? Sinon, on peut toujours compter sur cette carrière qui va certainement l'éloigner de France. Nouvelle raison pour Hélène de se tranquilliser. Avec cependant ce bémol : si Colette décidait de le suivre à la trace, de poste en poste ? Mais n'a-t-elle pas affirmé à son père que rien ne comptait plus que ses études ? Et comme elle a trois ans de droit devant elle... Reste donc à s'habituer à la voir partir, le matin, assise sur le siège arrière de la voiture du voisin. Et aux perfides réflexions que Thu lâche dans le bruit d'échappement et les adieux déchirants de sa chienne. Celle-là, hier, par exemple : « Comme c'est dommage de laisser les rats ronger les kakis macérés ! » Et celle-ci, ce matin, moins imagée et plus crue : « Comment peut-on prêter un corps de jade aux caresses d'un buffle ? »

Manh éprouve finalement plus d'inquiétude pour sa sœur. Sans Oncle Giàu peut-être ne se serait-il jamais rendu compte à quel point Hồng demeure traumatisée depuis son face-à-face inopiné avec le spectre de son passé. Il avait bien remarqué que le piano avait changé de ton, les rares fois où elle en jouait encore. Mais eût-elle pu continuer à enchanter la maison après ce qu'elle avait appris sur Quang, sur sa misérable situation ? Secrète Hồng, renfermée davantage, comme un papillon fatigué replie ses ailes. Et nul n'aurait deviné son profond désarroi si Giàu n'avait de nouveau appelé à la vigilance. « Souvent, sa lampe ne s'éteint qu'à l'aube, glisse-t-il, un matin, à Manh. Et d'après ce que je crois comprendre par ses coups de téléphone – le plancher n'est pas assez épais pour m'interdire d'écouter, précise-t-il avec un sourire mutin – les retrouvailles désastreuses qu'elles a faites à la Mutualité ne sont pas les seules en cause. Un autre tourment l'accable. Mais lequel ? »

Manh : « Si j'essayais de l'interroger, je n'en tirerais rien. Je la connais trop. Mais toi, Oncle vénéré, avec ton savoir-faire...

— Tss, tss ! (Barbiche à droite, à gauche.) On perd son temps à verser de l'eau sur la tête d'un canard. Mieux vaut peut-être demander à Alain Vấn ce qu'il en pense. Elle ne cesse de l'appeler. Téléphonons-lui »

Manh fait mieux. Au sortir de son cabinet, il se rend à son

restaurant. Etonnement de l'Eurasien. Leurs rapports n'ont jamais dépassé deux ou trois rencontres accidentelles au cours d'un mariage ou d'un enterrement. Manh lui tient grief d'avoir laissé sa sœur imaginer que Quang pourrait quitter le Viêt Nam et se réfugier en France. Qu'eût-il pu inventer d'autre pour mettre Hồng dans cet état ? Devant Manh, le cousin a la cigarette douloureuse. Il tire dessus en fronçant le nez.

« Elle n'apparaissait plus à nos réunions, expose-t-il, puis, un jour elle a su que l'homme qui lui avait fait peur était reparti pour Marseille, où il habite. Alors, elle est revenue nous voir. Voilà. »

Manh s'énerve. L'Eurasien doit lui cacher quelque chose. Ne lui aurait-il pas fourni des détails complémentaires sur Quang pour l'accabler à ce point ? Bien sûr qu'ils ont parlé de Quang ensemble, admet Vấn. De la façon dont il est possible de lui venir en aide par des lettres et des colis, et aussi de l'approcher afin de lui remettre ces présents en mains propres, ce qui n'est pas aisé. « Je lui ai expliqué que nous étions en contact, sur place, avec quelqu'un de confiance qui pourrait certainement se charger de l'affaire. (Il admire l'effet que vient de produire, au plafond, la fumée de sa cigarette. Une œuvre d'art ?) Cette personne connaît Quang depuis Hanoi. Elle le connaît même très bien. C'est elle qui nous a renseigné sur lui depuis le début. Elle travaillait à ses côtés, à Hanoi.

— Car il s'agit d'une femme... » remarque Manh sur un ton plus pensif qu'interrogatif.

Alain Vấn acquiesce tout en humant sa fumée comme le parfum d'un être aimé. Manh commence à comprendre. Il continue de le questionner. A-t-il rapporté tout cela à Hồng ? Vấn donne de nouveau du menton. N'a-t-elle pas souhaité à en savoir davantage sur cette inconnue ? Non. Il écrase maintenant son mégot d'un air féroce, comme s'il en voulait à tous les fabricants de cigarettes de la terre. Lui aussi vient de procéder à la même déduction.

A la fin d'une partie de tennis, le dimanche suivant. Serviette autour du cou, jouant avec une balle, la faisant rebondir à ses pieds, Manh toujours soucieux de porter assistance à sa sœur, seul avec Pierre Lepelletier, bouche au goulot d'une bouteille d'eau. Il arrête sa balle au vol et, tout de go, cette question : « Pierre, quand vous avez aperçu Quang dans sa cabane, à

Saigon, il y avait quelqu'un avec lui ? Une femme, par exemple ? » La bouteille est retombée brutalement de la bouche de Pierre et la surprise plisse son front jusqu'au cuir chevelu. « Qui vous en a parlé ? (Il n'attend pas la réponse.) J'ai pensé que votre sœur n'avait pas besoin de cette information... » Embarrassé, il tripote sa bouteille, maltraite le plastique qui craquette. Manh sent qu'il voudrait se confondre en excuses. Il le retient. « C'est tout à votre honneur. Vous avez bien fait. Merci. »

Alors, Pierre avoue. Décrit cette femme qu'il a prise, au début, pour sa logeuse et qui lui révéla sa véritable personnalité quand elle se mit à lui parler en français. Juste avant la descente de police. Sans doute une intellectuelle en rupture de Parti, à l'exemple de Quang. Cette femme encore belle sous sa blouse défraîchie et dont le soleil mourant peignait tristement le front bombé. Pourrait-on lui reprocher d'exister ? se demande Manh. Les femmes qui savent briser tant de cœurs ne sont-elles pas faites aussi pour en réparer ?

Pendant deux jours, Manh ne sort pas de sa réflexion. Comment réconcilier Hồng avec la sérénité qui avait réussi à l'habiter vaille que vaille en dépit de tous ses malheurs ? Bien entendu, Oncle Giàu est le seul à consulter en pareil cas. Faut-il trancher, une fois pour toutes, en la convainquant de ne plus rien espérer de Quang, ou bien, au contraire, la laisser continuer à rêver, à « creuser des trous comme les crabes dans le sable », selon l'expression du pays, et à redoubler de chagrin dès qu'une nouvelle lui parvient de Saigon ? Quel être à sa place eût attesté une telle constance ? N'eût pas cherché à effacer tous ces vestiges et à les recouvrir de cendre ? Croit-elle qu'enflammé à vingt-six ans par des convictions patriotiques, Quang ne pourrait plus attendre aujourd'hui que la résurrection de leur amour ? Pareil à une épée de feu, il n'en finit pas de traverser le ciel sous son regard extasié.

« Tu me parles d'une femme ? (La barbiche de Giàu brandille devant Manh alors qu'ils sont assis tous les deux sous le tilleul qui répand son miel au coucher du soleil.) Mais il y en avait déjà une au moment de sa rupture avec Hồng.

— Tu la connaissais ?

— Et comment ! Elle était couchée comme une odalisque sur l'horoscope de ce voyou entre le Dragon et le Buffle. Ah !

si l'on avait bien voulu tenir compte de mes prédictions. Quang n'a jamais su mater son tempérament amoureux. C'est une femme qui l'a fait quitter les siens et renier sa fiancée, c'en en est une autre qui l'a arraché à ses mauvais anges. Cette femme dont a parlé le cousin, je viens de la voir apparaître dans les étoiles. (Curieusement, une fleur tombe du tilleul sur son épaule.) Puis ses trois longs poils filant entre ses doigts : Voyons, comment sortir cette pauvre enfant de l'affliction qui la consume ? L'inspiration inonde subitement son visage de lumière. Laisse-moi faire, Enfant. Entreprendre un travail, c'est l'affaire de l'homme, en assurer le succès, c'est celle de Dieu. Il va nous aider. »

Quelque temps après, par un matin que le soleil sème de poussière d'or, le piano de Hồng reprend peu à peu de la vivacité, et le soir, sa lampe s'éteint, comme il convient, à l'heure où l'on doit tout abandonner à la nuit. Manh n'en revient pas. Une fois de plus, son oncle a fait preuve de prouesse. « Je n'ai pas fait grand-chose, tempère Giàu, alors que son neveu s'émerveille en le contemplant avec les yeux dont on darde les arcs-en-ciel, je lui ai simplement demandé de se souvenir de votre mère. Quand ton père a pris une concubine et l'a installée sous son toit, quelle a été l'attitude de Ngoc Trai ? Celle de la dignité jusqu'au bout. A-t-elle pleuré, a-t-on seulement entrevu l'ombre de l'humiliation endeuiller son regard ? Droite elle est demeurée, et silencieuse, sans perdre un instant la conviction qu'elle était la femme légitime et qu'elle aurait le dernier mot. Et elle l'a eu. Voilà ce que j'ai dit à Hồng. Rien de plus. Et avec l'air du vieux marin qu'aucune escale n'étonne plus : La mangouste qui baisse la tête est une mangouste morte. »

Divine surprise, après coup, quand rentrant dans la cuisine pour prêter main-forte à Chi Ba, Colette entend Hồng bavarder avec elle. L'entend se réjouir le plus naturellement du monde, en touillant quelque plat, d'avoir appris que Quang n'était plus seul avec sa misère et sa dégradation. Que le Ciel l'avait pourvu d'un soutien moral capable de le délivrer du désespoir. Une planche de salut qui l'aiderait à endurer son sort jusqu'au jour où il arriverait à scier les barreaux du pays maudit pour s'arracher, tel un phénix, au feu qui l'a carbonisé. Admettre devant Chi Ba que l'on n'est pas à chaque fois le mieux placé pour satisfaire la personne que l'on aime, qu'il faut savoir admettre cela en dépit du prurit que l'on en ressent.

Hồng ne peut choisir meilleur moment pour reprendre goût aux choses qui l'entourent, rentrer dans sa famille avec l'impression d'en terminer avec une absence interminable. Meilleur moment que celui où sa nièce va avoir besoin d'elle plus qu'elle-même n'a jamais eu besoin de personne. Comme elle a été la confidente de son frère à l'époque où il se demandait, saisi d'angoisse, quel destin l'attendait au tournant et quel visage aurait la femme qui accompagnerait ses années.

Juillet approche avec ses rêves de liberté et de douce oisiveté au soleil, et avec les projets que Manh a élaborés avec Hélène. Vingt jours dans un chalet de montagne pour commencer le mois et une semaine au bord de la mer pour le conclure. Des projets combien contraires à ceux de Colette ! Car elle a décidé, ni plus ni moins, d'aller au Viêt Nam.

« Au Viêt Nam ? Hélène tombant de son haut, obligée de s'asseoir pour retrouver son souffle. (Ma fille dans ce pays perdu !) Tu n'y penses pas. Et d'abord tu n'auras pas de visa.

— Je l'ai demandé et on m'a assuré à l'ambassade que je l'aurais dans les quinze jours. »

Elle se rassure. Ils ne voudront certainement pas laisser entrer chez eux la petite-fille du professeur Lê, qui est en plus la nièce d'un prisonnier politique. « François l'a eu en une semaine », a ajouté Colette. Parce que François... ? Nous y sommes, peste Hélène pour elle-même en avalant ses lèvres. C'est un coup monté. Ils doivent l'avoir combiné depuis des mois. C'est lui qui l'a incitée à aller là-bas. Lui, Hồng et Giàu. Maman a raison. Elle s'éloigne de nous, de jour en jour. Cette manière de nous tenir tête. A-t-on déjà vu cela chez nous ? Elle peut toujours adopter la voix douce de son enfance et son air respectueux, elle a tout de ces jeunes Françaises mal élevées. Et elle finira par épouser ce Tây.

Hélène objecte : « François a eu son visa parce qu'il est français. Toi...

— Mais, maman, je suis aussi française que lui, et toi aussi tu es française, comme Père, comme tout le monde, ici. »

Hélène a beau secouer ses cheveux noirs, se regarder dans la glace en accusant, par la pensée, l'étirement de ses paupières, et invoquer toutes les divinités de son panthéon, elle est obligée d'en convenir. Elle reprend espoir, persuadée que Manh ne pourra que s'opposer à un tel projet. Elle lui en parle, quelques heures plus tard, au restaurant d'Alain Vần où ils fêtent leur anniversaire de mariage. (Combien d'années, déjà ? Ne comptons plus. Les gens gâchent leur temps à trop le calculer.) Manh n'est guère étonné de la nouvelle. Ne l'avait-il pas pressentie ? Cette curiosité pour une langue que Catherine a méprisée pendant tant d'années, ce désir de tout goûter d'un pays qui lui paraissait si peu attrayant, cette attirance inopinée pour la tunique traditionnelle... Soudain l'imprévu, remarque-t-il : On tient la main d'un enfant, elle trottine à vos côtés, vous pensez qu'elle trottinera longtemps ainsi, quand brusquement, elle desserre vos doigts et s'échappe. Vous courez après, mais ne la rattrapez jamais. Alors, on devient tout bête. Comment s'adresser à cette personne qui s'efforce d'effacer tout ce qui pourrait rappeler l'enfant d'autrefois ? Non, se persuade-t-il, nous ne cessons pas d'avoir des droits sur elle. Elle doit nous écouter.

« Et si je partais, moi aussi ? »

Un besoin instinctif qui dormait en lui et qui vient de bondir, de se détendre, comme un ressort enfoncé dans le sol et brusquement déterré. Revoir le Viêt Nam ? En dépit de ce que l'on croit qu'il est devenu, de son assimilation extrême jusqu'à ne plus penser qu'en français, il ne l'a pas quitté un seul jour. Le pays est là, silencieux, veillant dans l'ombre, pareil à un soldat sur les remparts. Vous gardant de l'oublier. La nuit, d'abord, tous ces rêves qui l'ont pour décor. Et tous ces bruits, et toutes ces odeurs qui le lui restituent dans la journée, au moment le plus inattendu. Fumée d'un feu de bois, le matin, dans un chantier, au coin d'une rue, et le voilà au bord de la Rivière, assis à croupetons, devant la roulante d'une marchande de soupe. Claquement de pas féminins, le soir, et une Saigonnaise effleure le trottoir de son pantalon bouffant. Tout à l'heure, Alain Vần lui a raconté qu'il connaissait plusieurs clients qui, dans l'impossibilité d'entrer au Viêt Nam, vont en Thaïlande pour humer le pays natal par-delà le mur qui le sépare du monde. Descendant dans un hôtel au bord d'un *klong*, ils ouvrent la fenêtre pour s'emplir les poumons de l'odeur de frai et de vase qui est celle du Viêt Nam du Sud, de ce royaume de palétuviers et de torpeur humide où l'eau et la terre se disputent dans d'éternelles étreintes, où les sons arrivent ouatés, comme de profondeurs marines. « Ils demeurent comme ça, immobiles, nez en l'air et yeux clos avant de refermer la fenêtre et de déclencher le climatiseur », s'esclaffe le cousin. Manh n'a nul besoin de faire ce voyage pour sentir l'odeur de l'humus et de la fine pourriture de ces plates solitudes où se perd le regard. Il a tout cela en lui avec ses souvenirs, à l'abri de l'escamotage du temps, des larcins de l'oubli, comme au fond d'un sac scellé avec des cachets de plomb.

« Oui, répète-t-il, si je partais, moi aussi, au Viêt Nam ? »

Hélène a sursauté : « Tu ne parles pas sérieusement. Qu'irais-tu faire là-bas ?

— Chercher Lan.

— Lan est prisonnier. Ils ne te le rendront jamais. D'autre part, tu es le fils du professeur Lê. Il n'y pas plus rancunier que ceux que ton père appelait justement les *Tồng kỳ nôì*, que ces maudits mangeurs de poissons de bois. Tu veux accompagner Colette, c'est ça ? Je comprendrais mieux.

— Je vais demander un visa dès demain. On ne sait jamais », reprend Manh, l'œil déjà sur les *luc binh*, les jacinthes d'eau qui sertissent d'améthystes le pays inondé.

Demain, il se rendra à l'ambassade, puis essaiera de raisonner Colette. Sa gorge se serre à l'avance. C'est là que Hồng intervient. Evidemment, elle n'ignore rien du voyage de sa nièce. Pourrait-elle le désapprouver alors qu'elle en est un peu l'inspiratrice ? Ne lui a-t-elle pas, avec Giàu, insufflé le Viêt Nam dans l'âme ? Et puis Colette le lui a promis : elle se lancera à son tour à la recherche de Quang, aussitôt à Saigon, pour lui remettre la lettre et le paquet qu'elle a préparés. Au début, entrevoyant l'opposition que ce projet de voyage à deux allait soulever, Hồng a tenté de la convaincre de partir seule. Sans succès. Alors, elle s'inquiète : que fera-t-elle si son père s'oppose à ce voyage ? Un singulier frisson a brouillé sa voix d'ingénue. Un autre la prend quand elle entend :

« Crois-tu, Tante, qu'une jeune fille de dix-huit ans doit avoir aujourd'hui la permission de ses parents pour prendre l'avion avec un garçon ? »

Voilà l'instant où Hồng évalue combien sa nièce diffère d'elle au même âge, où elle voit qu'en dépit de sa naissance, de son apparence physique et des aspirations de son cœur, elle n'est plus tout à fait vietnamienne. Hồng si sage, si obéissante, à la jeunesse si soumise, et à présent si interloquée par tant de défi dans la voix. Et effrayée par les conséquences prévisibles. Partagée entre son affection à l'égard de celle qu'elle considère comme son double et les règles de conduite auxquelles elle a toujours elle-même prêté allégeance. Entre le désir de favoriser l'amour de ces deux jeunes gens, cet amour dont le destin l'a cruellement privée, et celui de repousser avec une exquise politesse l'amour étranger aux yeux clairs.

« Que feras-tu ? répète-t-elle en espérant une autre réponse.

— Je m'emploierai le plus respectueusement possible à ce qu'il se rende à l'évidence que nous ne sommes plus à Saigon au temps où une jeune fille de famille ne sortait de chez elle que pour entrer chez sa belle-mère avec son trousseau. Tu crois qu'il me comprendra ? La voix a perdu toute bravade. Douceur d'une source. Et le regard appelle le conseil.

— Peut-être, répond Hồng, mais il n'en conviendra jamais.

— Alors, enchaîne Colette en recouvrant sa fermeté, je ferai ce que mon cœur me dictera de faire. N'est-ce pas ce que mon père a fait lui-même, il y a longtemps ? N'est-ce pas aussi ce que tu m'as répondu, le jour où je m'interrogeais sur ton avenir sentimental ? » Un soupir prolongé est parti d'elle et l'on aurait pu croire qu'il arrivait à la fin d'une marche harassante.

Mais où a-t-on accroché le soleil ? Ce matin, des bouffées mouillées giflent les visages à la manière des gros postillons que projetait la mousson marine, comme un éléphant qui s'ébroue, contre la frêle capote protégeant le passager des cyclos. Qui commande au Ciel de prendre la couleur des âmes ? Manh a proposé à Colette de l'emmener en voiture à Paris, et l'un comme l'autre ont conscience que les paroles qu'ils vont prononcer auront plus de poids que toutes celles qu'ils ont déjà échangées. Dans le silence troublé par le seul battement des essuie-glaces, ils savent que le premier mot de trop produira, pareil à un caillou lancé dans un lac, des ondes qui ne pourront pas s'arrêter. Que ce mot risque de déclencher des vibrations terribles allant jusqu'à l'explosion. Aussi se préparent-ils à s'affronter sans violence, mouchettent-ils leur fleuret à l'avance. Mais chacun est dans son camp et ne baissera pavillon avant d'y être contraint. Manh a en mémoire l'avertissement que

Colette lui a donné – certes avec tact, mais non sans conviction – cette menace de quitter sa famille en douceur plutôt que de devoir se heurter à elle au cas où l'on contrarierait le choix de son cœur. A-t-il eu à mener dans sa vie plus délicate discussion que celle-là ? Il a décidé de la soutenir en voiture afin d'éviter d'avoir à se trouver face à elle. De devoir cogner son regard au sien. Afin d'épointer ses nerfs en se battant avec la circulation automobile. Mais comment ouvrir le bal ? Quelle force l'empêche soudain de s'adresser à sa fille avec le naturel que déploient les autres pères ? Ai-je perdu à ce point toute autorité sur mon enfant pour avoir peur de rencontrer ses yeux ? Rage en lui, nerfs tendus. Alors, il concentre son courage (dans courage n'y a-t-il pas le mot rage ?) et se jette en avant. Comme il jette à l'instant sa voiture dans ce carrefour encombré et se faufile avec adresse entre ses concurrents, les soumet à sa volonté par des coups de volant audacieux. Et dit à Colette l'émotion ressentie par lui et sa mère à l'annonce de son projet de voyage avec François. (Attention à droite !) De ce voyage si lointain et surtout si dangereux (à gauche, maintenant, tu as vu cet imbécile ?) pour une jeune fille comme elle. Pour la petite-fille du professeur Lê qui est en plus la nièce, etc. Dit combien l'inquiétude est grande à ce sujet (conducteur du dimanche !) et combien il est de son devoir de la mettre en garde. Qu'aucun père vietnamien ne laisserait son enfant partir pour le Viêt Nam dans ces conditions d'extrême péril. Qu'un simple visa ne suffit pas à protéger les voyageurs dans un pays qui fait fi des libertés élémentaires. Dit tout cela, mais ne dit rien de François, de leur voyage à deux. Ne veut rien lui dire de ce qu'il pense à ce sujet. De peur de la raidir. Dit seulement que ce voyage est dangereux et que c'est à elle de conclure, de déterminer où se situe le plus grand danger. Celui de s'exposer à des ennuis au Viêt Nam ou celui de défier ses parents, la morale, les traditions et tout ce qui s'ensuit en partant vivre avec un garçon pendant un mois. D'encourir leur courroux, et dans ce cas, peut-être, d'être à la merci d'une rupture avec eux.

Fac de droit, copines sur le trottoir, livres sous le bras. La portière s'est ouverte. Mission accomplie. Colette descend de la voiture. Manh la voit s'éloigner, mignonne dans sa petite robe d'été jaune allamanda. C'est cela, la vie. La porte s'ouvre et l'enfant s'en va, se mêle à la foule, s'y perd. Un moment, Manh reste là et la suit des yeux, la regarde bavarder, embrasser l'une, l'autre, reste appuyé sur son volant pour se pénétrer de l'évidence qu'elle ne lui appartient plus qu'en partie, que le fil qui la retient encore à lui a la fragilité de celui d'une araignée. Voilà, l'allamanda s'est fondu aux couleurs environnantes. Disparue la petite Française parmi les Françaises. Qu'a-t-elle bien pu déduire de ce monologue ? Car elle l'a écouté, fermée à double tour, comme à son habitude.

Manh est allé déposer sa demande de visa. Une nouvelle fois, il est entré, mâchoires soudées, douloureuses, dans cette ambassade où Pierre Lepelletier l'avait accompagné. Où, derrière leur guichet, les employés aux mots brefs et aux yeux de fouine ressemblent aux tortionnaires de Lan. Et d'où il ressort à l'instant comme d'un caveau, en prisant davantage l'air libre, le vent dans les cheveux, le soleil sur le front et la beauté des promeneuses. Il n'aura pas son visa. Trop d'amis ont entrepris une démarche similaire sans obtenir de réponse, ont écrit dans le vide, téléphoné dans le vide. Vide le cœur de ces êtres qui vous épient derrière leur vitre blindée, avec leurs yeux de fouine. Pourquoi d'ailleurs ce désir subit de revenir sur ses pas après tous ces pas en avant pour les effacer ? N'éprouverait-il pas, arrivé sur place, le même dégoût et la même révolte à l'égard de ces individus dont il refuse la qualité de compatriote ? Voudrait-il pleurer en foulant les ruines de ses souvenirs ? En foulant cette terre de Long Xuyên où, il l'a appris, les tombes de ses ancêtres ont été profanées ? En revoyant la rue Chasseloup-Laubat, le jardin mis à sac, la maison occupée par ces gens aux yeux de fouine et au cœur vide ? En entendant le piano lui jouer la valse du désespoir ? Et en passant devant la porte verte de l'ancien procureur contre laquelle il a pressé Catherine, sourd aux protestations du devoir et de ses ancêtres réunis ? Mais Lan, le frère souffrant, c'est lui qui l'appelle, là-bas, lui qui lui demande de venir. Allons, Manh, cesse donc de te raconter des histoires. Tu n'ignores pas qu'en tout état de cause ils ne te permettront jamais d'aller jusqu'à lui. Pierre ne t'a-t-il pas assez renseigné sur son sort ? Il ne l'ignore pas, mais il veut croire que c'est possible. Pour dissimuler à son propre regard la vraie raison de son idée saugrenue. Celle d'escorter Colette, de veiller sur elle jusqu'au bout, de la prendre par la main, comme l'enfant qu'elle était et qu'elle demeure en dépit de cette Française qui s'est glissée sous sa peau. Pour l'empêcher d'être avec ce garçon ? Oui. Mais c'est de l'enfantillage ! Tu ne réussiras pas à les séparer. Je sais, je sais. Et tu seras ridicule. T'imagines-tu en train de chaperonner ta fille comme une duègne ? Et puis, ils te sèmeront à la première occasion. Je sais, je sais. C'est un projet utopique, j'en conviens, mais j'aime à croire que je pourrais le réaliser. De toute façon, ne t'attends pas à avoir un visa. Je sais, je sais. C'est justement pourquoi je caresse cette idée. Pour entretenir l'illusion de ne pas être devenu impuissant, de continuer à assumer mes responsabilités de père comme si j'en étais toujours capable. C'est cela et rien de plus.

C'est cela que Hồng entend maintenant tomber de sa bouche. Samedi après-midi. A l'heure où les Tilleuls baignent dans un doux apaisement, semblable à celui que l'on connaissait, rue Chasseloup-Laubat, pendant la sieste. Hồng brodait dans sa chambre. Il a frappé à sa porte et il s'est assis sur son lit. Elle le sentait approcher depuis plusieurs jours, tourner autour d'elle, comme il le faisait à Saigon quand il avait besoin de ses paroles consolatrices ou de ses conseils. Quand il voulait démêler ses sentiments embrouillés par celle que Thu appelait, nez retroussé comme sur un quartier de durion décomposé, cette *con mẹ đầm*, cette « espèce de Française » dont il était hanté. Hồng, la petite sœur qui écoute les rumeurs des âmes avec une oreille d'horloger.

« Je peux te confier quelque chose ? »

Elle a incliné le front en souriant et il lui a raconté son monologue avec Colette, dans la voiture, la demande de visa sans espoir et son conte à dormir debout pour se leurrer. Et à présent, alors que par la fenêtre ouverte accourent le claquement des balles de tennis avec les cris et les rires de Colette, de François et de Pierre, résonnne la petite musique de Hồng. Elle souhaiterait tellement que Colette revienne sur son projet et rentre dans le rang. Mais comment se faire entendre d'une amoureuse ? Elle-même n'a-t-elle pas été assez folle pour se nourrir si longtemps d'espérances contre toute sagesse ? « Elle est bien décidée à entreprendre ce voyage avec François, murmure-t-elle, et pour cela, elle est prête à se passer de votre permission. » Manh contemple le jardin sous le soleil et songe à celui des années révolues. Les oiseaux tendaient les mêmes fils d'or entre les arbres, et la même odeur de sève montait de l'herbe piétinée. C'était le moment où il parvenait parfois à s'échapper pour aller rejoindre Catherine au Jardin botanique. (Une nouvelle partie a commencé et les raquettes chantent leur plaisir de se redonner.) « Mais, reprend Hồng, n'as-tu pas également tenu tête à notre père, et finalement, qu'est-il arrivé ? » Grimace. « J'ai eu le cœur et le foie éclatés », reconnaît-il à la manière d'autrefois en se rappelant son bras de fer. « Et tu veux que ta fille soit aussi malheureuse ? » Silence. Comme le silence sait cacher les bruits les plus insupportables ! se dit-elle.

Laisser l'amour filer tranquillement son cocon, ces jeunes gens s'aimer à satiété. Entends leurs voix dans le grand soleil, comme elles sont vibrantes de jeunesse et de bonheur. Laisser le bonheur filer son cocon. Pourquoi pas ? Ah ! si ce jeune voisin appartenait à cette race de gens opiniâtres, durs au travail et fidèles aux ancêtres. Mais qu'importe s'il est celui qu'il faut à Colette pour la mener à bon port, tout au long de ce fleuve impétueux qu'elle va descendre ? Et puis quel meilleur parti que celui-là ? Voilà ce que pense Manh alors que s'élèvent, dans ce soleil d'été, des cris vibrant de jeunesse et de bonheur qui le ramènent si loin en arrière. Ce qu'il pense en se souvenant de l'orage de sa passion à Saigon et de sa bataille épique contre la tyrannie des traditions. Ce que pense aujourd'hui cet homme moderne, bien dans sa peau de Français malgré son faciès d'un autre monde et les principes d'un autre âge accrochés à ses basques. Ce que pense le docteur Lê lié à son père par une promesse et par les mots qu'il lui a laissés dans l'oreille, le même jour, alors que la mort attendait de le prendre. Cette citation du grand penseur Pham Quỳnh : « Il est des voies qui mènent vers le bonheur parce qu'elles sont conformes aux aspirations de la race. Il en est qui conduisent fatalement au malheur parce qu'elles s'y opposent ou les contrarient. Car il y a un impératif de la race contre lequel aucune force humaine ne peut lutter. Il vaut mieux lui obéir que lui résister. »

Paroles de son père, bataille contre son père, cris de joie montant du jardin et doux visage de sa sœur, sa voix d'enfant, son invite réitérée : « Considère d'abord le bonheur de ta fille,

Grand Frère, et pour cela ne perds pas patience. Le temps peut tout arranger. Le temps est notre maître à tous. »

Il ne l'écoute plus. Il a quitté sa chambre, et sans savoir où ses pas le dirigeaient, il s'est retrouvé dans son garage, au volant de sa voiture. Et maintenant, les mains étreintes par un tremblement qui semble prendre naissance au fond même de son cœur, il s'élance face au soleil couchant, le sang de ce globe déclinant dans les yeux, à demi aveuglé par cette hémorragie dans laquelle il a l'impression d'être immergé, noyé. S'élance. En ignorant où il va à cette vitesse, poussé dans le dos par une force irrésistible, pareille à la pression d'une foule saisie de panique. Ne s'est-il pas toujours interrogé sur sa destination ? A Saigon déjà, où il fluctuait, écartelé entre ses aspirations de citoyen déchiré, rongé par le remords né de la lâcheté, et son envie de fuir loin, loin de cette bastille confucéenne. De cette terre de devoir et de soumission, d'étouffement de la liberté humaine et de l'initiative individuelle. Entre son désir hargneux de venger son frère en le remplaçant au premier rang des soldats courageux et celui d'aller goûter, aux antipodes, à la vie des hommes normaux. Des hommes qui voient, chaque matin, au réveil, le jour éclore comme l'hibiscus tandis qu'ils allongent le bras vers la femme que seul l'amour a couchée à leur côté. Il roule. Droit devant lui, jusqu'au bord du bras de Seine où, allégeant le pied, il recouvre la paix. Buissons, arbustes penchés sur l'eau, herbes folles, et le long de cet ancien chemin de halage, guinguette aux volets fermés sous de grands arbres attristés. Il fait halte, coupe son moteur et ouvre la portière. Alors, le fleuve parle à son tour. Ce n'est pas le flux haletant du Mékong en route vers ses bouches, verbe haut et crachant, mais les doux dires du rach violacé de jacinthes glissant entre les carreaux des rizières. Et c'est son odeur de poisson-chat, de jonc, de racines abreuvées et de plantes vénéneuses, et son odeur de limon sauvagin. Et ce sont, sur la rive opposée, les premiers feux d'un incendie silencieux pétillant dans la nuit tombante, comme là-bas, quand les lucioles commençaient leur farandole en rase-mottes. Et c'est tout son pays qui le reconquiert, coulant dans son sang calmé comme cette eau tranquille. Avec la sagesse que distillait son oncle sur la berge plantée de filaos. Son oncle très avisé affirmant par exemple que l'homme qui a parcouru la longue suite des transmigrations perd son âme en perdant le vrai chemin. Que victime des illusions de ses sens, il s'affale dans les voies du malheur et qu'il lui est impossible d'espérer sa délivrance s'il ne revient pas sur ses erreurs passées.

Combien de jours, déjà ? Dix, douze ? Douze jours que sa demande de visa a été déposée et que l'on répond à l'ambassade que Hanoi n'a toujours rien décidé, que l'on répond n'importe quoi derrière la vitre blindée, léchée par les yeux de fouine. Mais quelle importance, après tout ? Colette partira. (Un soupir le vide.) Est-ce si terrible ? Je suis bien parti avec Catherine et je suis bien revenu. Catherine qui réapparaît soudain alors que de retour de l'ambassade, en ce jour de congé, il s'apprête à entrer dans son cabinet. Alors qu'elle l'attend, bronzée, dans une robe puce qui s'arrête aux genoux, la vêtant avec un art si consommé que l'on pourrait la croire nue. Qu'elle l'attend non loin de la porte, sémillante, tentante. Près de la porte qu'il vient d'ouvrir.

« Manh, je voulais tant te revoir. »

Elle lui saute au cou et lui prend la bouche, l'étouffe, le mord. Et lui, que peut-il faire si ce n'est que rabattre la porte d'un coup de pied en arrière et la laisser s'adonner à ce jeu puisqu'elle semble tellement y tenir ? Que peut-il faire, cet homme de devoir, fidèle depuis un quart de siècle, cet homme honnête au possible pris de cette façon au dépourvu, en traître ? Peut-il se dégager alors qu'elle l'enlace avec cette fougue et qu'elle ne veut plus le lâcher ? Se relever d'un bond alors que, la suivant dans sa chute, il vient de tomber à la renverse sur le canapé de la salle d'attente ? Et que fait donc dans ce cas d'extrême urgence un homme pareillement sans défense, victime d'un tel traquenard ? Car la lutte est inégale. Elle a des armes redoutables et elle s'en sert avec une adresse de professionnelle. Un corps cuit au soleil et modelé par la mer, et salé autant qu'elle, et ce parfum qu'elle a remis pour l'occasion, la drôlesse. Ce parfum qui lui rappelle tant d'autres empoignades où il n'a jamais eu le dessus. Bref, sa résistance n'est que façade. Que pour sauver les apparences. On ne vient pas à bout d'un adversaire aussi sûr de vaincre. La reddition était prévue. Il doit bien vite crier « pouce ! ». Soumis, dompté. Et maintenant elle chante victoire. Diên Biên Phũ ?

Allons donc ! Battus, les Viêts, étrillés, écrasés. Regardez-les comme ils sont couchés sur le flanc, roués, découragés. Ah ! ils ne connaissaient pas la *furiosa francese*. Ils croyaient Catherine morte, disparue, sans plus de chance de reconquérir son ancien territoire, et la voilà triomphante, en train de réécrire l'histoire.

S'était-il endormi ? L'avait-elle piqué au curare ? Il se secoue, irrité, comme sous le coup d'un réveil brutal. Ces mots d'amour à son oreille, pour lui ? Ces caresses sur les épaules, cette haleine qui lui chauffe la joue comme celle d'un jeune chien, ces lèvres peintes au goût de violette... Ah ! non, il ne laissera plus jamais cet homme veule affronter un adversaire pareil. Finie la déroute en rase campagne. Le déshonneur. Y a-t-il plus horrible souffrance pour un Vietnamien ? Il entend la menace de son père : Si tu revois cette Tây... Il se redresse. Debout, Viêt Nam ! Il se rajuste, renoue sa cravate, lisse ses cheveux de ses doigts écartés alors qu'elle revient vers lui, pimpante, après une courte absence, et minaudante. Elle a allumé une cigarette et la tient en l'air, un instant, comme en classe une élève accoudée, doigt levé, puis l'écrase, inquiète. Il a fait mine de vouloir quitter la pièce. Elle s'accroche et il la repousse. S'arrache gentiment à ses bras. Le ton est impératif sans être brutal :

« Maintenant, Catherine, tu vas me faire le plaisir de retourner à Nice et d'y rester. Je ne veux plus te voir ici. » Il est obligé de sortir lui-même afin de l'entraîner dans la rue. Elle consent alors à se séparer de lui et scelle son départ d'un dernier baiser mouillé. Dernier ? Il le jure. En tout cas, à sa plus grande honte, celui-là n'a pas dû échapper à l'observation perspicace de sa concierge.

Enfouir tout cela dans sa poche et rentrer aux Tilleuls comme un innocent abusé. Aux Tilleuls où, plus juillet se rapproche, plus l'émoi est grand. Que va faire Colette ? Confinée dans une dévotion de tous les instants, Hélène n'arrête pas de prier les mânes des ancêtres. Thu vient de se fâcher avec son mage caodaïste à la suite de ses échecs patents et n'a plus d'autre ressource que d'en se remettre directement aux génies. Plusieurs fois par semaine, elle se rend donc à la pagode, les bras chargés d'offrandes. Car, répète le bonze à celles de ses ouailles dont l'oreille est un peu dure, les esprits sont semblables aux vivants et ont les mêmes besoins : ils mangent, s'habillent, ont leur maison, leurs serviteurs. Mais le Vénérable lui a conseillé de se renseigner auprès de lui avant d'apporter toute offrande. Il serait en effet dangereux de se mettre ces êtres à dos en croyant attirer leurs faveurs. Car leurs goûts varient. Ainsi sait-elle que l'esprit Trùng Tăng mange du poulet tandis que Thiên Cẩu, parce que chien, préfère la viande crue, et que les Cu Vi, qui sont des femmes, exigent des chapeaux ou des chaussures en papier, ou mieux, des coffrets à bijoux, des glaces à main et des éventails.

Oncle Giàu, lui, se défend de se départir de sa sérénité. Hier soir encore, il exaspérait Hélène avec son invariable refrain : « *Con mèo, con mẽo, con meo...* » Il l'a annoncé à Manh : Colette reculera devant le risque de trancher les liens familiaux. Renoncera à son voyage. Peut-être en est-elle déjà décidée. « Mais elle est comme nous tous, a-t-il expliqué, elle a le souci exacerbé de sa dignité. Tout comme elle n'a pas voulu te contredire ouvertement afin de ménager ta susceptibilité, elle se refuse aujourd'hui à perdre la face en faisant devant toi amende honorable. Tu n'ignores pas cet adage : *Lành cho sach, rách cho thỏm*. Ce que tu as de bon, montre-le propre, ce que tu as de déchiré, montre-le parfumé. »

C'est Hồng qui, par la suite, confirme la nouvelle. Occupée à la cuisine à préparer le repas dominical – souffrant d'arthrite déformant ses mains, la vieille bonne a besoin d'une aide accrue –, elle entend soudain quelqu'un l'appeler à voix basse. Chi Ba justement. Réfugiée dans le réduit où l'on emmagasine riz et denrées diverses. A quoi rime cette comédie ? Chut ! souffle-t-elle, comme si elle craignait de réveiller un bébé dans son berceau. Et elle raconte sur un ton de confessionnal que Colette lui a fait comprendre qu'elle n'irait pas au Viêt Nam, alors que la semaine dernière, elle lui demandait de bien vouloir ajouter dans sa valise un paquet pour une cousine restée à Saigon. Est-elle certaine d'avoir bien entendu ? Certaine, sinon Colette ne l'eût pas priée après coup d'approcher sa tante afin de l'informer de la même façon. Comme quoi, toute Française quelle est devenue, au grand dam de sa mère, elle ne continue pas moins de respecter la coutume si vietnamienne de l'entremise. Charge maintenant à Hồng d'aller à la rencontre de Manh après avoir obtenu d'elle les assurances définitives. Procédure plutôt compliquée, mais l'amour-propre de chacun est à ce prix.

Colette se bornera à cela. Pas un mot direct à son père ou à sa mère. Pas une allusion. Et bien sûr, chez chacun, un silence tout aussi absolu. A croire que l'on avait inventé ce projet de vacances au Viêt Nam. Vendredi prochain, on quittera les Tilleuls, valises bouclées et cœurs contents, en laissant Thu et Giàu aux soins de Chi Ba. Destination, la montagne, son air vivifiant, son rapprochement du soleil. En laissant les Lepelletier partir de leur côté, dissocier leur vie de celle de leurs voisins pour un semblable temps de vacances. Partir sans François, car il a décidé de demeurer à Rueil-Malmaison. Pour préparer son concours des Affaires étrangères avant de se présenter sous les drapeaux. Et son voyage au Viêt Nam ? « Il a subitement changé d'avis, a lancé son père à Manh, entre deux coups de raquette et deux haussements d'épaules. Les enfants sont ainsi : ils n'ont pas les idées très arrêtées. » Délicat comme on le connaît, François n'a-t-il pas tenu un rôle dans le revirement inopiné de Colette ? Nouveau soupir de regret de Manh qui en veut au destin de n'avoir pas eu l'idée de doter ce garçon de paupières mi-closes, de prunelles sombres et de pommettes saillantes. En tout cas, se félicite-t-il, les trois billets manuscrits qu'il a glissés dans la chambre de sa fille, depuis sa conversation avec Hồng, comme s'il était devenu subitement aphone, ont produit l'effet escompté. Giàu a bien fait de lui rappeler cette méthode traditionnelle. Rien de tel qu'une « lettre à la poste » pour se dire ce que l'on a à se dire sans risquer de blesser l'amour-propre du prochain et de compromettre sa propre dignité.

Dans le 258, à travers son ébrouement sourd. François à côté de Colette, bouche contre oreille pour fuir l'indiscrétion environnante. Il est allé la chercher au *Mondial* et ils rentrent ensemble à Rueil-Malmaison. Soulagée, Colette, allégée d'un fardeau sous lequel son cœur balbutiait, celui de tous ces siècles d'obéissance qui pèsent sur chacun depuis que le Viêt Nam est le Viêt Nam, et qui contrebalançait chez elle la perspective du plaisir. Et qui finalement l'a emporté, a écrasé la rébellion. Bouche contre oreille tandis que la banlieue déroule son ruban gris. Nanterre, béton, briques, tours aux mille pupilles. Bouche qui exhale le chagrin, qui distille la séparation. Demain, Colette part avec ses parents et son frère. Tout ce temps à traverser sans lui, pire que ce mur des Tilleuls qu'elle voudrait bien abattre. Toute cette absence pour la première fois si longue.

« Je donnerais tellement pour rester avec toi ! Un mois ensemble, tu t'imagines ? Sur le siège en moleskine, elle le serre de près, sent sa hanche de sportif, sa solidité rassurante. Lui aussi se met à rêver :

— Tu viendrais chez moi ? Je serai seul. Même Joséphine va partir. »

Ils rient pour déguiser leur trouble. Sa hanche répond à la sienne. Longtemps Colette s'est interdit de dépasser les limites que la plupart de ses copines de faculté franchissent aussi facilement que le cap des vingt ans. Et puis François n'est pas du genre à battre le fer contre l'obstination d'une femme. Il est l'homme du consentement. Lorsqu'un soir, allant garder les deux fillettes d'une amie d'Hélène, elle accepte sa proposition de la raccompagner à Rueil-Malmaison. Il a emprunté la voiture de Liliane. Il n'est que dix heures et la nuit est belle. Et grande l'envie de ne pas rentrer chez soi tout de suite. Et si simple de tourner à droite au lieu d'aller tout droit. De se rendre chez l'ami de François, là, tout près, dans cette rue, et de monter jusqu'au studio qu'il lui prête quand il le désire. Si simple, oui. Mais moins simple quand on est éduquée à la Viêt, que tant d'ancêtres en chasuble de mandarin, tant de dignitaires en bottes et chapeau en ailes de libellule crient derrière vous et vous retiennent. Comme d'habitude, ils s'accrochent à elle de toute leur force, s'arc-boutent et tempêtent. Mais contrairement à l'habitude, ils n'ont pas gain de cause.

Terminus. L'autobus grince de ses quatre fers. Dans l'avenue bordée d'arbres, la lune guide leurs pas. Ils marchent avec lenteur. Ils voudraient ne jamais arriver. Avant leur voie privée, il en est une autre, plus sombre, plantée de marronniers prospères comme des matrones. C'est là qu'ils ont pour coutume de s'arrêter un moment quand ils rentrent un peu tard. Là qu'ils s'embrassent une dernière fois. Entre deux arbres, dans ce noir très noir, ils sont comme chez eux. Il ne manque plus qu'une porte. Alors, ils se coulent à l'oreille des choses qu'ils n'oseraient jamais prononcer en plein jour. Des chuchotis d'alcôve. C'est souvent le cas : plus la nuit est profonde, plus les confidences le sont. Ce soir, ils célèbrent la cérémonie qui aurait dû avoir lieu au Viêt Nam s'ils avaient pu y aller ensemble. Celle de leurs fiançailles. Alors, il lui dit que suivant la tradition, il lui a offert une chique de bétel, symbole de la fidélité en amour, et que maintenant, il chante, accompagné d'un monocorde, le madrigal des fiancés de la campagne : « Dans cette chique, j'ai mis de la chaux de Chine et j'ai ajouté de la cannelle. A ses deux bouts, j'ai donné la forme d'une fleur de citronnier. Puisse cette chique teindre en vermeil notre lien d'hyménée. » Alors, elle lui dit qu'elle chante à son tour : « Tant qu'il y aura le ciel, la montagne, l'eau et le vent, il y aura encore vous et moi. » Alors, après un baiser, il lui répond : « Dès lors, nous sommes liés par les fils de soie qui lient les époux prédestinés par leur existence antérieure. Un immortel à longue barbe a inscrit notre union sur un registre céleste. Rien ni personne ne pourra le rompre parce qu'il a été prévu par le Ciel. » Alors, à son tour, elle lui répond en citant le Kim Van Kiều : « Mes cheveux pourront blanchir sans que change mon cœur. Qu'importent les mois, les années d'attente ! Je penserai toujours à vous qui mangerez dans le vent, dormirez sous la pluie, et je souffrirai en silence. Puisque nous nous sommes juré fidélité pour la vie, je fais le serment de ne jamais passer avec ma guitare dans la barque d'un autre. » Alors, sous la lune, patronne de la femme et de la vie conjugale, ils regagnent leur toit respectif, comme s'ils étaient toujours serrés l'un contre l'autre.

Deuxième partie

12.

Trois ans écoulés. Si vite. On dirait que le temps s'est emballé, mors aux dents, qu'il a filé, comme un bas de soie, de la cuisse au talon. Quand on pense que Hugues a déjà dix-huit ans et que Colette, qui en a vingt-deux et maintenant les cheveux courts, vient d'intégrer la rédaction du *Mondial.* Reporter en titre ! Grâce à Pierre Lepelletier qui l'a dispensée de passer par une école de journalisme. Trop douée, a-t-il estimé, pour perdre deux années à apprendre ce qu'elle sait déjà mieux que quiconque. Colette que l'on envoie dès lors en reportage quel que soit le sujet traité. Comme on l'enverrait à la guerre, s'effraie-t-on aux Tilleuls où on l'accompagne, pas à pas, grâce aux journaux et à la télévision, sur les petits et grands champs de bataille de l'actualité. Ainsi lui arrive-t-il de s'absenter pendant deux ou trois jours. Mais le plus souvent, elle travaille à Paris et rentre donc à la maison pour le dîner, la besace pleine d'histoires à raconter. Bien sûr, Manh a déploré de la voir abandonner la faculté avant d'obtenir son diplôme. Cependant, il n'a pas voulu s'opposer à ce saut à pieds joints dans les activités des hommes. N'a pas voulu l'accabler davantage, risquer de la précipiter dans un gouffre d'affliction en se mettant une fois de plus en travers de ses aspirations. Car il a dû se prononcer officiellement contre son mariage avec François Lepelletier.

Il y a six mois. La visite du jeune voisin, un samedi, après s'être annoncé à Manh au téléphone. Blazer, cravate rayé. Gauche, alors qu'il se montre d'habitude si naturel avec lui, que leurs rapports ont perdu depuis longtemps toute étiquette. Collégien rougissant, incapable d'atteindre le bout de ses phrases et finissant par abandonner son discours en cours de route. Un discours auquel Manh s'attendait évidemment, vu le ton que François avait pris pour solliciter cette entrevue aux

Tilleuls, après avoir su par Colette qu'Hélène et sa mère seraient absentes de chez elles à ce moment-là. Colette cloîtrée dans sa chambre, pareille, songea-t-elle, au petit macaque gris bleu à longue queue de la rue Chasseloup-Laubat qu'elle a vu, un jour, sur une vieille photo, caché dans son trou d'arbre. Sourde à tout bruit montant du salon, une prière sur les lèvres allant et venant, et désespérée, le lendemain matin, au récit que lui fit François. Brisée de chagrin à l'écoute des mots qu'il rapporta de sa rencontre avec son père. Son refus pur et simple de lui accorder sa main.

Manh avait fait valoir que Colette inaugurait tout juste sa vie active et n'avait pas encore l'âge de la mener à deux. Quant à François, comment pouvait-il espérer vaincre ses réticences, toujours étudiant, libéré à peine du service militaire ? N'avait-il pas d'ailleurs affirmé à son père, main sur le cœur, que ses études primaient sur le reste et qu'il ne songerait pas à se marier avant de les avoir conclues ? Mais le concours qui allait lui ouvrir cette voie royale qu'est la diplomatie, lui procurer ce poste dans une ambassade ? Manh avait souri, bouche close, puis adopté l'air de celui qui possède un secret que personne ne saura jamais. Pensait-il, François, qu'il ignorait à combien se montait le salaire moyen d'un jeune fonctionnaire et la difficulté de fonder une famille dans ces conditions ?

Toute cette patience infinie pour ce résultat ! Car François avait retardé le plus longtemps possible cet instant de vérité avec l'espoir que, gagnant petit à petit la confiance de Manh, il n'aurait guère de mal à le bousculer dans ses retranchements. Mais c'était méconnaître le travail de sape entretenu par Hélène et Thu, en cachette, avec une constance égale. Méconnaître la campagne insidieuse qu'elles mènent chaque fois qu'elles estiment avoir décelé une faille dans la conviction de Manh. A-t-il eu une parole trop aimable à l'intention du jeune voisin, saluant, par exemple, ses saisissants progrès en vietnamien, qu'elles inventent aussitôt un pare-feu. Comme celui-ci : n'est-il pas curieux, remarque Thu, un jour (bouche si lourde de perfidie qu'elle paraît encore plus croulante), de voir entrer chez les Lepelletier, certains dimanches, une jeune femme accompagnée d'un enfant anormal ? Et cette jeune femme n'est-elle pas l'une des sœurs de Liliane qui en compterait une ribambelle ? L'information se révèle fausse. Vrais, en revanche, les bruits que Thu colporte après coup, avec un plaisir malin, sur la situation financière des Lepelletier. Bruits récoltés auprès d'un pharmacien vietnamien, joueur de *tủ sác* aussi invétéré qu'elle, dont l'ami, un agent immobilier de la région, croit savoir que Pierre a l'intention de mettre en vente une partie de sa propriété à cause d'un colossal redressement fiscal. Vraie et réjouissante nouvelle pour les deux femmes qui s'empressent d'imaginer que les Lepelletier vont devoir aller ainsi, tôt ou tard, planter leur tente ailleurs. Nouvelle que Manh est loin d'accueillir avec la même satisfaction. Une réelle amitié le lie à Pierre, et la peine que lui causent ces déboires l'éprouve davantage que la perspective de perdre d'agréables voisins. Aujourd'hui, d'après Chi Ba dont l'oreille a traîné alors qu'elle enseignait à Liliane quelque recette de son pays, cette vente semble moins sûre. De toute façon, objecte Manh en lui-même, un déménagement des Lepelletier ne changerait en rien le problème posé. N'empêcherait nullement Colette et François de se rencontrer autant qu'ils le désirent. Supposer le contraire est faire peu de cas des sentiments que ces jeunes gens ont l'un pour l'autre. Mésestimer l'amour. Ce qui, pense-t-il avec mépris, est bien digne d'une créature au cœur sec comme sa belle-mère.

Ce problème posé, le résoudra-t-on jamais ? A moins que François se lasse d'espérer un consentement improbable et que ses sentiments finissent par se déliter. Par tomber en ruine ainsi qu'une falaise sous le grignotement sournois de la mer. Ou qu'il se résolve à chercher des gens moins compliqués, une fille plus facile à aimer, libre d'entraves familiales. Il est certain que celles qui retiennent Colette ne peuvent paraître plus déroutantes pour une famille française comme les Lepelletier qui, sans rompre avec les contraintes morales, réprouvent toute tutelle pesante. Mais pendant combien de temps encore, s'interroge Manh, Colette respectera-t-elle coûte que coûte ce centre privilégié que constituent les Lê avec son réseau serré d'obligations et de droits, et son enracinement dans le monde des morts ? Pendant combien de temps la raison l'emportera-t-elle sur le reste ? On devrait bien assister un jour à son mariage. Avec qui, si l'on ne dépiste pas, selon l'expression d'Hélène, le « dragon d'or » ? Le temps arrange bien des choses… Paroles de Pierre, paroles de Hồng. Peut-être, mais malheureusement il ne semble guère pressé.

Depuis qu'il a éconduit François, Manh ne retrouve pas la paix. Manquer autant de savoir-vivre pour repousser sa demande avec si peu de façon ! Devant tant de brutalité, ce garçon s'est sûrement senti humilié. J'aurais dû temporiser, se reproche-t-il, ne pas être aussi catégorique, lui laisser une porte de sortie. Aurais-je fait preuve d'insincérité ? J'aurais surtout évité de le heurter. Il ne mérite pas pareil traitement. Voix de son père dans ce proverbe qui lui revient : Avec une aiguille d'or, on n'a pas le cœur de faire un hameçon. Entre gens raisonnables, on n'utilise jamais de mots blessants. Et il entrevoit une fois de plus à quel point le cartésien qui s'est infiltré par ses fibres a ouvert une brèche imparable dans son âme confucéenne.

Mais contrairement à ses craintes, François ne lui montre aucun ressentiment. Mieux, il lui téléphone à plusieurs reprises, au retour des beaux jours, pour l'inviter, de la part de son père, à disputer quelque partie de tennis. Manh qui n'osait plus passer le mur. Et qui s'y décide de nouveau, au bout de deux mois. Sur l'instigation de Hồng et de Giàu qui continuent, eux, leurs allées et venues avec Chi Ba, chargée de friandises pour les enfants, malgré les froncements de sourcils d'Hélène et de sa mère. Plus tard, on apprend que Pierre Lepelletier vient de recevoir la Légion d'honneur et qu'il a décidé de commémorer cet événement par une petite fête à son domicile. « Nous ne serons pas nombreux, a-t-il annoncé à Manh au téléphone, jovial comme de coutume, uniquement des amis intimes. Vous êtes donc des nôtres. » Des amis intimes… Pierre le considérerait-il donc encore ainsi après l'affront fait à son fils ? Il ne faut pas être très susceptible. Un Vietnamien l'eût abandonné derrière son mur avec sa femme, ses enfants et sa chienne. Convaincu par Hồng et Giàu que personne chez eux n'a l'air de lui tenir rigueur, Manh choisit de se rendre à la réception. Et oblige sa femme à le suivre. Dans sa tunique au phénix qui épouse si bien ses formes. Occasion pour lui de constater, une fois de plus, qu'elle a conservé sa minceur, à l'opposé de Liliane et de Catherine dont les rondeurs commencent à percer. Et de se répéter à ce propos qu'il est bon qu'une femme vous offre çà et là l'occasion de vous rappeler qu'elle s'impose face à toutes ses semblables.

Bien entendu, Colette accompagne ses parents. Discrète à son habitude, elle n'apparaît pas plus contrariée par la décision de son père. Et pourtant... Le lendemain de ce fameux jour, quand François la rejoint au Balto, la brasserie à côté du *Mondial*, par ce froid à rentrer la tête dans les épaules. Avec cette pluie qui cloque les vitres, pareille à une maladie de peau, et que les yeux fixent tristement. Cette pluie glacée qui ne sait pas où elle va, qui tombe dans tous les sens devant les yeux de Colette secouée dans tous les sens. Et soudain exaspérée :

« Il ne voudra jamais t'autoriser à m'épouser. Souviens-toi de ce qu'il a dit à ton père : Le mari de ma fille sera vietnamien. Tous ses arguments ne sont que poudre aux yeux. La vérité est là : tu n'es pas vietnamien, tu n'as donc pas le droit de m'avoir pour femme. »

Elle regarde François, inquiète, et se détourne aussitôt. Elle a senti une larme lui chatouiller l'œil droit, comme un moucheron, puis le tirailler, puis couler dans son nez. Ah ! non, pas de simagrées. La leçon de sa mère : Une jeune fille bien élevée s'interdit d'afficher ses émotions. Ni larmes, ni éclats de rire. La face, toujours la face. Elle revient à François après un coup de serviette furtif. François perdu dans son visage, dans ses souricières humides et dans la nuit de ses cheveux. Alors, soudain, posant fourchette et couteau et durcissant la félinité de ses traits, elle lâche :

« Et si on partait, si on disait au revoir à tout cela ?

— Tu es folle, Mây, comment oses-tu dire des choses pareilles ? »

C'est vrai qu'elle a perdu la tête en donnant trop de son cœur. Il lui a pris la main, la pétrit. Refroidir son sang, lui faire rentrer ses griffes de chat siamois. Il aime cette lippe boudeuse qui suggère que sa bouche s'apprête à en rencontrer une autre. C'est vrai qu'il est folie d'imaginer de telles choses, mais qui les empêcherait, avance-t-elle encore, d'aller vivre ensemble quelque part, de louer un studio ? Seraient-ils les seuls à agir ainsi ? Au journal, par exemple... Folle, folle, se juge-t-elle. La fille du docteur Lê marquée au fer rouge de la tradition se révoltant comme une effrontée ? Comme une de ces Françaises qui n'ont pas plus de respect pour leurs parents qu'elles n'en ont pour Dieu, pour leur patrie ou pour elles-mêmes ? Folle à lier. Elle a repoussé son assiette, faim coupée. Dégoûtée. Dégoûtée de sa propre attitude. Maintenant, la pluie s'éparpille, s'émiette. On dirait qu'il ne pleut plus que par inadvertance. La voix réconfortante de François la rattrape.

« Un décimètre de temps vaut un décimètre d'or. C'est ton oncle qui m'a appris cela. Tu verras qu'un jour nous serons mari et femme. Avec la bénédiction de tes parents. Si nous savons attendre.

— Si nous savons attendre... »

Il la secoue et rit. « Comment ! C'est à moi d'expliquer à une Vietnamienne ce que le temps signifie ? Vous savez si bien vous en servir. Vous n'avez pas besoin d'horloge, ni de calendrier. C'est ce qui fait votre force. » Et il lui parle de la guerre d'Indochine, puis de celle du Viêt Nam, et de l'inébranlable patience de Giáp et des combattants en sandales Hồ Chí Minh, de tous ces paysans guerriers qui n'avaient pas de montre électronique au poignet, qui se réveillaient au son du coq et s'endormaient avec les buffles. Et lui parle de l'étrange façon des Vietnamiens de calculer l'heure en n'en octroyant que douze au jour, au lieu de vingt-quatre, et en divisant la nuit en cinq veilles. Et lui cite ce proverbe sur la patience cueilli parmi les enseignements de Giàu : Traînant les objets pendant longtemps vers son trou, la fourmi finit par le remplir.

Bientôt, se réjouit-il, rouge d'émotion à la pensée de ce jour crucial, il va se présenter au concours d'Orient, ce qui lui donnera la possibilité, s'il le réussit, d'obtenir un poste en Asie, et si le Ciel le veut, de se retrouver au Viêt Nam, à l'ambassade de France. « Au Viêt Nam, tu imagines ? » Il faut pour cela avoir la pratique d'au moins deux langues de cette région du monde. C'est pourquoi, à l'école des Langues orientales, il s'initie au tamoul et se perfectionne en vietnamien. Et tandis que la lumière revient sur le visage aimé, il s'exclame :

« Dans peu de temps, à moins d'un coup de malchance, je serai nommé deuxième secrétaire d'ambassade. Tu entends ?

— Et plus tard, ambassadeur, lance-t-elle avec son rire recouvré. Il lui fait signe qu'elle va trop vite. Et elle ajoute, langue stylée, sur le ton d'un majordome : Monsieur l'ambassadeur François Lepelletier ! »

Et lui, lèvres à fleur des siennes : « Madame l'ambassadrice ! »

Aux Tilleuls, six mois après le refus de Manh, la situation n'a guère évolué. Si Thu n'a pu cacher son contentement à l'annonce de la résolution de son gendre – enfin, il a tranché avec fermeté – elle déchante vite en constatant que les relations avec les voisins ont repris de plus belle et que les Lepelletier ne paraissent pas plus enclins à vouloir déménager. La sérénité dont Colette ne s'est jamais départie a également de quoi l'inquiéter. Hélène, quant à elle, éprouve aujourd'hui la déception d'une mère qui se voit obligée de reconnaître qu'elle a perdu toute influence sur sa fille. Elle en fait part à Thu, occupée dans la cuisine, en l'absence de Chi Ba, à préparer une tisane de courgettes amères pour combattre son insomnie. De toute évidence, conclut-elle, Colette et son ami sont destinés à mener leur vie ensemble. Mariés ou pas. A moins d'un miracle, d'une nouvelle brouille qui, cette fois, provoquerait peut-être la rupture. Thu a bondi.

« Tu as dit cela comme si tu en acceptais l'idée. As-tu conscience des paroles que tu viens de prononcer ? »

Hélène a un mouvement de lassitude. Détiendrait-elle la force de transformer ce qui a été écrit au Ciel ? Elle soupire : « On peut guérir les maux de quelqu'un, on ne peut pas modifier sa destinée. » Thu, cabrée, lâchant la queue de sa casserole : « Mais qui te dit que c'est écrit, qu'il ne reste plus rien à écrire ? Et qui aura le droit de se plaindre, ici-bas, si l'on reste hébété comme une souris enfumée ? » En lampant sa tisane, elle s'interroge : Pourquoi, malgré ses résolutions, ne pas essayer de dénicher un autre sorcier ? Sa partenaire au *tủ sác* ne jure plus à présent que par un magnétiseur dont le nom, Sấm Sét (Foudre), ne peut mieux illustrer son pouvoir. Cet homme, affirme-t-elle, résout tous les cas litigieux grâce au génie du Pinceau, Thần Bút, qui a pris résidence en lui. Armé d'un pied-de-biche de calligraphe en poils de sanglier, sa main laissée à elle-même trace en idéogrammes chinois la solution du problème jugé insoluble. A celui de Thu, exposé par sa copine des tapis verts, le génie en question n'y est pas allé de main morte : il a ni plus ni moins préconisé l'abattage du tilleul ensorcelé. Mise au courant, Hélène s'affole. Ce projet n'est évidemment pas envisageable. Thu, étonnée : « Tu crois, vraiment, Enfant ? » « Maman ! je t'en prie, crois-moi. » Et comme elle s'enferre, Hélène lui assure que cet homme est un charlatan. Qu'il n'a suggéré cette solution que parce qu'il la savait irréalisable. « Un charlatan ? Tu crois, tu crois vraiment ? » Et devant les traits de sa fille durcis par la conviction, elle crache : « Ah ! le fils de cheval. » Il ne lui en faut pas davantage alors pour désespérer aussitôt des magiciens. Préférant frapper elle-même à la porte du Ciel, elle se confinera dorénavant dans de longues stations devant l'autel des ancêtres.

Si Colette continue à tourmenter sa famille, Hồng ne cesse de l'étonner avec bonheur. Depuis quelque temps, son piano ne se possède plus de joie. Il enchaîne allégros sur allégros. Invitée par elle, avec François, à la fête des Sœurs Trủng, celle du sixième jour du deuxième mois, à la pagode, elle en découvre le secret. Quand elle aperçoit, en prières, entre sa tante et le cousin Vần, un homme de forte taille aux lunettes munies de verres grossissants, aux cheveux gris et au front dégarni. Des lunettes si caractéristiques, avec leur monture d'écaille mouchetée, qu'elles font renaître en elle un souvenir. Celui du jour où, après avoir assisté à un spectacle dans la salle de la Mutualité, sa tante avait été victime d'un malaise. Frappée par le retour de flamme de son passé d'horreur. Par la réapparition soudaine de l'homme qui, dans son bateau de naufragé, avait été le témoin inerte de son agression. Et voici que cet homme obsédant qu'elle eût voulu effacer pour toujours de sa mémoire, voici que le seul homme haï par elle dans sa vie se retrouve à ses côtés, aujourd'hui, engagé, à travers la fumée de l'encens, dans le même mouvement de l'âme.

Đào. C'est son nom. Docteur Đào. Etrange, l'attitude de Hồng. Elle le présente comme si elle venait de le rencontrer en vacances, sur une île de rêve. Pas de doute, elle est amoureuse. Etrange. Tout le signifie en elle. Sa voix de fillette chante plus que jamais : « Đào possédait une clinique à Saigon, boulevard ex-Bonnard. Il a échappé par miracle aux Viêt-công. Ils lui auraient sûrement reproché d'avoir soigné des membres du gouvernement et des officiers supérieurs. Malheureusement, il a été obligé de laisser tous les siens là-bas, et sa femme s'est remariée. Mais il faut bien vivre, n'est-ce pas, Đào ? »

A en juger par l'air satisfait qui éclaire Alain Vần et le frémissement de son nez trop long pour un Asiate, il n'est sûrement pas étranger à ce rapprochement inattendu. Il le confesse d'ailleurs à Colette tandis que Hồng et son compagnon arpentent avec François le jardin de cette pagode accrochée au versant d'un coteau comme un godet au flanc de son hévéa. Raconte qu'après ce dernier face-à-face désastreux à la Mutualité, Đào lui a demandé de la lui présenter. Cette femme l'attirait. Il ne pouvait savoir à quel point. Le fait qu'il ait assisté au viol collectif de Hồng – circonstance indubitable pour tout le monde, à présent, aux Tilleuls – mettait Alain Vấn dans l'embarras. Cet homme n'était-il pas poussé par un instinct morbide ? Il le rassura sur ses intentions. Imaginait-il le montant de sa dette envers elle ? Tous les deux ne portaient-ils pas la même croix, ne souffraient-ils pas de la même injustice du sort ? Alors, pourquoi ne pas essayer de lui tendre enfin une main secourable ? De l'aider enfin à se relever, face au large, à l'avenir en lui proposant de reprendre la route ensemble ?

Dure mission que celle d'Alain Vấn. D'autant plus que tremblant « comme un lièvre de buisson » à l'idée d'être de nouveau confrontée avec la tragédie de sa jeunesse, Hồng fuyait son restaurant et les réunions de son association. Jusqu'au jour où elle apprit que Đào était retourné habiter Marseille. « Je ne savais pas comment m'en sortir, explique-t-il à Colette. (Il tire sur sa cigarette, farouche et inquiet, comme si l'on menaçait de la lui arracher de force.) Puis le Ciel s'y est mis : elle est revenue nous voir une fois, deux fois, et un jour, alors qu'elle déjeunait au Lotus, le téléphone a sonné. C'était Đào. Elle ignorait son nom. Un de ses amis, officier de marine marchande, partait pour Saigon et nous proposait de servir de messager en emportant lettres ou paquets. J'ai passé l'appareil à Hồng sans lui indiquer d'où provenait cet appel et à qui elle avait affaire, et ils ont parlé tous deux un bon moment (il ramone sa gorge de gros fumeur). J'avais peur qu'elle reconnaisse sa voix. Mais elle a remarqué : « J'aime beaucoup cette voix, elle est si chaude. Ton ami doit avoir beaucoup de cœur. » J'ai repris le téléphone et j'ai alors organisé leur rencontre. »

Il se tait. Une marguerite à la main droite, Hồng monte l'escalier menant à la terrasse sur laquelle cette conversation vient d'avoir lieu. L'a-t-on déjà vue si heureuse ? Đào la suit, accompagnée de François. La cérémonie va commencer. Foule sur son trente et un, enfants piaulant. Puis silence, recueillement, dès les chaussures abandonnées devant la porte du sanctuaire.

« Les Sœurs Trủng sont nos Jeanne d'Arc, souffle Hồng à François. Montées sur des éléphants, elles ont chassé les envahisseurs chinois du Viêt Nam en l'an 39 de l'ère chrétienne. » Son cou se tend sous la fierté. On la dirait de grès. Dans sa robe de soie jaune, elle ressemble à Trủng Trắc, l'une des deux saintes guerrières dont les statues ornent l'autel. Il ne lui manque que l'épée sur laquelle elle s'appuie. Colette regarde sa tante, son visage neuf, et pense à la force inouïe que peut avoir l'amour réfléchi, celui qui vient quand l'on croit avoir fini d'aimer. Cette force qui arrive à repousser les vieux fantômes en enfer et à vous rembourser les années perdues.

Comment ont-ils exorcisé leur passé ? L'ont-ils seulement évoqué ? Bouche cousue de Hồng. Et Quang ? Ne pas pour autant l'oublier. Un paquet lui parviendra bientôt, au départ de Marseille, un autre suivra. Ira-t-elle vivre avec Đào ? Il le souhaite tellement. Il lui a même offert de travailler à ses côtés, dans son cabinet médical, mais elle a refusé. Rester aux Tilleuls, dans sa famille, là où sont ses racines. On ne dépote pas sans risque une plante de cet âge. Contraint, Đào, et désolé, forcé d'accepter cette gageure. C'était le prix pour la conserver. Et si Colette en était un peu responsable ? Si sa tante avait sacrifié pour elle son bonheur à deux ? Car Hồng a eu ce mot, au sortir de la pagode, en apercevant François en conversation avec Đào et les bonzes : « Je voudrais tant que tu connaisses une semblable faveur du sort, ce bien inespéré que le Ciel m'a prodigué. Et lui étreignant la main : Tu peux dorénavant compter sur moi. Dis-toi bien que je serai toujours à tes côtés. »

Colette ne savait pas combien Oncle Giàu était à présent dans les mêmes dispositions que sa tante à son égard. Combien, usant de l'ascendant que lui décerne la doyenneté, il s'escrimait dans l'ombre à influencer son neveu. A l'entraîner malgré lui à lever l'interdiction sur son mariage. Ne savait rien du tout. Quand Manh décide de célébrer la fête de la longévité du vieil homme, le *lê trủọng thọ*, à l'occasion de ses quatre-vingts ans. Grand jour que celui-là aux Tilleuls. Grand jour préparé avec autant de soin que pour le Têt. Surtout à la cuisine où s'activent les trois femmes de la maison sous la direction autoritaire de Chi Ba qui dans ces moments de grande importance ne laisserait ses prérogatives à personne. Chacun a dans l'esprit et dans le cœur cette phrase apprise avec ses premiers tours de roue sur une bicyclette : « Respecter les vieillards, c'est obtenir pour soi-même la longévité. »

Ban et arrière-ban. Manh a ouvert grande sa porte. Parents et amis ne cessent de défiler, chargés de présents.

« Tss, tss ! Tout ce monde pour moi ? » s'étonne Giàu, honteux d'avoir déplacé presque autant de personnes qu'il compte d'années. Admirables, son élégance et sa noblesse. Il a revêtu sa soutane de brocart noir et couronné d'un turban de même couleur ses cheveux argentés. Et droit comme le dossier de la chaise qu'il vient d'abandonner, il est assis sur la natte de la longévité en paille tressée, décorée du caractère chinois *thọ* qui signifie la même chose. Et à tour de rôle, on vient se prosterner à ses pieds en lui souhaitant longue vie encore, cent ans et pourquoi pas davantage. En lui glissant maintes paroles agréables entre deux *lạy*, cassé en deux.

C'est alors que Colette se présente à son tour et qu'il lui fait signe d'approcher. Et qu'il lui demande en tendant sa petite tasse : « Sers-moi donc un peu de cet alcool à la camomille. Il paraît que l'on n'arrête jamais de vivre quand on en boit. Raison pour laquelle on en offre traditionnellement en ce jour à des gens comme moi. Et tout doux, entre deux gorgées : J'ai parlé à ton père, ce matin. Tu vois ce que je veux dire ? Il a bien été obligé de m'écouter, car aujourd'hui, c'est moi le roi. Un ricanement ébranle ses trois poils isolés. Et comme j'ai calculé qu'il n'y avait pas de jour plus faste que celui que nous sommes en train de vivre, il y a des chances pour qu'il m'ait entendu. »

Giàu l'eût rappelé à Manh s'il avait oublié de les inviter. Mais ils sont là, du plus grand au plus petit, les Lepelletier, même si leur présence ne satisfait pas tout le monde. Bouche sculptée d'un sourire figé, Thu et sa fille se gardent bien de les coudoyer. Qu'à cela ne tienne ! Hồng leur apporte son amitié et Manh n'est pas moins attentionné à leur égard. Il déplore seulement que Colette s'occupe trop d'eux et pas assez des autres, et que dans son coin Hugues se comporte si mal avec Caroline. S'il soupçonnait le degré d'optimisme dont sa fille est animée depuis la confidence que son grand-oncle lui a glissée à l'oreille ! Parmi la foule jacassant dans le jardin pavoisé et les enfants sautillants « comme des oignons pilonnés sans sel », se plaint Chi Ba, elle sonde le regard de son père quand le sien parvient à l'accrocher, espérant y déceler le signe d'une évolution. D'un infléchissement de ses résolutions. En vain. Il lui faut attendre la fin du banquet pour obtenir ce qu'elle croit avoir détecté, à un moment donné, comme le soupçon d'un consentement. Dans le sourire appuyé qu'il lui a adressé alors qu'elle pelait une pêche pour François. Une de ces pêches extraites des compotiers qui en débordent et parsèment la table. Car c'est aujourd'hui le dessert obligatoire. Giàu explique pourquoi, après avoir remercié Alain Vẩn qui y est allé de son compliment avec un poème de sa composition. « Dans le jardin de l'immortel Tây Vủỏng Mâu, il y avait des pêchers appelés *bông đào* qui mettaient trois mille ans à fleurir et trois mille ans à fructifier. Tous les gens qui avaient peur de vieillir se précipitaient pour cueillir leurs pêches parce qu'elles assuraient à ceux qui les mangeaient une très grande longévité. Alors, mes amis, mangez-en vite si vous voulez vivre autant que moi sans que le bonheur vous quitte. » Et geste remarqué, il fait rouler en direction de François l'un de ces fruits aux joues roses.

Une soirée pareille ne pouvait se terminer sans musique. Jadis, à cette occasion, on louait parfois les services d'un orchestre ou d'une cantatrice pendant que des lettrés composaient des aphorismes parallèles congratulant l'heureux vieillard. Alain Vẩn se met donc à chanter quelques vieilles chansons populaires que Hồng accompagne au piano. Coquine, l'une d'elles déclenche hilarité et gloussements :

« Plus on est vieux, plus on est souple et plus on est endurant./ Plus on casse les pieds du grabat et plus on déglingue les pieds du lit. »

Puis, non loin de minuit, à l'heure des premiers bâillements, Pierre Lepelletier intervient. En incitant tout un chacun à sortir dehors. Et c'est la surprise : le feu d'artifice. Ailes de moulin, aaah ! chandelles romaines, oooh ! et girandoles embrasent le jardin. Tandis que derrière le mur, Joséphine ajoute ses commentaires aux pétarades. Jusqu'au bouquet final, de quoi horrifier Thu qui se cache aussitôt les yeux comme un savant atomiste pris de court par l'éclosion de son champignon : le tilleul ensorcelé transformé en soleil d'eau, puis en cascade de feu avant d'exploser dans une gloire d'étoiles. Le vieil oncle verse-t-il une larme ? C'est ce que devine Colette qui a passé son bras sous le sien et savoure, en l'observant du coin de l'œil, l'émotion qu'il éprouve. Manh cherche à comprendre comment Pierre a pu machiner tout cela avec un artificier sans éveiller l'attention de la maisonnée. Une échelle contre le mur répond à sa question. Et que fait donc, jambes écartées, l'escabeau de la cuisine sous le tilleul qui lâche ses dernières fumerolles ? Il a Chi Ba pour signature, avec Hugues qui se tord les côtes. Autre interrogation : Pierre aurait-il aujourd'hui trop d'argent pour le brûler de cette manière ? Colette éclaircit le mystère : préparant un ouvrage sur le Viêt Nam, composé en partie des reportages parus dans *Le Mondial*, son éditeur lui a consenti une avance substantielle. Brave ami qui n'a pas hésité à sacrifier un bout de son pactole au plaisir d'un vieil homme.

Ce matin, Giàu a donc décidé de parler à Manh de sa nièce. Il l'avait entendu fourgonner dans le garage. Quel meilleur endroit pour se retrouver en tête à tête ? Mains dans le moteur, le docteur Lê palpe les entrailles de sa voiture et, oreilles affinées, vérifie le rythme de sa respiration. Giàu s'approche :

« Elle a des ratés ?

— Non, un bruit sifflant par intermittence, comme quelqu'un qui a de l'asthme.

— De l'asthme ? A ce moment-là, Neveu, il y a une solution. Tu sais ce qu'on fait, au Viêt Nam, pour en arriver à bout : on avale des margouillats grillés, ou crus, c'est encore mieux. Ils s'esclaffent. L'oncle enchaîne : Je dois te dire deux mots au sujet de ta fille. Puis-je te demander de faire taire cette asthmatique une minute ? »

Ils s'asseyent sur des sièges de jardin qui dorment dans un coin, languissant après des ciels plus cléments. Capot ouvert, la voiture semble en arrêt, ébahie, dans l'expectative de ce qui va suivre. Giàu prend un ton d'une très grande douceur. Un prêtre l'adopterait pour s'adresser à un pêcheur repenti : « Cher neveu, combien de fois t'ai-je parlé de tes enfants depuis que tu m'as offert ton toit ? Jamais peut-être. Mais aujourd'hui, je me sens le devoir de te donner mon opinion au sujet de Colette. » Manh l'écoute avec respect, mains immobiles sur les genoux, serrées sur un chiffon en boule. Alors, Giàu lui ouvre son vieux cœur, et ses accents résonnent comme résonnaient ceux de son père, rue Chasseloup-Laubat. Ne se considère-t-il pas du reste un peu comme son frère ? Et si ce dernier était avec eux, ici même, assis sur l'une de ces chaises, ne parleraient-ils pas tous deux d'une seule voix ? N'est-ce pas lui d'ailleurs qui s'exprime à sa place, qui lui signifie que rien ne ressemble plus à rien depuis le jour où, mourant, il l'a lié par une promesse ? Le lieu et les circonstances n'ont-ils pas changé du tout au tout ? Par conséquent, s'il revenait à ses côtés, là, en France, aux Tilleuls, à l'instant, pour célébrer avec toute la famille la fête de la longévité de son frère, il changerait de la même façon, transformerait du tout au tout son discours.

Manh a toujours ce torchon en boule dans les mains, mais à présent il le presse comme de la glaise, comme s'il pouvait le réduire à l'extrême, et l'oncle continue à parler avec la voix de son père, à parler maintenant de François en lui vantant ses mérites, affirmant que peu de garçons de son âge le valent. Que le sort a eu la main heureuse en le poussant, lui, Manh, à habiter cette maison proche de celle des Lepelletier et en poussant Colette vers ce jeune homme sans exemple. Continue à lui parler de François avec la voix de son père, en lui garantissant que s'il retournait en ce monde, il l'apprécierait et l'aimerait comme il a appris lui-même à le faire. Continue à parler, à parler, et Manh continue à presser son torchon, à le presser comme une éponge, comme s'il voulait en tirer une force secrète. Jusqu'au moment où il prend la parole à son tour. Où il déclare à son oncle sur un ton paisible, semblable au sien, celui que l'on perçoit du haut de sa fenêtre, dans une discussion entre deux voisins, par une belle matinée d'été :

« Oncle vénéré, je souhaiterais tant adhérer à ton point de vue. François est le garçon que tu décris, intelligent, loyal, honnête, et son père est mon ami. Peut-être d'ailleurs n'ai-je pas meilleur ami au monde. Mais j'ai donné ma parole à mon père et je n'y puis manquer. On ne revient pas sur la loi jurée, tu le sais bien, surtout quand on l'a jurée dans les conditions que tu connais. »

Giàu lève alors sa main d'ivoire travaillé : « Je te l'ai dit, cher neveu, les choses ne sont plus ce qu'elles étaient au moment où tu as prêté serment. Ton père n'imaginait pas la situation dans laquelle nous vivons à l'heure actuelle, ne pouvait imaginer un instant que nous aurions un jour à penser au Viêt Nam comme à une femme partie avec un autre homme. »

Rencogné dans ses convictions, Manh refuse d'en déloger : « Oncle, permets-moi de te faire remarquer très respectueusement que si mon père m'avait conseillé d'aller vivre en France, c'est qu'il avait parfaitement conscience de ce qui attendait notre pays et de ce qui m'attendait. » Il essuie maintenant ses élégantes mains d'acupuncteur avec son chiffon, les frotte vigoureusement alors qu'elles sont d'une propreté irréprochable.

« Tss, tss ! Neveu, comme tu t'es adapté à la vie d'ici d'une manière exemplaire, tu dois t'adapter aux obligations qu'elle t'impose dans tous les domaines, y compris dans celui du mariage de tes enfants. Où veux-tu dénicher meilleur gendre que celui-là ? Il n'est pas des nôtres ? La belle affaire ! Une tunique bien raccommodée vaut mieux qu'une tunique neuve mal cousue. Ce n'est plus à ton père de te dicter ce que tu dois faire aujourd'hui, mais à toi de prendre tes responsabilités. A ce sujet, j'ai souvent entendu ton père proférer : Quand la proue est malhabile, c'est le gouvernail qui en supporte les conséquences. Ta fille est malheureuse et ta famille l'est tout autant.

— Mais Pierre est bien d'accord avec moi, objecte Manh, ces enfants sont trop jeunes. François n'a même pas encore de métier. Attendons... Il sent qu'il va déroger à sa règle de conduite et préfère s'interrompre. Son torchon finit sur le pare-chocs de la voiture après un jet énergique.

— Attendons quoi, Neveu ? Le destin normal de la femme est de se marier et d'avoir une nombreuse progéniture. Quel âge as-tu, Manh, pour attendre d'être grand-père ? Il câline de deux doigts les poils de son menton qui frémissent comme les antennes d'une araignée dubitative. N'oublie pas cette vieille sentence d'autrefois retrouvée par mon ami très regretté, l'ambassadeur Nguyễn Hữu Thần : "Bien qu'elle soit assise devant une fenêtre sculptée de dragons, sur une natte à fleurs et un matelas de brocart, la femme n'est pas heureuse si elle n'a pas de mari." Et Colette se condamnera au célibat si tu persévères dans ton refus. »

Pas de métier, François ? Quatre mois plus tard, en ce jour

proche de l'été annoncé par le bourdonnement des premières abeilles et par ce défilé militaire à la télévision en l'honneur de la fête de la Victoire, la joie éclate si fort chez les Lepelletier que ses échos franchissent le mur. Concours d'Orient remporté avec brio, portes du Quai d'Orsay grandes ouvertes. Faible en tamoul, François a tellement étonné l'examinateur de vietnamien qu'il lui a demandé s'il n'était pas né au Viêt Nam, raconte Colette, à table. Grâce à ce résultat, apprend-elle à tout le monde alors qu'on ne lui demande rien, il va pouvoir être bientôt nommé secrétaire d'ambassade. Dans un coin du salon, sur le petit écran où passe lentement la Légion en sourdine, le tambour-major lance sa canne vers le ciel bleu. Avec le cœur de Colette.

Si la joie règne chez les Lepelletier, l'inquiétude envahit les Tilleuls, quelques heures plus tard, juste après le dîner servi dans le jardin, sous l'arbre maudit que le sorcier conseillait de faire abattre. Thu a été frappée d'un malaise. Au moment même où Chi Ba lui apportait dans sa chambre son petit verre d'alcool de gingembre, de quoi fouetter un peu son vieux cœur paresseux. Appelé par la fenêtre, Manh délaisse la table et s'élance dans l'escalier, suivi d'Hélène et de Colette. « Pressés comme un fantôme à la poursuite d'un ancêtre. » Réflexion de l'oncle quand il perçoit le bruit de leur cavalcade, de sa chambre mansardée.

13.

Il est rare que les astres se trompent. Aussi l'avaient-ils prédit. Mais Oncle Giàu s'était bien gardé d'en souffler mot. Par superstition. Evoquer ces choses-là en attire d'autres. Thu s'est éteinte dans la nuit. Une lampe à fin de mèche. Pourtant, quand Manh s'était penché sur elle, il avait cru à une fausse alerte. Simples effets de la fatigue due aux parties prolongées de *tủ sác*, avait-il pronostiqué. Le cœur tenait ferme, la tension s'apaisait. Jetant le verre d'alcool de gingembre dans le lavabo, il n'avait laissé à son chevet que la petite fiole de liquide noir, du *nhị thiên đường*, avec le bouchon duquel elle avait l'habitude, comme tout un chacun, là-bas, de se frotter les tempes en cas de maux de tête, et son « baume du tigre » pour le même usage. Deux topiques dont, à l'exemple de toutes ses amies, elle ne se séparait jamais. Dans la foulée, elle avait bu une tasse de fleurs de chrysanthèmes jaunes, recommandées pour l'activation de la circulation sanguine, et dès l'ultime gorgée, s'était endormie sous le regard tranquillisé et attendri de sa fille.

La mort, qui veut toujours surprendre tout le monde, se surpassa en savoir-faire. S'arrangeant pour ôter la vie de Thu le jour même où Tùng avait perdu la sienne, et presque à la même heure. Ses cendres iront rejoindre celles de son mari aux Etats-Unis, après un bref passage à la pagode qu'elle fréquentait. Arrivés pour les obsèques dans des costumes étonnants de coupe et de couleur, les deux frères « américains » d'Hélène devaient repartir avec l'urne sacrée et la tablette funéraire. Tout cela, Thu l'a voulu, écrit et enfermé dans sa mallette aux secrets, avec l'éventail en écaille de ses fiançailles et la statuette mutilée de la déesse Quan Âm. Comme elle a demandé à son dernier mentor en date, le dénommé Sâm Sét, répudié, puis pardonné, de présider à sa cérémonie funèbre. Hélène et Manh eussent préféré confier cette tâche au bonze de leur connaissance, plus digne selon eux d'accompagner les gens au Ciel. Mais qui contreviendrait à des désirs posthumes ?

Heureusement, ce mage en chasuble se conforma au code du Tam Giào, le grand livre liturgique. Sauf qu'il le suivit un peu trop en tenant à respecter à la lettre certains rites oubliés depuis longtemps et dont la pratique parut assez surprenante sous le ciel de l'Ile-de-France. Lorsqu'il demanda, par exemple, une échelle afin de monter sur le toit. Qu'allait-il donc faire là-haut ? Il expliqua qu'une fois perché, il agiterait une robe de Thu pour exhorter son âme à revenir dans son cadavre. Car pendant la toilette mortuaire, on remue le corps, et de ce fait, on effraie l'âme qui, inquiète, finit par s'évader. Il faut donc l'inciter à demeurer tranquillement au bercail. Après consultation avec Hélène et Giàu, Manh s'opposa à cette ascension. Qu'auraient pensé les voisins en apercevant cet individu vêtu de blanc secouant son linge entre les cheminées ? L'homme demanda ensuite que l'on installât un autel dans le jardin, aussi éloigné que possible de ce tilleul de malheur, et que l'on posât dessus un plateau de riz, vingt-quatre pièces de dix centimes formant un cercle, un miroir, un bol de riz gluant et une paire de baguettes. Et après avoir fait remarquer que l'âme a besoin d'aide pour écarter les périls qui la guettent au cours de son voyage, il lança, sur le ton d'un huissier annonçant un visiteur, cette invitation au génie Sủ Già, le gardien des âmes : « J'invite le saint génie chargé des âmes, du Ciel, de la Terre et de l'Enfer à venir assister à cette cérémonie et à accepter nos présents rituels. Cela fait, nous le prierons d'aller chercher l'âme de notre sœur, Thu. » Puis le sorcier insista sur la nécessité de purifier le chemin sur lequel passerait, le lendemain matin, le cortège funèbre. C'est pourquoi il irait se placer en bordure de la route de Paris où il procéderait à un sacrifice. Coq, poulet, canard, encens, bétel, alcool seraient préparés pour être offerts aux génies des Cinq Régions, à minuit sonnant, c'est-à-dire à l'heure préférée des âmes errantes. Autre rite qui à douze mille kilomètres d'ici, au son zézayant des moustiques et mugissant des crapauds-buffles, aurait paru des plus ordinaires, mais qui sous le ciel de l'Ile-de-France ne manqua sûrement pas d'intriguer les automobilistes et les passagers du 258. Aussi, seule Chi Ba voulut bien l'accompagner à cet endroit, chargée de la nourriture destinée aux esprits.

Hélène se comporta jusqu'au bout avec courage. Fière et stoïque dans sa tunique au phénix triomphant. Un mandarin militaire de première classe, imagina-t-on en se rappelant ses prestigieux ancêtres. « Les feuilles intactes doivent toujours recouvrir les feuilles déchirées », répétait Tùng. A aucun moment, Manh et ses deux beaux-frères n'eurent à la soutenir. Admiration unanime chez les invités vietnamiens qui s'attendaient plutôt à une ostentation de chagrin avec pleurs, comme le confucianisme formaliste l'exige d'une famille en deuil. Un peu perdus, les quelques Français présents semblaient assez décontenancés par les bizarreries de la cérémonie. Et une fois de plus, François fit montre de sa grande connaissance des traditions vietnamiennes par son observance minutieuse des gestes qu'ordonne ce rituel si particulier. Le mois suivant, Manh et Hélène décidaient de faire célébrer une cérémonie à la pagode pour le repos de l'âme de la défunte en invitant tous ceux de leurs amis qui n'avaient pu se rendre à ses obsèques. Ce fut alors que Colette flaira chez sa mère son désir de s'épancher. Ainsi, parfois, ce qui est caché devient soudain d'une netteté surprenante, comme à la montagne, le versant opposé se rapproche quand descend le crépuscule. Après le repas végétarien pris en commun dans la cour du sanctuaire, Hélène l'entraîna dans le jardin doré de chrysanthèmes. Depuis combien de temps n'avaient-elles pas échangé un mot ensemble ? Depuis ce jour où elles s'étaient rendues au marché dans la petite Fiat et où il avait tant plu au retour. « Tu te souviens ? » Toutes ces années écoulées sans éprouver de nouveau le besoin de s'expliquer. Colette ne trouvait-elle pas que c'était dommage ? Elle le pensait aussi, mais qu'auraient-elles bien pu se dire ? Et que pouvaient-elles bien se dire à l'instant ? Thu les avait quittées, mais rien n'avait changé. « N'es-tu pas davantage opposée que Père à notre mariage ? » Alors, à quoi bon dialoguer ? N'avait-on pas compris aux Tilleuls que le temps arriverait encore moins à bout de sa patience qu'il parvient à décourager un sculpteur sur ivoire ? (Elle avait pris cet air obstiné qui, comme chez sa mère, lui fait les lèvres coupantes.)

Non, il fallait en être bien convaincu : elle ne se marierait jamais avec quelqu'un d'autre que François Lepelletier.

Manh les cherchait, accompagné de Hugues. Les appelait. « On s'en va ! » Sur le sentier qui serpente devant la pagode, Colette marchait devant sa mère. Si gracile dans sa tunique jaune-orange. Forsythia sur fond de chrysanthèmes. « Une si belle fille de chez nous », murmura Hélène en sourdine. Et à deux reprises, ces deux mots lui vinrent à l'esprit : *cội nguồn* (racines vietnamiennes). Avec les paroles de cette vieille berceuse : « *Ma bouche te berce, mais mes yeux pleurent. Plus tu grandis, mon enfant, et plus je m'inquiète pour ton avenir.* »

Il est écrit quelque part que Manh est dans la tête de Catherine et qu'il n'en sortira pas de sitôt. Mais elle-même ne seraitelle pas entrée dans la sienne ? Il s'en défend. Certes, de la voir ou de l'imaginer active le fonctionnement de ses glandes, mais rien de plus. Même si l'accoutumance vous rend souvent réfractaire au plaisir, une fois la lumière éteinte, et si l'on aimerait alors qu'un peu de changement restitue sa fraîcheur à une pratique devenue routinière. Et puis, comme dit l'autre, n'y a-t-il que cela qui compte ? Hélène n'a jamais cessé d'être une épouse exemplaire, et l'on sait qu'un homme qui a la chance d'avoir ce genre de femme chez lui rentrera toujours à la maison quelle que soit la fête que l'on donne au-dehors.

Cependant, comment se débarrasser d'un être qui vous laisse un goût détestable dans la bouche en dépit de la violette qui parfume ses lèvres ? L'amertume du remords. Car Manh a pris soudain conscience que Catherine lui a imposé, depuis quatre ans maintenant, ce que l'on appelle vulgairement une double vie. Et cela sans qu'il s'en aperçoive vraiment. Et il veut y mettre un terme. Non qu'il se soit lassé d'elle, mais parce qu'il s'est lassé de ne plus pouvoir rencontrer ses propres yeux. Pourquoi avoir attendu tout ce temps avant que ce sursaut ne domine son envie d'elle ? Cela date de la mort de sa bellemère. Hélène a de la peine à guérir de son deuil. Mais si elle souffrait aussi d'un mal différent ? Malin qui serait en mesure de la sonder. Une Vietnamienne ne se déboutonne pas, quelle que soit la personne qui lui fait face. La tristesse a fripé ses traits, et ce masque a frappé Manh, un matin, comme s'il s'était heurté, nez à nez, à une inconnue. Un matin de vacances alors qu'il a justement rendez-vous avec Catherine à Paris. Combien de fois l'a-t-il déjà rejointe dans son appartement de Monceau avec une excitation de jeune homme jetant sa gourme, mêlée au remords comme le miel au vinaigre ? Depuis ce jour où, retournant le voir à l'improviste, elle est tombée dans ses bras. Patatras ! Un désespéré dans le drap tendu par les pompiers au-dessous de sa fenêtre. Ce matin de vacances, donc, à l'heure du départ pour Paris, pour la tromperie habituelle, une voix lui ordonne au fond de lui, celle de son père : Ne pars pas, reste chez toi, auprès d'elle. Tu n'as pas le droit d'abandonner ta femme pour une autre. Que t'a-t-elle fait ? Que du bien. Veux-tu être transformé en buffle le jour de ta résurrection ? Et une seconde voix, celle de sa mère : L'être qui oublie bienfaits et bonnes actions ne peut être parfumé, même s'il porte sur lui cent pétales de rose. Reviens vers elle. Elle ne peut pas avoir plus besoin de toi qu'aujourd'hui. Les doigts du repentir enfoncés dans les reins, il remonte alors du garage en prétextant que sa voiture refuse de démarrer et que son travail à son cabinet n'a rien d'urgent. Et en priant le Ciel que Catherine l'oublie.

A-t-elle perdu son numéro de téléphone personnel ? Elle lui fiche la paix. Mais le lendemain, à son cabinet, revoici sa voix cognant son tympan. Furieuse. Alors, après quelques paroles définitives, il raccroche, bien décidé à ne plus lui répondre. A en terminer avec l'infidélité. Avec la malversation. Evidemment, elle le relance à plusieurs reprises, mais Suzanne a des ordres : « Le docteur est en consultation. Il ne veut pas être dérangé. » Et craignant son irruption, il fait reporter à plus tard les deux rendez-vous de la matinée et part se promener. D'un pas léger et nez au vent. Jamais peut-être il n'a apprécié autant la douceur de l'air. Un prisonnier libéré, son ballot sur l'épaule, humant pour la première fois les fleurs du jardin public qu'il apercevait à travers les barreaux. Libéré pour toujours ? Pour toujours. Fini le mensonge. Mais Catherine va te retenir de toutes ses griffes qui sont longues. Souviens-toi quand tu croyais l'avoir semée, que tu l'avais confiée à un psychiatre. Je jure : Pour toujours. Le même soir, il emmène Hélène dîner dans un restaurant, non loin de Bougival, au bord de l'eau. Elle ne voulait pas sortir. En plein deuil, avec cette blessure si vive encore. Non, elle ne voulait pas. Mais il a réussi à venir à bout de ses scrupules. Ils ont pris une table près d'une fenêtre ouverte tandis que, montée du fleuve, une petite odeur d'aquarium leur rappelle le pays. Sampan au toit de chaume, batelière debout, pesant sur sa perche. Ne reste plus à imaginer que le plain-chant des crapauds-buffles. Il commande le plat le plus cher de la carte : un homard grillé. Elle fronce les sourcils :

« Grand Frère, c'est de la folie. »

Il est fou, en effet. Fou de joie d'avoir remporté une grande bataille contre lui-même. Cela ne vaut-il pas tous les Austerlitz et les Friedland de la vie ? Sur la table, le garçon a allumé une bougie dans un globe. Encore un souvenir de Saigon. Restaurant à bord d'un bateau, sur le port, mèche dans la soucoupe d'huile, ses lueurs d'église qui tremblotaient sur les visages. Il regarde celui d'Hélène. Est-ce l'effet de cette lumière intime ? Il est redevenu comme avant. Effacées les années superflues que le chagrin avait amassées. Ranimé dans ses yeux l'éclat d'autrefois. Quelles belles retrouvailles, s'émerveille-t-il. Et son pied va rencontrer le sien, se loger tout contre pour n'en plus bouger, pareil à un chien fidèle.

C'était prévu. Isabel, l'amie chilienne de Catherine, n'est pas longue a rejouer l'air du désespoir. Peine perdue. Manh est ligoté à sa résolution. Mais par prudence, il alerte le psychiatre de ses amis vers lequel il a jadis dirigé Catherine. « Elle est capable de se tuer. Rends-moi ce service, va la voir. » Lui aussi a vécu des amours tumultueuses avec une Française. Et lui aussi a dû rentrer dans le rang, couvert de plaies et de bosses, soldat discipliné de la grande phalange vietnamienne, se conformer au choix paternel en se mariant avec une compatriote, sans discussion ni murmure, comme on le dit sous les drapeaux. Il promet à Manh d'intervenir sans délai. « Une bonne cure de sommeil, tu vas voir, il n'y a que ça de vrai. »

Se parjurant comme il le faisait avec Catherine, foulant son honneur au pied, comment pouvait-il exiger pareille obéissance de Colette ? Sa voix sonnait faux. Aujourd'hui, elle n'irrite plus les oreilles. Oncle Giàu peut battre de nouveau la charge en faveur de sa nièce, il est prêt à le recevoir, tête haute. Hồng n'aura pas plus de chance avec une théorie similaire. Et François ? Il vient de s'annoncer par un coup de téléphone au cabinet. Peu de chemin à parcourir du Quai d'Orsay jusque là, cinq minutes, c'est tout. « Alors, viens, je t'attends », lui répond Manh. Soupir. Que répondre à son éternelle demande sans donner l'impression de se répéter ? Ne lui a-t-il pas montré, la dernière fois, que sa détermination était inflexible ? Les Français sont tous les mêmes, maugrée-t-il, on leur dit non et ils comprennent le contraire. Il est vrai que notre non ne veut pas toujours dire non à chaque fois. Nous craignons si fort de contredire, de nous opposer à l'énoncé d'une certitude. François penserait-il que ce non ait changé de nature avec le temps ? Depuis, par exemple, la disparition de Thu dont il connaissait la position intraitable ? Le voici donc frappant à la porte de son cabinet. Mais où est passée sa timidité ? Assuré, à présent, ce jeune homme dont Manh se rappelle les joues rouges de l'amoureux transi, il y a dix-huit mois, dans les mêmes circonstances. Costume strict, cravate bien nouée, corps bien droit dans le fauteuil que Manh vient de pousser à côté du sien. La carrière a déjà déteint, c'est visible. Il en parle justement avec cette nouvelle qui a son importance : si la fortune continue à lui sourire, il devrait obtenir assez vite une affectation à l'étranger. D'habitude, explique-t-il, on ronge son frein, parfois très longtemps, avant de pouvoir quitter ce que l'on appelle « la Centrale », c'est-à-dire le ministère. Mais, il vient de l'apprendre, un poste va se libérer en Inde, et comme il parle couramment le tamoul... Réjoui par cette perpective, Manh s'exclame :

« Ah ! les Tamouls, Madras, la Ville Noire, avec ses boutiques et ses bazars, l'église Sainte-Marie construite par les Français. Je n'y suis jamais allé, mais à Saigon, notre tailleur était de Madras et ne faisait que nous raconter sa ville. Je t'envie, François, l'Inde est un pays féerique. »

Replié dans une circonspection prudente, François épie le moment où cette volubilité va lui permettre de placer son discours. Le voici. Il s'éclaircit donc la voix et se lance. L'année dernière, quand Manh lui a officiellement refusé la main de Colette, son avenir était encore flou. Il venait seulement de réussir son concours d'entrée aux Affaires étrangères et d'accomplir son service militaire. Vivant aux crochets de ses parents, on avait beau jeu de lui objecter qu'il aurait sans doute quelque mal à surmonter les difficultés auxquelles tout jeune ménage est confronté. Mais aujourd'hui, après ce concours d'Orient qui lui ouvre les portes de l'Asie ? Ce discours, il l'a remarqué, Manh l'avait dans la tête avant même de l'avoir dans l'oreille. Il suffit de le regarder. Et François doit mobiliser toutes ses forces pour aller jusqu'au bout de sa démonstration. Surtout quand il se rend compte qu'il est toujours aussi rétif à tout compromis et que bientôt il va devoir sortir de son cabinet, la corde au cou, plus abattu qu'après leur entretien aux Tilleuls. Abattu et l'âme déchirée à la pensée de s'entendre rapporter une seconde fois à Colette le récit d'un pitoyable échec. Et de l'entendre elle-même crier de nouveau sa révolte. Etrangeté de la vie qui a voulu que cet homme sans cœur soit le père d'un ange. Que faudrait-il inventer pour le contraindre à transiger ? Que l'on va finir par se priver de son consentement ? Que sa fille va faire sa valise en plongeant sa famille dans une affliction sans bornes ? Et pourquoi, au fait, cet ostracisme contre lui ? Hait-il à ce point les *lỗ mũi bụ*, ces « gros nez » que sont les Français pour les gens désobligeants, ou les *thục dân*, ces « bouffeurs de peuple », tels que les qualifient les communistes ? Jusqu'ici, il lui a plutôt donné l'impression du contraire. Mais allez piocher dans la cervelle des Vietnamiens, allez jurer qu'ils ne nous considèrent pas comme inférieurs à eux ! Cette répugnance à mélanger leur sang, à se laisser assimiler complètement, cette peur de perdre leur identité, leur dignité, leur noblesse et quoi encore ? Tout cela n'est que trop significatif. Ils sont tellement imbus d'eux-mêmes. Ne se prétendent-ils pas tous issus du Dragon légendaire, emblème de leur pays et symbole du pouvoir et de la puissance ? Et combien compte-t-on également chez eux, à les entendre, de descendants d'empereur ou de mandarin supérieur ?

Manh n'a pas eu de peine à pénétrer les pensées de François. Elles roulaient sur son front, déferlantes, bien visibles. S'il avait le moyen de lui faire calmement découvrir ce que recèle en son âme un homme né si loin d'ici ! Existerait-il une aiguille d'or capable d'agir sur son *yin* et son *yang*, entre ses doigts d'acupuncteur, de façon à lui faire décrypter les influx de la complexion vietnamienne ? Et qui aurait l'impudeur d'avouer le serment qui le lie ? Oserait-on trahir un tel secret ? Un Occidental, peut-être, mais un adepte de Confucius ? Manh se contente donc de réitérer son refus en l'enveloppant toutefois de plus d'affabilité. Comme il serait heureux d'avoir pour gendre le fils de son ami Pierre ! Quelle fierté serait la sienne de voir un jeune diplomate plein d'avenir au bras de sa fille ! Mais – vieux refrain – comment passer outre à la tradition familiale qui interdit tout mariage hors de l'ethnie ? Et comment surtout – refrain plus original – tourner le dos à la foi bouddhique et au culte des ancêtres en permettant une telle union avec un chrétien ? Est-il possible qu'un jeune Français abandonne le dieu de son enfance pour les croyances dont le Grand Véhicule s'est enrichi au cours des siècles et que Confucius et Lao-Tseu ont mâtinées de leur doctrine au passage ? Pour prêter foi aux naissances successives et à la délivrance finale qu'est le Nirvâna, l'état de non-existence, de l'absorption dans le néant ? Pour chercher son salut en soi sans espoir de secours divin, car le Bouddha n'intervient pas dans les affaires du bas monde. Et que fait-on chez les Français de ces morts qui continuent à vivre parmi les vivants et se mêlent à chaque instant de leur vie en les suivant de leurs yeux invisibles pour les guider, les inspirer et les protéger ? Quel respect éprouvent-ils pour les mânes de leurs ancêtres, les Français ? Se doutent-ils une seule seconde qu'ils mangent, boivent et participent à tous les actes de la famille ? Qu'ils conservent une mémoire pour se souvenir, un cœur pour aimer ou haïr, une sensibilité pour se laisser attendrir ou pour se montrer impitoyables ? Y a-t-il un autel des ancêtres chez les Lepelletier ? Y brûle-t-on de l'encens, mains jointes, et apporte-t-on des offrandes aux cinq générations ascendantes ? Les Vietnamiens croient aux morts, les Français ne croient qu'à la mort. Voilà toute la différence.

« Finalement, tant de choses entre nous divergent, se contredisent ou s'opposent, soupire Manh en secouant lentement la tête comme s'il venait seulement d'en prendre conscience. On se sent si proche, pourtant. Ne suis-je pas français comme toi, comme ton père ? On s'imagine que seul un mur recouvert de lierre nous sépare et voilà que l'on s'aperçoit soudain que c'est un monde. »

Les conclusions s'imposent donc d'elles-mêmes : malgré son amitié, sa bienveillance et son imbibition des valeurs occidentales, il ne peut permettre à Colette de quitter son clan pour un autre sans s'accuser d'abjuration.

Muet, François, bien décidé à ne rien ajouter à ces grands mots, à ces envolées assez étonnantes chez un homme qu'il ne savait pas aussi pieux, aussi soucieux de défendre ses sentiments religieux. Car s'il se rappelle bien, une telle inquiétude ne semblait pas lui tourner les sangs le jour où sa belle-mère a fait entrer Jack Van Đốc aux Tilleuls. Où l'on a vu ce jeune homme se rendre à l'église chaque dimanche et y entraîner, à Fairfax, sa chère petite bouddhiste de fille. Rien ne chagrinait alors personne. Au contraire. Aucun drame de conscience pour le perturber à ce point. Colette se marierait en blanc devant Monsieur le Curé et avec la bénédiction de la famille, et celle de tous les ancêtres réunis jusqu'à la cinquième génération. Volée de cloches, pluie de riz. Epouserait son jeune banquier riche « comme Hui Bông Hõa », le célèbre Crésus sino-vietnamien, en se moquant comme de sa première paire de claquettes en bois de tous les Bouddhas et Bodhisattvas de tous les temps et de toutes les régions célestes, tels qu'on les salue dans les interminables litanies des pagodes. François serait en droit de lui rafraîchir ainsi la mémoire. Excellerait pareillement dans un plaidoyer d'où ressortirait sa profonde connaissance du Viêt Nam et de sa langue, et de toutes les traditions que Manh s'est complu à magnifier, il y a un instant. D'où il pourrait déduire combien son monde n'est pas aussi étranger au sien et combien sa fille et ses futurs petits-enfants vivraient avec lui dans une communion d'esprit semblable à la sienne. Mais il préfère se taire. Quel besoin aurait-il de lui énoncer ce à quoi il s'attend et ce pourquoi il a certainement préparé des arguments pertinents ? Varierait-il pour autant d'un seul pouce ? Colette n'a que vingt-deux ans, et sans doute se donne-t-il encore trois ans avant d'en décider différemment. Si, au terme de ce délai, il ne lui a pas trouvé le mari de son choix, alors il lui lâchera la bride. Pas avant. Trois ans pour continuer à chercher, comme un alchimiste cherche la pierre philosophale, l'oiseau rare qui devrait bien quand même exister quelque part, le phénix dont tous les pères vietnamiens rêvent de devenir le beau-père. Et trois ans également, sans doute, pour que l'acide de la lassitude et du découragement réussisse enfin à entamer jusqu'à la cassure le lien qui les retient et les empêche de vivre séparés.

C'est l'hypothèse de Hồng, celle qu'elle a exposée à Colette, et François la prend pour vraisemblable.

Il s'est levé, gorge nouée, corps dur « comme des mollets de cyclo », dirait l'oncle de Colette. Avec cette voix dans son dos : Reviens à toi, demain tu vas le revoir au tennis. Alors, se calmant, il s'efforce de présenter à Manh la meilleure figure. Maintenant, tends-lui la main gentiment en élargissant ton sourire et tourne les talons avec lenteur et élégance. Voilà. C'est bien, tu es digne du diplomate dont tu viens de prendre l'habit. Mais plus forts que lui, plus forts que sa volonté, des mots lui échappent soudain alors que parvenu à la porte, il décide de nouveau de lui faire face. Des mots dans un vietnamien aussi pur que s'ils sortaient de la bouche d'un lettré de Saigon ou de Huế. Surgis de lui avec l'ardeur d'une flamme dans un grand vent. Et avec ceux d'une maxime populaire que le vieil oncle lui souffle avec affection et qu'il prononce en guise de conclusion :

« L'eau coule, les rochers s'usent, je renverserai prisons et pièges quelle qu'en soit leur immuabilité et atteindrai mon but quel qu'en soit le défi. »

Trois mois plus tard, il n'est donc pas étonné d'entendre Colette lui rapporter que depuis quelque temps ses parents se sont rapprochés de cette famille amie venue de Toulouse, les Ngô, dont le fils aîné vient de divorcer, et qu'ils pourraient bien avoir une idée derrière la tête. Que ces gens-là seraient bien capables de penser à elle, comme son père et sa mère, pour remplacer, au bras de ce mari malchanceux, sa femme partie avec un de ses collègues après lui avoir laissé leur enfant. Colette lui raconte cette histoire en riant, mais a-t-elle vraiment envie de rire ? « Il fallait voir ma mère recevoir ces gens, hier soir, à dîner. On aurait dit qu'elle attendait Bão Đại et l'impératrice. Et bien sûr, on m'avait placée à côté de leur fils. »

Et pour une fois, elle parle avec indulgence d'un prétendant pressenti par ses parents. Quelle femme montrerait des dispositions différentes à l'égard de Christian Ngô ? Séduisant par la finesse de ses traits et par son esprit subtil et vif. Pas étonnant de le voir occuper un poste de direction au siège parisien de sa société, à trente-deux ans. Assez étonnant en revanche de le savoir divorcé après moins de quatre ans de mariage. Mystère qui semble d'ailleurs intéresser Colette plus que de mesure. C'est le sentiment de François qui s'en agace. Ne s'est-elle pas déjà posée la question à deux reprises devant lui ? « Hồng doit connaître la réponse, note-t-elle comme pour elle-même, car je l'ai surprise à parler en cachette avec ma mère après ce dîner. Cela ne pouvait être que de cela. » Cette réponse, Manh l'avait fournie à Hélène le jour même du mariage de ce jeune Vietnamien avec sa blonde Bretonne de Toulouse, alors qu'elle se demandait si ce couple allait tenir. Il lui avait fait remarquer que les statistiques accordaient moins de chance de survie à un couple mixte dont le mari est vietnamien et que cela s'expliquait, à son avis, par l'impossibilité de l'épouse française de s'acclimater aux différentes formes du comportement vietnamien et aux liens de dépendance retenant l'homme aux siens. En épousant Christian Ngô, la Française avait dû épouser toute sa famille composée des grands-parents maternels et paternels, de ses belles-sœurs et beaux-frères et de leurs enfants, et de ses jeunes frères et sœurs non mariés. Un régiment. Difficilement supportable, cette présence permanente n'était rien cependant à côté de la domination que sa belle-mère exerçait sur son fils et de la sévérité qu'elle ne cessait de manifester contre elle. Bref, divorce. Et victoire de cette mère abusive qui n'avait jamais accepté de voir une étrangère entrer sous son toit et encore moins lui prendre son fils.

« Voilà ce qui arrive dans de trop nombreuses familles, regretta Oncle Giàu, de son côté, en scandant ses paroles d'un index dont l'ongle démesuré pourrait lui servir à jouer de la cithare. On ne tient pas assez compte de ce dicton qui est pourtant le bon sens même : Quand la mariée entre dans la maison de son époux, la belle-mère doit en sortir. Ma pauvre sœur, qui avait connu des problèmes semblables, répétait ce que l'on se demande aussi souvent chez nous : Depuis quand les gâteaux gluants ont-ils des épines, depuis quand les belles-mères aiment-elles les belles-filles ? »

Pas un mois, à présent, sans que les Ngô viennent déjeuner ou dîner aux Tilleuls accompagnés de leur fils et sans que Colette soit présente, ce jour-là, à la maison malgré ses nombreux reportages. Et à chaque fois, satisfaction d'Hélène devant l'apparente bonne volonté manifestée par sa fille comparée à ses rebuffades du passé. Se laisserait-elle donc doucement séduire ?

« Il faut admettre, lance-t-elle à Manh, dans la salle de bains, au lendemain d'un de ces dîners, que ce garçon a vraiment tout pour plaire aux femmes. Tu avais beaucoup de lui à son âge, tu ne trouves pas ? » Manh est en train de se raser, enviant ses amis vietnamiens qui n'ont pas un système pileux aussi développé que le sien. Sa main s'immobilise suspendue dans le vide. Il se dévisage dans le miroir circulaire, menton et bouche enneigés. « Tu crois ? » Cinquante et un ans ! Il faut bien que l'automne survienne après le printemps et l'été. Hélène continue : « Tu n'as pas l'air emballé. Quelque chose te chagrine ? » (L'initiative de cette conversation et son ton pour la mener sortent de ses habitudes. Depuis la mort de sa mère, elle témoigne d'une assurance qu'elle n'avait pas, comme si Thu la lui avait confisquée, puis rendue en partant.) Pas emballé ? Il a observé Colette, tout à l'heure, pendant le dîner, avec l'attention qu'il a pour lui-même à l'instant, et n'a aperçu chez elle qu'un intérêt bien normal pour ce garçon, celui que l'on affiche entre gens de bonne compagnie, dans une conversation de salon. Christian Ngô est intelligent et parle avec aisance. Son récit de son premier voyage en Concorde, par exemple, et de son aparté avec André Turcat, l'ingénieur d'essai en vol, aux commandes, enjambant Rio, comme assis à cheval sur le cou d'un aigle impérial, avait de quoi captiver l'assistance. Et Colette n'était évidemment pas la seule à boire ses paroles. De là à croire que... Et puis, tout bien considéré, cela serait-il souhaitable ? Un divorcé avec enfant. (Il arrête de nouveau son rasoir et pénètre ses yeux comme le ferait un ophtalmologiste à l'aide de son instrument.) Serait-il souhaitable qu'elle se détache de François pour ce père de famille divorcé ? Souhaitable que François si droit, si sincère, si amoureux devienne tout à coup le plus désespéré des hommes ?

« Aïe ! geint-il soudain.

— Qu'est-ce que tu as ? demande Hélène.

— Ce n'est rien, je me suis coupé. »

Hélène pense à sa mère et ne se sent plus de bonheur. Hier soir, avant de monter dans sa chambre, porte à peine refermée sur ces amis providentiels, elle s'est assise, un moment, sur le parquet, devant l'autel des ancêtres, une jambe repliée sous elle, dans le plus profond des recueillements. Et à travers la fumée de l'encens partant de ses doigts, elle a remercié Thu qui, de là-haut, de l'Empire de Jade, a réussi à convaincre les divinités du Ciel, de la Terre et de l'Eau de se porter à son secours dans cette vallée des larmes. S'illusionne-t-elle ? A sa décharge, la mère de Christian Ngô – dont pourtant la prudence est devenue de règle après la déconvenue éprouvée – n'est pas loin de partager des sentiments identiques. A tel point qu'elle commence à échafauder des projets d'avenir au cœur desquels Colette impose de plus en plus sa présence. Et qu'un certain dimanche, par exemple, cajolant sur ses genoux l'enfant de son fils, un beau petit métis aux cheveux dorés et aux prunelles de vif-argent, elle va jusqu'à mesurer le degré de son instinct maternel. En poussant soudain ce chérubin de quatre ans vers ses bras. Joie de Colette. Joie de pouvoir presser contre elle, pour la première fois de sa vie, un bout d'être si frémissant déjà de vigueur. Et joie d'Hélène oubliant dans son élan la clarté de la peau et le bleu des yeux de cet ange pour ne penser qu'au jour où elle deviendrait grand-mère. Au jour envié où elle pourrait bercer de nouveau un enfant dans ses bras. Ce troisième enfant que le destin lui a cruellement refusé.

Est-ce un encouragement supplémentaire ? Hélène le considère comme tel. Colette a accepté, un autre dimanche, l'invitation de Christian Ngô à se rendre au Salon international de l'aéronautique du Bourget où sa société trône en bonne place. C'est à partir de ce jour-là que le soupçon s'en vient à taquiner François Lepelletier. Il a accompagné Colette en ces lieux et pour cette raison sacrifié le tournoi de tennis organisé par son père. Colette tout émoustillée, en bonne journaliste qu'elle est, à l'idée de coudoyer ce monde d'hommes intrépides et de machines fabuleuses. L'âme embrasée à l'avance devant leurs ébats vertigineux et leurs clameurs d'enfer. Rien peut-être n'eût contrarié François au cours de cette journée s'il n'avait surpris le regard de Christian Ngô pour Colette, à commencer par celui qu'il lança dès leur arrivée quand il s'aperçut qu'elle n'était pas venue seule. L'éclair de ses pupilles d'ébène. Présentations faites, le Vietnamien se détend et le sourire se révèle radieux. Mais le Français sait trop combien la politesse vietnamienne parvient à donner le change, et sa méfiance demeure en alerte. Voici enfin devant lui ce divorcé qui intriguait tellement Colette qu'elle a fini par interroger sa tante à son sujet. Cette nouvelle invention de ses parents. Pas mal de sa personne, il faut en convenir. Et charmeur. Le geste amical, la parole engageante.

« Suivez-moi. D'abord, un petit tour à travers les stands, puis vers onze heures, on ira boire un verre au chalet. C'est notre lieu de rencontre. Vous allez y voir nos ingénieurs et nos pilotes. Des gens formidables. Et si nous avons de la chance, nous pourrons y rencontrer André Turcat et le ministre de la Défense. »

Champagne et zakouskis. Et vodka pour les Russes aux toasts tonitruants. Colette vit cette ambiance avec la curiosité du reporter, et François la découvre dans ce rôle qu'il imaginait, mais sans se douter de la passion qui la conquiert quand l'événement se présente. Pour l'instant, l'autre ne la quitte pas des yeux. La traque même. Mais quelle attention masculine n'éveille-t-elle pas avec l'envol fusant de son cou et les « chiens » qui lui balaient le front et les pommettes comme si elle était couchée dans l'herbe, sous la brise ? C'est vrai qu'elle est en beauté, comme on dit d'un arbre qu'il est en fleur. Photo. D'où sort-il cet appareil ? Le voilà qui la vise. Photo, photo. Qui la vise par trois fois. Photo. Quatre fois maintenant. Va-t-il s'arrêter ? L'impression que chaque éclair qui l'atteint est une main qui la lui arrache. Photo encore. Ah ! non. Il va cesser de me la voler où je vais me fâcher tout rouge. Bu à jeun, l'alcool emprunte des chemins vierges et percute le cerveau d'autant plus brutalement. Trois coupes déjà, ne crois-tu pas que ça suffit ? Tu bois comme une jarre qui s'enfonce dans l'eau, s'exclamerait Oncle Giàu. Ce petit con ignore-t-il combien je l'aime ? Et combien je suis prêt à me battre avec qui voudrait me la prendre ? Se croirait-il assez fort pour m'expulser de sa vie, tout Viêt qu'il est et sûr de l'appui de ses parents ? Photo. Cette fois, c'en est trop. Je vais sortir à ce mec ce que je pense de ses menées insidieuses. Je vais lui apprendre comment ce « gros nez » aux bras poilus est capable de corriger un Viêt aux oreilles écartées et au nez plat. Approche-toi un peu, si tu as du courage. Colette rit, la félonne, minaude sous les éclats lumineux qui continuent à la givrer de vermeil. Et toutes ces trognes enluminées autour d'elle, ces joyeux drilles qui applaudissent au spectacle. Tu t'approches ou tu veux que je vienne te chercher ? Le voilà, il se décide, il a saisi une bouteille et s'avance vers moi. Le salaud ! Moi qui ai les mains nues, cette flûte seulement entre les doigts. Bien dignes de leurs fourberies habituelles. A Điên Biên Phũ, ils cachaient de la même façon leur artillerie chinoise jusqu'au moment où ils ont déclenché leurs salves. Le voilà, il s'avance, il me défie. Regarde son sourire sournois. Et Colette qui rit toujours, entourée de tous ces pilotes en ribote qui se moquent bien du combat déloyal dont je vais être la victime. Le voilà sur moi, brandissant sa bouteille.

« Champagne ? Allez, il faut la finir. »

François tend sa flûte : « Puisque c'est un ordre. »

Rien que ces regards soutenus, donc, lors de cette journée ensoleillée au milieu de la foule innombrable, nez pointés vers le ciel, vers ses entrelacs de virtuoses et ses fureurs. Rien d'autre. Rien chez Colette pour inquiéter François davantage. Mais qui sait si à la longue cette présence assidue à ses côtés ne va pas réussir à couronner les vœux de ses parents ? Oui, qui sait, s'interroge Hồng, de son côté, assez mécontente d'assister à cette nouvelle tentative d'investissement du cœur de sa nièce. Certes, Colette a confiance en elle. Elle connaît l'ardeur de sa passion pour François. Mais quel feu est éternel ? Pour sa part, Oncle Giàu n'est agité d'aucune appréhension. Les astres sont pour François. Il en est aussi sûr que le Tigre est assimilé au soleil et que le Dragon est le roi de l'eau et de la fertilité. Le voyant descendre de voiture, avant-hier, dans la voie privée où lui-même faisait sa petite promenade digestive, il lui a soufflé dans l'oreille, après quelques paroles aimables et avec son sourire malicieux : « Devant la fureur des vagues, ne lâchez pas la rame. C'est ce que l'on conseille chez nous, quand on craint que le vent n'ait tourné. »

Chez les Lepelletier, la perplexité et parfois l'indignation contaminent réflexions et conversations. A-t-on déjà vu François dans un tel état ? Lui si vivant, si enjoué, d'habitude. Liliane se demande pourquoi deux jeunes gens aussi épris l'un de l'autre, aussi sûrs de la solidité de leurs sentiments ne se moquent pas, à la fin, du tiers comme du quart en décidant de convoler quel que soit l'avis de Pierre ou de Paul. Mais en ce matin où le jardin se montre bien maussade sous un touche-à-tout de pluie brouillonne, son mari la rappelle aux réalités. Elle ne connaît pas ces gens-là. Ils ont leurs traditions, leurs impératifs, leurs lois ancestrales.

« Et nous ! s'écrie-t-elle. Elle manque de s'étrangler avec son café au lait et repose sa tasse en catastrophe sur la table roulante. Nous n'avons pas les nôtres ? Ne te souviens-tu pas de la difficulté que tu as eue à m'épouser parce que tu n'étais pas breton ?

— Tu exagères, Liliane. Il rabroue Joséphine qui, hissée sur ses deux pattes de derrière, tient à participer au petit déjeuner.

— Comment, j'exagère ? Mes parents voulaient absolument que j'épouse Guidel, le fils de la conserverie de poissons. Guidel ! (Elle le revoit avec sa tête porcine.) Ils ont mis dix-huit mois à t'accepter. »

Pierre doit en convenir. En pensant également à l'un de ses jeunes journalistes du *Mondial* que le désespoir a pris jusqu'à vouloir se suicider parce que la créature de ses vœux avait rompu sans préavis. Sur ordre de ses parents. Des juifs du quartier du Sentier. La religion. Voilà l'obstacle le plus courant. Les Lê sont bouddhistes, comme ces marchands de vêtements du Sentier étaient juifs. Les parents de Liliane ne l'eussent-ils pas repoussé s'il n'avait été catholique ? On ne peut rien contre la foi religieuse des gens. L'amour doit s'incliner. Amen. Il regarde la pluie, écoute son tintement dans la gouttière, menue monnaie à la quête, et s'étonne de la fidélité des arbres, de ce cerisier sous sa fenêtre, toujours à l'heure, chaque année, pour donner ses fruits. Fidélité de François jamais découragé. Voilà bientôt cinq ans que ce pauvre garçon fait antichambre sans espoir d'être reçu un jour. Cinq ans ! Est-ce supportable ? Manh ne serait pas son ami et il ignorerait les subtilités de son raisonnement, et la sujétion dans laquelle il est maintenu, que la révolte gronderait en lui au point d'en vouloir à tous ses compatriotes. De leur fermer la porte au nez. Liliane n'a pas la même délicatesse de jugement.

« Je me demande, fulmine-t-elle, si cette petite sait vraiment ce qu'elle veut. Si je ne m'étais pas battue, nous serions-nous mariés ? Et après tout, ces gens-là ne seraient-ils pas racistes ? Qu'auraient-ils pensé de nous si, au lieu de les accueillir aussi bien quand ils sont arrivés ici, nous les avions tenus à l'écart ? Elle avale de nouveau de travers et part dans une toux prolongée. Et si nous nous étions opposés, dès le début, à ce que François fréquente leur fille, n'auraient-ils pas trouvé cela intolérable ? Elle tartine sa tranche de pain grillé, la porte à ses lèvres, puis l'abandonne avec brutalité, comme si le beurre était rance, et après un petit rire froid : Après tout, Pierre, n'était-ce pas plutôt à nous de jouer les difficiles avec leur fille ? Tu imagines la tête de mes parents, à Rennes, si je leur avais amené un Chinois ? » Elle a forcé le ton et, effrayé, Pierre lui montre la fenêtre grande ouverte par où l'on aperçoit le tilleul qui fait le gros dos sous la pluie en laissant pendre avec affection quelques branches par-dessus le mur fourré de sa toison.

« Liliane, ton amour pour ton fils te rend malveillante.

— Malveillante ? Qui l'est si ce n'est cette femme ? Tu l'as vue, les rares fois où elle a accepté notre invitation ? C'était à croire que le plancher lui brûlait les pieds. C'est elle d'ailleurs la plus hostile à François, j'en suis sûre. Elle a remplacé sa mère au créneau. Je vais finir par aller lui dire deux mots. Je ne peux plus accepter de voir François souffrir pareillement. »

Pierre s'emporte à son tour. En écrasant sa voix à l'extrême. Liliane va devoir s'abstenir de toute initiative. Ces gens ne comprendraient pas sa colère et tout casserait aussitôt irrémédiablement. D'accord ? Bon. Café bu d'un trait, il s'est adouci aussitôt. Café ou calmant ? Il a confiance en Manh. Un homme droit. Un jour, peut-être, il changera d'avis. Rien ne presse. Ces enfants ont encore du temps devant eux. François gagne à peine sa vie. Aidons-le plutôt dans son trouble intérieur. Les enfants comme lui ont beaucoup plus besoin qu'on leur donne la main. Il est si secret ! Avant-hier, par exemple, après cette journée passée au Bourget, pourtant en compagnie de Colette, pourquoi cet air sombre à table ? Colette s'écarterait-elle lentement de lui ? Convaincue qu'elle n'obtiendrait jamais le blanc-seing de ses parents, permettrait-elle à ce boiteux qu'est le doute de chantonner sa chanson rouillée ? Le doute qui oxyde l'acier le mieux trempé. Quel chagrin cruel alors pour lui, quel coup ! Le sonder. Mieux vaut essayer de deviner à quoi rêve Joséphine couinant après les anges, en rond dans son panier. Il est évident qu'il n'est pas bon de faire attendre l'amour aussi longtemps. Des fleurs sorties de l'eau, voilà ce que cela devient au bout du compte, soupire-t-il en regardant des roses fanées dans un pot, près de la fenêtre. Dans le fond, ne vaudrait-il pas mieux que François obtienne ce poste en Inde et qu'il oublie tout ?

Les génies vietnamiens ont-ils escaladé le mur mitoyen et écouté Pierre au moment où cette dernière réflexion lui traversait la tête afin d'intervenir en conséquence ? Liliane vient de décrocher le téléphone. Cri de joie.

« Pierre ! Viens vite, ton fils veut te parler. Elle lui tend le combiné.

— François ? Il l'écoute et rayonne à son tour. Et les questions chevauchent les réponses dans l'envie de tout savoir à la fois. Formidable ! Bravo ! Inespéré. Mais comment as-tu appris ça, tu viens seulement d'arriver au bureau ? Ah ! bon. Quelle chance, toi qui redoutais de devoir patienter un an ou plus. Et tu pars quand ? Déjà ? Oui, oui. Tu ne peux pas attendre la rentrée, la fin des vacances ? Ah ! oui, je comprends. C'est ça, c'est ça. Ne rentre pas trop tard, ce soir, que l'on ait le temps de fêter ça avant le dîner. »

Pierre repose le combiné, assourdi, comme par un concert d'acclamations et d'applaudissements. Dans quinze jours, François Lepelletier prendra son premier poste à l'étranger. Deuxième conseiller à l'ambassade de France, à Hanoi.

Cette nomination exceptionnelle – a-t-on souvent vu quelqu'un d'aussi frais émoulu être affecté à un poste de ce genre au bout de sept mois seulement ? – François la doit, bien sûr, à l'amitié du nouveau ministre des Affaires étrangères, Jacques Dammary, pour son père. Amitié née il y a cinq ans, dans la touffeur des soirées étoilées, au bord du Petit Lac, devant un *cà phê đá*, le café glacé de Hanoi, lorsque ce dernier y représentait la France. Jacques Dammary à qui Pierre avait rendu visite dès son accession au Quai et de qui il avait tiré une longue interview pour *Le Mondial*. Sans oublier, à cette occasion, de l'interroger sur le cas de quelques prisonniers politiques au Viêt Nam dont on espère en vain la libération. Sur le cas de Lan, en particulier, pour lequel l'ancien ambassadeur s'était tant démené sans résultat. « Comptez sur moi pour rouvrir ce dossier, lui avait-il assuré. Bernard Fougerol, notre envoyé, là-bas, est un homme dynamique. C'est moi qui l'ai voulu à Hanoi. Ils sait ce que nous attendons de lui. » Propos que Pierre avait rapportés sur-le-champ à Manh. Qui avait soupiré. Comment continuer de croire à l'impossible ? Pour vivre, l'espoir a besoin comme chacun de se nourrir. Ces miettes lui suffiraient-elles ?

Pareil aux fleurs du printemps qui patientent sous la neige, Oncle Giàu est toujours là avec sa provision de persévérance. « Souviens-toi de ce que je t'ai annoncé il y a bien longtemps, Neveu. Ton frère aîné finira par recouvrer la liberté. Quand ? Les astres sont muets à ce sujet. Cependant, je serai encore de ce monde pour pouvoir le serrer dans mes vieux bras. Attends donc sans te révolter. Rien ne sert de frapper des pieds à la porte du destin. Il n'ouvre jamais avant de le vouloir. Et ceci encore : même si l'on est pris par le temps, on ne traverse pas un fleuve à la nage. C'est le conseil de nos paysans au bord du Mékong. »

Mais quel crédit Manh accorderait-il à son oncle, lui qui avait affirmé un jour à Hồng qu'elle retrouverait Quang à Paris ? Hồng dont les colis n'ont pas cessé de partir vers Quang sans que celui-ci ne lui en eût accusé une seule fois réception. Ne les recevrait-il pas ? Alain Vẫn certifie qu'ils arrivent à bon port. Ajoutant cependant que les escrocs sont nombreux, là-bas, à la poste et ailleurs, pour faire leurs choux gras de la manne qui tombe du ciel. Qu'importe. Hồng se sentirait coupable si elle suspendait ses envois. Coupable de quoi ? lui a demandé Manh. Elle n'a pas su s'expliquer, ou plutôt ne l'a pas voulu. Mais il est facile de répondre pour elle. Sa motivation a pour nom remords. Elle s'en veut d'avoir violé le serment de fidélité prêté devant le tombeau du maréchal Lê Văn Duyêt, d'avoir ouvert son cœur à un autre homme. Et ses colis sont autant de réparations. Autant d'offrandes expiatoires destinées à détourner d'elle la colère du valeureux guerrier. Des offrandes qui semblent efficaces si l'on en juge par le bonheur dont le Ciel la gratifie depuis que Đào éclaire sa vie. Parfois, il lui adresse un billet de train pour Marseille, et la voilà aussitôt sautillante comme une fillette devant une armoire à glace, guettant le moment de se rendre à la gare. Ce matin, Colette lui a offert de l'y emmener. Bonne occasion, a estimé Hồng, pour comprendre où en est la situation sentimentale de sa nièce à l'heure où va sonner la séparation, où dédoublés les liens doivent être deux fois plus solides pour résister à tous les tiraillements. La petite voiture roule et Colette roule ses pensées, et lorsque la gare de Lyon apparaît, Hồng n'est pas plus avancée. Rien sur son déchirement de voir partir François. A croire que cela ne la déchire pas, ou moins que ce que l'on supposerait volontiers. Rien non plus sur la dernière tentative de ses parents pour déséquilibrer son cœur. Rien. Cependant, alors que, portières fermées, le train va s'ébranler, Colette fait signe à sa tante de baisser sa vitre, et très vite, dans le bruit propre aux départs, fait de brouhahas et d'appels de haut-parleur, lâche quelques paroles plus significatives. Que la séparation sera pour elle et pour lui une épreuve difficile mais utile. Qu'il est bon parfois de se quitter pour mesurer combien l'on peut manquer l'un à l'autre. Pour expérimenter sa fidélité. Car l'absence est un creuset dans lequel les passions sont épurées, comme l'or est dissocié de son alliage. Qu'elle doit se souvenir de sa réponse quand elle a voulu savoir, un jour, comme à l'instant, où elle allait. Qu'elle n'écouterait... pour se... marier... que... son... propre... cœur... Le train s'éloigne doucement, abandonne derrière lui le dernier mot, presque inaudible, et Colette sur le quai, main agitée, fleur au vent, Colette dans sa robe bleutée, fleur elle-même, si frêle, si fragile dans ce monde compliqué, Colette tache bleutée, point bleuté, évanoui...

Irait-elle avec les Lepelletier à l'aéroport ? Ni elle ni François ne le souhaitent vraiment. Epouse d'un grand voyageur, Liliane a affirmé à son fils, en guise de conseil : « Les adieux au pied d'un avion qui ronfle, c'est pour celui qui ne part pas comme un pansement que l'on arrache. Mieux vaut l'enlever tout doucement dans son coin, loin des curieux. Ça fait moins mal. » Dernière soirée ensemble, au Mai Lan, le restaurant vietnamien de la rue Saint-Charles. Flots de paroles, comme si l'avion était déjà là, rageant de tous ses moteurs, trépignant, impatient d'arracher la peau avec le pansement. Tu m'écrieras ? Les lettres mettent un mois, quand elles arrivent ! Les postiers décollent les timbres. Baguettes à sa bouche comme elle lui donnerait la becquée. Je te téléphonerai si je peux. Ça coûte trop cher ? Eh bien ! on se parlera vite. Quatre mots : Je-t'aime-moi-aussi. Ils rient. Hop ! Une seconde crevette saute à ses lèvres, sauterelle. Tu viendras me voir un jour ? Je n'ai plus de vacances avant un an. Mon père arrangera ça. Ton père est impuissant face à l'administration du journal. (Un an et tous ces océans à boire. Gorgée de thé.) Tiens, c'est pour toi, je l'ai achetée tout à l'heure. François, il ne fallait pas... Si. Va te regarder dans la glace, il y en a une dans les toilettes. La revoilà avec cette chaînette en or autour du cou. Ne vient-elle pas d'être couronnée ? Pourquoi la vie s'amuse-t-elle à me faire aimer une biche sans me permettre de l'attraper ? Lui dire que le temps viendra vite où ils seront mari et femme, que l'on peut sans doute s'acharner à le différer, mais qu'un jour on ne le pourra plus. Lui dire qu'il compte sur sa patience. Et se retenir de lui dire que ce Viêt qui rôde autour d'elle serait bien inspiré d'aller se faire pendre ailleurs.

Plus fort qu'elle. Qui l'en eût empêchée ? Au dernier moment, elle a emprunté une voiture du journal, et elle se voit maintenant à l'aéroport sans qu'il lui soit possible d'expliquer comment elle a décidé de s'y rendre. Il est tard, très tard, et elle cherche dans le parc de stationnement, cherche une place, cherche, et à la fin se gare au petit bonheur la chance. Tard, très tard sur cette montre qui devrait bien devoir s'arrêter, pour une fois. Alors, elle court, court vers l'ascenseur, monte au mauvais étage, redescend, puis court, court dans le hall, se trompe de direction, consulte un tableau lumineux, court et atteint la porte des départs, tard, très tard. L'aperçoit-elle, là-bas, de dos, est-ce lui avec son sac sur l'épaule et ce journal sous le bras ? C'est sa taille, sa démarche, son port de seigneur, lui qui se retourne soudain, qui a deviné qu'elle était prisonnière de ces policiers intraitables, de cette frontière, elle qui lève la main déjà et voudrait le héler, mais n'ose pas, ne le fait pas et fait bien parce que ce n'est pas lui, avec cette moustache et cette mèche d'hidalgo. Adieu, François. Elle a rejoint sa voiture sans rencontrer les Lepelletier. Tant mieux. Elle préfère être seule, car elle a rendez-vous avec elle-même. Elle a des questions à se poser. Celle-ci, d'abord : pourquoi ce besoin violent, cette envie de se lancer à ses trousses, de le rattraper avant de ne le plus pouvoir malgré la résolution qu'elle avait prise ? Craindrait-elle de ne plus jamais, jamais le revoir ? Elle touche la chaînette pendue à son cou, dérègle son rétroviseur pour l'admirer, s'y mirer. Hier soir, elle l'avait enlevée avant de rentrer chez elle. En pensant à tout ce temps que l'amour a dû rester à la porte, frigorifié sous la pluie, avant qu'il ne la possède jusqu'au plus petit carré de peau. A toutes ces ruses pour que n'apparaisse pas sur elle quelque modification de sa personnalité. Hier soir, au sortir du restaurant, son désir soudain d'envoyer encore promener son père, sa mère, les ancêtres, Confucius, tout. De prolonger cette soirée dans le studio dont François a la clé. Il le voulait, l'incitait à ne pas s'écouter, à n'écouter que le désir. Et plus la voiture avançait, plus le désir la pressait. Allez, ma belle, lui susurrait une voix douce, l'heure des concessions est de nouveau arrivée, brise tes chaînes une fois de plus. Ne souhaites-tu pas qu'un peu de toi l'accompagne dans son voyage et reste en lui sous le ciel de tes ancêtres, comme le goût piquant du bétel et sa couleur vermeille dans la bouche des amants qui se sont juré fidélité ? Car es-tu sûre que tu le retrouveras à son retour ? Si sûre que sa bouche ou la tienne aura conservé le goût et la couleur de la passion ?

Elle est rentrée à une heure indue aux Tilleuls. A pas de voleuse. Effrayée. Si elle avait réveillé quelqu'un ? Joséphine ne l'a pas trahie. Les animaux sentent plus de choses qu'on ne le pense.

Hélène n'a pas fini de savourer cette faveur du Ciel, et ses offrandes vont bon train, à la pagode, pour remercier les mânes de leur compétence et de leur célérité. Fleurs, fruits, viande, gerbes de jossticks préparés par Chi Ba remplissent un cabas, chaque semaine. Chi Ba pestant dans ses dents, aimant trop François pour être complice sans broncher d'une telle action contre lui. Qui aurait pu rêver pareil épilogue ? Car s'il était raisonnable de supposer que, du fait de son métier, François devrait un jour se séparer de Colette, personne n'eût osé espérer que cela se produirait si vite et qu'il partirait si loin. Gloire au Ciel et à la Terre, et merci d'avance à la Lune qui sait si bien éclairer les femmes. Christian Ngô a maintenant le champ libre. Plus qu'à laisser Ong Taó, Monsieur Foyer, parfaire son œuvre. Peut-être ce dieu lare est-il d'ailleurs en train de mettre les bouchées doubles. L'attitude de Colette permet de le penser. Elle parle de cet ingénieur avec sympathie, le rencontre avec plaisir, et chance supplémentaire, il n'est pas l'objet des railleries coutumières de Hugues. Celui-là, il est vrai, a intérêt à se tenir tranquille, car ses amours avec Caroline ne sont pas des plus sages et il a besoin de la compréhension générale.

Surprenant quand même cet engouement d'Hélène pour un divorcé. Manh l'eût crue plus intransigeante dans ses choix. D'autant que ce petit *con lai*, cet enfant métissé aux yeux couleur de la mer de Chine, brouille le tableau déjà bien barbouillé. Un divorcé ! Le divorce n'est-il pas considéré comme la situation la plus indigne pour un individu ? Doit-on donc charger la barque à ce point pour satisfaire un père sur son lit de mort ? Et d'abord serait-il si satisfait de cette solution ? Manifestement, Manh souhaiterait que l'on attende encore un peu avant de s'engager dans cette voie. Et chacun de leur côté, Hồng et Giàu l'appuient à mots couverts.

« Les Lepelletier ne sont plus comme avant avec nous. » Manh, quelque temps après le départ de François pour Hanoi. Aussi attristé par cette constatation qu'il le serait par la perte d'un objet inestimable. Hélène, elle, se réjouit secrètement. Si vous voulez ne jamais vous fâcher avec vos voisins, n'en faites pas autre chose. Vérité qu'elle prend à son compte. Un mur ne sert-il pas à séparer ? Nous serions restés à notre place dès notre arrivée ici, estime-t-elle, que nous ne déplorerions pas aujourd'hui leur froideur. Le dimanche après-midi, Manh n'entend plus la bonne voix de Pierre et celle du petit fox qui l'appelaient pour l'enjoindre de venir jouer au tennis. N'entend plus que le bruit des balles, leur claquement nostalgique et les « merci » du bout des dents que l'on lance par-dessus le mur quand l'on renvoie une balle égarée. Il est vrai que c'est grâce à la présence de François et à son ardente inclination pour le monde vietnamien que ces relations ont pris un caractère si chaleureux. Sans lui, les visites habituelles de Hồng et de Giàu, accompagnés de Chi Ba et de son panier, ont moins de raison d'être. Sans lui et sans Colette qui a moins envie de se servir de sa raquette et moins de temps à consacrer aux loisirs. Bref, si Hugues ne fréquentait pas Caroline en évitant cependant la pleine lumière, obstacle à l'impunité, les rapports entre les deux familles se résumeraient maintenant à trois fois rien. Qui s'en étonnerait ? A la place des Lepelletier, raisonne de nouveau Manh en se rappelant la dernière visite de François déçu, mais digne comme un officier rendant son épée, il y a longtemps que nous aurions rompu. Je ne me vois pas en train de continuer à rencontrer un ami qui aurait éconduit mon fils. L'amitié que j'ai pour Pierre aurait volé en éclats. Les Français n'ont décidément pas la même notion de l'amour-propre que nous.

Peut-on toujours parler d'amitié ? Au début, Pierre Lepelletier se refusait à en vouloir à Manh. Il se le répétait chaque jour avec parti pris. Mais le trouble affiché par son fils juste avant son départ a ébranlé sa position. S'opposer à un mariage avec un étranger qui, en outre, n'a pas votre religion, cela pouvait sans doute s'admettre. Encore que l'amitié aurait dû jouer son rôle en bousculant ces réticences bien archaïques. Mais préférer à un célibataire un divorcé, père d'un enfant de quatre ans, et qui, circonstance aggravante, a dix ans de plus que sa fille, et l'imposer avec acharnement au mépris des sentiments des uns et des autres ? Que font-ils donc, ces gens, de l'amour ? En ont-ils seulement une idée ? Ne craignent-ils pas que leur fille souffre toute sa vie de cette frustration ? Leur fille ! Allez ordonner à une fille de vingt-deux ans de sacrifier sa passion sur l'autel de l'amour filial et de la fidélité aux traditions ! Combien de jeunes Françaises se soumettraient à un pareil diktat et combien de jeunes Vietnamiennes, au Viêt Nam, où Pierre a remarqué une plus grande liberté de mœurs et une plus grande tolérance chez les parents ? Leur fille ! A se demander si elle tient vraiment à François. Si c'était le cas, n'aurait-elle pas fini par se rebeller ? Et accepterait-elle de se voir présenter tous les ans à un nouveau candidat, comme on amène un étalon à une jument ? François devrait cesser d'user sa patience jusqu'à la corde avec des gens dont il est aussi difficile de faire le tour que de se glisser dans les soupiraux qui leur servent à vous épier.

Réflexions d'un père enlisé dans les marécages labyrinthiques de l'Orient. Mais arrivé au *Mondial*, Colette lui apparaît différemment et il regrette ses jugements expéditifs. Colette qui excelle dans son métier et dont Pierre, qui l'a engagée, est le premier à se féliciter. Particulièrement attentif à son travail, ne manquant jamais de l'aider dans ses efforts et de privilégier ses idées. Bien sûr, ils parlent souvent de François ensemble quand, en fin d'après-midi, les téléphones baissent le ton et l'agitation s'apaise. Toujours pas de lettre ? Vous n'avez rien reçu non plus ? Quand même, après un mois, maintenant... Et ce soir, après la dernière conférence de rédaction, ce mot de Pierre, glissé, comme une rose dans ses cheveux noirs : « Ça y est. Liliane m'a annoncé qu'une lettre était arrivée. Tu dois avoir la tienne aux Tilleuls. » Alors, à la fin de la journée, la voyant courir jusqu'à l'ascenseur en bousculant tout le monde et courir dans la rue jusqu'au métro, il se dit qu'une personne qui court si vite après une lettre est peut-être plus chargée d'amour que ce qu'elle veut bien montrer.

Mais qu'eût-il pensé, Pierre, s'il avait vu, trois soirs plus tard, cette jeune fille si languissante après les nouvelles de l'être aimé monter dans une voiture aux côtés d'un jeune homme attentionné ? Elle se rendait à la soirée des Polytechniciens. En compagnie de Christian Ngô. Quand Oncle Giàu l'a surprise toute frémissante dans sa robe de soirée, alors qu'elle s'apprêtait à sortir sous le regard étoilé d'Hélène, il n'a pas eu de peine à se rappeler ce vieil adage : « On peut dessiner la peau du tigre, mais il est impossible de dessiner ses os. On connaît la figure de l'homme, mais on ne connaît pas ses entrailles. »

14.

Personne ne saura jamais. Non, personne. On aura beau faire, on ignorera éternellement ce qui est arrivé au cours de la soirée que Colette a passée avec Christian Ngô, soirée qui promettait pourtant d'être agréable. Ce qui a bien pu survenir pendant ou après ce bal où il l'a emmenée et d'où ils sont sortis à plus de minuit. A cette heure-là puisque – Hélène le vérifia au moment où elle l'entendit rentrer – il était une heure quand Colette a monté l'escalier sans bruit, comme aérienne. Tout ce que l'on constata par la suite, ce fut que l'ingénieur ne vint plus aux Tilleuls. Inutile de l'y inviter. Il avait à chaque fois mieux à faire. D'où l'on déduisit que l'incident qui avait eu lieu entre eux n'avait pas dû être sans gravité. De cette fameuse soirée, seul Pierre Lepelletier récolta quelques bribes. Avec une satisfaction évidente. En apprenant que Colette avait réussi à y rencontrer André Turcat et qu'elle avait obtenu de lui le principe d'une longue interview. Action d'éclat quand on sait combien le pilote d'essai est homme difficile avec la presse. Cette idée, elle l'avait depuis longtemps derrière la tête et attendait l'occasion qui lui permettrait d'approcher l'intouchable. Question : aurait-elle accepté d'accompagner Christian Ngô, ce soir-là, sans cette éventualité ?

Hélène mit des mois à se consoler, à chercher le réconfort dans la prière et la méditation. Et comme elle, mais sans tristesse, Manh perdit son temps à vouloir comprendre. Les Ngô restèrent aussi sur leur faim, mais leur déplaisir ne dura pas plus que la floraison d'un nélombo sur un étang cochinchinois. Deux mois plus tard, leur fils épousait la propriétaire d'un restaurant sino-vietnamien, veuve d'un importateur de produits asiatiques et mère de trois enfants. « Des commerçants, quelle horreur ! » lança Hélène avec une sorte de gloussement.

Ajoutant : « Il est vrai que tout le monde ne peut pas avoir des ancêtres mandarins. » Pas très mécontent de cette conclusion, Giàu eut, de son côté, cette pensée : Faute de riz, on mange de la bouillie.

Un an déjà. Un an que François est parti. L'été est là pour en témoigner dans toute sa splendeur et avec le tennis qui bat son plein. Et Hélène en est pour ses frais : Colette semble toujours aussi solidement attachée à l'absent. Un fumeur d'opium enchaîné à sa pipe et à son coussin rectangulaire, a ironisé Thu, un jour, en se souvenant de son grand-père avec sa lampe, son aiguille et son teint émacié. Il suffit de l'entendre appeler du journal, le matin, pour demander d'une petite voix inquiète si le facteur est déjà passé, et de la voir, le soir, se précipiter sur la lettre arrivée par la valise diplomatique. Sans charge d'âme, François n'a pu jusqu'à présent bénéficier d'un congé. Et il a bien recommandé à Colette de ne pas essayer de le rejoindre en profitant de vacances. « Ce serait mal vu par mes supérieurs. » Mais elle vient de l'annoncer à sa tante avec un débordement de joie assez rare chez elle : il sera en France en janvier prochain. « En janvier ! » Promis, a assuré Bernard Fougerol, son ambassadeur. Avec lequel d'ailleurs il a les meilleurs rapports. L'amitié de Pierre Lepelletier avec le patron du Quai n'y est certainement pas étrangère. Cependant, eût-elle fait défaut que cet homme lui eût accordé sa confiance avec une spontanéité égale. Plus encore. Puisqu'il le considère maintenant comme son propre fils. « Comme son propre fils ! » (Hồng admirative, de toute la force de sa voix pointue.) N'est-ce pas normal quand on connaît les qualités de François et sa science des choses de ce pays si inaccessible pour les néophytes débarqués d'Occident avec l'esprit de René Descartes ?

Dès qu'une lettre frétille entre les doigts de Colette, la tante et l'oncle ont le droit à la lecture des passages les moins indiscrets. Alors, après le dîner, dans le silence de la maison glissant vers le sommeil, c'est comme un rendez-vous clandestin de conjurés. En catimini, Colette rejoint Hồng dans sa chambre et s'assoit sur le lit. Et du même pas silencieux, Giàu entre à son tour. Puis Chi Ba, théière sur un plateau, enveloppée du parfum poivré de son infusion de galanga, bonne pour la digestion. Et aux pieds de Colette, on est à Hanoi, dans le bureau de l'ambassadeur ou avec ce dernier dans le joli parc qui entoure sa résidence, et l'on assiste aux arcanes de la politique française au Viêt Nam, aux palabres à huis clos des grands de ce monde. Oh ! il n'est jamais rien là de confidentiel, mais le fait que ces mots aient été pensés et écrits dans ces lieux interdits au commun des mortels leur donne une saveur de secret dévoilé. Parfois, malgré tout, la nouvelle frise la révélation. Celle-ci, par exemple : au bout d'un mois d'observation de François, Bernard Fougerol lui a confié un dossier du plus grand intérêt. (Ces derniers mots soulignés.) Lequel ? Evidemment, pas question de le savoir. Il a seulement ajouté avec modestie qu'il n'est qu'un jeune secrétaire d'ambassade sans expérience et que d'autres, moins verts en âge et d'autant plus chevronnés, s'occupent d'affaires éminemment plus importantes. Une modestie que le vieil oncle a saluée par ces paroles : « Ce petit étonnera tout le monde. Le bon alcool n'a pas besoin d'un flacon de porcelaine. »

Hier après-midi, le bruit a couru dans les couloirs du *Mondial* que l'on se préparait à envoyer un reporter au Viêt Nam. Dans l'avion de Jacques Dammary, le ministre. Et le cœur de Colette a bondi. Viêt Nam ? Ce pays lui appartient. Qui envoyer à sa place ? Qui connaît la langue et les finasseries de ces hommes aux yeux en boutonnière ? Y a-t-il au journal quelqu'un de plus qualifié qu'elle ? Respirer enfin l'air de ce pays mythique. Avec François. Au diable sa recommandation de ne pas venir le voir. J'arriverai avec son ministre. Ses supérieurs n'auront plus qu'à me faire de grands sourires. Rêve. Et soudain déception, découragement, écœurement. Quand on lui signifie que le choix s'est porté sur un autre. Larbo, un ténor. Ce type qui vit dans la fumée de sa pipe, du matin au soir, qui n'en sort que pour boire ou manger, ou plonger les doigts dans son nez, comme dans sa blague à tabac. Rêve évanoui dans cette fumée âcre, étouffé, asphyxié. Révolte, bouderie. Pierre la convoque dans son bureau, et avec sa voix de père grondeur : « Pour qui te prends-tu ? Tu es accréditée au Quai ? Alors, attends d'avoir un peu plus de bouteille. » Et comme la bouderie continue, la voyant partir, le soir, sans un mot, sans un sourire : « Ne regrette rien. Larbo ne fait qu'un saut de puce. Cinq jours, c'est tout. Un jour, je te le promets, tu iras et tu pourras y rester plus longtemps. » Un jour...

En attendant, trois sages semaines sur la côte normande. A Coutainville où Manh a loué une villa dont la mer grignote les pieds à marée haute. La nuit, par gros temps, les vagues bourrent la jetée de coups sourds, et l'on se croirait assis sur un rocher assailli par les flots. Naufragé. Et parfois, le matin jusqu'à midi, le ciel est encombré comme une voix prise. Tout le monde est là. Sept personnes. Pas une de moins. Eût-on osé laisser Chi Ba se morfondre dans une maison vide ? Elle appartient à la famille, même si elle s'oblige à conserver avec tous une certaine déférence, sauf avec Hugues qui la bouscule et la brocarde gentiment. On aurait pu tout autant demeurer aux Tilleuls. L'été à Rueil-Malmaison n'est pas si désagréable. Il y a les promenades en forêt de Saint-Germain, les pique-niques sur la mousse et le canotage sur le bras de Seine, au milieu des remous que provoquent derrière elles les péniches, comme par méchanceté. Et il y a le tennis des voisins. Car, un certain temps après le départ de François pour le Viêt Nam, les deux amis ont recousu ce qui était déchiré. Tout est alors redevenu comme avant. Très vite. Comme si on avait voulu rattraper le temps perdu. A quoi bon s'expliquer ? Remuer l'eau quand elle est clarifiée risque de faire remonter la vase. Voilà donc Manh, cœur et conscience en repos, avec sa trimballée sur la côte normande.

A qui pourrait-il avouer que ce déménagement a eu aussi pour raison de l'éloigner à tout prix de chez lui pendant un moment ? Parce que, rompant encore une fois avec sa promesse, Catherine a de nouveau téléphoné aux Tilleuls. Grâce au Ciel, à l'heure où Hélène se trouvait au marché et où Chi Ba passait le plumeau sur les meubles du salon. Ce qui lui a permis de décrocher l'appareil dès la seconde sonnerie et de prévenir aussitôt Manh en cachette. « Elle est bien fichue de débarquer chez toi, avait averti le psychiatre sous l'aile duquel il l'avait placée. Aussi mets-toi tout de suite au vert, le temps de dégoter une solution. » Il y parvient dès le départ des Lê pour la Normandie. En la convainquant d'aller rejoindre au Chili son éleveur de moutons qui, pleurant son absence, lui avait envoyé un billet d'avion. Aujourd'hui, regard sur les vagues couleur d'huître et sur le ciel qui traîne comme un vieux rhume, Manh revit leur amour fou à Saigon, à Paris et à Nice, puis pousse tout cela, d'un coup, plouf ! à la mer. Puis se redit ce que son vieil oncle lui a demandé de retenir avec sagesse : Il ne faut jamais tout donner à l'amour avant de savoir s'il le mérite.

Et Colette voit l'automne survenir, puis l'hiver. Avec une lenteur d'érosion. Quand, pareille à la percée soudaine du soleil après quarante jours de pluie et de brouillard, la grande nouvelle arrive au journal. Et aux Tilleuls où chacun la reçoit selon son goût. Le départ en reportage au Viêt Nam. Dans un premier temps, Manh en tient de nouveau rigueur à son voisin et ami. C'est clair. Pierre a fait en sorte qu'elle rejoigne son fils. D'une certaine manière, il a voulu contourner notre interdit. Pis, il nous a bravés. Mais un soir, les jambes allongées devant son poste de télévision, devant une émission qui analyse les conséquences de l'écroulement récent du régime soviétique, il l'absout. Le Viêt Nam a perdu son « grand frère » et ses roubles. Obligé de faire des risettes au dollar, il écarte un peu plus les mailles du filet d'acier qui l'enserrent. C'est le moment d'y aller voir de plus près. Et qui mieux que Colette pourrait ausculter un pays dont elle connaît déjà tant de choses ? Hélène, elle, juge la décision de Pierre de la façon dont son mari la jugeait au début. Plus encore :

« Ecoute-moi bien, s'insurge-t-elle. Il a tout fait pour qu'ils nous reviennent mariés.

— Petite Sœur, tu dois savoir qu'on ne se marie pas comme ça. Il faut un tas de papiers...

— François côtoie l'ambassadeur à Hanoi, rien ne lui est impossible. »

Raisonnons, calcule Manh, comme sur un papier, crayon à la main. Si Colette avait voulu enfreindre les vœux de ses parents, ne l'aurait-elle pas déjà fait depuis longtemps ? Raisonnons davantage . Qu'elle soit devenue la maîtresse de François, hier ou avant-hier, personne n'en doute plus. A-t-elle pour autant quitté le foyer familial ? Voilà pourtant des années qu'elle fréquente ce jeune voisin. Et aujourd'hui, plongée dans un milieu dont les mœurs sont aussi relâchées que le parler, a-t-elle débordé le droit chemin qu'elle s'est fixé ? Et tous ces météores que nous avons décrochés du ciel pour couper sa course vers son étoile sans qu'elle ait même cillé des yeux ? Concluons : que l'on n'approuve pas le choix de son cœur ne doit pas empêcher de la féliciter pour la fidélité de ses sentiments. Fidélité à l'égard de François, fidélité à notre propre égard.

Cependant, Colette est de nouveau sur le gril. Le départ pour le Viêt Nam a été remis et les raisons de ce contretemps sont obscures. Chacun, au *Mondial*, essaie en vain de les éclaircir. Si son visa avait été refusé ? Ou si Larbo, qui hante en permanence le couloir de la direction – l'odeur de sa pipe en fait foi –, était en train d'intriguer afin de partir à sa place ? D'ailleurs, Pierre semble la fuir. Elle dérape sur son regard, impuissante à l'accrocher. Manh lui reproche donc maintenant son indifférence envers elle. Faire miroiter un si beau voyage au pays de ses parents et de ses ancêtres pour ensuite l'accorder à un autre ! Sa déception est d'autant plus vive que Colette espérait pouvoir obtenir, là-bas, des nouvelles de son oncle. Car si François s'est engagé à remplir cette mission dès son installation à Hanoi, il n'a jusqu'à présent envoyé aucun écho sur le sort de ce malheureux.

Combien de fois Manh pense à Lan quand vient le soir, à l'heure favorite des souvenirs ? Il le revoit dans le salon de la rue Chasseloup-Laubat, lisant son journal, lunettes relevées sur son large front, ou prêt à sortir, se redonnant un coup de peigne en hâte, tirant sur ses cheveux lustrés. L'entend éclater de rire, envoyer dans son rire, pêle-mêle, joie, dérision, moquerie et de quoi tout cacher, jusqu'aux larmes. L'entend commenter les événements politiques et s'enflammer à la moindre rumeur, exploser de sa voix puissante, comme s'il était sur une tribune. Et gémir dans le bruit de ses chaînes. Lan, énorme tache sur la page de sa vie, obsession du malade incurable. Quelle prédiction de Giàu pourrait endormir une telle affliction ? Manh a souvent répété à Hélène : « On ne revient pas de cet endroit, ou bien, à moitié mort, à l'exemple de Quang. » Lan, ce mort vivant qui le harcèle sans relâche comme une âme errante.

Janvier grignoté jour après jour sans que rien de décisif ne sorte du bureau de Pérol, au *Mondial*. Quand un matin, à Rueil-Malmaison, conduisant Colette à Paris en voiture, Pierre finit par lui fournir des explications. Bien que responsable de cet ajournement, Larbo n'est pas en cause. Très mécontents de ses commentaires dans le journal, à la suite de son court séjour à Hanoi, les Vietnamiens se vengent. En ne répondant pas à la nouvelle demande de visa formulée par *Le Mondial.* Pierre ajoute sous le sceau du secret : « Deux fois déjà, j'ai vu le ministre. Il m'a promis d'intervenir à Hanoi, mais... » Mais le 8 janvier est déjà là, et le 30, François sera de retour à Paris. Colette à la torture, perdant l'envie de manger. Avec cette hantise : être obligée de partir au moment même où François va revenir. Le croiser dans les airs. Voici donc le 8 janvier, puis le 9, puis le 10... Ouf ! Pierre entre dans la rédaction, passeport à la main, sourire annonciateur, et se dirige vers Colette qui entend : « Qu'est-ce que tu fais là ? Tu devrais déjà être chez toi. Rentre vite et fais ta valise Tu as tout juste le temps d'aller à l'aéroport. Ton avion part à dix-neuf heures quarante. »

Le départ. Colette marche d'un pas d'automate, celui qu'elle a imaginé à cent reprises, marche comme déjà dans les nuages. Et voit. Voit une jeune fille avancer, sac à l'épaule, à travers l'aérogare, la voit dans toutes les glaces, avancer de ce pas d'habitué et s'exclame, surprise : Mais c'est moi, enfin, moi qui avance enfin vers cet avion qui partait toujours sans moi, qui ne m'attendait jamais ! Cette fois, il est forcé de m'obéir. Manh demeure à ses côtés jusqu'à la dernière seconde. Ne la lâche qu'à la ligne rouge de la police de l'Air. Au volant, tout à l'heure, après les recommandations, l'émotion. Son enfant, la chair de sa chair va retrouver sa terre chérie. Son enfant, ambassadeur de son moi profond et de son mal du pays. L'émotion et ce silence qui l'accompagne. Et maintenant, tout là-bas, dans le hall des départs, l'homme seul qui s'en va avec en moins tout ce que son enfant a emporté de lui, tous les messages de son moi profond pour le pays dont il a mal. Et maintenant, par le hublot, la France qui s'en va sous les yeux de sa fille chérie, la France, ce petit bout du Viêt Nam rapporté, carreaux des champs ternis d'usure ou blancs de givre, chemise rapiécée du vieux pays, cœur rapiécé du pays rapporté.

Et voici qu'après un long, long chemin, glisse, comme sous sa main affectueuse, le Viêt Nam du professeur Lê sous les ailes de sa chère petite-fille. Glissent les forêts giboyeuses et les hauts plateaux bleutés, et les côtes sablonneuses, et les rizières imbibées, les marécages, les mares aux canards, les marigots suintants et les fleuves aux bras de pieuvre, toute cette eau d'argent qui brille comme des yeux suintants. Glisse son Viêt Nam, les larmes aux yeux.

Hanoi. Elle descend de l'avion, de son salon volant, de son monde luxueux, moelleux, et aussitôt change de planète. Elle est dans la peau d'un Armstrong, dans son scaphandre hermétique. Avance hésitante, méfiante, écarquille les yeux, abasourdie et se demande : Est-ce possible ? Comment ai-je pu faire ce saut en arrière, remonter tout ce temps ? Décor décrépit, vêtements de pauvres, joues creuses. Vétusté de tout. Et se demande : Où est le Viêt Nam raconté par mon père, par mon grand-oncle, par ma tante, ce pays de légende qui à les en croire n'a pas son pareil au monde ? Cette femme désirable qu'est le Viêt Nam incrusté là, côté gauche, à jamais, comme de la nacre. Le pays des millions de génies, des baleines sacrées et des phénix aux cinq couleurs. Où sont les vieux sages à la Giàu, les enfants petits chats, les cyclos rieurs et les filles libellules en tunique à fleurs, dignes et droites comme des Hollandaises sur leur vélo ? Et les bonzes tondus sous leur ombrelle ? Il n'est que cette foule grise et ces mines grises, et ces uniformes de gardien de prison sous un soleil mort pleurant son crachin, et sous les coups de faux d'une bise pénétrante. Mais soudain dans cette grisaille, dans cette attristante et silencieuse affluence, la joie. François. Qui voudrait tellement la presser contre lui, mais qui sait que cela ne se fait pas, que cela serait très mal vu. La joie tressaillante de François et la sienne intérieure. François, cet autre astronaute sur la lune qui l'entraîne vers sa voiture à travers la multitude. François, ce Tây revenu du bon temps. Et cette fillette qui serre les dents, ses mauvaises petites dents, en lui serrant la main de toute la force de ses petits doigts, comme si elle voulait l'emporter avec elle. François qui a pris la main de Colette et la serre à son tour de la même façon. La serre, une fois refermée la portière de la vieille limousine noire aux banquettes affaissées, aux soupapes jouant des castagnettes, le modèle réservé aux gens importants, la seule voiture sur cette route cabossée et excavée par les pluies. Cette route piquetée de cyclistes moustiques miaulant du pédalier et courbant la tête comme sous le poids du ciel. François qui n'ose toujours pas embrasser Colette à cause du chauffeur casqué de liège dont il surprend parfois le regard dans le rétroviseur étoilé. Et qui, dans un souffle, lui donne enfin ce qu'il avait sur les lèvres depuis l'aéroport en attendant d'être seul avec elle. Lui souffle enfin :

« Ton oncle Lan va être libéré. »

Oui, elle a bien entendu malgré le bruit du moteur bramant. Oui, Lan va recouvrer la liberté. Le principe en est acquis. Sûr ? Rien n'est jamais sûr avec des gens qui manquent souvent à leur parole, mais ils l'ont assuré. Et quand ? On ne sait pas, on ne peut jamais savoir quand avec des gens qui changent souvent d'avis au dernier moment. Cependant, ils se sont engagés, ils l'ont même écrit. Mais chut ! tout cela est encore secret, rien ne doit être annoncé. (Bénédiction du Ciel que ce brouillage assourdissant du moteur.) La moindre indiscrétion pourrait les vexer et faire tout capoter. C'est pourquoi, il s'est refusé à en parler dans ses lettres. A décrire les tractations auxquelles on se livre depuis des mois, au milieu desquelles il a dû œuvrer depuis que l'ambassadeur l'a chargé du dossier des prisonniers politiques. Elle se pelotonne contre lui :

« Alors, c'est toi, François, c'est toi qui... ? »

— Chut ! (Main sur sa bouche.) Je ne t'ai rien dit, tu ne sais rien, compris ? Quant à moi, qu'ai-je fait ? Pas grand-chose. Que peut faire un petit fonctionnaire comme moi dans une affaire aussi importante ?

— Si, si, c'est toi, François, j'en suis certaine, c'est toi et pas un autre.

— Tais-toi, Mây, je t'en supplie, tais-toi. »

Le moteur s'est tu, lui aussi. En carafe. Heureusement, aucune panne n'arrête ces rois du bricolage que sont les gens d'ici.

Colette, le lendemain matin, à l'aube, dans ses bras, abandonnée, comblée et brusquement réveillée par la radio, et sautant du lit, et découvrant ce monde au bout du monde. Cet autre monde. Courant à la fenêtre de l'appartement de fonction, trois pièces cuisine, non loin du Petit Lac, et entendant cette radio pérorer au sommet d'un poteau télégraphique. Voix de soldate galonnée, martelée comme des bottes. Puis au bord du lac, sous le ciel bas tamisant son eau, la voix d'une seconde aboyeuse, celle-ci juchée sur un podium, dirigeant les mouvements disciplinés d'un bataillon d'habitants et d'habitantes en petite tenue. L'heure de la gym quasi obligatoire sous la saleté du ciel buté comme un front têtu. Ailleurs, loin d'ici, un jour nouveau est en train de naître, loin, loin d'ici, pour la jouissance des hommes libres, tandis qu'ici, à l'instant, approche le premier homme de cet autre monde. Un cycliste enveloppé d'un mauvais morceau de plastique noué sous le menton, avant-garde de la grande armée chuintante des deux-roues. Approche, bzz, bzz, tristement le premier habitant de ce monde-là. C'est une femme. Une femme ? A quoi Colette l'a-t-elle reconnue ? Faut-il que la grâce soit à ce point inaltérable pour qu'elle parvienne à percer cette gangue de déchéance et de laideur ? Une femme qui a séduit un homme, un jour, que l'on a câlinée, enlacée, qui a frémi comme la soie sous la caresse des mots et des doigts. Où va-t-elle, aujourd'hui, bzz, bzz, se demande Colette, cette femme qui pourrait être moi si le destin m'avait condamnée à vivre dans ce Viêt Nam désespérant ?

Mais dans quelques jours, peut-être, Lan quittera sa planète désolée à bord d'une fusée de lumière, et à cette idée, le crachotement du ciel s'éteint aussitôt avec la voix de l'adjudant, et le mouvement mécanique des marionnettes alignées se transforme en un ballet aérien. Dans quelques jours, peut-être, la fête aux Tilleuls, l'infini bonheur de son père. Mais quand pourra-t-on l'avertir ? « Il sera prévenu par le Quai, croit savoir François. Mais pas avant que Lan ne soit entre nos mains. » En attendant, insiste-t-il, pas un mot. Même à l'ambassade où il présente Colette avec fierté à ses collègues, où Bernard Fougerol, le maître des lieux, les invite à dîner. Colette aux anges, dans sa tunique couleur du forsythia que dorent les chandelles. Dîner aux chandelles avec un homme qui ne cesse de lancer des fleurs au sien. Et après, assis, côte à côte, dans le cyclo-pousse qui les ramène chez eux, sous les tamariniers des amiraux d'antan, sous les étoiles revenues, elle lui murmure à l'oreille : « C'est toi, je suis sûre que c'est toi qui as réussi à les convaincre de relâcher mon oncle. L'ambassadeur n'en a rien dit, mais ce qu'il a dit de toi, c'est tout comme. » Et il rit en la serrant contre lui, dans le noir, rit de sa naïveté, ivre d'un bonheur si précieux qu'il voudrait pouvoir le mettre tout de suite à l'abri, comme une émeraude dans un coffre inviolable.

Cependant, le temps les assaille encore. Six jours derrière eux, déjà, et rien ne s'est produit. Silence des geôliers de Lan.

Anxiété. Le visa de Colette expire dans quinze jours, le 30 janvier, date à laquelle est prévu le départ de François. Rentrer ensemble avec Lan, bras dessus, bras dessous. Rentrer en France pour le Tết qui a lieu le 8 février. Rêve fou. Alors, que faire ? Rien. Attendre. Et faire son travail de journaliste, car il ne faut pas l'oublier, *Le Mondial* l'a envoyée travailler. Une semaine et demie de reportage à Hanoi, puis à Huế, escortée par un guide plus argus que cicérone. Rencontres de ministres, généraux, fonctionnaires, tous ardents tenants de la langue de bois, et entrevues furtives avec des citoyens anonymes, lèvres engluées dans la peur à l'apparition de l'accompagnateur officiel. Que Colette arrive parfois à semer, le soir, quand, exténué par les activités qu'elle lui a imposées, il rentre se coucher. Rendez-vous secrets avec bonzes, prêtres et religieuses au fond d'une pagode ou d'une église, ou avec toute une famille dans la pénombre d'un box dont on a laissé les grilles entrouvertes pour ne pas éveiller les soupçons. On sert le thé, on déguste des fruits, on se livre, on se délivre. Quand soudain, accroupi face à la rue, un petit guetteur donne l'alerte : « *Cãnh sát !* » Police ! Alors, c'est la volée de moineaux, et l'on doit changer de cachette.

Une semaine et demie de confessions vibrantes et de regards mouillés. Et comme, à l'ambassade, on reste dans l'expectative en se demandant maintenant si l'on ne s'est pas réjoui trop tôt, Colette décide d'aller continuer son enquête à Saigon. Où entre deux visites à des cadres du Parti, elle se rend, cœur chavirant, rue Chasseloup-Laubat et se retrouve dans le jardin abandonné. Devant la maison abandonnée, portes et persiennes closes, assise sur le perron, cœur chaviré, abîmée dans ses émotions. Assise sur ces marches chaudes que tant de pas aimés ont foulées, hantée par la vie passée de sa famille, par ses heurs et malheurs demeurés pris, ici, fossilisés, pareils à une abeille captive d'une boule d'ambre depuis des millions d'années. Se retrouve un bon moment, tête dans les mains, examinant les arbres, les fleurs, toute cette nature laissée à elle-même, poussant, croissant, éclosant dans l'humus du souvenir. Tout ce décor auquel s'attachent des voix et des visages. Visage de Tùng au milieu de ses ottélies égayant toujours la pièce d'eau, voix de Pierre offrant à Thu cette fleur d'hibiscus au cœur sanglant dans un médaillon, voix de Hồng racontant les échappées dans le jardin, au réveil, avec son grand frère, pieds nus et en pyjama. Puis, après ce pèlerinage, d'autres encore à travers Saigon l'ensoleillée, à travers la reconstitution des récits familiaux, des histoires racontées, le soir, quand la nostalgie se lève avec la lune. Respirer cette ville, l'entendre, la lécher des yeux, l'étreindre pour tout ceux qui ne pourront plus jamais le faire.

Puis le retour à Hanoi où François la guette dans la foule grise. Où, soleil éclatant dans le brouillard, François explose de joie : « Notre rêve va se réaliser, Mây, c'est pour demain, si tout va bien. Demain ! » Et contre toute règle, il lui prend les mains. Joie, ô joie, Lan bientôt là, contre notre cœur, serré ! Joie, notre retour en France avec lui, mon oncle miraculé, notre retour dans le même avion, une semaine avant le nouvel an lunaire, joie. L'arrivée à l'aéroport, mes parents, les tiens, tout le monde, quelle plus grande joie ?

Confirmé. Une voiture de police déposera Lan, demain soir, à l'aéroport de Gia Lâm. Il devra avoir quitté le sol vietnamien le 31 janvier à dix-neuf heures vingt-cinq. L'heure solennelle de l'avion pour Paris. Mais maudits soient les chiens jaunes et tous les démons qui les inspirent, ses geôliers n'ont pas fini de jouer avec l'espoir, de se jouer des angoissés. A la dernière minute, tout est remis en question. Colette se sent coupable : « Ils ont mal pris le fait que la nièce de Lan ait des rapports avec ceux qui négocient son élargissement. Ma présence au Viêt Nam est une erreur tragique. » On la tranquillise. La faute est ailleurs. Alertés par l'Agence France Presse, les journaux parisiens viennent d'annoncer la libération de Lan. Aussitôt démentie par Hanoi qui ne voulait pas laisser à un tiers le soin de diffuser cette nouvelle afin de l'assaisonner à sa manière. Attribuer cette « décision généreuse », non aux incessantes démarches des autorités françaises, comme l'a écrit « faussement » l'agence, mais à la « mansuétude » du gouvernement vietnamien à l'égard d'un « criminel » qui, en mauvais état physique, a besoin de recevoir des « soins à l'étranger ». L'ambassadeur ne se contient plus : « Blanchard va me le payer. » Blanchard, l'agencier qui lui avait promis de tenir sa langue jusqu'au dernier moment. « *Giữ thể diện*, garder la face ! Leur éternelle obsession, s'insurge Fougerol devant François et ses conseillers. Et que font-ils de la face d'un homme qu'ils gar dent prisonniers depuis vingt-six ans ? »

Dans trois jours, Colette s'en ira, visa expiré. Vaincue, désespérée. Inutile de s'illusionner. Ils ne changeront pas d'avis dans un si court délai. « S'ils en changent jamais ! » soupire François. Non, Colette refuse l'idée de partir. Il lui faut assister à la libération de son oncle. Parce qu'il est son oncle et qu'elle se doit de le ramener à la maison pour le Têt, le jour de la réunion générale des familles, et parce qu'elle souhaite avoir la primeur de son témoignage pour *Le Mondial*. Une semaine, elle a besoin d'une semaine supplémentaire. A François de se débrouiller auprès de son ambassadeur pour qu'il obtienne cette prolongation de visa. François qui ne peut espérer partir en France avant que l'on en ait terminé. A François et à son Dieu. L'entendra-t-Il pour une fois gratter à sa porte ?

Plus que deux jours. Toujours rien ? Rien. Plus qu'un jour. Rien, rien. Jour du départ pour Colette. Heure du départ. Voilà, les deux valises ont été chargées dans la voiture où le chauffeur et le guide l'attendent. Voilà, c'est fini, elle va se séparer de François qui, lui, se prépare à rejoindre l'ambassade où l'on vient de le demander d'urgence. Il l'embrasse derrière la porte, puis l'accompagne dans la rue. Quand le téléphone retentit de nouveau dans l'appartement. Fougerol. Il a obtenu cette prolongation de séjour, c'est cela, n'est-ce pas, que veux-tu que ce soit d'autre ? essaie-t-elle de se convaincre pendant qu'il remonte pour répondre. Et revient, une minute après, tête basse. Non, c'était une erreur. Alors, voilà, leurs mains se quittent une bonne fois pour toutes et la voiture noire bougonne, puis s'ébranle, et François la voit s'éloigner, scarabée parmi la nuée des moustiques. Adieu, Mây. Voilà, elle a disparu. Il a disparu. Adieu, François. Et voici la cathédrale, dolmen carié sous le voile cendreux du crachin. La pauvre cathédrale usée par les moussons, où Colette a voulu assister à un mariage, l'autre jour. Robe longue, diadème et gerbe de dahlias. Jolie, la mariée, avec son accroche-cœur collé sur le front, mais quel dommage, cette tête d'enterrement, cette si fâcheuse tradition destinée à montrer son regret d'avoir à laisser le toit familial ! Pendant que les pétards crépitaient sur le parvis, Colette est allée interroger le curé. Dissimulée derrière un pilier, à cause de la police, elle voulait entendre de sa bouche comment se bat l'Eglise souffrante dans ce Viêt Nam où l'on ne peut plus vénérer que les divinités temporelles. Vieux et malade, le prêtre s'est auréolé d'allégresse quand il a compris qu'elle venait de France. « France, pays de la liberté ! » Et en apprenant qu'elle aimait un jeune Français et que l'on s'opposait à leur mariage, il l'a bénie en lui promettant de prier pour eux afin que leur vœu se réalisât au plus vite. Et avant de sortir de la cathédrale, passant devant la statue de la Vierge, elle a cru voir les lèvres de pierre esquisser comme un sourire.

C'est maintenant la face raboteuse d'un policier qui la regarde. A l'aérogare de Gia Lâm où elle vient de présenter son passeport. Une face qui soudain se décontracte aux mots que lui glisse à l'oreille le guide qui vient de réapparaître après avoir répondu à un appel téléphonique. Ces mots : elle peut rester au Viêt Nam si elle le désire. La validité de son visa a été prolongée de huit jours. Joie, ô joie, de nouveau, joie de récupérer ses bagages et de reprendre cette route défoncée, passages à gué, bacs, petits vendeurs, mendiants, rizières, buffles à demi immergés, rizières, aigrette solitaire, rizières, fillette trottinant sur une diguette, laboureurs, joncs, canards en troupe, rizières, noria à palettes, marécages, long pont ferraillant, nuage de fumée, ténèbres, locomotive à vapeur, Hanoi ! Et François enfin, joie, ô joie !

Le 7 février, à midi, avant-veille du Têt, donc, l'ambassadeur est averti officiellement par Hanoi que Lan va être libéré le jour même et qu'il sera aussitôt expulsé du territoire. Conduit à l'aéroport dans la soirée, il doit être remis aux autorités françaises afin de pouvoir embarquer dans l'avion d'Air France partant à dix-neuf heures vingt-cinq. Remis dans quel état ! Peau sur les os, yeux si rentrés que l'on a peine à distinguer s'ils sont là ou non. Cependant, solide sur ses jambes. Des lunettes, il n'en porte plus depuis des années. Confisquées par les gardiens. Comment Colette a-t-elle fait pour reconnaître son oncle parmi cette troupe en civil qui l'entoure alors qu'elle ne l'a vu qu'en photo ? Que sur cette photo qui n'a jamais bougé de l'autel des ancêtres, aux Tilleuls, et qui date d'au moins quarante ans ? Peut-on reconstituer un visage de toutes pièces à force d'écouter les souvenirs le décrire ? C'est bien lui, en effet, avec son front dégagé et ses cheveux tirés sur la nuque comme par une main sévère. Il a seulement un peu blanchi, sans doute moins sous l'effet de l'âge que sous celui des coups et de la torture.

En réservant sa place dans l'avion, on ne s'est évidemment pas soucié de savoir s'il voyagerait accompagné ou pas. Mais par bonheur, il restait encore deux places en plus de la sienne. Deux places, pas une de plus. Quand le Ciel veut vraiment vous aider, il ne le fait jamais à moitié. Les policiers ne lâchent leur ancienne victime qu'au pied de la passerelle du Boeing. Ont-ils craint de le voir subitement s'échapper pour retrouver le paradis des travailleurs ? Lan a du mal à gravir les quelques marches tant il défaille d'émotion, et François doit lui prêter discrètement son bras. Au sommet, il se retourne et jette une dernière fois les yeux sur son pays, et curieusement, alors que le crachin n'en terminait pas de grésiller depuis une semaine – à se demander si l'on sortirait un jour de ce tunnel –, les nuages s'écartent, et surgit une clarté aussi radieuse que celle de Saigon. Surgit le soleil. Désireux que l'ancien forçat ne se rappelle pas seulement la nuit et le brouillard.

Prisonnière du secret, au supplice, Colette. Dans l'impossibilité, avant de quitter Hanoi, d'informer son père de la bonne fortune dont vient de bénéficier son frère aîné. Bien sûr, Pierre a annoncé la nouvelle aux Tilleuls dès qu'il l'a lui-même apprise, mais comme elle a été suivie presque aussitôt de son démenti officiel, la famille flotte maintenant entre espoir et désespoir. Autrefois, devant ce trouble insupportable, on se serait plaint d'avoir « les sentiments décomposés », et la nuit suivante, afin de savoir sur quel pied danser, quelqu'un, Chi Ba, par exemple, aurait compté le nombre de cris lancés par le gecko, le petit lézard aux doigts adhésifs et aux yeux rouges rampant sur le plafond de sa chambre. Manh a calculé, lui, que ce Tết serait le vingt-septième que son frère passerait dans son lieu de souffrance, et devant cette constatation, l'énervement l'a pris en repensant aux prédictions optimistes de son oncle. A ce qu'il lui a répété, une fois de plus, ce matin, affirmant que le sort tournerait bientôt à l'avantage de Lan parce que cet an neuf, celui du Dragon, serait le plus faste du grand cycle zodiacal des douze années écoulées. Parce que le Dragon, symbole de la force, de la grandeur, de la noblesse, du mari omnipotent, et gage du bonheur parfait, était un signe particulièrement bénéfique. Qu'il avait le pouvoir de conjurer tous les malheurs par son souffle créateur et vivifiant, et même de chasser le Tigre, esprit du mal et source de mort.

Vingt-septième Têt sans Lan. Et Colette qui ne réussirait peut-être pas à rentrer avant cette grande fête familiale ! Colette que ce fichu métier s'efforce toujours d'écarter de la maison au plus mauvais moment. Colette avec ce garçon, si longtemps avec lui et si loin des Tilleuls, de son influence éclairée, de sa pression... N'est-il pas inquiétant que Pierre Lepelletier se soit montré incapable de savoir dans quel hôtel elle a déposé ses valises ? *Le Mondial* ne communiquerait-il donc jamais avec elle ? Et avec ses deux brèves conversations téléphoniques, qu'a-t-on appris sur ses impressions et surtout sur elle-même, sa santé, sa sécurité et ses conditions de vie dans ce pays retourné au temps des Mongols de Koubilai Khan ? Rien. Si ce n'est qu'il crachine à Hanoi et que le soleil donne son plein à Saigon. Bien entendu, pas un mot sur ses retrouvailles avec François. A croire que leur amour n'a pas résisté au voyage, qu'il s'est envolé comme le fait la paille du paddy pendant le vannage. Pas un mot non plus sur son oncle captif. Dans sa béatitude, s'en est-elle seulement souciée ?

Mais quelle idée a pris Manh, tout à coup, de décider, en dépit de son découragement, d'entreprendre la réfection de l'ancienne chambre de Thu laissée en l'état depuis la disparition de son occupante ? Eût-il pressenti que quelqu'un d'autre allait bientôt habiter cette pièce ? En tout cas, il surveille le travail de l'ancien marinier avec un soin particulier, choisissant de remplacer le papier peint fleuri de bougainvillées de sa belle-mère par une toile de jute plus masculine. Comme quoi on est souvent l'artisan involontaire des surprises que le destin vous prépare. Tout aussi consciencieusement, Chi Ba s'est lancée dans le nettoyage complet de la maison en prévision de la nouvelle année. Une besogne si rude que la malheureuse a bien failli ne pas s'en remettre, obligeant son patron à agir avec ses aiguilles d'or et l'extrémité de l'ongle pour régulariser la circulation de son influx nerveux. Traitement que la vieille bonne n'a sans doute pas jugé suffisant, puisque, le lendemain, Hélène l'a vue appliquer sur ses jambes et sur ses orteils des sachets de gros sel grillé à la poêle. De son côté, Giàu a procédé à ses belles calligraphies habituelles, d'un pinceau précis et élégant. Autant de petits tableaux qui chantent à présent, sur leur papier écarlate, les trois souhaits traditionnels, de chaque côté des portes et du miroir de la cheminée. Tandis qu'Hélène et Hồng ont rempli trois hauts vases en cristal de gerbes de forsythia et de branchettes de prunus fleuri rappelant les rameaux de poirier sauvage et d'abricotier que l'on achetait jadis dans les kiosques du boulevard Charner, à Saigon. Aux friandises usuelles confectionnées par les trois femmes s'ajoutent les fruits confits classiques dans leur boîte de plastique ronde et transparente. Et ravissant tout le monde, fidèle à la coutume qui veut qu'en l'an neuf on porte du neuf, Hélène est revenue, l'autre soir, de chez sa couturière, avec une robe copiée sur un modèle de Dior, en lamé argent, assez semblable à celle qu'elle avait offerte à Colette pour ses dix-huit ans. Une splendeur faite pour rajeunir les femmes, donc pour les rendre heureuses. Enfin, le plaisir a été de taille pour Manh d'être informé que, de passage en France, son demi-frère, Thuy, le « Gabonais », sa femme et ses deux fils rejoindraient la famille, le jour du Tết, et que l'« Américain » Khoa, l'un des deux fils de Thu et de Tùng, en voyage en Europe, tâcherait également de rallier les Tilleuls à cette occasion.

Bref, tout est prêt pour la grande communion annuelle des vivants avec les morts. Pour la célébration solennelle de l'unité familiale, de l'harmonie, de la paix et de la sagesse devant les tablettes de santal des ancêtres. Ne manquent que Colette et l'éternel absent retenu par ces maudits hommes dans leur maudit pandémonium. Tout est prêt quand, joie, ô joie, Manh entend, joie sublime, à midi trente, en ce 8 février, veille du Tết, la voix de Pierre Lepelletier, cette voix qui sans même s'annoncer, sans civilité d'usage, lui apprend que son frère aîné vient de prendre l'avion à Hanoi ! « La dépêche est tombée il y a cinq minutes, au journal, juste au moment du décollage. Ils seront là, tous les trois, demain matin. » Tous les trois ? Oui, Lan, Colette et François. Joie de toute la famille rassemblée aussitôt dans le salon, comme sur un coup de gong.

Une demi-heure plus tard, d'un ton protocolaire suggérant tapisserie d'Aubusson et huissiers à chaîne, le Quai d'Orsay annonce officiellement la nouvelle. M. Lê Van Lan débarquera demain matin, à six heures dix, du vol Air France 171, accompagné par M. François Lepelletier de l'ambassade de France au Viêt Nam. Mais Colette ? Qu'est devenue Colette ? Pierre ne s'est-il pas trompé ? Dans l'après-midi, il se présente aux Tilleuls riche d'autres informations. Avec quel soulagement on accueille alors la nouvelle de « la présence dans l'avion de la nièce de l'ancien prisonnier » et de « l'apparente bonne santé » dont ce dernier semble bénéficier. Car on ne peut évidemment se défaire de l'image de Quang amputé d'un pied. Alors, sans qu'un mot soit prononcé, dans le même élan de reconnaissance, on se rassemble tous devant l'autel, l'encens fumant au bout des doigts. Et pris au dépourvu, Pierre remercie les ancêtres à son tour en imitant couci-couça les gestes rituels.

Et voici Manh à l'aéroport. Manh qui a voulu aller tout seul à la rencontre du frère perdu et retrouvé. Tout seul, pour supporter tout seul, loin des regards, l'émotion d'un tel retour. Voici Manh dans la foule, guettant devant la porte de la douane l'apparition de son frère aîné et imaginant derrière lui toute sa famille vivante et tous les morts. Imaginant son père et sa mère, et leur vieux cœur déchiré et raccommodé. Et voici la porte coulissante qui coulisse et les premiers passagers qui passent, et d'autres passagers qui n'en finissent pas de passer. Et voici Colette, d'abord. Colette belle d'une surprenante beauté pour un père qui la redécouvre après vingt jours d'absence. Belle d'un sourire promettant une joie incomparable. Et voici cette joie, la récompense du destin, de l'espérance jamais abandonnée, des dieux toujours honorés, des ancêtres à jamais célébrés : le frère perdu et retrouvé. Voici Lan s'appuyant sur François dans sa démarche hésitante. Lan, le front haut de sa jeunesse, les cheveux blanchis et les traits fanés de son martyr, et l'allégresse des yeux, dans leur cavité profonde, illuminés d'un rêve auquel ils ne croyaient plus. Voici le frère perdu et retrouvé retrouvant son petit frère éperdu d'une joie incomparable.

Aux Tilleuls, après les effusions, les premiers récits et le repas, le repos. Car à dix-sept heures, minuit pour le Viêt Nam, les voyageurs devront être dispos. S'attendre à veiller longtemps au cours de la nuit du nouveau fuseau horaire dans lequel l'avion vient de les déposer. Veiller, l'esprit fixé sur le printemps qui va naître, sur la renaissance prochaine de la nature et des êtres. Sur l'avenir. Bien sûr, Lan sera astreint à rester au lit. Il proteste. Pour rien au monde il ne manquerait le dîner qui se prépare. « Les buffles qui arrivent en retard boivent de l'eau troublée. » Le réveillera-t-on à temps ? Manh tient à l'examiner en médecin. Surprenant. « Tu parles de buffle, eh bien ! tu en es un », se réjouit-il. Depuis un mois, en prévision de sa libération, ses bourreaux ont amélioré son ordinaire.

Vingt jours ensemble et c'est la fin. Devant la porte des Tilleuls, Colette et François se sont séparés. Au revoir, au revoir. Comme si Manh venait de déposer un auto-stoppeur. Chacun est rentré chez soi, d'un côté du mur comme de l'autre, avec ses souvenirs et ses regrets. Sur un dernier baiser caché derrière la voiture. Pendant le mois de congé accordé par le ministère, combien de fois pourront-ils se revoir ? Nul doute que les reportages se succéderont et qu'aux Tilleuls on s'arrangera pour gêner autant que possible cette promiscuité devant laquelle on a été forcé de capituler pendant si longtemps. Dans l'immédiat, il y a ces parents qui débarquent et qui vont occuper la scène. Plus que Lan, peut-être, car Thuy, surtout, est un conteur prolixe. A nous les chasses à l'antilope, en Jeep, dans la savane africaine. Ces parents dont la présence à chaque repas, durant quelques jours, retiendra tout le monde à la maison. Ah ! si le soleil avait l'idée de ressusciter et Pierre celle de ressortir son filet et ses raquettes. Mais, dit Tabard, botté et chapeauté, aiguisant ses grands ciseaux de jardinier, « depuis une semaine, il repleut, repleut, repleut et y a pas d'raison qu'ça s'arrête ». Les parents, les voilà, justement. L'« Africain » et l'« Américain », leur femme et leurs enfants, dans les toilettes conformes à leur continent respectif. Et Alain Vần dont l'épouse, chacun le sait, s'est fait débrider les yeux à Hongkong, mais n'en a pas moins le minois d'une poupée pékinoise. Et surprise qui n'en est pas une pour Hồng, à considérer son euphorie contenue, et pas plus pour Manh et Alain Vần, Đào qui ressemble tellement à Lan. Đào et ses prunelles mouvantes, prisonnières de leur verre épais, débarqué de Marseille avec le premier mimosa de la saison. Mais cette petite *cô gái dễ thương*, cette petite mignonne inconnue de tout le monde, voyons, qui est-elle ? Cette sirène au teint doré, comme on en trouve à Huế, et pourvue d'une queue de cheval dont le balancement doit sûrement exciter bien des garçons. Delphine ? « Ma copine », s'esclaffe Hugues, qui s'est fait voler Caroline et s'est vite consolé. Hugues à qui l'on ne reproche plus rien depuis qu'il est entré à Sciences Po, en route pour l'Ena.

En fin d'après-midi, la ruche. Dans les chambres où les dames prêtent leur visage au miroir pour une ultime inspection et où les hommes nouent et renouent leur cravate. Dans la salle à manger toute tintante du cristal et de la porcelaine que Colette ordonne sur les tables. Et à la cuisine où Hélène et Chi Ba parachèvent leurs œuvres, fignolent mets et sauces. Où la vapeur exhalée des marmites et du cuiseur à riz embuent les vitres, comme si des amoureux s'étaient embrassés tout contre, et remémore la chaleur d'étuve des nuits de fête saigonnaises. De celles surtout que l'on appelle *Đêm giao thừa*, la Veille du Têt. Une cuisine dont la propreté laisse pour une fois à désirer. Que font en effet sur le sol ces épluchures de papaye comme si on les avait semées volontairement ? Pas question d'y toucher, s'est récriée Chi Ba en retroussant les lèvres pour renforcer son refus. Aujourd'hui, le balai est condamné au placard. Le passer sur le carrelage signifierait que l'on invite Thần Tài, le génie de la Prospérité, à déguerpir. Quant à ouvrir la fenêtre pour s'accorder quand même un peu d'air, on ne doit pas y songer davantage. La moindre goutte de pluie tombant à l'intérieur amènerait avec elle un an de malchance. Car ce sont des moments cruciaux que l'on va vivre ici pendant trois jours. Si cruciaux qu'une seule parole malencontreuse ou qu'un seul geste déplacé, ou même une seule mauvaise pensée peut peser sur l'avenir comme une lame sur l'échine. On a beau ne pas ajouter foi à toutes ces vieilles craintes, on s'applique par instinct à montrer un visage serein, parfois en dépit des plus noirs soucis, semblable, badine Giàu, à celui qui fait l'idiot pour franchir la porte de la citadelle.

C'est le cas de Colette qui bouderait facilement ces festivités si la piété filiale ne la tenait au corps. Plaisir en effet d'observer avec quelle grâce elle assiste la maîtresse de maison dans sa tâche. Et avec quelle bienveillance elle a aidé son oncle, Lan, à s'installer dans ses meubles, puis à s'occuper de le vêtir de la meilleure façon en fouillant dans la garde-robe de son frère, lui qui est arrivé habillé d'un rien. Infini plaisir de tous quand on le voit entrer à l'instant au bras effilé de sa nièce, métamorphosé dans ce costume de flanelle grise qui lui donne des épaules. Comme on les applaudit ! Comme le bonheur aime se faire attendre quand il veut vous éblouir ! exulte Manh sous cape en admirant le sourire de son frère sous ses traits flétris. Tandis que, chez les voisins, les aboiements de Joséphine paraissent vouloir partager ce bel état d'excitation familiale.

Mais soudain le silence. C'est le moment de la réception des ancêtres et du retour d'Ong Taó, le génie du Foyer. Après avoir remis son rapport à la cour céleste sur les bonnes et mauvaises actions de la famille durant l'année dernière, il vient reprendre dans la maison son rôle d'ange gardien. Le silence devant l'autel des ancêtres où Giàu officie. Magnifique. Tunique de brocart bleu roi brochée de dragons, turban noir, pantalon blanc, escarpins vernis. Devant l'autel richement orné où toute la famille se prosterne, nimbée de la fumée bleutée des baguettes odoriférantes. Le silence et le recueillement. Tandis que revenus au foyer pour toujours, les mânes des ancêtres partagent leur premier repas en famille. Un repas de fête arrosé de thé au milieu de leurs photos encadrées, des fleurs, des bougies et des lampes. En silence. Avant que Giàu ne brûle sous l'autel, dans un vase en argent, des papiers votifs représentant des billets de banque et des coupons de soierie. Silence que rien ne doit troubler, pas même un coq ou un chien, si l'on veut que l'année soit sans ombre. Et le fox-terrier se conforme aux ordres.

Et voici l'heure de la Souris. Minuit au Viêt Nam. L'heure du *giao thừa*, de la substitution de l'année descendante par l'année montante. Voici le vieil oncle, encore, prosterné devant l'autel, et derrière lui, Manh et son frère, et derrière eux, toute la famille dans la méditation et les courbettes. Dans la brume du santal, du benjoin et du bois d'aloès. Giàu, Manh et Lan adressant leurs adieux à la divinité de l'année qui meurt et présentant leurs vœux et souhaits de bienvenue à celle de l'année naissante. Et voici tous les membres de la famille échangeant souhaits et salutations. Et voici le bruit revenu, les rires, le gazouillis des dames et les palabres des messieurs. L'instant des réjouissances. Le moment où l'on boit, où l'on grignote, où le salon s'emplit d'un bonheur moussu et pépiant. Où au Viêt Nam, la nuit résonne de pétarades inoffensives, propres à éloigner les esprits malfaisants et les âmes errantes en quête de coups tordus. Le moment que choisit ici, avec à-propos, le petit fox pour recommencer son sabbat. On voudrait que Lan aille se coucher, mais il refuse une fois de plus. Vingt-six ans qu'il n'a pas vécu cela. Peut-il s'en priver ?

« Allez, Enfant, exige l'oncle Giàu de Hồng, joue-nous quelque chose. » Et elle se met au piano. Et de ses longues et fines mains jaillit un air apprécié au Viêt Nam par les connaisseurs. Celui d'une mélopée réservée aux chanteuses professionnelles que l'on accompagne, là-bas, d'un luth à trois cordes, et que l'on rythme des coups de deux bâtonnets sur une planchette en bambou. Une romance écrite par le grand poète Đủông Khuê et dont Đào a soufflé le titre à Hồng parce que Hồng signifie Rose en vietnamien. Hồng et sa voix de nymphette :

Rose, Rose, Neige, Neige, / Il n'est pas loin le jour où tu ne savais rien encore. / Quinze années sont bien vite écoulées, / A peine ai-je eu le temps de me retourner que déjà tu as atteint l'âge du mariage et de l'amour...

La douce voix de Hồng et celle, après coup, du fumeur enroué, d'Alain Vẩn, dont la chanson égrillarde parvient à faire rougir sa femme en dépit de sa bonne couche de fard. Et celle de Thuy, l'Africain, profonde comme la forêt gabonaise, célébrant bien sûr les animaux sauvages, l'éléphant qui s'abreuve au clair de lune et le gaur solitaire à la peau noire dont la puissance est telle qu'il réussit même à mettre le tigre en fuite. Et celle de Giàu, bien timbrée malgré son âge, contant l'histoire de la rencontre du dragon et du nuage, le dragon qui donne son nom à l'année que l'on aborde et qui, rappelle-t-il, accordera à chacun la bonne fortune qu'il désire. Et la voix de Lan, enfin, le frère perdu et retrouvé, la voix perdue et retrouvée du frère aîné devenu aujourd'hui le chef de la famille. Lan expliquant pourquoi il n'a jamais désespéré dans les heures les plus désespérantes. Relatant qu'au cours des premiers jours de sa détention, au Nord, il était arrivé à interroger l'avenir. En ouvrant au hasard, comme on le fait souvent le jour du Tết, le poème fleuve de Nguyễn Du qu'un codétenu avait pu emporter avec lui, et que l'avenir lui avait répondu. Qu'il était tombé avec surprise sur le verset 2723 qui prédit... Quoi ? Quoi ? On attend, bouche ouverte, prêt à s'extasier. Qui prédit : « *De nombreuses faveurs vous seront dispensées, l'hymen d'autrefois s'accomplira, les félicités futures échoiront en abondance.* »

Pétrifiant ! Le destin peut bien cacher son jeu, le poète le démasque à tous les coups.

« Et toi, Enfant, demande soudain Giàu à Colette, tu n'as rien à nous raconter après un si long voyage ?

— Moi ? » fait-elle, songeuse, non, rien.

— Tss, tss ! cherche bien dans tes souvenirs, tu as sûrement rapporté quelque chose d'amusant. (La sortir de son mutisme. Ce n'est pas bon d'être ainsi, aujourd'hui.) Regardez-la, l'indécise. On croirait voir un sampanier ramant en pleine nuit. Alors ?

— Non », répète-t-elle.

C'est vrai qu'elle en aurait encore à dire. Tout ce qu'elle garde depuis son retour, qu'elle a ôté de ses récits. Car comment décrire ce qui n'est pas descriptible ? L'indescriptible plaisir vécu avec François pendant vingt jours, seule avec lui comme pour toujours. Non, fait-elle, une fois de plus, d'un signe de tête rehaussé d'un petit sourire, elle n'a rien d'amusant à rapporter en cet instant où, dans chaque famille, on chante le bonheur sur tous les tons, on le clame en rouge sur tous les murs, on l'attire par tous les moyens. Où l'on doit se défaire du vieil homme que l'on a été, se pourvoir d'une âme neuve sous peine de voir l'année nouvelle se retourner contre vous, comme le manche du balai sur lequel on a marché. Rien à dire ou à chanter quand François, dont elle ne cesse de toucher la chaînette en or sur son cou, n'est pas là pour l'écouter.

Alors vient le dîner. Autour de la table agrandie de ses rallonges. L'entrée en scène de Chi Ba qui ne laisserait à personne l'honneur d'apporter le grand plateau sur lequel s'étalent les mets classiques du jour : le hachis de porc au caramel, le riz gluant farci de friandises, les pousses de soja germé marinées au vinaigre. Vient le dîner de fête mijoté depuis plusieurs jours. Et le cérémonial. Respectant la hiérarchie, Hélène remplit de riz le bol du vieil oncle, puis celui de Lan, puis celui de son mari et enfin le sien. Colette lui succède en servant tous les autres. Ensuite, le nouveau chef de famille invite chacun à manger. Vient le joyeux dîner du Têt pour la famille réunie au grand complet sous l'aile des ancêtres présents dans leur tablette de santal qu'enfume l'encens laudateur de l'autel richement décoré. La famille que Manh couve des yeux avec la satisfaction du capitaine devant son équipage rassemblé sur le pont après une tempête effroyable vaincue de main de maître. La famille renforcée de son ascendance jusqu'à la cinquième génération et vivant avec elle dans la même communion de pensée, et bénéficiant des bienfaits de sa protection et de son influence. Toute la tablée d'ici sous l'aile de la tablée de là-haut que Manh couve des yeux avec la joie profonde du bon berger dans sa bergerie. Lan revenu de la damnation et Hồng revenue de l'humiliation, puis de la contrition, et Hélène, la fiancée patiente et l'épouse fidèle échappée à la répudiation, puis à la trahison. Et Giàu, la sagesse incarnée, le phare dans le brouillard des jours, dont les prédictions n'ont jamais déçu. Et la vieille Chi Ba, complice de tant d'infractions, témoin de tant de souvenirs. Chi Ba déposant maintenant avec solennité le dessert sur la table, un *bánh trôi nửốc*, le traditionnel entremets caramélisé et parfumé au gingembre, au milieu duquel trône une grosse boule blanche semblable, ô symbole ! à une balle de tennis, boule que la poétesse Hồ Xuân Hửởng compare à un cœur fidèle. Chi Ba déposant ce symbole sur la table en regardant fixement Colette. Vient ce dessert succulent, puis le champagne. Ouvert dans les rires par Hugues et Alain Vần, affairés comme des artilleurs. Le champagne, son bruit de pétard bien à propos et son écume de volupté.

Quelle heure est-il donc ? Ciel ! Onze heures, déjà. L'heure du Chat, à Saigon. De la soupe au poulet qui chauffe sur le feu de charbon de bois, au coin des rues, du café lapé dans un verre, assis à croupetons, cuillère enfoncée dans une épaisse couche de lait condensé, du cyclo dérouillant ses jambes en même temps que son pédalier. Et aujourd'hui, profitant vite de la fraîcheur, l'heure des premiers visiteurs du Tết habillés sur leur trente et un, animés d'un sourire inaltérable et chargés des vœux les plus enviables. Onze heures, quand à la fin du repas, Lan lève des deux mains son bol vide et ses baguettes à la hauteur de son cœur pour remercier le Ciel. Lan qui dort debout, qui devrait dormir vraiment depuis longtemps et qui regimbe encore. « Non, non. » Il veut être là quand son petit frère va parler à sa nièce. Là et bien là. Et il est là et bien là quand Manh s'y décide après que chacun eut quitté la table. Quand, la prenant à part, de manière qu'elle soit la seule à l'entendre, à ce qu'il ne perde surtout pas la face devant les siens, il déclare à Colette qu'il se range enfin au choix de son cœur. Que François Lepelletier mérite cent fois d'entrer dans sa famille. Parce qu'il a prouvé cent fois la sincérité de ses sentiments et parce que, fort de son ascendant, Lan a dégagé son cadet de sa parole. Lan, le frère retrouvé et tant aimé.

Le lendemain matin, premier jour de l'année du Dragon, personne ne s'inquiéta, aux Tilleuls, quand on sonna à la porte, vers neuf heures, alors qu'un pâle mais tenace soleil d'hiver s'accrochait, tel un naufragé, au plafond moutonneux. Ne s'inquiéta de savoir si ce premier visiteur était père de famille nombreuse, pauvre, malade, infirme, endeuillé, ou bien simplement malheureux, auquel cas il porterait la guigne à tout le monde durant l'année entière. Car personne n'ignorait que ce premier venu était au contraire le plus heureux des hommes et que la lumière de sa bonne étoile rejaillirait sur le destin de tous. Quel plus chanceux visiteur que François Lepelletier, en effet, aurait-on pu espérer voir franchir le seuil de la maison, en ce matin ?

Lorsqu'il entra, rose d'émotion, suivi plus tard par ses parents et accueilli par tous comme le fils prodigue, accueilli par Hélène, l'œil humide, et par Hồng, éperdue de joie, Manh se revit à Saigon avec son cœur ardent et sa vie devant lui déployée, tel un immense champ de lotus, la fleur de Bouddha, de la victoire sur la mort, de l'éveil de l'âme délivrée de la désespérance. Alors, effilant ses trois poils de pinceau sous son menton, Oncle Giàu déclara à cet envoyé du bonheur : « Bravo, Enfant, vous avez su ne jamais manquer d'une des plus belles vertus vietnamiennes : la patience. Comme nos paysans, vous n'avez pas oublié qu'il faut pilonner le riz cent fois pour qu'il devienne blanc. »

Peu de temps avant le mariage, Manh et Pierre décidèrent de percer une porte dans le mur mitoyen. C'était quand même plus pratique pour rentrer chez l'un et chez l'autre.

Cet ouvrage a été imprimé par la
SOCIÉTÉ NOUVELLE FIRMIN-DIDOT
Mesnil-sur-l'Estrée
pour le compte des Éditions Plon
en janvier 2000

Photocomposition : Nord Compo
59650 Villeneuve-d'Ascq

Imprimé en France
Dépôt légal : février 2000
N° d'édition : 13169 - N° d'impression : 49792